신약의 이해

신약의 이해

양창삼

KSI 한국학술정보㈜

머리말

이 책은 복음주의적 입장에서 신약의 흐름을 정확히 읽어내고 바르게 소개하는 데 목적을 두었다. 신약을 이해하기 위해서는 그것이 쓰여 진 1세기 당시의 문화를 함께 다루지 않으면 안 되기 때문에 이에 대한 접근도 시도했다. 그리고 신약 각 부분에 대한 배경과 특성, 그리고 그것이 강조하고 있는 바를 따로 떼어 보다 심도 있게 설명하고자 했다.

그리스도인에게 있어서 하나님의 말씀은 최고의 선포요 하나님이 인류에게 주신 기쁜 소식이다. 이 복된 소식은 그리스도를 통해 역사한다. 구약이 오실 메시야에 대한 약속이라면 신약은 구약의 성취이자 다시 오실 주님에 대한 약속이 담겨 있다. 구약이 인간의 타락과 구원의 필요성을 강조한다면 신약은 인간의 구원을 위해 오신 예수님, 그리고 그분을 통한 속죄와 구원의 영원성을 강조한다. 아브라함에게 주신 약속, 구약의 소망이 예수 그리스도의 오심으로 이루어진 것이다. 이런 점에서 신약은 구약의 성취다. 나아가 "모든 육체가 구원을 보리라." 하신 말씀처럼 하나님께 나아가는 자는 누구나 구원에 이른다.

신약에는 여러 저자들이 있다. 그들은 인류의 구원을 위해 이 땅에 오신 하나님, 곧 예수님에 대한 말씀과 역사, 그리고 부활 승천 후 주님이 보내마고 약속하신 성령님이 우리 안에 오셔서 어떻게 우리를 새롭게 하며 성령의 역사를 써나갔는가를 기록하였다. 하나같이 예수 그리스도에 초점이 맞춰있다. 성령께서 친히 각 저자를 선택하고 그들로 하여금 하늘의 소리를 담도록 했다. 마치 균형 잡힌 웅장한 교향곡처럼.

기독교는 구원의 종교다. 이 구원이 우리의 선행으로 오는 것이 아니라 그리스도께서 십자가상에서 우리를 위해 대신 죽으심으로 얻은 하나님의 선물이요 은혜라 말한다. 이 은혜는 보편적 은혜요 최후의 은혜다. 다른 무대를 통해 또 다시 나타나지 않는다. 이 은혜는 오직 믿음으로 얻을 수 있다.

이 책은 단지 신약을 소개하는데 그치지 않는다. 우리가 어떤 삶을 지향해야 하는가를 보여준다. 기독교는 단지 이 땅에서 착하고 선한 생활에 만족하는 삶이 아니다. 하나님과 함께 하는 영원한 삶을 바라보며 기뻐한다. 그 삶은 하나님을 인격적으로 알고 그 안에 있을 때 가능하다. 그리스도 안에 있을 때 생명의 관계에 들어갈 수 있다.

하나님은 우리를 귀히 여기고 우리의 모든 것을 새롭게 하신다. 그 하나님은 우리를 새 하늘과 새 땅으로 인도하고 생수의 강에서 그 물을 마시도록 한다. 우리 눈의 모든 눈물을 씻기고, 애통하는 것이나 곡하는 것이나 아픔이 없도록 한다. 우리가 살아야 할 곳은 어둠의 땅이 아니다. 만유의 주이신 하나님은 지금도 만유 안에 계시고 만유를 통치하시며 우리를 빛으로 인도하신다.

신약성경은 이 같은 사실을 끊임없이 증거하며 우리로 하여금 믿음의 눈으로 보게 한다. 이 책은 신약의 비평서가 아니다. 오히려 신약에 담긴 내용을 보다 충실하게 전하고자 한다. 이 책을 통해 예수 그리스도를 만날 수 있기를 바란다. 그리고 당신의 삶이 새로워지기를 기도한다. 모든 영광 하나님께!

2007년

양창삼

차 례

제1부 1세기 팔레스타인에 대한 이해

제1장 구약과 신약의 중간사 이해

신약 성경을 이해하기 위해서는 구약의 배경은 물론 당시의 유대배경, 그리고 헬라주의 배경 등 3가지 이해가 요구된다. 구약은 신약이해에 불가결하다. 특히 메시야 대망, 인자사상은 구약의 배경을 가지고 있으며 신약은 구약예언의 성취이기도 하다. 당시 유대배경으로는 중간사의 이해와 함께 바리새파, 사두개파 등에 대한 이해가 필요하고, 헬라주의 배경에는 영지주의를 비롯해 여러 사상에 대한 이해가 요구된다.

신약성경, 그 가운데 특히 사복음서를 이해하려면 중간사를 비롯한 1세기 팔레스타인에 대한 이해가 필수적이다. 중간사는 '신구약 중간사이'(between the Testaments)의 역사로서 러셀(D. S. Russell)에 따르면 B.C.200-A.D.100을 가리킨다. B.C.170년에서 A.D.70년 사이에는 사상적으로 볼 때 유대 민족주의와 헬라주의가 크게 대립을 보였던 시기다. 이 시기의 역사는 기독교나 유대교 모두에 중요한 시기로 강한 헬레니즘 영향 속에서 하나님 중심의 신앙을 유지해왔다는 점에서 독특성을 가지고 있다. 1세기 팔레스타인을 이해하려면 무엇보다 종교적 배경에 관심을 가져야 한다. 특히 유대주의와 헬라주의에 대한 이해는 필수다.

포로에서 귀환한 이스라엘은 크게 3 가지 상황에 처했다. 첫째, 그들은 과거를 돌아보았다. 이스라엘은 3가지 부분, 곧 성전 중심의 생활에서, 율법중심의 생활에서, 그리고 하나님 중심의 생활에서 실패했다. 그들은 고난을 통해 이를 깨달았다. 깨달음이 곧 은혜이다.

둘째, 현재를 고치고자 했고, 그것은 성전재건으로 나타났다. 스룹바벨 성전, 헤롯의 성전이 그것이다. 그리고 율법을 연구하며 순수성을 지키고자 했다.

셋째, 미래를 소망하였다. 꿈과 비전을 가진 것이다. 그들은 황금시대가 올 것을 믿었고, 우정의 시대가 열릴 것을 믿었다. 어린이가 독사의 굴에 손을 넣어도 물리지 않으리라는 것은 그 보기이다. 그들은 풍요와 평화뿐 아니라 이스라엘이 높임을 받을 것을 기대했고, 예루살렘을 중심으로, 이방인의 빛이 되리라 믿었다. 그리고 주의 날, 곧 심판에 대한 기대가 높았다.

그러나 정치적 상황은 기대와는 달랐다. 유대교는 헬레니즘의 대결하지 않으면 안 되었다. 헬레니즘은 정치세력화 되었고, 수세기의 실제적 지배와 문화의 뿌리내림으로 팔레스타인의 상당부분이 헬라 문화에 접목되지 않을 수 없었다. 헬라문화는 로마인뿐 아니라 그리스도인에게도 영향을 주었다. 훗날 알렉산드리아에서 70인 역(Septuagint)이 나오게 된 것을 보면 헬레니즘의 영향이 얼마나 컸는가를 알 수 있다.

헬레니즘이 종교적으로도 영향을 주고, 그것이 유대교에 해를 가져다준다고 생각되자 유대인들 사이에 헬레니즘 반대운동이 일었다. 예루살렘에 헬라화에 동참한 유대인도 있었고 헬라화 정책에 앞장 선 안티오쿠스 에피파네스(Antiochus Epiphanes)의 종교적 박해도 계속되었지만 결국 마카비와 그 일가(Maccabees)의 저항운동에 부딪히지 않을 수 없었다. 마카비 자손들로 하스몬 왕조가 이어지기도 했지만

헤롯과 로마인들은 헬레니즘에 충직해, 유대에서 헬라화 작업은 계속
이어졌다.

간략한 성경 역사

시 대	인 물	특 징
창조와 타락	아담, 하와	인간의 타락
족장시대	아브라함, 이삭, 야곱	족장 중심
사사시대	드보라, 삼손	사사가 지도자
통일왕국	사울, 다윗, 솔로몬	왕의 통치
분단왕국	르호보암, 여로보암	남왕국 유다, 북왕국 이스라엘
바벨론포로시대	느부갓네살	포로생활
메대	다리오	다니엘의 기도
파사	고레스	귀환
헬라	안티오쿠스 에피파네스	성전 더럽힘과 마카비 성전척결
로마	시저	예수 그리스도 오심

　우선 구약과 신약의 중간에 자리한 중간 시대의 역사를 살펴보자.
B.C.500-B.C.331년 사이에 파사(Persia)와 오래 전쟁을 벌려온 헬라제
국은 알렉산더 대왕의 세계정복을 통해 각국에 헬라 사상과 삶의 방
식을 심게 되었고(Hellenization), 이 헬라주의는 유대주의와 마찰을 빗
게 되었다. B.C.323년 알렉산더 대왕이 사망하자 헬라제국은 분열했다.
　그러나 유대 땅은 B.C.167년까지 헬라의 지배를 받게 되었다.
B.C.323에서 B.C.301년까지 시리아의 헬라 왕 셀루쿠스(Seleucus)에
예속되었고, B.C.301년에서 B.C.198년까지는 애굽의 헬라 왕 프톨레미
(Ptolemy) 왕조에 예속되었다. B.C.198년에 시리아 헬라 왕 안티오쿠
스 3세(Antiochus III)가 유대 땅을 다시 정복하자 셀루키드(Seleucids)
왕조 지배아래 놓이게 되었다. 이 왕조에 속한 안티오쿠스 에피파네스

4세(Antiochus Epiphanes IV)가 등극하면서(B.C.175) 유대인과 유대교를 학대하고, 성전을 더럽히며, 제사를 금지시켰다. 성전 제단에 돼지를 바치고 쥬피터 제단을 만들며, 유대인을 노예로 팔고, 성경사본 소지자를 살해하는 등 유대교 말살에 앞장섰다. 이것은 마카비가의 반란(Maccabean revolt)을 촉발시켰다. 이것은 헬라주의와 유대주의의 충돌이기도 하다.

마카비가의 반란(B.C.165)은 성공을 거두어 B.C.63년 로마제국이 유대를 통치하기까지 독립시대를 누리게 되었다. 이 시대를 가리켜 마카비 시대, 아스모네(Asmone) 시대, 하스몬 조(Hasmoneans)라 부르는데 이것은 반란을 주도한 당시 제사장 마타디아스(Mattathias) 가계에 따른 통치를 일컫는 말이다.

마타디아스는 하스몬가의 사람이었다. 그는 헬라 영향을 못마땅하게 생각하는 충성스러운 정통 유대인들인 하시딤(Hasidim)을 규합하였다. 하시딤이란 '경건한 자들'이란 뜻을 가지고 있으며, 원래 정치적 목적보다 유대주의의 보존이라는 신앙목적을 위해 조직된 결사체였다. 마타디아스는 '경건한 살해,' 곧 유대인과 유대교를 말살하려는 시리아 헬라 관원과 친시리아 유대인을 살해하도록 함으로써 마카비가의 반란을 촉발(B.C.167)시켰다. 그는 B.C. 166년에 죽었고, 저항운동은 그의 아들, 특히 마카비라는 별명을 가진 유다(Judas Maccabeus), 요나단(Jonathan), 시몬(Simon) 등에 의해 주도되었다. 마카비는 '망치' 또는 '대장장이'라는 뜻은 가진 '마카바'(maqqabah)에서 나온 것으로 성격이 불같음을 나타낸다. 엄격히 따지자면 마카비라는 이름은 유다에게만 적용되지만 일반적으로 그의 형제들에게도 적용됨으로써 마카비가로 불리게 되었다.

유다는 B.C.165년 12월 25일 예루살렘 근방에 있는 마스파(Maspha)

에서 시리아군과 맞서 이김으로써 예루살렘을 회복하고 성전을 깨끗이 하였다. 유다의 지휘아래 성전이 청소되고 다시 봉헌되며 예배를 다시 드리게 된 것이다. 요한복음 10장 22절의 수전절(feast of dedication), 곧 하누카(Hanukkah)는 이것에서 비롯된 것이다. 예루살렘 입성, 성전 척결, 성전봉헌을 기념하는 12월 25일이 바로 하누카다. 작곡가 헨델의 '돌아온 용사'는 유다의 예루살렘 입성을 묘사한 것이다. 하누카는 봉헌이라는 뜻을 가지고 있다. 유대인들은 이 절기를 하누카 절기 또는 빛의 절기(feast of lights)라 부른다.

유다는 제사와 정치권을 행사했다. B.C.160년 유다가 죽자 요나단이 그의 후계자가 되었다. 그는 정치적 안정을 확보하기 위해 군사주의를 내세웠다. 군사주의는 하시딤 등의 협조를 얻는데 방해가 되었다. 하시딤은 종교적 자유를 확보하는 것만으로 만족했기 때문이다. 요나단의 뒤를 이은 시몬은 시리아와의 싸움에서 이기고 백성의 대표·군사지도자·대제사장으로 군림했다. 그의 위는 요한 힐카누스(John Hyrcanus), 알렉산드라(Alexandra), 아리스토불루스 2세(Aristobulus II)로 세습되어 유대 땅이 로마의 폼페이 장군에 의해 점령되던 B.C 63년까지 이어졌다.

요세푸스에 따르면 아리스토불루스 1세는 왕의 칭호를 사용했다. 알렉산더 얀네우스는 왕이라는 칭호를 사용했을 뿐 아니라 아리스토불루스 1세의 처 알렉산드라와 결혼함으로써 바리새인들의 노여움을 샀고, 헬라의 생활방식에 심취했다. 심지어 800명의 경건한 유대인을 십자가에 처형하고 대제사장 직분을 완전히 도외시하기도 했다. 하스몬 왕조는 이두메아의 총독 안티파텔(Antipater)이 힐카누스 2세(Hyrcanus II)를 충동하여 그의 동생 아리스토불루스 2세를 추방케 함으로써 그 막을 내린다. 힐카누스 2세가 당시 아라비아 통치자 아레타스 3세

(Aretas Ⅲ)의 도움을 얻어 아리스토불루스 2세를 공격하자 로마가 개입하여 예루살렘을 공격하여 아리스토불루스를 체포하여 로마로 압송했고, 그 왕조는 끝나게 되었다.

로마에 의해 독립을 잃게 된 유대인들은 민족주의 정신을 내세워 폭동을 일으켰고, 이 폭동은 A.D.70년 예루살렘과 유대가 파멸될 때까지 계속 되었다.

하스몬(마카비) 가계도

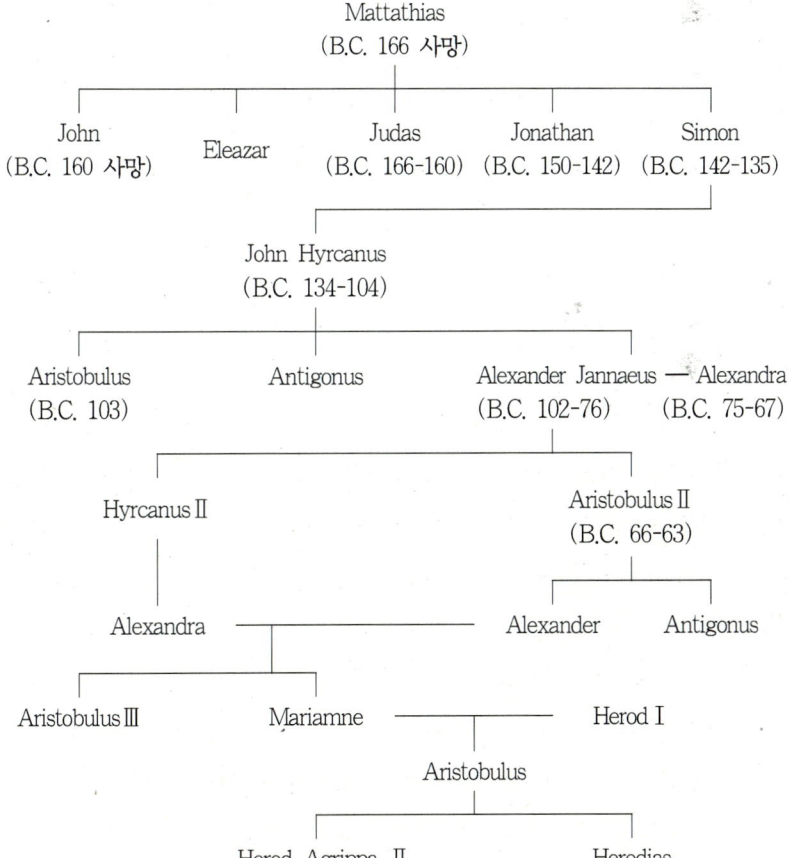

안티파텔은 로마를 지지함으로써 유대의 총독으로 임명되었다. 유대인들은 그를 미워했는데, 그것은 그가 너무 로마에 의존해 있을 뿐 아니라 이두메아, 곧 에서의 후손인 에돔 사람이었기 때문이다. 안티파텔이 독살된 이후 그의 아들 헤롯이 유대 왕으로 임명되었다.

헤롯왕은 유대인들에게 호의를 보여 성전을 재건했다.[1] 그는 여러 처를 두었고, 그 처 가운데는 힐카누스 2세의 손녀 마리암네(Mariamne)도 있었다. 이것은 유대인의 호의를 얻기 위한 뜻도 담겨 있었다. 그러나 그는 헬라주의자여서 전통적인 유대인과는 맞지 않았다. 사두개인이나 바리새인들이 헤롯왕을 증오한 것은 이 때문이다. 그는 매우 잔인하여 예수님 탄생 때(B.C.4) 베들레헴 유아들을 학살했고, 그 해에 자신도 죽었다.

헤롯 대제가 죽은 후 나라는 3분되어 그의 아들들이 지역을 분담하여 다스렸다. 헤롯 안티파스(Herod Antipas)는 갈릴리 분봉 왕으로서 갈릴리 지역을, 아케라우스(Archelaus)는 유대·사마리아 지역을, 빌립(Philip)은 갈릴리 북동쪽 및 동이방지역을 다스렸다. 아케라우스는 로마 아우구스투스 황제에 의해 그 위가 박탈되고 그 지역을 로마 총독에 의해 관할되었다. 본디오 빌라도는 디벨리우스 황제 시절 유대의 5대 총독이었다. 헤롯 대제를 비롯하여 그의 아들들은 헬라화 정책을 급진적으로 수행하여 정통 유대인들의 미움을 사기는 했으나 예수님을 죽이는 데는 서로 뜻이 맞았다. A.D.29년 예수님이 십자가 위에서 처형되었다.

A.D.66년 유대인들이 로마 주둔군 요새인 안토니아(Antonia)를 공격하여 로마인을 모두 살해했다. 로마 황제 네로는 베스파시안(Vespasian) 장군을 파견하여 유대 진압을 명령했다. A.D.68년 7월 네

---

1) 예수님 당시 예루살렘 성전은 헤롯이 지은 성전이었다.

로가 죽자 베스파시안은 황제로 등극했다. 그는 그의 아들 티투스 (Titus) 장군으로 하여금 예루살렘을 멸망시키도록 했다(A.D.70). 유대인들이 헤롯대제가 별장으로 세운 마사다(Masada)에서 저항하다 집단 자결(A.D.70-74)한 것도 이 때다. A.D.132-135년에 벤 코세바(Ben Kosebah 또는 Bar Kochba라 하기도 함)가 주도하여 유대 독립ㆍ예루살렘 성 회복ㆍ성전재건을 시도했으나 로마군에 의해 진압된 이후 예루살렘은 이방도시화 되고 말았다. 이로써 유대교와 헬레니즘의 싸움은 사실상 끝이 났다.

그러나 유대인들은 결코 포기하지 않았다. 헬레니즘은 강압적인 힘으로 유대 나라를 넘어뜨릴 수는 있었으나 그 정신마저 무너뜨릴 수는 없었다. A.D.70년에 랍비 요한난 벤 자카이(Johanan Ben Zakkai)는 예루살렘이 함락되기 전에 유대 해안에 있는 얌미아(Iammia) 마을에 학교를 세워 하나님의 율법을 가르쳤다. 이것이 유대민족에 있어서 획기적인 사건이었다. 그들에게는 이제 예루살렘도 없고 성전도 없으나 하나님의 율법과 말씀을 배우고 가르치는 것이 생명 이상으로 중요하다는 것을 깨달았기 때문이다. 그들의 조상은 이 말씀을 위해 싸우고 죽었으며, 그들의 후손들도 이를 위해 살 것이기 때문이다.

유대교와 헬레니즘 사이의 투쟁은 정치적 해방뿐 아니라 종교적 자유를 위한 투쟁이기도 하다. 유대인들은 성전중심의 생활ㆍ율법중심의 생활ㆍ하나님중심의 생활을 모토로 올바른 제사ㆍ율법연구ㆍ믿음의 순수성을 지키고자 했다.

유대인들은 기본적으로 경전의 백성이다. 그들의 종교는 토라(Torah, 오경) 종교라 할 만큼 성전에서 토라로 방향이 바뀌었고, 반항의 구심점을 이루었으며 거룩한 언약의 자손임을 확고히 했다. 토라는 하나님의 계시에 대한 포괄적인 명칭으로서 유대인들은 토라에서 그들 종교의 표준과 규범을 발견하였다. 토라는 훈육 또는 교훈이라는 뜻을 가지고 있으며 하나님이 모세를 통해 이스라엘 백성에게 주신 계시로서 율법 이상의 의미를 가지고 있다. 유대인들은 토라를 통해 하나님이 인간에게 주시는 말씀을 깨닫고, 성전봉사를 통해 하나님을 향해 응답하며, 선을 행함으로써 인간을 향한 사랑을 나타내고자 했다.

성전은 헬레니즘에 대한 방파제 역할을 했으나 회당이 발전하고 여러 지역에 학교가 세워지면서 유대교의 초점은 성전으로부터 토라로 옮겨지고 토라연구 및 토라교육이 성전예배를 대신하게 되었다. 제사장은 랍비에게 자리를 양보하게 되고, 회당은 성전을 보완하는 역할을 하였다. 이때부터 유대교는 말씀을 중시하는 토라의 종교가 되었다. A.D.70년 성전이 파괴된 후에도 유대교가 살아남을 수 있었던 것은 토라에 대한 경외사상이 높았기 때문이다.

유대인들이 토라연구를 통해 참된 유대인이 되어간다는 것을 알게 된 로마는 학문을 하는 유대인을 사형에 처하기도 했다. 랍비 아퀴바가 A.D.135년의 소요 이후 체포되어 로마에서 인두로 온 몸을 달구어 죽게 되었는데 그 이유는 그가 당대의 최고 유대학자였기 때문이다.

유대인들이 헬라 시대 전체를 통하여 토라에 보여준 열심은 하나의 책에 대한 열심이라기보다 그 책에 나타나있는 계약, 곧 하나님이 유대나라를 그의 택한 백성으로 세웠다는 그 언약에 대한 열심이었다. 그들은 어려운 시기에도 토라에 명시된 의식을 철저히 지킴으로써 언약의 백성임을 보여주었다.

헬라주의자들은 안식일을 모독했지만 유대인들은 안식일에 팔을 움직여 자기를 지키기보다는 차라리 죽음을 택함으로써 이 날을 철저히 지킬 정도였다. 돼지고기를 먹지 않는 것이나 할례를 하는 것 등은 모두 토라에서 언급된 것이고, 그것을 지킴으로써 언약의 백성임을 자부하였다. 유대교 안에 사두개파·바리새인·에세네파·열심당원·쿰란 계약 공동체 등 여러 종파가 있지만 그들 모두 토라에 전적으로 충성한다는 점에서는 공통된다. 토라에 대한 충성심은 서로 같지만 토라에 대한 해석에 있어서 견해가 달라 분파를 형성할 수밖에 없었다.

토라 외에 당시 그들이 중시한 종교적 작품들서는 성경, 구전, 경외서들이 있다. 성경은 히브리 정경으로, 디아스포라가 사용한 성경을 말한다. 구전은 발생, 발전, 형식과 내용에 차이가 있다. 경외서들은 비경전 문학작품으로, 묵시문학의 배경이 되었다. 외경문학으로는 외경과 위경이 있다. 외경은 여러 목록이 있고, 내용과 형식에 있어서 문학성이 높으며, 역사적 종교적 가치를 가지고 있다. 위경은 기타 외경들로 위경에 속한 책들을 말한다. 신약시대나 교회사시대를 거치며 여러 외경이 나오기도 했다.

중간사는 역사적으로 보거나 종교적으로 보거나 시대와 종파에 따라 약간의 부침이 있기는 하지만 헬레니즘 문화에 대한 대항사라는 점에서 그 특이성을 찾을 수 있다.

제2장 간약 문학, 중간사 시대의 문학작품들

구약과 신약 사이의 시대, 즉 중간사 시대에 널리 읽혀졌던 문학적 작품들을 일컬어 '간약 문학'(inter-testamental literature)이라 한다. 구약시대가 끝나고 신약시대가 열리기 전 몇 세기 동안 유대인들은 종교문학을 발전시켜 왔다. 이 문학작품들은 구약과 같이 종교적 권위를 가진 것은 아니었지만 당시 널리 읽혀짐으로써 그들의 종교적 생활과 사상에 크게 영향을 주었다. 이것은 때로 경외서로 불리어 외경문학의 범주를 이루고 있다. 이 책들을 '아포크리파'(Apocrypha)라 부르는데, 문자적으로는 '감추어진'(hidden)이라는 뜻을 가지고 있다. 전통적으로 아포크리파로서 15책이 인정을 받고 있으나 이 밖에도 이와 유사한 책들이 많다. 로마교회에서는 이를 외경으로 인정하여 참고하고 있지만 개신교에서는 대부분 경으로서의 가치를 인정하지 않고 있다. 구속사적인 맥락에서 볼 때 연관성이 없기 때문이다.

간약 문학에 속하는 경외서들은 크게 역사서·전설서·교훈서·묵시서 등으로 나누어지고 있다.

역사서(historical books)로서는 '마카비1·2서'(I & II Maccabees)가 있다. 마카비 1서는 마타디아스의 아들들, 곧 유다·요나단·시몬의 영웅적인 이야기들을 담고 있다. 마카비가의 봉기 및 그 결과를 감동적으로 적고 있는 이 책은 기원전 175-134 시기를 이해하는 데 도움을 주고 있다.

마카비2서는 안티오쿠스 에피파네스 등극으로부터 약 15년간의 시기(175-160 B. C.)를 다룬 것으로 마카비 1서의 첫 부분과 시기를 같이 하지만 1서와는 다르다. 마카비 2서는 마카비가보다는 성전척결과 수전절에 관련된 사건들을 감상적으로 다루고 있어 연민을 자아내는 역사(pathetic history) 기술이라는 평가를 받고 있다. 이 책은 셀루키드 왕국 시대의 갈등 상황 속에서 유대인들의 교리를 발전시키는데 도움을 주었다. 마카비 2서의 저자는 하나님의 섭리·응보적 정의·육신의 부활 교리가 충분히 정립되어 있는 모습을 보여주었다. 한 유대 여인과 그의 일곱 아들이 신앙을 지키기 위해 순교를 당하는 이야기는 유대인들뿐 아니라 크리스천 독자들에게 귀감이 되었다.

전설서는 아주 전설적이며 소설과 같은 책들로 토비트(Tobit)와 유디스(Judith)를 들 수 있다. 토비트는 190-170 B.C.에 쓰인 것으로 재미있고 도덕심을 불러 일으켜 준다.

토비트는 니느웨에 사는 경건한 유대인으로 아시리아 왕 살마네셀 때 포로로 잡혀가 그곳에 살았다. 그는 포로로 잡혀갔으나 다른 사람들과는 달리 단호하게 이방인의 음식을 먹지 않고 마음을 다하여 하나님을 섬겼다. 하나님이 그로 하여금 왕의 총애를 받게 하여 왕이 필요한 물건을 맡아 메데(Media)에 자주 가서 물건을 사왔다. 그는 종교적 박해로 희생된 그의 종족들을 훌륭히 장사를 지내주고는 장님이 되는 불운을 맡게 된다.

그의 아들 토비아스(Tobias)가 그의 아버지가 일찍이 맡겨 두었던 은 10달란트를 찾으러 메데에 사는 그의 친척 가바엘(Gabael) 집에 가게 된다. 그 긴 여행길에 천사 라파엘이 반려자가 되어 길을 안내해 주고 악마를 이기게 해 준다. 토비아스는 아름다운 여인과 결혼한다. 집으로 오는 길에 혼합주(Concoction)를 얻게 되며 그의 아버지가 그 것을 마신 후 눈을 뜨게 된다. 마치 아라비안 나이트와 같은 이야기이 다. 이 책은 인과관계와 일상생활에 필요한 고차적인 도덕관을 가르친 다. 그 보기로 아들이 여행을 떠나기 전 아버지가 "네가 싫어하는 것 은 남에게도 하지 말라"(토비트 4:15)고 가르친다. 예수님이 말씀하신 황금률과 같다. 여행·사랑·모험·갈등·행복으로 이어지는 이 책은 흥미와 함께 종교적·윤리적 가르침을 담고 있다.

유디스는 하나님의 율법을 지키면 하나님의 보호를 받게 되고 그렇 지 않으면 적이 이기게 된다는 신념을 반영한 책이다. 이 책은 모세의 율법을 철저히 따르는 한 유대인 여성이 개인적인 위험에도 불구하고 지혜와 용기를 발휘하여 어려운 궁지를 해결하는 영웅적 모험담을 담 고 있다. 아시리아인과 유대인 사이에 전쟁이 일어나 베둘리아 (Bethulia) 시가 심각한 위험에 직면했다. 이 때 아시리아 명장 홀로퍼 니스(Holofernes)에게 술을 먹여 취하게 해놓고 그의 칼을 뽑아 목을 벤다. 유디스는 "하나님, 내게 용기를 주옵소서."라는 기도와 함께 이 일을 해냄으로써 그 도시를 위험에서 구출한다.

이밖에도 수잔나(Susanna) 이야기도 모험적 전설로 전해지고 있다. 이것은 도덕이 악덕에 승리한다는 것에 기초를 둔 이야기로 문학적 가치도 높다. 아무 죄도 없는 사람이 간음죄로 잘못 고소되어 죽음을 간신히 모면하게 된다는 이야기다.

교훈을 주는 책(didactic or sapiential books)으로서는 솔로몬의 지 혜서(the Wisdom of Solomon)와 에클레시아스티쿠스(Ecclesiasticus) 가 있다. 이 책들은 교훈을 주고 생각을 하게 하는 슬기문학에 속한다.

이 책의 저자들은 현인으로 불리었고, 제사장이나 선지자처럼 개인적인 삶뿐 아니라 국민 전체의 삶에 크게 영향을 주었다.

솔로몬의 지혜서는 경건한 당시의 정통유대교 사상과 주전 1세기 공안 알렉산드리아에 존재했던 희랍철학을 융합시키고자 한 것이다. 솔로몬 왕으로 나온 익명의 저자가 물질주의를 비판하고 유일하고 참된 인생의 안내자로서 지혜를 높이 평가하고 있다.

에클레시아시티쿠스는 시락의 아들 예수의 지혜서(the Wisdom of Jesus the Son of Sirach) 또는 시락서로 불리고 있으며 구약의 잠언과 유사한 점이 많다. 시락서 기자는 지혜가 실천윤리뿐 아니라 율법에 따른 일반 행위와 연관되어 있음을 강조하고 있다.

묵시적인 책을 보자. 묵시(Apocalypse)는 '베일을 벗긴다'는 희랍어의 아포칼립시스(apokalysis)처럼 미래의 일을 예견하는 것을 말한다. 당시 묵시문학의 대표작으로 제2 에스드라서(II Esdras)가 있다. 이 책의 기자는 유대인들이 지상에서 당하는 환난을 하나님의 의로운 통치와 합일시키려는 대담한 시도를 했다. 다른 여러 묵시서들이 그러하듯 이 책에도 신비스러운 숫자·이상한 동물·천사의 방문을 통해 숨겨진 진리가 드러난다.

전통적으로 아포크리파라 불리는 15책에 끼지는 못하지만 이에 버금가는 묵시서로 에녹서(the Book of Enoch)가 있으며, 이 책은 에녹1서(I Enoch)라 불리기도 한다. 이 책은 악의 기원·천사와 그들의 운명·지옥(Gehenna)과 낙원(Paradise)의 성격·선재하신 메시아 등의 내용을 담고 있다.

묵시문학은 기원전 165년에서 기원후 90년 사이에 유행되었다. 이것은 다니엘·에스겔·스가랴·요엘·이사야 등 구약의 예언자들로부터 영향을 받은 것으로 보이며 묵시문학의 신조들이 기독교에 계승·발전되었다. 예를 들어 메시야를 사람의 아들과 연관시킨 것·사후 생명 (부활과 내세)의 교리·왕국의 승리 등이 이에 속한다.

중간사 시대의 문학들은 예수 그리스도 시대 바로 직전 유대인들의 생활과 사상을 아는 데 많은 도움을 주고 있다. 마카비 봉기로 인한 유대인의 정치적 승리·바리새인의 종교적 특성을 이루는 이른바 규범적 유대주의(normatic Judaism)의 출현·천사와 악마에 대한 관념의 강화·원죄교리와 모든 인간의 죄악성향 파급·메시야 대망·육신의 부활·정의의 궁극적 승리 등 여러 가지를 이 문학에서 찾아볼 수 있다.[2]

---

2) B. M. Metzger. (1965). The New Testament: Its background, growth, and content TN: Abingdon Press, 39쪽,

제3장 유대주의, 헬라주의, 로마제국

1세기 문화 및 종교의 배경으로 유대주의, 헬라주의, 로마제국 3가지를 들 수 있다. 이 3가지는 기독교발생에 큰 영향을 주었다. 그러나 역설적으로 기독교와 적대관계를 유지했다.

1. 유대주의(Judaism)

1) 바리새인(바리새파)

바리새인(the Pharisees)에 대한 기독교인들의 평가는 대체로 부정적이다. 바리새인들의 외식성에 대한 예수님의 비판이 부정적 이미지를 강하게 심어주었기 때문이다. 그러나 예수님이 바리새인 모두를 부정적 시각으로 본 것은 아니다. 외식성에 대한 지적을 제외한다면 하나님·율법·구별된 생활에 대한 그들의 열심이 결코 낮게 평가되지 않았다. 예수님은 아주 깊은 영적인 교훈을 그들과 함께 나누기도 하셨고(눅10:27,28), 니고데모와 같은 바리새인들은 예수님을 지지하기

도 하였다. 따라서 우리는 바리새인들에 대한 이해를 보다 객관적으로
할 필요가 있다.

바리새인은 아람어로는 '페리사이야'(Perishaiya), 히브리어로는 '페
루쉼'(Perushim), 희랍어로는 '파리사이오스'(Pharisaios), 그리고 라틴
어로는 '바리새우스'(Pharisaeus)로 불린다. 이것은 '분리된 자', 또는
'분리주의자'라는 뜻을 가지고 있다. 대부분 복수로 사용되고 있으며
특정계층을 지칭하는데 사용되고 있다.

바리새인은 '분리한다'는 뜻을 가진 '파루시'(parush)에서 유래된 말
이다. 이것은 '부정한 일들'은 철저히 배격한다, 즉 스스로를 부정한 것
으로부터 구별했다는 뜻도 있고, 마카비-하스모니안 왕조 때 왕이 제
사장 직을 겸하는 것에 반대해 산헤드린에서 추방당했다는 의미에서
사용되기도 한다. 신학적으로 혁신적 사상을 가졌다고 반대자들이 붙
인 별명이다. 그 후 '분리하다'는 히브리어와 관련해 '분리주의자'로 알
려져 있다. 이러한 독특성으로 인해 바리새파는 배타적 성격을 지닌
것으로 평가되고 있다. 바리새인은 구전율법을 해설한다 하여 '해설자'
라는 명칭도 가지고 있지만 가장 많이 사용하는 명칭은 '분리주의자'
다. 바리새파는 전통을 고수했지만 교리 중 일부는 페르시아의 영향을
받았다. 마귀와 천사의 이중성이 그 예다.

바리새파의 정신적 계통은 마카비 전쟁 전후의 경건주의자들인 하
시디안(Hasidian)들로 여겨진다. 하시디안은 '불변하다'(faithfulmess)
는 뜻을 가진 '하시딤'(Hasidim)에서 나온 말이다. 이들은 마카비 형제
가 헬라문화와 종교를 강요한 헬라 시리아 세력과의 전쟁 때 마카비
를 지원했다. 종교적 자유를 위해 지원한 것이다. 바리새파는 원래 정
치 단체가 아니라 종교의 한 종파였고, 그 구성은 대부분 중간계급 출
신들로 이뤄졌다.

바리새파가 언제 등장했는가에 대해서는 여러 해석이 있다. 요나단 시대(160-143BC) 또는 힐카누스(John Hyrcanus, 135-105 B.C.)와 갈등이 있었을 때 등장했을 것으로 보고 있다. 바리새인이라는 말은 힐카누스 집정 때 처음으로 사용되었다. 이들은 약 3세기 동안 막대한 영향을 끼쳤다. 바리새인 기원에 대한 주장들을 살펴보면 다음과 같다.

첫째, 주전 162년 알키무스(Alcimus)가 세력을 잡자 유다 마카비우스(Judas Maccabeus)를 떠나 '하시딤'이라는 무저항단체를 조직해 헌신적으로 유대교를 준수했던 하시딤의 후예들로 간주된다는 주장이다. 하시디안들은 경건주의자로 알려져 있으며 헬레니즘 운동에 저항한 마카비 반동에 동조하여 종교의 자유를 차지한 뒤 마카비안들이 정치적 주도권을 잡고자 했을 때 하시디안들은 정치에 관심을 보이지 않음으로써 서로 성격을 달리했다.

둘째, 주전 135-104년에 힐카누스를 버리고 가서 율법(Mishna)을 곧이곧대로 지키기로 맹세한 하베림(Haberim)으로 간주된다는 주장이다.

이러한 주장들을 미루어 볼 때 바리새인들은 정치에 물들지 않고 율법을 바로 지키고자 했던 경건주의자들이었음을 알 수 있다.

바리새인들은 무엇보다 토라 종교의 용감한 수호자 역할을 수행함으로써 헬레니즘 침투를 막는 방파제 역할을 했다. 그들은 율법에 따른 의식과 행사를 엄격하게 준수했다. 그러나 토라 해석에는 사두개파와 견해를 달리했다. 바리새파는 기록된 토라(오경)뿐 아니라 구전토라도 똑같은 권위를 가진다고 주장함으로써 '장로들의 유전'(전통)을 고수했다. 이에 반해 사두개파는 기록된 토라만 새로운 전통이나 관습들보다 더 큰 권위를 가진다고 주장했다. 구전토라의 권위를 격하시킨 것이다.

바리새파는 토라를 해석하고 가르치고 일상생활에 적용하도록 했다. 그들은 회당에서 토라를 가르쳤다. 회당이 토라 종교의 근거지가 된

것이다. 이 예배에서 바리새파 출신의 서기관들이 중요한 역할을 수행
했다. 이들의 열심 있는 신앙생활은 타의 추종을 불허할 정도였다. 그
러나 형식주의에 빠져 외형을 중시하고 비현실적이라는 비판을 받았
다. 이들은 경건의 의미와 헌신의 정신을 일으켜 백성들 생활에 크게
영향을 주었다. 바리새주의는 종교적 개인주의를 발전시켜 토라에 새
국면을 열었다.

바리새인들은 모세의 율법을 정확히 해석하고 그 율법을 철저히 지
키고자 한 신앙심 깊은 무리들이다. 일반인들보다 별나게 믿는다는 비
판을 받고 있지만 율례와 계명을 바르게 지키고자 하는 그들의 노력
을 결코 과소평가해서는 안 될 것이다.

유대사가 요세푸스(Josephus)는 바리새인과 사두개인들의 특성을
다음과 같이 비교하였다.[3]

- 바리새인들은 운명은 미리 예정되어 있고 그런 운명이 사람들의
  행동과 일치된다고 보았다. 반면 사두개인은 역사가 신에 의해
  조정된다는 것을 반대하고 개개인의 자유가 그의 인생행로를 주
  도하고 역사 자체도 사람들이 만들어 나가는 것으로 생각했다.

- 바리새인들은 영혼의 불멸과 육신의 부활을 믿었다. 그들은 사람
  들이 도덕적으로 살았는지 악하게 살았는지에 따라 후세에 상을
  받거나 벌을 받는 것으로 믿었다. 사두개인들은 이 모두를 거부
  했다.

- 바리새인들은 천사와 사단에 관해 깊은 관심을 갖고 있음에 비
  해 사두개인들은 천사의 세계와 악마의 세계가 있다고 생각하지
  않는다.

- 바리새인들은 오경(기록된 토라)과 장로들의 유전(구전 토라, 미

---

3) Josephus, War, II, viii. 14; Antiquities, XVIII, I.3

쉬나)을 절대적인 권위로 인정함에 비해 사두개인들은 오경만 인정하고 구전 토라는 모세에게서 나온 것이 아니므로 인정하지 않는다.

교리적으로는 이와 같은 차이가 있지만 이러한 교리들이 바리새인의 본질은 아니다. 바리새인들은 기본적으로 율법을 잘 지키는 사람만이 약속된 하나님의 축복을 받는다는 신앙에 뿌리를 두고 있다. 이에 반해 사두개인들은 믿음보다는 그들이 현재 누리고 있는 정치적·경제적·종교적 지위들을 고수하는 데 관심이 큰 사람들이다. 바리새파 서기관들은 회당에서 율법을 해석하고 가르치는데 전념해왔다. 바리새인들의 경건과 헌신정신은 백성들에게 크게 영향을 주었다. 그러나 그들의 율법주의는 형식주의 내지 외식성을 나타냈고, 종교적으로도 지나치게 개인주의적이라는 비판을 받았다.

7 부류의 바리새인

우리는 흔히 바리새인을 모두 한 가지로 생각하여 바리새인이라면 으레 위선자라고 말하기 쉽다. 그러나 바리새인에는 흔히 7 부류가 있다고 말한다. 그 7 부류는 다음과 같다.

- 좋은 일을 해야겠는데 다음에 하기로 미루는 유형(wait-a-little).
- 예쁜 여인을 안 보려고 눈을 감고 가다가 문이나 벽에 부딪혀 멍들거나 피를 흘리는 유형(bruised or bleeding).
- 좋은 일 한 것을 뽐내며 다니는 유형(shoulder).
- 겸손하게 허리를 굽히며 다니는 유형(hump-backed).
- 좋은 일 한 것과 나쁜 일 한 것을 일일이 세며 저울질 하는 유형(ever-reckoning).
- 하나님을 두려워하는 유형(God-fearing).
- 하나님을 사랑하는 좋은 유형(God-loving).

세례 요한은 바리새인이나 사두개인 모두를 '독사의 자식들'(눅3:7)
이라고 비난했다. 예수님도 바리새인의 외식을 몹시 질타하셨다. 어떤
바리새인들은 형식적이고 위선적인 것을 비난한 예수님을 죽이려고
음모까지 했다(막3:6; 요11:47-57). 그런가 하면 예수님은 시몬과 같은
몇몇 바리새인들과는 친하게 지나시기도 했다(눅7:37). 또한 어떤 바
리새인들은 헤롯왕이 그를 죽이려 한다는 것을 귀 뜸해주기(눅13:31)
도 할 만큼 다양한 관계를 유지하였다.

바리새인들은 십일조를 드리고, 금식을 하며, 귀신을 쫓기도 하고,
하나님을 모독하거나 간음할 경우 사형집행을 하며, 메시야에 대한 소
망이 간절할 만큼 종교적으로는 적극적이었다. 그러나 그들은 예수님
으로부터 다음과 같은 점에서 비판을 받았다.

- 바리새인들은 전승을 중시한 나머지 율법을 무효화시키는 잘못
  을 범했다. 마가복음 7장 12절이 그 보기이다. '고르반'(하나님께
  드림이 되었다)고 말함(전승 근거)으로써 부모공경(율법)을 무
  효화시킨 것이다. 예수님도 바리새인을 가리켜 하나님의 계명(율
  법)을 버리고 사람의 계명(유전)을 지키는 자들이라 말씀하셨다
  (막7:7-8). 입술로는 하나님을 존경하되 마음은 하나님에게서 멀
  다(막7:6)는 것이다.
- 바리새인들은 안식일을 엄격하게 지킨 나머지 안식일에 치료도
  못하게 한다. 마태복음 12장 12절에 따르면 주님은 "안식일에 구
  덩이에 빠진 양도 구해내거늘 사람이 양보다 중하지 않느냐?"고
  물으신다.
- 바리새인들은 속보다는 겉을 중시한다. 사람을 더럽히는 것은 악
  한 마음인데 손을 씻지 않고 먹는 것만 탓한다(막7:1-23).
- 바리새인들은 용서할 줄 모르고 낮아질 줄 모른다. 자기를 의롭

다 믿고 다른 사람을 멸시한다(눅18:9-14). 그들은 스스로 모세
의 자리에 앉아있다(마23:2).

- 바리새인들은 위선적이다(마23:13). 말만 하고 행치 않는다(마
  23:3). 남에게 자신을 보이고자 한다(마23:5).
- 바리새인들은 이방인·죄인들에 대한 전도에 관심이 없다.

당시 사정으로 보아 바리새인들은 철저히 믿음생활을 하고자 했던
경건한 사람들이었다. 남보다 구별되게 믿어 보려했던 그 열성이 오히
려 "나는 너와는 다른 사람이다"는 우월의식을 갖게 했고, 본질과 멀
어진 신앙적 태도를 보여주었다. 예수님은 그들의 열심 있는 신앙·철
저한 율법준수를 나무라는 것은 아니었다. 오히려 그들보다 열성적이
고 철저하기를 원했다. 우리는 바리새인들에 대한 예수님의 지적을 통
해서 믿음이 성숙할수록 더욱 고개를 숙일 줄 알아야 한다는 것을 배
울 수 있다.

2) 사두개인(사두개파)

사두개인(Sadducees)은 예수님의 비판대상이었고 그들 또한 예수를
미워했다. 사두개인은 히브리어로 '사두킴'(Tsadduquim), 희랍어로 '사
두카이오이'(Saddoukaioi), 또는 '신디코이'(Syndikoi), 그리고 라틴어로
'사두케이'(Sadducaei) 등 여러 말로 불리고 있다.

사두개인이라는 말은 일반적으로 다윗 왕 때 제사장이었던 사독
(Zadok)의 후예를 가리키는 말로서 합법적인 제사장 가문을 가리키는
것으로 이해되고 있다.[4] 솔로몬 왕 때도 사독의 아들이 제사장이 되

---

4) 아도니야 반역 때 제사장 아비아달이 그와 함께 한 것은 제사장 사독과
   경쟁관계에 있었음을 보여준다. 아비아달은 반역으로 인해 파면되었다.

었고, 바벨론에서 귀환 후 성전을 짓자 사독 후손이 제사장이 되었다. 자연 사독 가문은 기득권 세력이 되었고 정치화되었다. 기원 후 70년 에 이르기까지 대제사장과 그 계열들이 사두개파에 속해 있었다.

1세기 당시 사두개파는 제사장 계층뿐 아니라 부유한 귀족층, 특수 고위층으로 이루어졌다. 부호, 정부관리, 기타 특수층도 이에 속했다. 이 파는 종교단체라기보다 자신들의 현재 기득권을 유지하려는 정치 사회단체 성격이 강했다. 그들은 소수이기는 하지만 교육받은 자들로 정치나 경제에 있어 높은 지위를 차지하고 있었다. 사두개인을 '신디 코이'라 부르는 것은 정치적으로 최고의원들을 가리키는 당파적인 것 과 연관되어 있다.

그들은 개혁보다는 현재의 법률을 고수하고, 종교적 면에서도 비개 혁적 입장을 견지했다. 이들은 또한 소수의 교육을 받은 자들로 외국 의 풍물, 특히 헬라의 영향을 많이 받았으며 정치적으로나 경제적으로 높은 위치를 차지하고 있었다. 로마에 붙어 현실 정치에 참여하는 사 람들이 많았다. 70년 예루살렘 멸망 때까지 대제사장과 그 계열들이 사두개파에 속했다.

사두개인들은 안디오쿠스 에피파네스가 팔레스타인에 헬라화 정책 을 시도했을 때 그 정책을 지지하였다. 이로 인해 사두개파 제사장들 은 헬라의 영향을 받기 시작했다. 그들의 정치적 권력이 커짐에 따라 종교에 대한 애착심은 더욱 약해져갔다. 사두개인들은 힐카누스와 야 네우스(Janeus)가 통치하던 때에 정권을 장악하여 바리새인들을 박해 하기도 했다. 사두개인 대다수는 산헤드린 회원들이었다. 그들은 또한 로마인들 편에 서서 그들을 도와 자기들의 지위를 더욱 굳혔다.

예수님 당시 사두개인들은 소수의 부유한 귀족가문들과 화합하여 성 전을 관할함으로써 비록 숫자는 적었지만 정치나 종교계에서 상당한 영향력을 행사했다. 역사가 요세푸스에 따르면 사두개인들은 배운 사람들이며 대부분 저명한 위치에 있었다. 사두개인들은 사회적으로 개화된 인물들로 주로 예루살렘에 많이 살았다. 그러나 그들은 일반 백성들과 중간계층에 속하는 바리새인들을 멀리한 것으로 알려져 있다.

사두개인들은 때로 그들 가문끼리 서로 반목질시하는 모습을 보여주었다. 또한 그들 가운데 보다 신령한 사람들이 사두개파를 떠나 쿰란종파에 가입하기도 했다. 사두개인들은 일반적으로 헬라의 영향을 많이 받고 로마와 연계되어 있어 동료 유대인들로부터 미움을 샀다.

그들은 과연 어떤 생각을 가지고 있었을까? 사두개파는 바리새파와 달리 부활, 인간의 불멸성, 미래의 응보, 운명, 천사나 악마의 존재 등을 부인했다. 예정론을 거부하고 인간의 의지와 자유를 주장했다. 자기의 주장대로 살고자 한 것이다. 그들은 구전토라를 인정하지 않고 기록된 토라만 최고의 권위로 인정하고 구전을 과거의 유물로 취급해 구전 토라의 권위를 인정하지 않았다. 구전 토라를 인정하지 않은 것은 이것이 모세에게서 나온 것이 아니라는 때문이다. 최고권위로 기록된 토라만 인정했다는 점에서 종교적으로 보수적이다 말할 수 있다. 하지만 바리새파가 보기에 이들은 근본적으로 믿음이 없고 자유주의적이다. 사두개인들이 구전토라만 인정하려 한 것은 자기들이 제사장 족속이라는 권위주의가 작용했다. 토라가 그들 신앙의 외곽역할을 한 것이다. 이들은 헬라영향을 많이 받아 동료 유대인들에게 미움을 샀다. 사두개인들의 사상을 정리하면 다음과 같다.

- 사두개인들은 율법(기록된 성경)을 구속력이 있는 것으로 생각했으나 모세의 율법을 해석하여 구전되어온 해석문(전승, 미쉬나)을 거부했다. 전승을 거부했다는 점에서 신학적으로는 보수적이고 정치적으로는 개방적이라는 평가를 받고 있다. 그들이 기록

된 토라의 권위를 최고로 인정하면서 구전을 과거의 유물로 취급한 것은 구전이 모세에게서 나온 것이 아니기 때문이다.

• 그들은 개혁을 싫어했다. 그들이 개혁을 거부한 것은 현재의 법률을 고수함으로써 그들의 기득권을 보장하려는 현실주의적 판단에 따른 것이다.

• 사두개인들은 악령·천사·영의 존재·부활을 부인했다(행23:8; 눅20:27). 사두개인들이 동생이 형수와 결혼하는 수혼제도(levir- ate marriage)를 들어 부활 때 그 여인이 누구의 아내가 되겠느냐(눅20:27-33)고 물은 것은 육체의 부활이란 있을 수 없는 것으로 생각했기 때문이다. 요세푸스는 사두개인들이 영혼의 불멸성조차 부인한다고 말하고 있다.

• 그들은 사후의 상급과 형벌을 부인했으며, 인간의 선행이나 악행 같은 것에 대해 관심을 갖지 않았다.

• 사두개인들은 에센파의 운명론에 반대하여 인간의 자유의지, 인간행동의 자유를 주장했다. 예정론도 거부된다.

• 그들은 메시야적 소망에 대해서 거의 관심이 없었다.

• 애국심이나 종교적 열심 등을 멸시하였다.

바리새인과 사두개인의 차이

	바리새인	사두개인
예정론(역사관)	믿음	부인
인간의 자유의지	거부	인정
부활	육체부활(영혼불멸 믿음)	부활 부인
영(인간불멸성)	믿음	믿지 않음
영적 존재(천사, 악마)	인정, 초자연주의	부정, 자연주의
미래 응보	믿음	부인
정치성	정치성 배제	강한 정치성(친로마, 현실참여)
개인주의	종교적 개인주의	정치적 권위주의
종교권위	기록된 토라 및 구전 토라 인정	기록된 토라만 인정, 구전 토라 불인정
종교성	보수적	자유주의적
개혁성	개혁적(비현실주의)	현상유지(현재 법률 고수, 현실주의)
계층	중간계층	지배층(귀족층, 고위층, 부유층, 특수층)
관심	신앙생활 혁신	기득권 유지, 로마에 부착

세례 요한은 사두개인들을 향하여 "독사의 자식들아 누가 너희를 가르쳐 임박한 진노를 피하라 하더냐 그러므로 회개에 합당한 열매를 맺으라."(마3:7,8) 경고하였다. 이 경고는 외식하는 바리새인들에게도 해당된다. 이것은 회개할 줄 모르는 영혼들에 대한 선지자의 시대를 초월한 외침이기도 하다.

3) 서기관과 랍비

서기관(Scribes)은 바벨론 포로 당시 율법을 베끼는 성경학자(전문가)에서 유래된 말로 율법교사라 부르기도 한다. 서기관들 상당수가 바리새파에 속했는데 '바리새인의 서기관'이라 한 것은 이들을 지칭한다. 이들은 율법을 이론적으로 발전시키고, 율법을 가르치며, 율법을 적용하는 일에 몰두했다.

서기관은 율법에 능숙한 직업적 학자 계급으로 모세 율법에 관한 전문가이자 보호자들이다. 그들은 율법에 능통했을 뿐 아니라 율법을 가르치고 율법적용에 대해 권위 있는 판결을 내림으로써 유대사회에서 매우 중요한 역할을 하였다. 그들에게 가장 많이 붙여진 칭호가 바로 '랍비'(rabbi)다. 이들에 대해 몇 가지 점들을 살펴보면 다음과 같다.

구약에서는 서기관을 '소프림'(soprim), 곧 성경에 능한 자로 불렀으며 이에 해당하는 신약의 명칭은 '그람마테이스'(grammateis)이다. 신약에서는 이밖에도 율법사·율법학자·율법전문가의 의미를 가진 '모미코이'(nomikoi), 율법교사·교법사의 의미를 가진 '노모디다스칼로이'(nomodidaskaloi)라는 명칭을 사용한다.

서기관들이 일반인들로부터 존경을 받게 되면서 일반인들이 서기관을 부를 때 랍비 또는 마스터(master)라는 말을 사용하였다. 랍비란 '나의 선생님,' '나의 위대한 분,' '나의 존경자'라는 뜻을 가지고 있다. 마스터는 주인·교장·선생님이라는 뜻을 담고 있다. 이러한 명칭들로 보아 율법에 대한 그들의 전문성과 함께 백성들로부터 크게 존경을 받았음을 알 수 있다.

서기관들이 존경을 받게 된 것은 역사와 크게 연관되어 있다. 헬레니즘의 위협이 고조되자 서기관들은 열렬한 율법수호자들이 되었고, 따라서 백성들에게 인기가 있었을 뿐 아니라 그만큼 더 영향력을 행사할 수 있게 되었다. 서기관들은 학생들에게 부모보다 율법을 가르치는 선생을 더 존경할 것을 요구했다. 부모는 자식을 이 세상에 태어나게 했을 뿐이지만 율법선생은 신성한 지혜를 가르쳐 주어 세상생활을 바르게 하도록 하기 때문이다.

율법은 주로 제사의식에 관한 규정이므로 초기의 서기관들은 서기관 겸 제사장이었다. 에스라가 대표적 보기이다. 에스라는 초창기 서기관들 가운데 가장 주목을 받은 인물이었고(느8:9) 모범적인 서기관으로 추앙을 받았다. 그는 율법에 능통했을 뿐 아니라 율법을 준행하며 율법과 규례를 이스라엘 사람들에게 가르쳤다. 신구약 중간기에 율법과 회당의 중요성이 더욱 높아지자 보다 세속적(비전문적)인 성경학자 계급이 생겨나게 되었다. 이들의 일은 율법을 세밀하게 해석하여 그 안에 담긴 뜻을 해명해 주는 것 뿐 아니라 율법이 요구하는 바를 백성들에게 가르치고 그 법적인 결정사항을 후대에 전수시키는 것이었다. 그 후 서기관들은 성경 본문을 조심스럽게 보존하는 책임도 부가적으로 갖고 있었다.

복음서에 보면 서기관들이 율법사로 불리는데 이것은 그들이 모세율법에 전문가였기 때문이다. 유대인에게 있어서 모세의 율법은 형법이자 민법이자 종교법 그 자체였다. 그러므로 이런 문제를 전문적으로 다루는 사람을 높이지 않을 수 없었다. 그들을 가리켜 교법사·율법교사·랍비라 부른 것은 자연스러운 것이었다. 서기관들이 하는 일은 예루살렘뿐 아니라 유대·갈릴리 마을 전역에서 필요했다(눅5:17). 그들은 율법을 양피에 한 자도 틀리지 않게 옮겨 적는 일에서부터 가르치는 일, 판단하는 일 등을 전담했다. 이러한 일을 한다고 해서 보수가 주어지는 것도 아니어서 그들은 먹고 살기 위해 다른 일을 해야 했다. 석공·가죽공·목수 같은 직업을 택했다.

마가복음 2장 16절은 '바리새인의 서기관들'을 언급하고 있고, 사도행전 23장 9절은 "바리새인 편에서 몇 서기관이 일어나"라고 명시함으로써 바리새인 가운데 상당수가 서기관이었음을 입증하고 있다. 마태복음과 누가복음은 자주 서기관과 바리새인들이라는 복합어를 사용함으로써 바리새인들 가운데도 보통 바리새인과 서기관과 같은 전문 가들이 있음을 보여주고 있다. 이것은 바리새인 모두를 서기관으로 보아서도 안 되고, 서기관 모두를 바리새인으로 보아서도 안 된다는 의미를 가지고 있다. 서기관가운데는 사두개인들도 있기 때문이다.

서기관들의 직무는 크게 율법 자체를 이론적으로 발전시키는 직무, 율법을 가르치는 직무, 그리고 율법을 적용하는 직무로 나눌 수 있다.

율법을 이론적으로 발전시킴에 있어서 이들은 십계명 이외 많은 율법을 찾아 이론적으로 전개했다. 6,000여개의 법을 찾아 만들기도 했다. 특히 '장로들의 유전'(the traditions of the elders)이라 불리는 미쉬나(Mishnah)를 발전시켰다.

구약에는 십계명 이외에 아주 많은 계율과 규례가 있다. 서기관들은 613개의 계명이 있다고 말한다. 그 가운데 248개는 긍정문(하라)으로 되어 있고, 365개는 부정문(하지 말라)으로 되어 있다.

모세 율법가운데 어떤 것은 아주 쉬운 문체로 쓰여 있어서 더 분명하게 해석할 필요도 있었다. "안식일에 일하지 말라"는 대표적인 보기이다. 그들은 이 계명을 지키기 위해 어떤 것이 일을 하는 것이고, 어떤 것이 일을 하지 않는 것인지를 구체화시킬 필요가 있었다. 그들은 안식일의 금지사항으로 39가지를 만들기도 했다.

- 안식일에 곡식을 털지 못한다. 안식일에 무릎까지 자란 곡식밭을 걷는 것도 금지다. 곡식이 익은 밭을 걷다가 곡식이 떨어지면 곡식 터는 일이 되기 때문이다
- 무거운 것을 들지 못한다. 귀를 막았던 솜뭉치가 떨어져도 다시 집어 틀어막지 못한다. 드는 것이 금지되었기 때문이다.
- 먼 거리를 가는 것도 금지다. 안식일에 여행거리는 2,000큐빗(1km)을 넘지 못한다.

이밖에 불법이 아닌 여러 가지 일들이 율법을 범하지 않기 위해 금지되었다. 이 가운데 여자들이 안식일에 거울을 보는 행위가 금지된 것을 들 수 있다. 거울에 비춰보다가 흰 머리가 발견되면 그 머리를 뽑기 쉽고, 머리를 뽑을 경우 계명을 어긴 것으로 간주되기 때문이다.

그러나 그들의 규례가운데도 제한적인 조항을 완화시키는 면이 없지 않다. 예를 들어 안식일의 여행거리는 제한되어 있지만 허용된 거리에 가서 2인분 음식을 제물로 드리면 그 만큼 더 갈 수 있다. 또 쉬어가면 된다. 어떤 서기관들은 물건을 오른 손으로 던져 왼 손으로 받으면 괜찮고, 한 손으로 던져 그 손으로 받으면 안 된다는 등 사소한 것까지 규제하였다.

이런 것들이 '장로들의 유전'이라는 이름으로 구두로 전해져 왔으나 계속 불어나는 유전 모두를 암기하기가 어려워지자 주후 200년 랍비 예후다(Jehuda)가 이것을 글로 써 6편으로 된 63권의 책으로 내놓았다. 이것이 바로 미쉬나(Mishnah)다.

미쉬나는 크게 할라카(Halakah)와 학가다(Haggada)로 나뉜다. 할라카는 지켜야 할 법을 구약에서 유추해낸 것을 말하며, 학가다는 구약 외 잠언이나 비유 등에서 윤리적으로 교훈되는 것을 따온 것을 말한다. 그들은 율법을 가르칠 때 암기식, 곧 주입식으로 교육을 했다. 율법을 적용하기 위해 주석 책인 탈무드(Talmud)를 개발했다.

구두로 전해지던 유전이 책으로 나옴과 동시에 이에 대한 해석이 계속되었다. 미쉬나에 대한 해설이 법학·신학·철학·윤리·자연과학·수학·역사·전설·민속 등에 걸쳐 활발하게 전개되었다. 구전된 미쉬나 해설들을 가리켜 게마라(Gemarah)라 한다.

게마라도 너무 많아져 기억하기 어려워지자 4세기에 팔레스타인에 있는 한 율법학교에서 게마라를 글로 쓰게 되었다. 이것은 미쉬나를 본문으로 한 해설집으로 '예루살렘 탈무드'(Jerusalem Talmud)로 알려지고 있다. 그 후 5세기에 바벨론 율법학교에서 더 진전된 게마라를 책으로 펴내었다. 이 책은 미쉬나를 본문으로 한 '바빌로니아 탈무드'(Babylonian Talmud)로서 예루살렘 탈무드보다 4배나 더 많다.

탈무드는 6론 63부로 나뉘어 있다. 크게 미쉬나와 게마라를 합한 것이라 말할 수 있다. 미쉬나가 구약에서 유추한 율법(구약주석)이라면 게마라는 구전을 기록한 것으로 미쉬나를 보충한 것이다. 게마라는 미쉬나를 주석했다 하여 '주석의 주석'이라는 별명을 갖고 있다. 탈무드는 6론 63부로 구성되어 있다. 6론은 다음과 같다.

- 제라임(Zeraim) : 농사법
- 모에드(Moed) : 안식일 및 절기법
- 나쉼(Nashim) : 결혼 및 이혼법
- 네지킨(Nezikin) : 일반형법
- 코다쉼(Kodashim) : 희생제물법
- 토호로트(Tohoroth) : 레위인의 성결법

이것은 모두 그들이 얼마나 하나님의 계명에 복종하고자 했고, 서기관들이 해석한 율법을 한 치라도 어기지 않으려 했는가를 보여준다. 서기관들은 율법을 이론적으로 발전시키고 법전으로 편찬하는데 중요한 역할을 담당해왔다.

율법을 가르치기 위해 회당(synagogue)과 함께 학교가 세워졌다. 회당은 유대교의 기본기관이다. 회당은 포로생활 이후 각 마을마다 세워진 것으로 교회의 전신이라 할 수 있다. 바울은 전도할 때 회당을 찾았다. 따라서 회당은 바울의 이방선교의 전초기지 역할을 했다. 회당장은 제사장을 보좌했다. 각 지역에 세워진 회당은 종교교육을 책임졌다. 이곳 학교에서 아이들은 여기서 모세의 율법을 배웠다. 서기관들은 이스라엘 사람 모두가 모세의 율법에 관한 한 통달하기를 바랐다. 예절도 엄격해 제자들이 길을 걸을 때 서기관과 같이 걷지 못하고 몇 걸음 뒤져 걸었다. 배우는 사람이 선생과 함께 걷는다는 것은 상상도 하지 못했다.

교육방법은 전적으로 암기하는 것이었다. 학생들은 수천 가지의 자세한 규례들을 모두 정확히 배워야 했다. 율법 지식은 전통적인 것이므로 충실히 외우고 배우는 것이 최상의 방법이었다. 랍비에게 있어서 이상적인 학생은 가르쳐 주는 것을 모두 그대로 기억하는 학생이다. 에세네파와 같이 철저한 사람들은 자기가 선생으로부터 배운 것을 그대로 가르치겠다고 서약할 정도였다. 공부를 많이 한 학생들에게는 서기관이 율법문제를 주어 토론하도록 했다. 토론이 끝날 때 서기관은 같은 문제들을 전 서기관들이 어떻게 해결하였는가를 알려주고 자기의 학설을 요약하는 것으로 해서 마무리를 한다. 이런 자료들이 구두로 후세 학생들에게 전해진다.

서기관들은 율법을 적용하는 직무를 수행했는데, 율법 적용이란 어떻게 하는 것이 합법적이라고 포고를 하거나 권위 있는 판결을 내리는 것을 말한다. 신약시대 때 예루살렘의 산헤드린(Sanhedrin)에서는 대제사장들·장로들·서기관들이 이 일을 관장했다. 산헤드린이 열리면 멤버들은 서로 볼 수 있도록 반원으로 앉았다.

무죄는 과반수이상 찬성해도 되지만 유죄판결은 3분의 2의 찬성이 필요하다. 중대한 사건을 다룰 때는 먼저 무죄의 변론이 있은 다음 유죄사항들을 말한다. 무죄를 주장했던 사람이 나중에 유죄로 입장을 바꿀 수는 없으나 유죄를 주장했던 사람이 무죄로 입장을 바꾸는 것은 허용되었다. 예수(마26:59; 요11:47)·베드로와 요한(행4:5-7,15; 5:27,3

4)·바울(행22:30; 23:15) 모두 산헤드린에서 재판을 받았다.

헤롯대왕 시절에 산헤드린의 권위가 축소되었으나 로마 총독들이 통치할 때는 유대 최고기관이 되었다. 종교적인 문제는 자유롭게 다루었고, 민사문제들은 로마에서 규정한대로 행사했다. 산헤드린은 자체 병력을 두어 체포할 권한(마26:47; 막14:43)을 가졌다. 중대한 사건은 로마 총독의 승인이 필요(요18:31)했으나 총독의 판결은 산헤드린의 결정과 일치했다. 이 산헤드린 제도는 예루살렘이 멸망한 주후 70년에 해체되었다.

율법에 대한 그들의 종교적 열심은 높이 평가되고 있지만 그들의 위선과 교만과 완고한 마음은 예수님으로부터 크게 질책을 받았다(마23). 예수님은 장로들의 유전이 오히려 하나님의 뜻을 거스린다 지적하셨다(막7:6-8).

4) 에세네파

에세네파(Essenes)는 아람어로 '거룩한, 경건한'을 뜻하는 '하시아' (hasia)에서 나온 말로 금욕주의자들이다. 이들은 사해의 서쪽 광야에서 집단적으로 수도자처럼 생활했다. 흰옷을 입었고, 독신을 강조했으며, 다른 사회에서 들어온 음식을 먹지 않았다. 묵시적 흐름이 있다. 정치에 대한 관심은 적었다.

이들은 생활면에서 순결성을 강조했다. 성생활을 비난하고 여자 없이 생활했다. 돈도 없이 살았다. 4천 명 정도 모여 공동생활을 했으며 농업에 헌신하며 소유도 공동으로 했다. 이 파에 속하려면 3년간의 시험기간을 거쳐야 한다. 이 때 수 십 가지 사항을 맹세해야 한다. 그 가운데 몇 가지를 소개하면 다음과 같다.

• 하나님을 향하여 경건을 실천한다.

- 인간에 대해서는 정의를 지킨다.
- 자신이 통치자가 되면 권력을 악용하지 않으며, 의복으로나 다른 외부적인 우월성의 표시로 자기 하급자들보다 더 좋은 것을 착용하지 않는다.
- 항상 진리를 사랑하며 거짓을 폭로한다.
- 아무것도 (이 종파의) 단원들에게 숨기지 않는다.
- 고문을 받아 죽는 일이 있더라도 (이 종파의) 비밀을 누설하지 않는다.

에세네파는 4개 파로 분열되었으며 그 중 시카리당(Sicarii)은 열심당(zealots)으로 발전했다. 시카리당은 역사의 현장에 직접 뛰어들어 테러행위도 감행했다고 한다. 세례 요한이 에세네파에 속했다는 주장도 있다.

5) 헤롯당, 열심당, 쿰란계약공동체

그밖에 헤롯당, 열심당, 쿰란계약공동체가 있다. 헤롯당은 정치적 온건파에 해당하고, 열심당(zealots)은 극단적 행동파에 속한다. 열심당에 속한 사람들은 하나님의 열심을 가지고 압제자를 대항하고 다른 사람을 징계했다. 군림하며 정치적 꿈을 이루고자 했다. 이것은 잘못된 꿈이었다.

쿰란(Qumran) 계약 공동체는 주전 2세기경 하시딤 전통을 가진 일련의 사람들이 그룹을 형성하여 유대 광야로 나가 '의의 교사'(the teacher of Righteousness)라는 지도자 밑에 생활한 종교적 공동체를 말한다. 의의 교사는 공동체로 완전히 조직하고, 그들에게 성경을 새롭게 해석했다. 또한 메시야 시대가 올 때까지 율법에 순종하겠다는 맹세로 새 계약을 맺어 결속을 했다. 1947년 사해 근처 쿰란에서 이 계약 공동체의 본거지가 발굴되었다.

사해 사본이 발견된 이후 이 공동체에 대한 여러 학설이 제시되었다. 어떤 학자는 이 공동체가 마카비 시대 이전부터 있어왔다고 주장했고, 어떤 학자는 주후 1세기경의 열심당원이라는 주장도 했다. 그러나 가장 유력한 주장으로는 이 공동체가 알렉산더 얀네우스(주전 102) 또는 그보다 조금 전부터 에세네파 일부와 관련을 가지고 있었다는 것이다. 관습·의식·신조가 같아 동일한 공동체였을 가능성이 높기 때문이다. 이두 단체 모두 토라 및 그 밖의 종교서적을 연구하고 해석했다.

이 계약 공동체는 10명씩 한 조를 이뤘고, 전체 회원이 회의의 구성원이 되었다. 그 중에는 토라 연구와 해석에 참석하는 회원도 있었다. 일반회원은 매일 저녁 3분의 1가량 성경을 읽고 율법을 연구하는 데 할애했다. 토라 해석에는 엄격했고, 특히 안식일을 엄수했다.

이 공동체는 자신을 이스라엘의 남은 자 대표로 자처했다. 그들의 충성심이 그들 나라의 죄를 대속하고, 예언자들이 말한 새 시대를 이끌어가는 데 도움을 준다고 믿었다. 그들은 율법을 철저히 공부하고 실행했다. 이 목적을 위해 그들은 선발대로 유대광야에 나갔다.

의의 교사는 성경을 새롭게 해석했다. 그는 하나님의 뜻을 그 시대에 이룸에 있어서 자신들이 해야 할 역할을 분명히 해주었다. 예를 들어 하박국의 예언에서 그들 자신이 살아날 수 있는 날이 예언되었다고 믿었다. 하나님은 비밀을 하박국에 전달했다. 그러나 그 뜻은 하박국에게는 감추어졌다. 하지만 의의 교사가 그 뜻을 해석했다는 것이다. 마찬가지로 고대 예언이 바로 그 시대와 사건들을 위한 것이라 믿었다. 쿰란 문서로 '어두움의 자녀들과 빛의 자녀들의 싸움'이 있다. 이것은 성전 진행에 대한 작전을 묘사한 것이다.

이 공동체는 66년 열심당과 합세해 로마에 대적했다. 요세푸스는 이들이 에세네 한 분파였다면 처절한 죽임을 당했을 것이라고 했다. 당시 이들은 사두개파를 제외하고 공동의 적과 싸우기 위해 결속했다. 당파나 조국에 대한 헌신보다 거룩한 토라와 그들이 하나님과 맺은 거룩한 계약 때문이다.

2. 헬라주의

헬라주의는 지적 토양을 제공했다. 코이네(koine)라는 헬라어 보급뿐 아니라 헬라철학이 영향을 주었다. 코이네는 '일반적'(common)이라는 뜻을 가지고 있으며 알렉산더 대왕이 세계를 정복한 후 통용시킨 말을 일컫는다. 주전 300년에서 주후 500년까지 사용되었다. 코이네는 복음을 전 세계에 보급하는 데 사용되었다. 헬라철학가운데 신플라톤주의는 어거스틴에게 이어져 신교교리의 체계를 형성하는데 도움을 주었고, 아리스토텔레스는 아퀴나스로 이어져 구교 교리체계를 형성하는데 도움을 주었다. 주요 헬라 철학으로는 플라톤사상을 비롯해서 영지주의, 신플라톤주의, 에피큐리안주의, 스토아주의, 냉소주의, 회의주의 등 다양한 사상이 있다.

플라톤사상의 중심에는 플라톤이 있다. 그는 현상세계와 이데아의 세계를 구분하는 이원론(dualism) 사상을 가지고 있다. 현상세계(물질세계)는 보이지 않는 이데아 세계의 그림자로 비실재세계이다. 이에 반해 이데아의 세계는 참으로 존재하는 세계요 실재세계다. 인간은 비실재세계에서 실재세계로 간다. 이를 위해 인간은 반성(reflection)·명상(meditation)·고행(asceticism)을 한다. 지식은 구원에 이르게 하고, 무지는 죄다. 플라톤 사상은 영지주의와 신플라톤사상에 영향을 주었다.

영지주의(gnosticism, 靈知主義)는 지식을 뜻하는 '그노시스'(gnosis)에서 유래한 것으로 영적 지식에 의해 구원을 받는다는 사상을 가지고 있다. 물질세계를 부정하고, 보이지 않는 세계를 추구한다. 영지주의는 금욕주의를 추구하는데 이는 육체를 괴롭혀야 영이 자유로워진다고 생각하기 때문이다. 영은 깨끗하고 실재하나 물질은 더럽고 실재하지 않는다는 사상에 영향을 주었다. 이들은 현대 기도원운동에도 영향을 주었다.

영지주의는 예수의 실체성보다는 신화론적으로 접근해 초대교회의 한 이단사상으로 발전했다. 영지주의에 따르면 하나님은 너무 위대하고 거룩하여 천한 이 세상을 창조할 수 없으며, 예수님도 육체로 오실 수 없다.[5] 예수님이 왔다는 것은 환상이다(환상설). 물질세계는 여러 단계로 그의 신성이 발산(emanation)되어 마지막으로 창조되었다고 본다. 영지주의 파 중 가인파는 가인이나 가룟 유다 등 성경 속에 지탄받는 인물을 추종하는 종파이다. 예수보다 유다를 변호하며 쓴 「유다복음」도 이들이 만든 것이다.

신플라톤주의(neo-Platoinism)는 어거스틴에 영향을 준 것으로, 영적 생활이 지적 노력이 아니라 무한자와의 신비적 연합에 의해 이루어진다고 보았다는 점에서 플라톤주의와 다르다. 이 사상은 플라톤의 이원론(이데아와 현상)과 페르시아의 이원론(빛과 어두움)에 바탕을 둔 종교철학을 가지고 있으며, 플로티누스(Plotinus)에 의해 발전되었다.

---

5) 영지주의자들은 이 같은 주장을 통해 예수를 비하시킨다. 심지어 예수가 막달라 마리아와 결혼해 아들까지 낳았다 주장하기도 한다. 예수는 부활하지도 않았고, 하나님도 아니라는 것이다. 오늘날에도 영지주의 영향을 받은 여러 작품들이 이러한 가설적 주장을 반영하고 있다. 이러한 주장이 반성경저임은 말할 것 없다.

신플라톤주의에 따르면 영은 선하고 육은 악하다. 육체는 악하기 때문에 하나님이 인간의 몸을 입고 역사 속에 오셨다는 것을 생각할 수 없다. 구원은 육적 욕망을 제거하고 영의 생활을 하는 데 있으며 그것은 죽을 때 성취된다. 영지주의와 신플라톤주의는 기독교의 성육신 교리와 조화되지 못한다.

에피큐리안주의(Epicurianism)는 에피쿠루스(Epicurus, 341-270BC)와 루크레티우스(Lucretius)에 의해 발전되었다. 바울이 아레오바고에서 설교할 때 처음으로 이 사상에 대해 언급한 바 있다. 이 사상은 무신론적 물질주의 진화론과 유사하다. 이 사상에 따르면 이 세계에는 목적도 절대 선도 없으며 최고가능한 선(possible good)이 있는데 그것은 쾌락(만족)이다. 쾌락은 고통이 없는 것으로, 지속적이고 완전한 정신적 쾌락을 강조한다. 나아가 세계는 원자가 우연히 결합되어 만들어진 것이다.

스토아주의(Stoicism)는 기독교 윤리에 영향을 주었다. 스토아(Stoa)는 '흰 페인트를 칠한 현관'이라는 뜻을 가지고 있다. 제노(Zeno, 340-265BC)에 의해 발전되었다. 스토아사상은 인격적 신을 인정하지 않는다. 우주는 절대이성(Absolute Reason)에 의해 지배된다. 이것은 최고선으로, 이성에 일치된 생활을 요구한다. 이 생활은 감정에 지배되지 않는 완전한 자기 절제다. 감정은 실체가 없는 해로운 것으로 친다. 스토아사상은 자유의지나 악의 존재를 인정하지 않는다. 모든 악은 선의 일부에 불과하므로 개혁이나 변화가 배제된다. 나아가 인간의 일에 대해 인격적 관심을 가지지 않는다. 이 사상은 기독교윤리관과 일부 유사한 점은 있지만 전제와 실천은 서로 다르다. 기독교에서는 선악을 구분하고 있다. 또 선과 악의 중립(adiapora)도 있지만 청교도사상에서는 문제가 된다.

냉소주의(cynicism)는 소크라테스에서 유래되었다. 이에 따르면 최고의 덕은 아무 것도 하지 않는 것이다. 그렇다고 윤리를 다루지 않는 것은 아니다. 욕망으로부터 자유롭기 위해 욕망을 제거한다. 단순욕망을 가진 사람이 역경에서 살아남을 수 있다. 냉소주의는 모든 표준과 법을 포기하고, 개인주의화하는 경향이 있다.

회의주의(scepticism)는 엘리스의 피로(Pyrrho of Elis)에서 비롯되었다. 지식이란 경험에 의존된 것이므로 궁극적 표준이 있을 수 없다고 본다. 경험내용이 모두 달라 모든 판단은 상대적이다. 따라서 아무 것도 증명할 수 없고 지적 마비로 끝나고 만다. 회의주의나 냉소주의는 표준을 거부하지만 기독교는 하나님을 절대적 표준으로 삼는다는 점에서 차이가 있다.

3. 로마제국

로마제국(Roman Empire)은 기독교가 성장할 수 있는 환경을 제공했다. 로마는 법·평화·질서를 중시한다. 법률과 제도는 초대교회에 영향을 주어 장로와 집사를 세우게 했고, 건축술은 교회 건축에, 음악은 교회음악 형성에 영향을 주었다. 로마는 세계적인 통일을 이루었다. 평화·교통·언어 모든 면에서 통일됨으로써 복음 전파에 결정적 역할을 했다. 교통의 발달은 선교의 기동성을 높여주었다. 당시 가죽군화는 복음의 신발이 되었다. 로마제국이 기독교에 악영향을 준 것도 있다. 교권주의, 화상예배, 조각숭배 등이 그것이다.

제2부 신약의 전반 이해

제1장 사복음서

1. 사복음서, 그 다양성과 통일성

사복음서는 마태복음, 마가복음, 누가복음, 그리고 요한복음 등 복음서 모두를 가리킨다. 이 복음서는 예수 그리스도의 수난과 부활을 주제로 모든 택한 백성에게 복음을 전하기 위해 기록되었고, 서로 모순됨이 없이 복음을 받는 대상에 따라 각기 독특하게 묘사되었다.

사복음은 교회 전통에 의해 복음서로 정해졌다.[6] 이는 예수 그리스

---

[6] 역사적인 예수님의 말씀이 먼저 있었다. 사도들 가운데 마태가 기록을 남겼다. 마가는 베드로의 영향을 받아 마가복음을 기록했으며, 누가는 바울의 영향을 받아 누가복음을 기록했다. 2-3세기에 다른 기록들이 있었으나 교회가 4복음을 복음서로 채택했다. 자유주의자들의 주장으로 구전설(사도들을 통해 교회로 전달된 구전들을 각 저자들이 엮어 넣었다), 자료설(예수님에 관한 전승 Quelle이 누가와 마태에 영향을 주었고 마가의 기록이 마태에 영향을 주었으리라 보는 두 자료설, 이 두 자료 외에 특수하게 누가복음에만 사용했으리라 보는 L자료와 특수하게 마태복음에만 사용했으리라 보는 M자료 등이 따로 있었다는 4 자료설 등이 있다), 양식사 비판주의(구전설과 자료설을 종합해 교회가 필요에 의해 현재 형태의 전승을 만들어냈다) 등이 있다. 그러나 개혁교회에서는 그리스도의 행적을 직접 목격한 마태와 요한은 직접 기록했고 마가는 예루살렘 교회를 통해, 그리

도의 생애와 교훈을 잘 보여주기 때문이다. 단순히 예수 전기는 아니라 예수가 그리스도이심에 관한 역사적 기록이다. 초대교회 안에는 회당문서가 수없이 있었던 것으로 추측되지만 성령은 4권만 영감한 사실을 받아들인다. 성령께서 계시에 적합한 것만 선발했으므로 전기가 아니라 복음서이다.

마태복음은 유대인을 위한 복음서로 알려져 있다. 언어, 문화, 지리, 역사가 유대인의 이해에 맞게 구조되었기 때문이다. 예를 들어 '하늘들'의 경우 히브리인들은 하늘 끝에는 하나님의 보좌가 있다고 보았고, 하나님 이름을 함부로 부를 수 없어 하나님 개념을 하늘로 바꿔 썼다.[7]

마태복음은 사자복음이라는 별칭이 붙여져 있다. 그리스도를 왕(kingship)으로 묘사하고 있는 것이 특징이다. 예수님이 구약에서 예언된 다윗의 자손임을 족보를 통해 보여주는 것, 예수님을 구약예언과 연결하여 예언이 어떻게 성취되는가를 밝힌 것 등은 유대인의 이해를 돕는다. 그리스도의 왕 되심은 천국(Kingdom of God)에 관한 말씀으로 나타난다.

마태복음을 '천국복음'이라 부르기도 하는데 이는 산상수훈 등을 통해 예수님이 천국에 관한 교리를 체계적으로 가르치고 있기 때문이다. 이방인을 대상으로 쓴 누가복음에서는 천국을 하나님의 나라로 표현하고 있지만 유대인을 대상으로 쓴 마태복음은 '하나님의 나라'라 하지 않고 천국이라 했다. 유대인들은 하나님(엘로힘, 엘)의 명칭을 감히 부르지 않는다. 오히려 '아도나이'라 돌려 부를 만큼 어려워한다. 서

고 누가는 바울과의 여행, 예수 어머니와의 대담, 그리고 다른 목격자를 통해 얻은 자료들을 참고함은 물론 목격하지도 않았고 알지 못한 내용까지 성령의 감동으로 기록했을 것으로 본다.
7) 히브리인들은 7하늘을 말하는데 하늘을 7층 권으로 이해하기 때문이다. 바울은 3층천을 말한다.

기관이 성경을 옮겨 적을 때도 '하나님'이라는 명칭이 나오면 몸을 깨끗이 한 다음 쓸 정도였다.

마가복음은 로마인을 위한 복음서로 알려져 있다. 전통에 따르면 베드로의 교훈에 있었던 로마인에게 썼다고 한다. 즉, 로마에 거주하는 이방인들에게 하나님 아들이자 구속자이신 예수를 가르쳐주기 위해 기록된 것이다. 마가복음은 송아지 복음이라는 별칭을 가지고 있다. 마가복음은 그리스도를 종으로 묘사하고 있는 것이 특징이다. 섬김과 희생의 종이다. 송아지도 고난의 종을 상징한다. 마가복음은 로마의 성격을 살려 세계정복자로서의 그리스도, 교훈보다 이적(행적)을 강조함으로써 그 능력을 나타내고 있다. 따라서 능력의 복음이라 불리기도 한다.

누가복음은 헬라인을 위한 복음서로, 사람복음이라는 별칭을 가지고 있다. 누가복음은 그리스도를 인자로 묘사하고 있다. 누가복음을 인자의 복음이라 함도 이 때문이다. 누가는 헬라의 성격을 살려 예수님의 완전한 인간성을 강조하고 있다. 나아가 복음의 보편성을 통해 유대인뿐 아니라 헬라인을 위한 복음, 곧 인류의 구주로서의 예수님을 드러내고 있다.

요한복음은 교회를 위한 복음서이다. 유대인으로서 예수를 믿는 그리스도인을 대상으로 썼지만 여러 혼합된 그룹을 대상으로 썼다. 요한복음은 독수리 복음이라는 별칭을 가지고 있다. 요한복음은 예수님은 하나님의 아들이요 그리스도임을 믿게 하는 데 목적을 두었다. 요한은 예수님을 하나님으로 묘사하고 있다. 예수님의 신성을 강조하여 족보를 생략했고, 말씀이 육신이 된 것(로고스)은 물론 많은 영적 대화를 기록했다. 요한복음을 영적 복음이라 함도 이 때문이다. 요한복음은 초기 유대전도를 기록한 유일한 책이며, 공관복음서에 없는 6대 기적도 기록하고 있다.

복음서의 특징

	마태복음	마가복	누가복음	요한복음
기록 대상	유대인	로마인	헬라인	교회
그리스도 묘사	왕	종	인자	하나님
강조점	왕권	신성	선지자	제사장
복음 별칭	천국복음	능력의 복음	인자의 복음	영적 복음
동물 별칭	사자복음	송아지복음	사람복음	독수리복음
	(왕 되신 예수)	(고난과 섬김)	(인성)	(신성)

　　요한복음을 제외한 3복음서를 공관(synoptic) 복음이라 한다. 공관이란 '함께 보다'는 뜻을 가지고 있다. 공관복음서는 시간과 장소의 배열이 같고, 문체와 단어가 서로 비슷하기 때문이다. 공관복음서는 갈릴리에서 시작하여 유대로 가지만 요한복음은 초기 유대전도에서 시작한다.

　　문체와 단어에서도 요한복음은 공관복음과 다르다. 공관복음서는 서로 유사점을 가지는데 요한복음은 왜 큰 차이가 있는가 물을 수 있다. 공관복음서라 할지라도 조금씩 차이 나게 기록된 것에 대해 질문할 수 있다. 이에 대해 어떤 학자는 어떻게 구전되었는가, 또는 어떤 자료를 이용했는가를 통해 이 차이를 설명하고자 한다. 그러나 확실한 것은 저자들은 직접이든 간접이든 보고 들은 것과 단편적 기록물을 참고했을 것이며, 성령의 감동을 받아 기록했다는 사실이다. 저자가 누구를 대상으로 쓰고, 어떤 점을 강조하고자 했는가에 따라 달라질 수 있으며, 오히려 복음서의 다양한 면모가 예수 그리스도를 폭넓게 이해하는 데 도움이 된다. 공관복음서는 공통적인 것, 각자 가진 것 등 다양하지만 내용과 구성에는 유사성을 가지고 있다.

　　사복음서는 다양성과 통일성을 이루고 있다는 점에 특색이 있다. 사복음서는 저자들이 예수 그리스도의 생애와 메시지를 의미심장하게 묘사한 것이다. 복음서 저자들은 각기 자기가 이해한 역사적 그리스도를 강조했기 때문에 메시지에 있어서 강조의 차이가 있다. 복음서 저자들이 기록한 그리스도의 생애와 사역에 관한 정의들은 하나님의 아들 예수 그리스도 한 인격에 대한 다른 측면을 제시하고 있다. 강조점에서는 다양성(diversity)이 있는 것이다. 하지만 본질적으로는 예수 그리스도의 말씀 중심과 사건의 통일성 등 그리스도로 집중되는 유사성(similarity), 곧 통일성(unity)을 가지고 있다. 복음서는 다양성과 통일성을 통해 예수님이 우리의 구주이심을 드러내고 있다.

같은 기사라도 사건의 진행순서가 다르게 기록되기도 한다. 마가는 베드로 장모사건에 이어 문둥병자 사건을 기록했지만 마태는 이를 거꾸로 기록하였다. 광야에서 시험받으신 것도 마태는 떡, 뛰어내림, 절함 순서로 기록했다. 하지만 누가는 떡, 경배(절함), 뛰어내림의 순서를 택하고 있다. 풍랑사건도 마태는 잠잠케 하고 제자들을 책망하지만, 다른 복음서에서는 제자를 책망하고 잠잠케 하신 것으로 기록하였다. 이런 기록들은 서로 모순처럼 보이지만 그것은 기록자의 의도, 곧 강조점이 차이다.

각 복음서는 각각 많은 언어를 사용하여 자기 목적에 따라 강조하였다. 마태는 심령이 가난한 자는 복이 있나니 천국이 저희 것이라 기록하지만 누가는 가난한 자는 복이 있나니 천국이 너희 것이라 한다. 서로 다른 면을 보여주지만 서로 보완된다. 주기도문도 마태는 "하늘에 계신 우리 아버지여"라 했지만 누가는 "아버지"라 한다. 또 마태는 "하늘에 계신 너희 아버지께서 너희에게 좋은 것을 주시지 않겠느냐" 하지만 누가는 좋은 것 대신 "성령을 주시지 않겠느냐"고 기록하였다. 만찬 석에서도 포도주에 대한 기록에서 마태는 '나의 언약의 피'로, 누가는 '내 피로 세운 새 언약'으로 기록한다.

다음은 4복음에 나타난 예수님의 생애사를 연대기적으로 살펴본 것이다. 예수님의 공생애 기간은 몇 번 유월절을 지내셨는가에 따라 달라지는데 대략 3-4번 지낸 것으로 추측하고 있다. 요한복음 13장 17절을 마지막 유월절 성만찬으로 칠 때 요한복음 2장 13-23절은 첫 번째 유월절에 해당하고, 요한복음 6장 1-14절은 세 번째 유월절에 해당한다. 문제는 요한복음 5장 1-47을 두 번째로 계산할 것인가에 있다. 이것을 계산에 넣을 경우 주님은 4번의 유월절을 지나신 것으로 계산된다.

사복음의 연대기적 순서

연대기적 순서	사건 또는 특징
• 서론	
• 예수님의 초기 사적 생활	탄생기사, 세례 요한의 설교, 예수님의 세례 및 시험
• 초기 유대사역	가나혼인잔치, 가버나움에 머무심, 성전척결, 니고데모와의 대화
• 초기 갈릴리 사역	갈릴리로부터 산상수훈 주실 때까지, 12제자를 부르심
• 두 번째 갈릴리 사역기간	산상수훈, 백부장 신앙격려, 귀신 쫓아냄, 12제자에게 사명 주심, 비유, 나사렛에서 배척당함
• 두 번째 유대사역	베데스다 연못서 병 고침
• 세 번째 갈릴리 사역	세례 요한 죽음, 5천명 먹임, 물위로 걸음, 4천명 먹임, 소경된 남자 고침
• 네 번째 갈릴리 사역	북쪽 갈릴리로 떠나 예루살렘 향해 출발, 베드로 신앙고백, 변화산, 교훈과 비유
• 세 번째 유대사역	초막절 지킴, 날 때부터 눈먼 자 고침
• 예루살렘 마지막 여행	갈릴리에서 예루살렘 도착
• 예루살렘 성역(유대사역)	수전절, 에브라임 떠날 때까지
• 마지막 예루살렘 사역	승리입성, 성전척결, 교훈과 비유, 감람산서 종말적 말씀들
• 예수님의 수난과 죽음	베다니에서 기름 부으심 받음, 최후만찬, 다락방 대화, 배신당함, 심문 당하심, 십자가 지심
• 부활과 부활 후 나타나심	여자들에게, 엠마오로 가는 두 제자, 도마가 없는 장소에서 제자들에게, 갈릴리 산, 갈릴리해변
• 승천	대사명 주심

2. 마태복음의 주제, 복음의 특수성과 보편성

마태복음은 '천국복음', '사자복음'이라는 별명이 있다. 천국이라는 말이 많이 나오기 때문이다. 사자복음이란 어거스틴이 붙인 이름이다. 요한계시록 4장 7절에 나오는 4생물 중 사자가 마태복음의 성격과 일치하기 때문이다. 동물의 왕자인 사자가 유대인의 왕으로 오신 예수와 같다는 것이다.

마태복음은 예수님의 제자인 마태가 기록했다. 그의 별명은 '레위'이다. 여러 기록에 따르면 마태는 히브리어로 '말씀들'(ta logia)을 편집했다고 한다. 그는 가버나움 지역에서 통행세를 받았던 세리 출신이다. 그가 데나리온 대신 '노미스마'(nomisma)라는 회계전문용어를 사용한 것을 보아도 전직을 알 수 있다. 마태는 예루살렘의 멸망을 전후한 70년 경 안디옥에서 이 복음을 기록한 것으로 알려져 있다.

마태는 예수의 탄생기사, 곧 요셉 쪽 족보를 통해 예수님이 아브라함과 다윗의 언약의 약속대로 오신 분(마1:1)이자 구약의 예언을 성취하러 오신 이스라엘의 왕임을 드러내고자 했다. 예수님은 다윗과 아브라함의 자손으로 계통이 있는 분, 곧 근본이 확실한 분임을 입증한다. 구약의 메시야요 하나님의 계시 역사를 완성하신 분이 바로 예수라는 것이다.[8] 마태는 구약의 배경을 가지고 그리스도의 메시지를 효과 있게 정립하면서 구약이 보여주는 메시야를 신약의 그리스도로 증거 하고자 했다. 마태는 넓은 의미로 구속역사를 보았고, 예수님을 구속역사의 중심에 놓았다. 예수는 우주적인 왕이요 심판자로서 참된 왕

---

8) 구약은 오실 예수에 관한 예언을 기록하였다. 그 예언이 성취될 것을 그림자처럼 예시되기도 한다. 이것은 부분적인 성취(fulfillment)이다. 그러나 완전한 성취(consummation)는 예수의 오심으로 이루어졌다. 주님의 재림은 그 성취의 최절정을 이룬다.

권을 가지신 분이다.

마태는 세례와 시험을 통해 갈릴리 성역의 새로운 시작을 알렸다. 세례를 받으실 때 '하늘에서의 소리'는 공생애의 시작을 알려주었다. 물론 메시야적 예수의 시작은 태어나면서부터이다.

마태는 예수님의 교훈을 산상수훈(5-7장, 천국윤리), 제자파송과 명령(10장, 선교), 비유(13장, 천국의 본질), 겸손과 용서에 대한 교훈(18장, 교회의 훈련), 묵시적 교훈(24-25장, 종말론) 등 다섯 가지로 나누어 배열했다. 산상수훈은 '그의 나라'(His Kingdom)의 성격을 잘 나타내고 있다. 그는 천국도덕률과 함께 종말론적 하나님 왕국을 선포하고 우리의 회개를 촉구하셨다.

마태복음에는 다른 복음서에 없는 기록들이 많다. 특별사건기록으로는 마리아 임신과 요셉의 꿈, 동방박사 아기 경배, 애굽 피난, 헤롯의 유아학살, 가룟 유다 자살, 예수 순결에 대한 빌라도 처의 꿈, 성도의 부활, 시체를 훔쳐간 것으로 뇌물 주어 소문 퍼뜨림 등이 있다. 비유 가운데도 가라지 비유를 비롯해 감추인 보화, 값진 진주, 그물, 무자비한 종, 포도원 일꾼, 두 아들, 왕자의 결혼잔치, 열 처녀, 달란트 등 10가지 비유들이 있다. 그리고 이적가운데 두 소경을 고치신 것, 벙어리 귀신 들린 자 고치신 것, 그리고 베드로가 물고기 입에서 한 세겔 발견한 것 등 3가지는 마태복음에만 기록되어 있다.

그밖에 기록이 일반적으로 간결한 점, 메시야로서의 예수님에 대한 관심이 깊은 점(마2:15), 복음의 특수성(마10:5-6, 15:24)과 보편성(마28:18-20)을 함께 강조한 점, 교회에 대한 관심(마16:18, 18:17), 종말론적 관심(가라지 비유, 열 처녀 비유, 달란트비유, 묵시적 교훈), 천국이 그와 함께 시작한다는 것을 강조하고 있는 점 등이 특징으로 나타나 있다. 마태복음에서만 '교회'(ekklesia)라는 명칭이 나온다. 베드로의 신앙고백 이후 예수님은 고난 십자가 처형과 고통, 부활 등을 내다보시고 예언하셨다. 그리고 예루살렘으로 갈 것을 말씀하셨다.

마태복음의 특성은 무엇보다 복음의 특수성(particularism)과 보편성(universalism)을 함께 보여준다는 데 있다.

특수성은 예수 족보의 소개, 셈족적인 문법(어휘)과 문장구조(용어)의 사용, 유대주의적 사상과 사고 등에서 찾아볼 수 있다. 이것은 이 복음서가 유대인을 대상으로 그들과의 접촉점을 찾기 위해 기록되었기 때문이다. 그러나 강조와 핵심내용은 보편성에 있다.

족보는 신약과 구약의 연결고리로서의 예수, 다윗중심의 기독론을 보여준다. 신약과 구약의 연결고리로서의 예수는 구약이 여자의 씨, 아브라함의 씨, 다윗의 씨라는 표현을 통해 계속 어린 양을 예언했다면 예수 그리스도의 성육신을 통해 구약 예언이 성취되었음을 드러내고 있다. 그러므로 신약은 구약에서 단절된 것이 아니다. 예수님이 이 땅에 오심으로 말씀이 이루어진 것이다. '낳고'(ek)는 단지 혈통을 말하는 것이 아니라 구약의 예언이 어떻게 이루어졌는가를 보여준다.

또한 우리 성경에는 '아브라함과 다윗의 세계'로 기록하고 있지만 원 헬라어 성경에는 '다윗과 아브라함의 세계'라 적고 있다. 다윗이 먼저 기록된 것은 왕을 통하여 구약 개념의 메시야가 온다는 예언의 성취를 보다 강조하기 위한 것이다. 다윗 중심의 기독론(Davidic Christology)이라 함은 이 때문이다. 그러나 족보는 다윗의 언약뿐 아니라 아브라함의 언약이 동시에 성취됨을 보여준다.

나아가 족보는 특수성과 함께 보편성을 담고 있다. "이스라엘 집의 잃어버린 양 외에는"(마10:5이하), 그리고 수로보니게 여인을 향해 "나는 이스라엘의 잃어버린 양 외에는-개들에게 주는 것이 합당치 않다"(마15:24)는 말씀 속에는 이방인에 대한 유대인의 편견적 사상을 노골적으로 드러내는 특수주의를 읽을 수 있다. 그러나 그 전반적 메시지 속에는 예수님이 편견에 사로잡힌 유대인이 아니라 이방인 취급을 당하는 그들의 믿음을 크게 보셨으며, 그들의 삶 속에서 믿음을 확신시키려는 의지가 더 강하다는 것을 잊어서는 안 된다. 수로보니게 여인은 자존심이 강한 그리스 계 이방인이다. 예수님은 주님을 신뢰하며 자신을 철저히 낮춘 그의 믿음을 귀하게 보셨다.

특히 족보는 유대인의 특수성을 제거하고 복음의 보편성을 드러내고자 했다. 하나님은 아브라함을 향해 "너로 인하여 만민이 복을 얻으리라"(창12) 하였다. 이 때 '만민'(panta)은 '각자 그리고 모두' '모든 종류의 사람'을 말한다. 개별적이면서도 전체를 포괄하는 말이다. 이 만민을 포함하고 있는 아브라함의 언약(창12, 15, 17)이 마태복음 1장의 중심에 흐르고 있다.

보편성은 마태복음 여러 곳에 나타나있다. 예수님은 이스라엘이냐 이방인이냐 하는 것보다 누가 복음을 수용하느냐에 관심이 있었다.

- 마태복음 1장에 소개된 족보에 다말·라합·룻·밧세바와 같이 비이스라엘 사람들이 들어가 있다. 이스라엘 여인은 마리아뿐이다.
- 동방에서 온 박사들이 예수님을 경배했다. 이들은 이방인들이다. 이것은 복음이 이방으로 흘러갈 것을 전제한다(마2:1이하, 11).
- 예수님의 거주지는 가버나움이고, 주 활동지도 가버나움이었다(마4:13, 9:1,18, 13:1,36, 17:25). 이곳은 당시 이방으로 취급당한 곳이다.
- 이방인 백부장의 신하를 고쳐주셨다(마8:7-13).
- 마태복음 10장 34-38절에서는 복음의 확장 과정을 보여준다. 여기에서는 윤리적 한계 뿐 아니라 인종적·문화적 한계를 넘어서서 모든 인간들의 아버지가 될 것을 선언하고 있다.

- 고라신·벳세다·가버나움이 이스라엘의 정통지역인 두로·시돈·소돔보다 마지막 심판 때 견디기가 나으리라 한다. 이곳들은 이방이다. 복음이 이방에 전파될 것을 보여준다.
- 귀신을 쫓는 치료사역은 메시야의 표적이다(마12:15-21, 사42:1-4). 표적은 이방인을 중심으로 나타났다(마12:21).
- 느니웨 표적밖에 보여줄 것이 없다(마12:41이하)는 말씀은 유대인들이 복음을 거절하고 이방인에게 복음이 전파될 것을 보여준다.
- 이스라엘이 왕국의 비밀을 잃어버릴 것이다(마13:10-18). 이것은 이스라엘이 참뜻을 깨닫지 못한다는 것을 의미한다. '어린이에게는 보이시고'라는 말씀에 주목하라.
- 세상 모든 곳으로부터 천국의 아들들이 올 것을 예언하신다(마13:38). 이것은 복음이 땅 끝까지 전파될 것을 의미한다.
- 악한 농부의 비유(마21:33-46)는 유대인이 구속사적 왕국을 잃어버리게 될 것을 예언한 것이다.
- 최후의 만찬에 모든 종류의 사람이 초대된다(마21:14). 큰 찬치(천국잔치)에 모든 족속의 사람이 초대된다.
- 천국복음이 온 세계와 모든 백성들에게 증거 된다(마24:14).
- 베다니에서 (옥합) 기름 부음을 받는다(마26:6-13). 이 사건이 온 세계에 퍼질 것을 예언하신다.
- 예수님의 지상명령에서 '모든'(panta)은 하나도 빠짐없이 모든 사람을 가리킨다(마28:16-20). 그리고 그들 가운데 가서 아버지 이름으로 세례를 주라 하셨다.

마태가 좋아하는 구조

7중 구조
• 주기도문을 7행으로 씀(마1:9-13) • 7가지 비유(마13장) • 7광주리(마15:37) • 7형제(마22:25) • 7귀신(마12:47) • 7조각(마15:34) • 7번씩 70번(마18:22) • "화있을진저" 7번 경고(마23)

3중 구조배열
• 예수족보 14대씩 3토막(마1:17) • 3가지 시험(마4:1-11) • 의에 대한 3가지 실례(마6:1-18) • 3가지 계명(마7:7) • 3가지 병 고치는 기적(마8:1-15) • 3가지 권능 행하심(마8:23-9:8) • 금식에 관한 3중 응답(마9:4-17) • 3번 "두려워하지 말라" 말함(마10:26,28,31) • "--자는 내게 합당치 않다" 3번 반복(마10:37-38) • 씨 뿌리는 비유 3가지(마13:1-32) • "소자들아" 3번사용(마18:6,10,14) • 경고를 주는 3가지 비유(마21:28-22:14) • 그의 적에게 3가지 질문 던짐(마22:15-40) • 겟세마네에서 3번 기도(마26:39-44) • 베드로가 3번부인(마26:69-75) • 빌라도가 예수에게 3가지 질문(마27:11-17)

3. 마가복음의 주제, 예수님의 신성

마가복음은 '능력의 복음'이다. 이적을 행하시는 주님, 정복자로서의 예수님을 부각시키기 때문이다. '송아지 복음'이라고도 한다. 송아지는 가축의 왕자로 고난의 종 예수를 상징한다.

마가복음의 기록자는 마가다. 요한 마가라 하기도 한다. 마가는 바나바의 생질이다. 마가는 바울의 1차전도 여행 중 중도 포기한 일이 있었다. 이것이 바울의 2차전도 때 분규의 불씨가 되었다. 나중에 화해하고, 믿음의 동역자가 되었다(몬24). 베드로는 마가를 가리켜 "내 아들"(벧전5:13)이라 부를 정도로 가까워졌다. 믿음의 아들이라는 뜻인데 이것은 그가 믿음을 강하게 했음을 의미한다. 외증에 따르면 파피아스(Papias)는 마가를 베드로의 통역관 역할을 한 것으로 간주했으며, 베드로의 통역관이었기 때문에 마가복음을 정확히 기록했을 것으로 판단하고 있다. 마가복음이 때로 '베드로복음'이라 불리는 것은 이 때문이다. 베 홑이불(겉옷)을 버리고 벗은 몸으로 도망한 청년(막 14:51-52)이 마가일 것으로 추측하고 있다. 마가 스스로 과거 부끄러운 자신의 모습을 그렇게 그렸을 것으로 보는 것이다. 그는 또 다락방을 잘 묘사하고 있는데(막14:12-26), 이것은 기록자가 다락방 주인이거나 주인과 밀접한 관계가 있는 것으로 판단되고 있다.

마가복음은 AD 60년경 로마에서 기록된 것으로 보인다. 클레멘트는 마가복음이 베드로 생존 시 기록되었다고 말한다. 베드로가 네로 박해 때인 64년에 죽었다면 그 이전이 될 것이다. 마가복음 13장 14절의 '멸망의 가증한 것'은 예루살렘 성전 멸망예언으로 본다면 기록은 그 이전일 것이다.

마가복음은 섬기는 종으로서의 예수님(1-10장)과 희생(고난)의 종으로서의 예수님(11-16장)을 묘사하는 데 초점을 맞추었다. 주님의 고난은 죽음과 부활의 대속적 성격을 가지고 있다.

마가복음은 생생한 묘사가 특징이다. 사랑, 노하심, 슬퍼하심, 한 숨 쉬심 등 예수님의 감정을 적나라하게 묘사하고 있다. 문장이 짧고 단순하며, '그리고' '즉시' 등의 단어를 많이 사용하였다. '보아너게'(우뢰의 아들들: 요한과 야곱), '달리다굼'(소녀야 일어나라), '에바다'(열어라), '아바'(나의: 하나님을 부르는 소리), '엘리 엘리 라마 사박다니'(나의 하나님, 나의 하나님, 어찌하여 나를 버리시나이까) 등 아람어가 많이 나오는 것도 특징이다.

마가복음 16장 9-20절이 논란이 되어왔다. '대사명'(Great Commission, 15-16절)이 포함된 절이다. 자유주의자들은 16장이 8절에서 끝난다고 주장한다. 그 이유는 교부들의 사본(시내사본, 바티칸사본, 수리아역본,

클레멘트, 오리겐 등)에는 이 절들이 빠졌다는 것이다. 그리고 16장 8절의 '무서워 아무 말도 못하더라'와 9절 이하, 특히 11-12절이 서로 모순된다고 주장한다. 다른 사람이 덧붙인 것이 아닌가 보기도 한다. 하지만 이 절들은 알렉산드리아, 에브라임, 베자, 파리, 이레네우스, 터툴리안 등 다른 교부들의 사본에는 들어 있고, 이 절들이 없으면 결론이 없게 된다는 점에서 있는 것으로 결론을 내렸다. 처음에는 놀라 말을 못했어도 얼마 후에 말했을 것이다. 원본에 있는 것으로 결론지어야 마땅하다.

마가복음은 무엇보다 예수님의 신성(deity)을 잘 드러내고 있다. 다음은 몇 가지 보기이다.

첫째, '예수 그리스도의 복음'이라 기록한 마가복음 1장 1절은 마가의 신앙고백이다. 예수 그리스도가 복음이라는 것이다. 복음은 다큐멘트가 아니라 예수님의 인격에 관한 좋은 소식이다. 인격적인 증거라는 것이다. 바울도 예수를 복음으로 보았다. 역사적인 예수, 메시야, 이스라엘의 희망성취는 좋은 소식이다. 이 좋은 소식이 예수님의 지상 활동, 고통당하심, 죽으심, 부활을 통해 입증되었다. 복음은 예수님의 인격과 행동을 말해준다.

둘째, 세례 요한의 증거다. 세례 요한은 예수님을 구약 예언을 성취시키는 신성한 약정(임명)으로 보았고, 그는 그의 오심을 예비하는 사역에 몰두했다. 그는 죄의 회개와 용서를 강조했고, 그리스도의 영광스런 위엄과 그의 능력을 증거 했으며, 예수가 그리스도임을 선포하는 선지자적 은사를 받았다.

셋째, 예수님의 하나님의 아들 됨(Sonship)을 보여주었다. 시험을 받는 모습에서 그는 사단에 대항하는 결정적 과정을 보여줌으로써 선택된 하나님의 아들이심을 드러냈다.

끝으로, 마가는 갈릴리를 계시 장소의 출발로, 예루살렘은 마치는 곳
으로 묘사하여 예수의 생애가 구속적인 죽음으로 이어짐을 보여주었다.
갈릴리는 메시야의 활동성이 드러난다. 마가는 예수의 전기를 쓰려한
것이 아니다. 역사적인 예수를 사실에 입각해 쓰되 인격적 예수에 치
중했다. 시간과 장소로서의 역사성보다는 역사성을 띤 역사에 더 관심
을 두었다. 이 모두는 예수의 활동성과 밀접하게 연관되어 있다. 마가
는 베드로의 설교에 의존해 썼기 때문에 조직적인 개요(전기)로 볼 수
없으나 예수의 인격성(활동·고통·죽음·부활 등)을 묘사했다.

4. 누가복음의 주제, 인간적인, 너무 인간적인 예수님

누가복음은 '인자복음' 또는 '사람복음'이라 불린다. 사람은 만물의
왕자다. 누가는 예수님의 인간적인 모습, 특히 약하고 가난하고 억눌
린 인간에 대한 그리스도의 사랑을 잘 그려냈다. 누가복음을 '사회복
음'이라 하는 것도 이 때문이다.

기록자는 누가로 의사였다. 그는 유대인이 아닌 이방인(딤후4:11)이
었다. 신약 저자가운데 유일한 이방인으로 시리아의 안디옥 사람인 것
으로 추측하고 있다. 그는 교육을 받은 사람으로 역사적 관찰력이 뛰
어난 것으로 보인다. 그는 로마제국의 광대한 배경 속에서 로마지방행
정과 정치적 사건을 언급하며 객관적으로 복음을 기술하였다.

예수의 직접적인 제자는 아니었지만 가까운 서클의 인물로, 특히 바
울과 가까웠다. 그는 사랑받는 의원(골4:10-14)으로 묘사되고 있다. 누
가는 바울의 동역자로 빌립보, 예루살렘 등 3번 정도 바울과 동행했다.

누가는 데오빌로의 시의(侍醫)로 종의 신분인 것으로 알려져 있다.

데오빌로는 도미시안 황제의 조카 클레멘스(Titus F. Clemens)인 것
으로 알려져 있다. 데오빌로가 살려줘 자유를 얻었다. 그 보답으로 누
가는 누가복음과 사도행전을 써 보낸 것으로 보인다.

무라토리 정경(Muratori Canon)에 따르면 누가복음은 바울의 의사
요 반려자인 누가가 기록했다. 이레네우스도 누가가 바울에게서 설교
를 들은 대로 기록했다고 말한다. 누가는 누가복음과 사도행전 모두
데오빌로에게 쓴 글임을 밝히고 있으며, 또한 누가복음을 '먼저 쓴 글'
로 소개하고 있다. 의학적 용어를 사용하고 병명을 기록한 것도 의사
로서의 특징을 드러낸다. 그는 헬라의 의학적 술어에 능통하였다. 마
태와 마가는 베드로 장모의 질병을 그저 열병이라 했지만 누가는 중
한 열병이라 묘사했고, 혈루증 앓던 여인에 대해서도 마가는 효험 없
고 중하여졌다고 했지만 누가는 12해를 혈루증으로 앓던 인물이라 기
록하였다.

누가복음은 바울이 순교하기 전인 60-67년 사이에 로마에서 기록된
것으로 추정하고 있으며, 데오빌로로 하여금 이미 배운 것을 확신케
하기 위해 썼다. 누가복음은 공관복음에서 유일하게 서술방법을 서론
에 논급함으로써 가장 형식을 갖춘 복음서로 평가받고 있다. 그는 완
전한 탄생기사를 통해 역사적 증거를 제시했다. 갈릴리 사역에서는 12
제자의 부르심과 산상수훈이 있었음을 보여주었다. 갈릴리에서 예루살
렘까지의 사역에서는 사마리아인에 대한 주님의 태도, 기도 및 묵상의
중시, 예수님과 바리새인과의 논쟁을 자세히 언급하였다. 예루살렘의
여정도 자세히 다루었다.

누가는 무엇보다 구원사적 관점에서 예수님의 생애를 묘사했다. 누
가는 세례 요한의 탄생과 예수님의 탄생을 완전하게 표현함으로써 이
두 사건이 구속사적으로 연관이 있음을 보여주었다. 갈릴리와 유대 사

역에서 주님의 수난과 죽음이 어떤 의미가 있는가를 객관적으로 입증했다. 다른 복음서에 없는 예수님의 승천기사가 있다.

그는 그리스도 복음의 광범위한 우주적 보편성에 대해서도 언급했다. 만민(온 세상, 온 인류)을 위한 천사의 메시지(눅2:14), 이방인의 빛이 되실 예수(눅2:32), "모든 육체가 구원하심을 보리라"는 세례 요한의 증거(눅3:6), 사마리아인을 유대인과 같은 수준에 두고 말씀하신 주님(눅10:33), 길가와 산울가로 가서 사람을 데려오라는 말씀(눅14:23), 복음이 모든 족속에게 전파될 것을 말씀하신 것(눅24:47) 모두 보편주의에 관한 말씀으로 인용된다. 복음이 이방인을 위해 주어진 것임을 누가는 강조하고 있다.

누가는 개인에 대한 관심도 높았다. 제사장 사가랴, 엘리사벳과 그의 사촌 마리아, 세례요한과 예수님의 어린 시절, 마리아와 마르다, 삭개오 등을 다루면서도 매우 친근하게 접근하였다. 사회적으로 버림받은 자들(social outcasts), 여인들, 아이들에 대해서도 마찬가지였다. 빚진 자들, 어리석은 부자, 잃어버린 드라크마, 불의한 청지기, 부자와 나사로 등을 들어 부에 관한 주님의 관점을 보여주었다.

누가는 예수님이 기도의 사람인 것에 주목했다. 예수님이 세례를 받을 때, 기적이 일어날 때, 제자를 선택하기 전, 70문도가 돌아왔을 때, 변화산상에서, 주기도문을 가르치실 때, 겟세마네 동산에서, 십자가 위에서, 사막에서나 산에서나 기도했음을 강조하였다. 그는 성령의 능력, 잃은 것을 찾았을 때의 기쁨을 강조했으며, 찬양과 감사가 소개되었다. 특히 마리아의 찬송, 사가랴의 축복송, 천사들의 영광송, 시므온의 고별송 등 4개의 아름다운 찬송을 소개하고 있다.

누가복음에는 데오빌로 문제, 예수의 족보기록문제 등이 제기되고 있다. 누가복음과 사도행전 두 책은 데오빌로에게 보내진 것이다(눅

1:3, 행1:1). 데오빌로는 헬라어로 '하나님에게서 사랑을 받는 자', '하나님의 친애하는 자'라는 뜻을 가지고 있다. 초기 주석가들은 이 명칭을 본명이 아니라 진실한 그리스도인을 상징한다고 주장하기도 했다. '각하'라는 별칭을 첨가한 것을 볼 때 어떤 계층의 한 이방인을 마음에 둔 것일 수도 있다. 스트리터(B. H. Streeter)는 그를 로마의 특정 위치에 있는 익명의 사람으로 간주했다. 그리고 증거는 부족하지만 클레멘스로 생각된다고 주장했다. 클레멘스는 도미틸라(Domitilla)와 결혼했으며 도미티안 황제의 사촌으로, 부부가 다 기독교인으로 알려져 있다. 그러므로 데오빌로는 이방인 개종자의 대표자인 셈이다.

누가는 예수님의 족보에 대해 소개했는데 이는 마태복음과 차이가 있다. 우선 내려오는 순서가 아니라 거꾸로 올라가는 식으로 기술했다. 또 유대인의 믿음의 조상인 아브라함에게로 그 조상을 거슬러 올라간 마태복음과는 달리 인류의 조상(눅3:38)인 아담에게까지 거슬러 올라간다. 아담에게까지 올라간 것은 종족이나 신분에 관계없이 필요한 모든 사람들에게 예수 그리스도의 사역이 행해져야 한다는 사실을 실증한 것이다. 왜냐하면 하나님의 은혜의 대상은 모든 인간들이기 때문이다.

마태복음은 다윗부터 솔로몬을 거쳐 요셉으로 내려옴에 비해 누가복음은 다윗부터 나단을 거쳐 요셉으로 이어진다. 누가복음이 마리아 가계라 한 것은 마리아의 아버지 헬리에 이어 요셉이 아들로 소개되고 있기 때문이다. 당시 사위도 아들로 표현되었다. 마태복음이 요셉 가계를 중심으로 기록했다면 누가복음은 마리아 가계를 중심으로 예수 족보를 적었다. 다윗부터 예수님까지 부분에 공통된 이름은 둘밖에 없다. 그 이유는 마리아와 요셉은 다 다윗의 자손이나 계통이 다르기 때문이다. 솔로몬과 나단 모두 다윗의 아들이다. 마태복음은 법적(부계) 가계를, 누가복음은 실제적(모계) 가계를 기록하고 있다. 이는 법적으로나 실제적으로 예수님은 다윗의 상속자임을 보여준다.

누가복음은 전체적으로 문맥의 흐름은 이사야서를 낭독하거나 안식일과 회당 중심이어서 '유대적'이라는 느낌을 준다. 그러나 그리스도의 마음은 이방세계로 향하고 있다.

누가는 다윗의 위로부터 예수 그리스도가 전 세계를 다스린다는 것을 확고히 했다. "모든 육체가 하나님의 구원하심을 보리라"(눅3:6). 복음의 우주적 보편성, 하나님 나라의 보편성에 대한 이 선언은 우리 모두가 메시야 오심을 예비해야 한다는 것을 가르쳐준다. 엘리야 시대에는 오직 시돈 땅 사렙다 과부에게로 보냄을 받았고, 엘리사 시대에는 오직 수리아 사람 나아만만 깨끗함을 받았다는 말씀은 이방을 향한 주님의 마음이 어떠한가를 보여준다.

예수님은 나사렛에서 배척을 당하셨다. 이것은 유대인들의 그리스도 배척과 함께 교회의 전 세계적 선교 시대의 도래를 예고한 것이다. 선한 사마리아인의 비유나 사마리아 문둥이만 감사드리러 왔다며 사마리아인을 강조한 것도 복음이 이방인에게 얼마나 유효하게 확산될 것인가를 예표하고 있다. 어떤 학자는 심지어 70인 파송을 가리켜 세계 70개국으로의 파송으로 보기도 한다. 누가의 이러한 사상은 사도행전에 잘 확대되어 있다. 그는 이스라엘의 회복보다 오히려 땅 끝까지 이르러 복음이 전파되는 것을 강조하고 성령의 임재와 함께 복음이 이스라엘을 넘어 이방으로 힘 있게 뻗어나가고 있음을 보여주었다. 바울이 로마에로의 여정에서 "그런즉 하나님의 이 구원을 이방인에게 보내신 줄 알라 저희는 들으리라"한 선언은 복음이 이방을 향해 어떻게 열려있는가를 입증하고 있다.

누가복음의 주제는 인간적인, 너무 인간적인 예수님을 잘 묘사하고 있다는 것이다. 누가는 구원사역에서 제외된 것으로 간주되는 특정 계층의 사람들에 대해 특별한 관심을 보였다. 그들은 바로 어린이들, 여인들, 병자들, 가난한 사람들, 버림받은 사람들, 이방인들이다. 누가는 예수님이 바로 이런 사람들을 위해 오셨음을 확고히 하고 있다. 다음은 이들에 대한 주님의 관심을 적은 것들이다.

어린이들의 경우 당시 로마는 도덕적으로 문란하여 어린이들은 버림의 대상이었다. 그러나 그리스도인들은 어린이들을 도왔다. 어린이에 대한 예수님의 사랑 때문이었다. 누가복음에는 어린이에 대한 관심이 여러 곳에서 나타난다. 임신 중인 마리아가 엘리사벳을 만난 것, 예수의 마구간 탄생과 아기 예수 경배, 할례나 성전 방문 등 예수의 어린 시절 이야기, 아들을 잃은 나인성 과부 이야기, 야이로의 딸이 외동딸이라는 사실, 귀신들린 아들이 외아들이라는 사실 등은 누가복음에서만 나타난다.

여인들의 경우도 예외는 아니다. 당시 랍비들은 "하나님이 나를 여인이 되지 않게 하심에 감사한다."고 했다. 바리새인과 서기관들은 여인들과 접촉되지 않도록 자기 겉옷을 치켜들었고, 공식석상에서 베일로 얼굴을 가리지 않은 여인을 바라보는 것을 죄로 여겼다. 그러나 그리스도인들은 남자나 여자나 할 것 없이 그리스도 안에서 하나임을 강조한다. 누가복음은 여인을 위한 복음이기도 하다. 여선지 안나, 나인성 과부, 마르다와 마리아, 18년간 귀신들린 여인, 슬피 울던 예루살렘의 딸들은 누가복음에 있는 독특한 기록이다. 베드로가 소생시킨 욥바의 다비다, 빌립보 전도서 개종한 여종과 루디아 이야기도 이와 맥락을 같이 한다.

병자들에 대한 주님의 관심도 컸다. 누가가 의사였기 때문에 의사로서의 직업적인 관심도 있었을 것이다. 고창병 든 사람을 고쳐주신 것, 말고의 귀를 고쳐주신 것, 열 문둥이 치유 등은 누가복음에만 나타난다. 사도행전에서도 성전 미문에 앉은 앉은뱅이, 8년 중풍 병든 애니아, 3층 누각에서 떨어져 죽은 유드고 등을 통해 병자들에 대한 관심을 드러냈다.

가난한 사람들에 대한 주님의 관심을 보자. 누가는 가난한 자에게 복음이 전파되는 것(눅4:18, 7:22)을 이사야 예언(사61:1-2)의 성취요 그들에게 하나님 나라가 약속되는 것임(눅6:20)을 확실히 기록했다. 누가는 마구간의 구유에서 몸을 푼 것에서 결례를 지키기 위해 양 한 마리 살 여유가 없어 비둘기 한 쌍이나 어린 반구 둘로 제사지내려 한 것까지 마리아가 얼마나 가난했는가도 놓치지 않았다. 자신의 소유를 팔아 가난한 자를 도우라는 말씀이나 연회를 베풀거든 부한 이웃이나 친척을 초대하기보다 가난한 자·병든 자·저는 자·소경들을 청하라는 말씀은 가난한 자에 대한 주님의 관심이 얼마나 큰가를 보여준다. 부자와 나사로, 불의한 청지기, 어리석은 부자는 누가복음에만 나오는 기사이다. 가난한 자에 대한 누가의 관심은 사도행전으로도 이어져 초대교회에서 물건을 통용한 것이나 유대교회의 흉년을 돕기 위해 안디옥교회가 연보한 것을 적고 있다.

버림받은 자들에 대한 예수의 관심도 적고 있다. 누가는 예수를 죄인과 세리의 친구로 묘사하고 하나님이 그들을 얼마나 사랑하고 계시는가를 보여주었다. 잃은 양, 잃은 동전, 잃어버린 탕자에 관한 이야기는 누가복음에만 기록되어 있다. 세리 삭개오의 친구가 되어주신 분도 주님이다. 주님은 "죄인을 불러 회개시키러 왔노라" 하신다. 주님은 그리스도의 발을 씻긴 창녀의 눈물을 보셨다. 십자가의 두 강도 중 한 강도에게도 "오늘 나와 함께 낙원에 있으리라"하신 분도 주님이시다.

이방인들에 대한 주님의 관심은 이미 언급한 바와 같다. 누가복음이나 사도행전은 복음이 모든 나라를 포함시키는 우주적 보편성을 담고 있다. 사도행전은 복음이 예루살렘으로부터 시작하여 로마까지 확장되는 과정을 기술함으로써 은혜가 어떻게 전 세계로 전파되었는가를 보여주었다.

5. 요한복음의 메시지, 로고스 되신 그리스도

요한복음은 제 4복음서로서 '독수리복음'이라는 별명을 가지고 있다. 독수리는 조류의 왕자로 가장 높이 날고 태양을 똑바로 본다. 요한복음을 독수리복음이라 한 것은 예수님의 신성을 독수리가 태양을 보듯 가장 분명하게 표현했기 때문이다. 우리가 바라보아야 할 분은 바로 주님이시다.

요한복음의 기록자는 요한이다. 파피아스는 사도 요한이 기록했고, 이레네우스도 제자 요한이 기록했다고 말한다. 요한복음에서도 '그의 사랑하는 자'가 예수의 품에 안겼다고 했고(요13:23), 기록한 제자가 이 사람(요21:24)이라 했으며, '우리가 보니'(요1:14)에서 우리는 요한과 목격자들임을 볼 때 요한임을 짐작케 한다.

요한은 80-90년 경 에베소에서 이 복음을 기록한 것으로 알려져 있다. 유세비우스는 요한이 공관복음서의 부족한 점을 보충하기 위해 요한복음을 기록했다고 주장했다. 부족한 점이란 신학적인 것으로, 요한은 말씀(로고스), 생명 등 여러 내용을 통해 복음체계를 보다 깊이 있게 소개하였다. 요한복음에는 빛·생명·영생·사랑·독생자·목자·부활·포도나무 등 추상적이고 상징적인 명사가 많다. 따라서 '요한신학'이라는 명칭도 나오게 되었다.

요한은 야고보와 함께 '보아너게'(우뢰의 아들)라 불릴 만큼 폭풍 같은 성격을 가지고 있었다. 그러나 주님의 부드러운 사랑의 빛이 뇌

운을 사라지게 했다. 요한은 제일 먼저 세례 요한을 떠나 예수를 따라 사도 중 한 사람이 되었다. 그는 변화산에도 있었고, 겟세마네 동산에도 있었다. 십자가까지 동행했고, 주님이 십자가상에서 어머니 마리아를 돌보도록 맡긴 제자도 요한이었다.

요한이 요한복음을 기록한 목적은 예수님이 하나님의 아들이요 그리스도이심을 믿게 하고, 우리로 그 이름을 믿어 생명을 얻게 하려 하는 데 있다. 하나님에 대한 증거는 믿음을 이끌고 믿음은 생명을 이끈다. 우리를 생명의 길로 나가게 한다. 기록의 목적은 서문에 잘 나타나있다. "너희로 그리스도가 하나님의 아들이며 그로 하여금 생명(영생, 빛, 로고스)을 얻게 하려 함이다." 그리스도가 하나님의 아들이라 말함은 역사성을 띤 인성임, 곧 경험적 사실을 전달하고자 한다. 그가 직접 목격했기 때문이다. 도드(C. H. Dodd)는 요한의 글에서 로고스 등 희랍적 단어들이 나오는 것은 당시 기독교를 믿지 않는 사람들을 배려한 것으로 보고 있다. 단어는 희랍어지만 정신은 히브리적이다.

요한은 예수의 신성을 강조하였다. 표적을 통해 메시야임을 증명했다. 예수님이 행하신 표적가운데 물로 포도주를 만드심, 왕의 신하 아들을 고치심, 38년 된 병자 고치심, 오병이어, 물위를 걸으심, 소경 고침, 나사로를 살리심, 이적으로 고기 153마리 잡음[9] 등과 같은 8가지 이적은 다른 곳에 없다. 오천 명을 먹이심, 물위로 걸으심 등 여러 기적을 섬세하게 소개되는 것은 예수님의 신성을 강조함은 물론 메시야이심을 보여주고자 한 것이다. 사람들은 오병이어 사건 이후 예수님을 억지로 왕으로 삼으려 하지만 예수님의 생각은 달랐다. 진정한 왕, 곧 메시야는 기름부음 받은 자여야 한다. 요한복음에는 내적 의식이 강하게 표현하고 있다.

---

9) 모나미 회사에서는 이 사건을 바탕으로 볼펜 'Mon Ami 153'을 내놓았다. Mon Ami는 '나의 친구 되신 예수'를 말하며 153은 그 때 잡힌 물고기 수를 말한다.

요한은 주님이 자신의 신성을 강조하는 뜻으로 "나는 --이다"(ego eimi)는 문장을 사용했음에 주목했다. 예를 들어 "나는 부활이요 생명이니", "나는 선한 목자라", "내가 곧 생명의 떡이니", "나는 길이요 진리요 생명이니", "내가 문이니", "나는 참 포도나무요 나는 세상의 빛이니"라는 표현이 그것이다.

예수께서 소유하고자 하는 증거는 사람들의 증거나 자기 증거에 의지하지 않고 계속적으로 아들을 증거 하는 하나님 아버지의 증거(아들에 대한 아버지의 증거)이다. 아들에게 영광을 돌리시는 이는 아버지(요8:50,54, 17:1)시다. 아버지의 신성한 증거는 3중적이다. 첫째, 증거에 대한 아버지의 말씀이 구약에 기록되어 있다. 둘째, 아버지의 증거의 말씀은 예수님의 입을 통해 말해졌다. "나를 보내신 이"는 그 예다. 셋째, 아버지의 증거의 말씀은 예수님의 사역에서 극화되었다. 사역 속에서도 말씀하시는 이는 아버지시다. 니고데모는 표적에 대해 "예수님만 행할 수 있다"고 선언했다. 표적에서 나타나는 특별한 주장도 에고 에이미다.

에고 에이미의 성격

성 격	"나는 --이라"	사건 보기
메시야임을 선언	"내가 그로라."	물로 포도주를 만드심.
새로운 생명을 줄 것 약속	"내가 생명이라."	왕의 아들, 베데스다 연못 병자 고침.
영혼을 충족시키는 예수	"내가 곧 생명의 떡이라"	오병이어, 피와 살
하나님이심을 나타냄	"나는 세상의 빛이라"	날 때부터 소경된 사람 고침
죄 용서 약속	"나는 선한 목자, 문, 길이다"	양을 위해 목숨을 버림
죽음 극복	"나는 부활이다"	나사로

요한복음에는 공관복음에 없는 예수님의 말씀이 주제의 중심으로 기록되어 있다. 그 예로 중생, 생명수, 신성변호, 생명의 떡, 세상의 빛, 선한 목자, 다락방설교, 예수님의 기도 등을 들 수 있다. 요한복음에는 '그 때에'(oun), '하기 위하여'(ina), '믿는다'(pisteuo), '아버지'(pater), '사랑'(agape), '영광'(doxa) 등의 단어를 빈번하게 사용하고 있고 문체가 간결하고 쉽다. 또 구조상 예수님과의 대화-이적 행하심-예루살렘 방문, 이 순서가 반복되고 있다.

요한은 신령과 진정으로 드리는 예배에 주목했다. 유대인들은 예루살렘에서 예배드리는 것을 강조하고, 사마리아인들은 그리심 산에서의 예배를 강조하는 등 지역성(locality)에서 벗어나지 못했지만 요한은 예배의 기원을 하늘의 하나님께 두고, 신령과 진정으로 예배해야 하며, 특히 성령이 함께 하는 예배, 곧 영적 예배(spirit)이어야 함을 강조했다.

요한복음의 기본 메시지는 로고스 되시는 그리스도이다. 희랍 철학의 경우 헤라클리투스(Heraclitus)에 따르면 로고스는 변하지 않는 우주의 영원한 질서의 원리이다. 스토아철학에서 로고스는 도덕적 삶의 기초이고, 신·영혼·만물에 스며든 에너지며, 능력으로서의 우주의 이성적 질서이다. 필로(Philo)는 로고스를 절대자인 신과 인간(물질세계) 사이를 연결시키는 중보자(이성)로 보았다. 이에 비해 히브리사상에서 로고스는 태초부터 있었던 지혜 (하나님의 말씀) 또는 세계 창조할 때 하나님의 대리자(잠8:22-31)로 간주되었다. 요한은 이 로고스 개념을 통해 그리스도의 속성을 밝혔다. 그가 말하는 로고스는 다음과 같은 성격을 가진다.

- 그리스도의 선재성
- 예수님의 신성. 태초의 말씀이 곧 하나님.
- 창조의 대리자. 태초에 하나님과 함께 계셨고 만물이 그로 말미

암아(요1:2-3).

- 말씀이 육신이 되었다. 이것은 이원론을 부정한다. "우리 가운데 거하시매"(요1:14)는 아버지와 아들이 인격적 관계를 가지고 있으며 하나님이 우리(역사) 안에 함께하심을 보여준다. 기도하실 때도 영광을 먼저 아버지께 돌리고 감사했다.
- 예수님이 육신을 입고 계시자(생명·빛·은혜·진리·영광)로 오셨다. 로고스는 성육신하는 하나님이다.

하나님의 아들, 하나님의 어린 양(유월절·왕), 참 생명의 떡, '에고 에이미' 모두는 그리스도의 신성을 드러낸다. 그렇다고 요한은 예수의 신성만 드러내고자 한 것은 아니다. 제자들의 발을 씻기신 모습, 나사로의 무덤에서 우신 것, 십자가상에서 목마르다 하신 것 등은 예수님의 인간적인 면을 잘 드러내고 있다.

복음서는 한 마디로 인류의 구원을 위해 오시리라 약속된 메시야가 예수님임을 입증하고 있다. 십자가 사건은 바로 D-day의 사건이다. 우리는 예수님이 흘리신 그 피로 인해 구속함을 받는다. 그러나 주님이 승리하는 그 날은 다시 오실 그 날이다. 그 날은 "다시 오시리라" 약속한 그 재림의 약속이 성취되는 날이자 주님의 승리의 날(V-day)이다. 우리는 '이미'(already)와 그러나 '아직은 아닌'(not yet) 두 시간 사이에 위치해 있다. 주님이 다시 오시는 그 날 완전한 의가 나타날 것이다. 죄인을 의롭다 선언하신 그 선언이 어떤 의미를 가지는지, 그의 피로 씻기고 덮여져 의로워진 의가 얼마나 값진 것인지를 확인하게 될 것이다. 복음서는 이 모든 것의 바탕이 되며, 사도행전은 물론 속사도행전의 원동력이 된다.

6. 주님의 길을 예비한 선지자, 세례 요한

누가는 세례 요한의 출생뿐 아니라 그의 가르침에 대해 자세히 소개하고 있다. 나이 많고 자식이 없던 사가랴는 아내가 아이를 낳게 될 것이니 그 아이의 이름을 요한이라 하라는 천사의 말을 듣고 의심했다. 그 의심에 대해 하나님은 사가랴에게 말을 못하게 하는 벌을 내렸다. 사람들은 어떻게 생각했을까? 만일 목사가 설교도중에 갑자기 말을 못하게 되었을 때 사람들은 무엇이라고 말할 것인가? 사람들은 겉으로는 염려를 하는 체 하면서도 지난주에 목사가 무슨 나쁜 짓을 했기에 그렇게 되었느냐고, 천벌을 받았다고 수군수군하고, 손가락질을 할 것이다. 사가랴도 아마 비난을 받았을지 모른다. 성경은 그가 의로운 사람이며 흠이 없는 사람이었다고 기록하고 있고, 사람들은 그가 제사를 드리는 가운데 이상을 본 것으로 기록하고 있다. 그렇다면 그러한 비난은 상대적으로 약했을 수도 있다. 그러나 이런저런 말이 있었을 것은 분명하다.

사가랴는 집에 돌아왔지만 10개월이나 말도 못하고 가만히 있을 수밖에 없었다. 우리는 그 기간을 어떻게 이해해야 할 것인가? 그저 침묵을 지키며 쓸쓸히 집안을 지키고 있었던 것으로만 볼 수 없다. 그 기간은 오히려 자신을 낮추는 시간이 되었을 것으로 판단된다. 그 기간에 하나님을 진심으로 받아들이고 만난 시간이었을 것이다. 사람들은 그가 제사장으로서 하나님 전에 나아가 백성을 위해 제사 드리는 위엄스런 모습을 보고 그 곳에서 하나님을 만났으리라 생각한다. 그가 육신적으로 높아졌을 때, 인간적으로 성공한 듯 보일 때 사람들은 하나님이 그와 함께 계실 것으로 생각했겠지만 사실은 그렇지 못했다. 육신적으로 성공한 듯 보이는 그 시간이 오히려 하나님과 멀리 있는 시간일 수도 있다. 그렇다면 그가 집으로 돌아와 말도 못하는 가운데 살아야 했던 그 침묵의 기간이 오히려 그에게 있어서는 자신 속에 하나님을 위한 공간을 만든 시간이었음이 분명하다. 그는 왜 자신이 말 못하는 벙어리가 되었는가를 잘 알고 있었으며 자신의 사건을 통해 믿음을 갖게 되는 귀중한 기간이 될 수 있었다. 이 고난의 시간이야말로 하나님의 말씀을 진지하게 받아들일 수 있는 축복된 기간이었다. 이 기간은 하나님이 그를 만나 주시고, 그 스스로 하나님을 인격적으로 받아들이며, 이제 진실로 하나님을 위해 무엇인가 일을 해야 하겠다고 결심하고, 자신 속에 하나님을 위해 공간을 마련한 유익한 침묵의 시간이었다.

우리는 이 침묵의 기간을 사랑해야 한다. 하나님은 우리에게 의미 있는 고통의 시간을 주신다. 그 시간에 우리도 사가랴처럼 하나님을 만나고, 우리 속에 하나님을 위한 공간을 마련해야 한다.

✝ "요한이라 하라"

하나님의 말씀은 공허한 말씀이 절대 아니다. 말씀하시면 이루신다. 말씀은 곧 씨앗이 되며 때가 되면 목적을 이루신다. 세례 요한의 탄생은 바로 하나님의 말씀의 이루심이다.

아이가 태어나 8일이 되자 할례를 실시하였다. 8일 만에 할례를 하는 것은 지금으로 말하면 유아세례와 성격이 같다. 부모가 믿음으로 아이를 양육할 책임을 지는 것이다. 그리고 이름을 짓게 되었다. 친족들이 와서 아이의 이름을 아버지의 이름을 따라 '사가랴'라 지으려고 하였다. 사가랴라 하고자 한 것은 당시 아버지의 가문에 따라 이름을 지은 관례와 전통을 따른 것이다. 그러나 놀랍게도 두 가지 사건이 벌어졌다.

한 사건은 엘리사벳의 입에서 '요한'이라 해야 한다는 주장이었다
(눅1:60). 어머니의 이 같은 말은 인간적인 전통이나 인간적인 생각을
무시하는 것이었다. 그동안 아이의 이름에 대해 남편과 어떤 상의가
있었는지는 확실히 알 수 없다. 상의가 없었다면 모친의 이 같은 말은
성령님의 감화로 이루어진 하나님의 사건이 아닐 수 없다. 상의가 있
었다 해도 그것은 인간적인 생각을 수용하기보다 하나님이 주신 뜻을
수용하는 결단적인 믿음의 행위가 된다. 사람들은 "요한이라 하라"는
말을 이해할 수 없었다. 그래서 모친을 향해 이런 말을 한다. "네 친
족 중에 이 이름으로 이름 한 이가 없다"(눅1:61). 의외라는 말이다.

또 하나의 사건은 다른 사람들이 말을 하지 못하는 사가랴를 향해
그 아이의 이름을 무엇이라 해야 하는가 묻자 서판을 달라 하여 그
서판에 '요한'이라 쓴 것이다. 서판은 작은 나무판을 밀로 바르고, 그
위에 철촉으로 글을 쓰게 되어 있다. 요한이라 쓸 때 사람들은 모두
이상하게 생각했다. 그러나 그가 서판에 요한이라 쓴 사건은 사가랴
자신이 하나님을 전적으로 신뢰했음을 입증하는 순간이었다. 하나님을
의심하던 그가 그 의심을 떨쳐버리고 이 아이의 출생과 자신의 벙어
리 됨의 과정을 통해 하나님을 전적으로 믿게 되었음을 확연히 보여
준 것이다. 그 결실된 믿음의 표현이 바로 "요한이라 하라"는 하나님
의 말씀을 순종하는, 요한의 출생 사건이 자기에게 국한된 것이 아니
라 하나님의 계획과 경륜하심이 있음을 믿는 믿음으로 나타나게 된
것이다. 이 순간에, 하나님을 전적으로 신뢰하고 믿는 그 순간에 그의
입이 열리고, 혀가 풀리며, 말을 하며 하나님을 찬송하기에 이른다(눅
1:64). 세례 요한의 출생과 요한이라 이름 함 모두 하나님의 말씀의
성취이기 때문이다.

사람들은 이 놀라운 광경을 보고, 듣고 놀라게 되었다. 그리고 이

아이가 장차 어찌 될꼬 하였다. 이 모든 사건이 하나님이 하신 사건이며 하나님이 저와 함께 하심을 확신했기 때문이다.

† 세례 요한의 사역과 그 가르침

누가복음 3장 1절에서 20절까지는 세례 요한이 어떤 사역을 했는가를 잘 보여주고 있다. 그는 한 마디로 자신의 역할을 예수님을 소개하는 사람으로 보았으며 그의 모든 말씀은 예수님에게 초점이 맞추어져 있다. 누가는 바로 이 점을 눈여겨보고 우리에게 우리의 신앙의 초점을 예수님께 맞추도록 하고 있다. 한편 요한의 사역을 자세히 살펴보면 신앙생활에 있어서 우리가 주목해야 할 중요한 세 가지 가르침이 있음을 보여주고 있다. 이 점을 중심으로 살펴보고자 한다.

1) 말씀을 받고 내려옴

세례 요한은 자신의 사역에서 예수님을 소개함으로써 예수님을 공개적으로 드러낸 인물이다. 그런데 세례 요한에 대한 마태 및 마가의 기록과 누가의 기록은 여러 부분에서 차이가 있다. 마태와 마가는 요한의 복장 등 삶의 모습에 관심을 표명하고 있다. 약대털옷을 입고, 가죽 띠를 띠고, 메뚜기와 석청을 먹었다는 것이다. 지금에 있어서 약대털옷과 석청은 고급에 속하지만 당시에 있어서 그것들은 야생에 속한다. 그러나 누가에는 그것에 관한 기록은 없다. 마태와 마가는 요한이 순교당한 사실을 기록하고 있지만 누가는 갇힌 사실만 기록하고 있다. 순교에 관한 기록이 없는 것은 헤롯 당파에 정치적 자극을 주지 않기 위한 것으로 판단하고 있다. 누가는 무엇보다 세례 요한이 엘리

야와 다른 사명을 가지고 있음에 주목하였다. 그것은 바로 예수 그리스도를 증거 하는 것이다. 요한은 '내 뒤에 오시는 이'에 대해 힘 있게 말하고 그분을 증거 하는데 최선을 다한 것이다. 누가는 이 사건이 역사적 사건임을 입증하기 위해 발생 시기를 명백히 하였다. 로마, 팔레스타인, 그리고 유대교에 어떤 지도자들이 있었는가를 자세히 기록함으로써 이 사건이 역사와 관련이 있음을 입증코자 하였다. 로마황제로는 옥타비아누스를 이은 티베리우스 황제가 집권한지 15년째 되는 시기이고, 로마에서 파견한 유대총독으로 본디오 빌라도가 있었던 때이며, 대제사장으로는 안나스와 가야바가 있었던 때라는 것이다. 그 당시 하나님의 말씀이 빈들에 있던 세례 요한에게 임하였다.

요한이 빈들에 있었던 기간은 예수 그리스도의 오심을 준비하기 위한 기간이었다. 빈들에서 메시야의 오심을 대망하던 그에게 하나님의 말씀이 임한 것이다. 하나님이 그에게 주신 말씀은 예수 그리스도가 오셨다는 사실이다. 우리는 무엇보다 바로 이 점을 중시해야 한다.

사람들은 요한이 빈들에 있었던 것은 에세네파의 일원이었음을 보여준다고 말한다. 그들은 금욕적이고 수도적인 공동체로서 메시야를 대망하였다. 쿰란사본이 발견되면서 쿰란공동체의 생활상이 밝혀지고 있는데 쿰란공동체가 바로 에세네파에 속한다. 쿰란에서 발견된 성경 사본가운데 이사야서가 있다. 이사야서가 오실 메시야에 관한 기록이 담겨 있음은 아는 바다. 이것은 그들이 얼마나 메시야를 대망했는가를 입증한다. 유대 사가인 요세푸스는 세례 요한을 쿰란일원으로 기록하고 있다.

누가는 그가 쿰란 일원이라고 명확히 말하고 있지 않다. 그것이 중요한 것이 아니라 그가 빈들에서 메시야를 대망하다가 하나님의 말씀을 받고 예수 그리스도의 오심을 전하게 된 것이 중요하다고 본 것이다. 자기 자신을 선전하기 위해서가 아니라 오직 예수를 전하기 위해 요단강 부근으로 내려온 것이다.

우리는 예수님의 재림을 대망하고 있다. 그러나 오실 주님을 대망하는 우리는 이스라엘 사람들이 메시야를 대망했던 것과는 차원이 달라야 한다. 이스라엘 사람들은 메시야가 오실 것이라 생각하고, 오시면 자기와 같은 아브라함 자손은 후히 대접할 것이라 믿고 기다렸을 뿐이다. 그러나 하나님은 단순한 기다림을 원하지 않는다. 기다림이 클수록 하나님이 원하시는 행동을 하도록 하신다. 높은 산에 올라 하늘만 바라보는 단순한 기다림이 아니라 하나님과의 관계를 바로 세우고, 사람들 속에서 그 하나님을 바르게 소개하며, 하나님이 기뻐하시는 행동을 해야 하는 것이다. 빈들에 있던 요한이 요단강으로 내려온 것처럼 우리도 말씀 속에서 하나님이 원하시는 삶으로 내려와야 한다. 그리고 우리의 삶 모두가 예수를 전하는 삶이 되어야 한다.

2) 회개를 선포함

요한은 빈들에서 내려와 사람들에게 죄 사함을 얻으려면 회개하고 세례를 받으라고 외쳤다. 그리스도를 만나기 위해서는 무엇보다 죄에 대한 회개가 필요하기 때문이다. 당시 이방인이 유대교로 개종하려면 3가지를 했어야 했다. 그것은 바로 세례·할례·제사였다. 요한은 이러한 유대교적인 형식들을 요구하지 않고 다만 회개를 강조했다. 새로운 왕 그리스도를 섬기기 위해서는 내적인 변화가 필요하기 때문이다.

요한은 선지자 이사야의 글을 인용하며 주님을 맞을 준비를 하라고 말했다. "광야의 외치는 자의 소리가 있어 가로되 너희는 주의 길을 예비하라 그의 첩경을 평탄케 하라 모든 골짜기가 메워지고 모든 산과 작은 산이 낮아지고 굽은 것이 곧아지고 험한 길이 평탄하여질 것이요 모든 육체가 하나님의 구원하심을 보리라 함과 같으니라."(사40:3-5). 주님을 마지하기 위해서는 주님이 오실 길을 평탄케 하는 작업이 필요하다. 사전에 길을 점검하고 통과하기에 거침이 되는 것은 고쳐 놓아야 한다. 푹 꺼진 골짜기는 메우고, 울퉁불퉁한 산들은 깎아 평지로 만들고, 굽은 것은 바르게 펴야 한다. 골짜기나 산들은 왜곡된 길이다. 우리의 심령 속에 그 길들이 메워지고 펴져야 우리가 바른 길로 들어설 수 있다. 바른 길을 만들고 그 길에 들어서야 하나님의 구원을 맛볼 수 있다. 이러한 심령의 준비 작업이 바로 회개이다. 회개는 우리의 꺼진 부분, 울퉁불퉁해진 부분을 그리스도를 위해 깎아내는 작업이다. 성경의 다른 부분에서는 첩경을 대로로 표시하고 대로를 평탄케 하라고 명령하고 있다. 이것은 우리의 회개가 얼마나 크고 넓어야 하는가를 나타낸다.

회개는 하나님과 멀어졌던 삶으로부터 뒤돌아서는 것(metanoia)을 말한다. 우리가 회개를 하는 것은 하나님 앞에 나가기 위해 장애가 되었던 험준한 산, 낮은 계곡을 평탄케 하는 것이다. 회개는 그저 잘못했습니다. 용서해주세요 라는 단순 차원이 아니라 하나님 앞에서 그토록 고집스럽던 나를 꺾고 하나님 앞에 무릎을 꿇으며 전적으로 하나님에 속해 살겠다는 철저한 전환을 말한다. 그러므로 우리는 회개의 과정을 통해 어느 누구보다 주님을 발견해야 한다.

3) 회개에 합당한 열매를 맺음

요한은 새 백성이 되는 조건으로서 회개에 합당한 열매를 맺을 것을 강조하였다. 하나님께 속해 있으면 하나님 나라의 삶을 살아야 한다는 것이다. 그러나 그가 보기에 많은 사람들은 그렇지 못했다. 그는 무리를 향해 "독사의 자식들아"라고 외쳤다. 이 격렬한 언사는 당시의 어떤 계층이나 불특정 소수를 향한 것이 아니다. 성경은 바로 세례 받으러 오는 무리 에게 한 말이라고 적고 있다. 현대식으로 말하면 교인들에게 하신 말씀이다.

하나님을 믿는다고 자부하는 당시의 많은 교인들은 자부심이 강했고, 특히 종교의식에 사로 잡혀 있었다. 그들은 혈통적으로 아브라함의 자손인 것에 무한한 자부심을 가지고 있다. 그러나 요한은 하나님께서는 이 돌들로도 아브라함의 자손이 되게 하시리라고 말함으로써 혈통에 따른 것은 한 마디로 무익하고 무가치하다고 주장한다. 오히려 이런 것들을 초월하여 회개에 합당한 열매를 맺어야지 "나는 누구다." 라고 하는 것이 무슨 소용이 있느냐는 것이다. 그들은 또한 구원은 율법을 지키는데 있다고 생각하고 율법이 요구하는 형식에 철저하고자 하였다. 그러나 요한은 구원은 종교의식이나 헌금액수로 바꿀 수 없다고 말한다. 우리의 삶 전체가 본질적으로 바꾸어지지 않으면 안 된다고 말한다. 삶 전체에 대한 결단을 요구하고 있는 것이다. 그리스도인이 된다고 하는 것은 육적인 혈통이나 의식에 있는 것이 아니라 근본적인 변화와 생활 속에서의 열매에 있다. 요한은 "회개에 합당한 열매를 맺으라."는 말을 통해 이를 함축적으로 표현하고 있다.

요한은 "도끼가 나무뿌리에 놓였으니 좋은 열매 맺지 아니하는 나무마다 찍혀 불에 던지우리라"고 말함으로써 당장에 열매 맺지 않으면 안 된다고 말한다. 변화와 함께 당장의 실천적인 삶이 중요하다는 것이다. 이 말을 들은 무리들은 "그러면 우리가 무엇을 하리이까?"라고 묻는다. 세례를 받는 것 외에 무엇을 해야 하는가 하는 물음이다. 요한은 생활 속의 열매를 강조하였다. 요한은 부자들을 향해 옷 두 벌 있는 자는 옷 없는 자에게 나눠줄 것이요 먹을 것이 있는 자도 그렇게 할 것이니라 하였고, 세리들에게는 "정한 세외에는 늑징치 말라" 하였으며, 군인들에게는 "사람에게 강포하지 말며 무소하지 말고 받는 요를 족한 줄 알라"고 말하였다. 나누는 생활을 하고, 수탈이나 강포나 불의한 생활을 하지 말라는 것이다. 이 모두는 우리가 생활 속에서 어떤 열매를 맺어야 하는가를 보여준다.

신앙과 생활은 따로 있는 것이 아니라 생활 속에서 믿음의 열매들이 나타나야 한다. 교회 안에서만 열심히 기도하고 말씀을 들으며 은혜를 많이 받은 것으로 신앙생활을 잘 했다고 생각한다면 그것은 크게 잘못된 것이다. 생활과 연관이 되지 않은 신앙은 죽은 신앙이다. 하나님은 열매를 요구하신다. 그 열매는 우리의 삶 속에서 구체적으로 나타나야 한다. 신앙은 결코 형이상학적이거나 추상적인 것이 아니다. 사회적으로 열매를 맺어야 한다. 우리는 하나님의 나라가 확장되기를 늘 기도한다. 하나님의 나라는 주어지는 것이 아니라 우리가 그리스도 안에서 그 열매를 얼마나 맺느냐에 따라 달라진다. 하나님 나라는 결코 머리 속에 있는 추상적인 나라가 아니다. 우리가 주님 안에서 구체적으로 풍성하게 열매를 맺어야 하는 나라이다.

✝ 그러면 우리는 어떻게 해야 하는가?

먼저 하나님 앞에 낮아져야 한다. 사람들은 세례 요한을 메시야로 착각하였다. 그리하여 그리스도신가 하였다. 메시야를 바라고 기다린 탓이기도 하지만 요한의 당당한 모습 속에서 메시야를 생각나게 한 것이다. 그러나 요한은 단호하게 "나는 물로 너희에게 세례를 주거니와 나보다 능력이 많으신 이가 오시나니 나는 그 신들매를 풀기도 감당치 못하겠노라"고 말하였다. '신들매를 풀기도 감당치 못하겠노라'는 말은 단적으로 '나는 메시야가 아니라'는 말이다. 종이 주로 주인의 신들매를 풀어주는데 자신은 감히 그리스도의 종 되기도 어려운 비천한 자임을 밝힌 것이다. 요한은 이 한 마디로 사람들의 의문을 풀어주었다. 우리도 요한처럼 주님 앞에 철저히 낮아져야 한다. 낮아지지 않으면 회개할 수 없기 때문이다.

다음, 하나님의 심판이 있음을 기억하고 회개해야 한다. 요한은 나아가 주님은 "성령과 불로 너희에게 세례를 주실 것이요. 손에 키를 들고 자기의 타작마당을 정하게 하사 알곡은 모아 곡간에 들이고 쭉정이는 꺼지지 않는 불에 태우시리라" 하였다. 요한이 여기에서 성령세례를 언급한 것을 두고 학자들은 그가 사도행전 사건을 염두에 두고 쓴 것이 아닌가 생각하고 있다. 그러나 무엇보다 이 말씀 모두는 주님께서 심판주로 오신다는 것을 보여준다. 오시어서 알곡과 쭉정이를 철저히 구분하여 판단하신다는 것이다.

시편 1편에 따르면 알곡의 삶은 하나님과의 수직적 삶이 확립된 사람을 가리킨다. 이에 반하여 쭉정이의 삶은 수평적 삶만 다듬은 사람을 가리킨다. 하나님과의 수직적 삶을 확립한 사람은 뿌리가 튼튼하여 심판 날에 견딜 수 있지만 수평적 삶만 다듬은 사람은 뿌리가 없어 심판 날에 견지지 못한다. 농부들이 벼를 수확할 때를 상상해보라. 농부는 알곡을 정성스럽게 담아 모으지만 쭉정이는 불태우는데 사용한다. 우리가 회개하지도 않고 회개에 합당한 열매를 맺지 않으면 쭉정이가 될 뿐이다. 그러나 철저히 회개하고 하나님이 기뻐하시는 열매를 맺으면 알곡의 대우를 받게 된다.

끝으로, 우리의 삶 속에서 회개에 합당한 열매를 많이 맺어야 한다. 이것이 바로 알곡의 삶이다. 이 열매를 맺기 위해 우리는 삶 속에 어떤 태도를 가지고 살아야 하는가를 생각하고 그 생각을 실천에 옮겨야 한다. 자기보다 남을 탓하기 좋아하는 삶, 자기에 안주하여 좀처럼 변화하지 않으려는 삶, 모든 것을 사회의 책임으로 돌리고 자기는 아

무엇도 하지 않으려는 삶, 말만 하고 실천하지 않는 삶, 이런 것들은
과감히 버려야 한다. 그리고 오직 하나님이 기뻐하시는 삶, 주님이 원
하시는 삶을 살아야 한다. 이것이 바로 회개한 자의 삶의 모습이다.

알곡의 삶은 교회에서만 필요한 것이 아니다. 우리의 삶의 현장 속
에서 구체적으로 나타나야 한다. 가정에서 나타나고, 직장에서도 나타
나고, 사람들과의 거래에서도 나타나야 한다. 그리스도인이라 하면서
남을 속이고, 꾼 돈을 제대로 갚지 아니하며, 상식에 어긋난 행동을
한다면 그것은 알곡의 삶이 아니라 쭉정이의 삶이다. 하나님을 아는
사람은 결코 쭉정이처럼 행동하지 않는다. 하나님 나라에서는 이 세상
의 어떤 윤리보다 더 높은 수준의 윤리를 요구한다는 사실을 기억하
지 않으면 안 된다.

요한이 "독사의 자식들아"라고 외칠 때 돌아 보아야 할 사람은 바로
우리들이다. 우리는 주님 앞에서는 가짜이면서 사람들 앞에서는 진짜
행세를 해왔다. 회개해야 할 사람은 다른 어느 누구가 아니라 바로 나
자신이라는 점을 깊이 깨닫지 않으면 안 된다. 이 순간도 우리의 가슴
을 찌르는 세례 요한의 외침에 우리는 겸허한 마음을 가질 필요가 있
다. 주님을 기다리는 사람은 사고에 있어서나 행동에 있어서 근본적인
변화가 필요하다. 아무런 변화 없이 교회만 나가면 된다, 기도만 하면
된다, 은혜를 많이 받으면 된다고 생각하면 크게 잘못된 것이다. 주님
은 믿음의 형식보다 실제의 열매를 중시하신다.

7. 버리는 삶과 떠나는 삶의 주자, 베드로

하나님이 아브람에게 "네 본토 친척집을 떠나라"는 명령을 내렸다. '떠나라'는 이 짧은 명령은 한 마디로 지금까지의 삶의 양식과 완전히 결별하고 새로운 삶을 살라는 말씀이다.

사도행전에 소개되어 있는 스데반의 말에 따르면 아브람은 갈대아 우르를 떠나 하란으로 갔고, 거기서 아버지가 죽자 하나님의 명령에 따라 가나안으로 갔다(행 7:2-4). 그는 떠남에 앞서 많은 생각에 사로 잡혔고, 특히 부모에 대한 걱정이 앞선 것으로 보인다. 이것만 보아도 떠난다는 것이 얼마나 어려운가를 보여준다.

아브라함의 생애는 비록 그가 하나님을 의지하며 사는 사람이라 할 지라도 때로는 인간적으로 얼마나 연약했는가를 보여준다. 가나안을 떠나 애굽으로 내려가고, 거짓말도 하고, 하나님의 도우심이 없었다면 그는 몇 번이나 고꾸라졌을 사람이었다. 그는 약속의 후사인 이삭을 바치라는 하나님의 명령을 받았다. 하늘의 것을 택할 것인가 아니면 이 땅의 것을 택할 것인가 하는 것이 문제되었다. 그 기로의 순간에서 그는 이 땅의 것을 버리고 하늘의 것을 택했다. 그가 하나님을 선택함 으로써 그는 믿음의 조상이 되었고, 그 후손들은 놀라운 축복을 받을 수 있었다.

'떠나라,' '버려라'는 명령은 오늘을 사는 우리에게도 계속 주어지고 있다. 그러나 그 질문에 대한 우리의 대답은 너무나 약하다. 인간의 연약함을 극복하고 주님을 온전히 따르기 위해 베드로는 우리의 모델 이 아닐 수 없다.

✝ "장차 게바라 하리라"

베드로의 원래 이름은 시몬이다. 주님은 그에게 '게바'라는 아람어 이름을 주셨다. 이 이름을 헬라어로 음역하면 '케파스'고, 번역하면 '페트로스'가 된다. 그는 이 외에도 '요한의 아들' 또는 '바요나'라 불리기도 했다. 바요나란 아람어로 '요나의 아들'이라는 뜻을 가지고 있다.

예수님이 베드로에게 '게바'라는 이름을 주실 때 "장차 게바라 하리라"(요 1:42)고 말씀하셨다. 우리는 지금부터 게바라 하지 않고 앞으로 게바라 부르리라는 말씀에 주목할 필요가 있다. 장차란 지금은 아니라는 말이기 때문이다. 지금 베드로는 매우 연약하고 흔들리지만 앞으로는 달라지리라는 것이다.

게바란 바위 또는 반석이란 뜻을 가지고 있다. 반석은 흔들림이 없다. 이것은 하나님을 향해 흔들림이 없는 삶을 갖게 될 것을 말한다. "게바라 하리라." 이것은 시몬 베드로 한 개인을 향해 주님의 놀라운 계획과 경륜이 있음을 보여준다. 주님은 우리가 하나님 안에서 흔들림 없이 반석과 같은 믿음을 가지고 살기를 바라고 있다. 우리는 우리를 향하신 주님의 뜻이 무엇인지를 바로 깨달을 필요가 있다.

✝ 그물을 버린 베드로

베드로는 원래 어부였다. 그의 고향은 뱃새다였지만 가버나움으로 이사를 했다. 그는 결혼했을 뿐 아니라 세배대의 아들들인 야고보 및 요한과 함께 어업에 종사하고 있었다. 안드레는 그와 형제지간이자 세례 요한의 제자로 있던 터였다. 세례 요한의 제자였다는 것은 그래도 뭔가를 추구하려 했던 의식이 있는 인물이었음을 보여준다.

안드레는 예수님이 공생애를 시작한지 첫 번째로 예수를 좇은 사람이다. 그가 예수를 발견하고 나서 그의 형제 시몬에게 예수를 소개했다. 예수님은 시몬을 보자마자 앞서 언급한 바와 같이 "네가 요한의 아들 시몬이니 장차 게바라 하리라."고 말씀하셨다. 이것이 예수님과 시몬 베드로와의 첫 번째 만남이었다. 그러나 시몬은 이 말을 듣고도 곧장 예수를 따르지는 않았다. 그가 예수님께 고꾸라진 것은 물고기 사건이 있고 난 다음이었다.

베드로와 그의 동업자 야고보 및 요한이 밤새 물고기를 잡지 못하고 허탕을 치고 난 아침이었다. 주님은 그들에게 나타나셔 깊은 데로 가서 그물을 내려 고기를 잡으라는 말씀하셨다. 주님의 말씀에 순종한 결과 그물이 찢어질 만큼 많은 수확을 얻게 되었다. 놀라지 않을 수 없었다.

그 후 사건에 대해 누가복음은 '저희가 배들을 육지에 대고 모든 것을 버려두고 예수를 좇으니라'(눅 5:11) 기록하였고, 마태복음은 '저희가 곧 그물을 버려두고 예수를 좇으니라'(마 4:20) 하였다. 배나 그물은 그들이 가진 모든 것이었고, 생계를 유지한 유일한 수단이었다. 그들은 지금까지 어부생활을 해왔다. 그런데 지금 그들의 생활터전이 되어온 바다와 생활의 안정을 가져다 준 배와 그물을 버려두고 예수를 따라 간 것이다.

그러나 그러한 결단은 쉽게 내려진 것이 아니었다. 성경학자들은 아마도 서너 차례의 망설임과 기다림 끝에 이루어진 결단일 것으로 추정하고 있다. 학자들은 베드로가 주님 앞에 나와 "주여 나를 떠나소서."라고 말한 것도 아직 준비되지 못한 그의 마음과 더 이상 피할 수 없는 자신의 모습을 교차적으로 그리고 있다고 보고 있다. 그러나 그는 결국 모든 것을 버려두고 따라 나섰다.

모든 것을 버려두고 떠났다는 것은 예수의 제자로서의 삶을 시작했다는 말이다. 주님은 어부들을 향해 "사람을 낚는 어부가 되게 하리라."며 따라 오도록 말씀하셨다. 그 때 어부들은 그물과 배를 버려두고 따라 나섰다. 베드로, 안드레, 요한, 야고보가 바로 그런 사람들이었다. 세리였던 마태도 모든 것을 버려두고 따라 나섰다.

제자의 삶이란 현재의 세속적인 삶으로부터 일대 방향전환을 하는 것이다. "사람을 낚는 어부가 되게 하리라." "나를 따르라"는 주님의 말씀은 우리를 향해 변화를 촉구하는 말씀이시다. 그물을 던지는 삶에서 사람을 낚는 어부로의 변화는 지금까지 살아온 세상적인 삶에서부터 벗어나 참 생명으로 인도하는 삶으로 나아가라는 말씀이다. 이것은 우리의 삶의 목적과 방향에 완전한, 그리고 철저한 변화가 필요하다는 것을 가르쳐 준다.

우물가에서 예수를 만난 사마리아 여인은 주님으로부터 영원히 목마르지 않는 생명의 물을 얻는 순간 물동이를 버려두고 사마리아 동네에 들어가 기쁨이 꽉 찬 어조로 "와보라"고 소리친다(요 4:28). 지금까지 주님을 향해 빈정대던 모습은 전혀 찾아볼 수 없다. 그 여인은 마실 물을 구하러 우물가에 왔지만 그곳에서 주님을 만남으로써 영원히 목마르지 않는 영생의 물을 얻었던 것이다. 그 순간 그는 물동이조차 버려두고 미친 사람처럼 주님을 소개하러 떠났다. 물동이보다 주님이 귀했던 것이다. 주님으로부터 물을 얻은 사람은 이처럼 모든 것을 버릴 수 있을 만큼 철저히 변화되어야 한다.

✝ "무엇을 얻으리까?"

마태복음 19장 27절을 보면 베드로가 예수님에게 다음과 같이 묻는 장면이 나온다. "보소서. 우리가 모든 것을 버리고 주를 좇았사오니 그런즉 우리가 무엇을 얻으리까?" 이 질문은 주님을 따르기로 했을 때 곧장 물어본 것이 아니다. 복음서의 후반부에 나오는 것을 보아 한 동안 예수님을 따라 다닌 후에 물은 것으로 보인다. 우리도 신앙생활을 하면서 가끔 그런 질문을 던진다.

예수님은 제자들 뿐 아니라 자기를 따르고자 하는 사람들에게 "네가 온전하고자 할진대 가서 네 소유를 팔아 가난한 자들에게 나누어 주라 그리하면 하늘에서 보화가 네게 있으리니 그리고 와서 나를 좇으라."는 가르침을 주셨다. 소유를 팔아 나누어 주라는 말씀은 그물을 버리라는 말씀과 맥을 같이 하고 있다. 바로 그 때 베드로가 이 질문을 한 것이다. 이것은 "주님, 우리가 이미 오래전에 모든 것을 버리고 주를 좇았사오니 우리에게 무슨 보배가 예비 되어 있습니까?"라는 뜻을 가지고 있다. 베드로는 아마 세상적인 부나 명예를 기대했는지 모른다.

그러나 예수님은 그의 기대와는 전혀 달리 "내가 진실로 너희에게 이르노니 세상이 새롭게 되어 인자가 자기 영광의 보좌에 앉아 이스라엘 열두 지파를 심판하리라 또 내 이름을 위하여 집이나 형제나 자매나 부모나 자식이나 전토를 버린 자마다 여러 배를 받고 또 영생을 상속하리라 그러나 먼저 된 자로서 나중 되고 나중 된 자로서 먼저 될 자가 많으리라" 대답하셨다. 심판과 상급에 대해 말씀하신 것이다. 부모나 형제 그리고 자식을 버린다는 것은 부모에게 불효하고 식구를 돌보지 말라는 말이 아니다. 세상적인 것에 노예가 되어서는 안 된다는 말씀이다. 우리에게는 버려야할 세상적인 것들이 많다. 그것에 매이면 신앙생활을 하기 어렵다. 그것들이 자꾸만 발목을 붙잡기 때문이다. 주님은 세상적인 것을 버리고 떠난 자는 하늘의 것을 상속받겠지만 그렇지 못한 사람은 심판이 따르겠다는 말씀을 하신다. 세상적으로 산 사람과 그렇지 않은 사람은 이처럼 달라진다. 늦게 믿었다 할지라

도 세상의 것보다 하늘의 것을 택한 사람은 아무리 먼저 믿었다 할지
라도 아직도 세상 것에 매달려 있는 사람보다 먼저 된다. 주님은 여러
곳에서 이런 말씀을 주셨다.

✝ 아직도 남아있는 그물들

아직도 그물을 버리지 못하고 사는 사람은 어떻게 해야 하는가? 예
수님은 "너희 소유를 팔아 구제하여 낡아지지 아니하는 주머니를 만
들라 곧 하늘에 둔 바 다함이 없는 보물이니 거기는 도적도 가까이
하는 일이 없고 좀도 먹는 일이 없느니라 너희 보물이 있는 곳에는
너희 마음이 있느니라."(눅 12:33-34)고 말씀하신다. 이것은 우리가
주님을 따름에 있어서 버려야 할 것들, 다른 말로 해야 할 일들이 많
다는 것을 보여준다. 우리가 버려야 할 것들을 과감히 버리고 해야 할
일들을 하게 되면 하늘에 보물을 쌓는 것이다. 세상주머니보다 하늘주
머니에 보화가 가득해야 한다는 것이다. 우리는 더 이상 세상적인 것
에 매일 것이 아니라 우리 생활에 하늘의 것을 가득 채워야 한다. 베
드로는 스스로 주님을 위해 모든 것을 버렸다고 말했지만 그는 결국
주님을 세 번이나 부인함으로써 모든 것을 버리지 못했음을 보여 주
었다. 배와 그물 등 물질적인 것은 버렸는지 모르지만 그의 마음속에
는 인간에 대한 두려움이 가득했고, 주님을 위해 순교할만한 힘은 더
더욱 없었다. 그것은 결국 예수를 도무지 모른다고 부인하고, 심지어
저주하는 것으로 나타났다. 그는 아직 세상의 것에 매어 있었다.

베드로가 예수를 마지막 세 번 째로 부인하자마자 닭이 울었다. 누
가복음에 22장은 그 순간 '주께서 돌이켜 베드로를 보시니'라고 기록
하고 있다. 예수님의 시선과 마주친 것이다. 짧은 순간이었지만 눈과

눈의 대화는 길었다. 보통 사람이라면 베드로에게 '그럴 수 있느냐'며 야속한 마음이 들었을 것이고, 분노와 원망과 저주는 물론 실컷 조롱 해주고 싶었을 것이다. 그러나 사랑의 주님은 그런 모습보다는 "너는 나를 부인할지라도 나는 너를 사랑한다."는 사랑과 용서의 시선을 주 셨을 것이다. 약할 대로 약해진 한 인간의 모습을 오히려 불쌍히 여기 셨다. 베드로는 주님의 말씀이 생각나서, 그 주님의 사랑과 용서의 눈 빛에 녹아져 밖에 나가 목을 놓고 통곡했다. 그는 아직도 강한 바위가 아니라 약한 인간이었다.

　베드로의 배반에도 불구하고 주님은 부활 후 제자들 가운데서 맨 처음으로 그를 만났다. 그러나 그는 결국 여러 제자를 이끌고 다시 갈 릴리로 돌아가 어부 노릇을 했다. 예수님이 계시지 않는 세상, 이제 기댈 언덕은 바다뿐이라 생각하고, 다시 바다로 돌아와 배와 그물을 잡은 것이다. 우리도 이처럼 자꾸만 세상으로 돌아간다. 그러나 주님 은 갈릴리까지 찾아와 그의 결심을 바꿔 놓으셨다. "네가 나를 사랑하 느냐?" 물으시고, "내 양을 치라" 말씀하셨다. 배와 그물, 세상적인 것 을 다 버리고 이제부터 진짜 사람을 낚는 어부가 되어야 한다는 것이 다. 주님이 육신적으로 이 세상에 계시지 않는다 할지라도 그런 때일 수록 더욱 강하게 주님을 따르고 하늘의 것을 채워야 한다는 것이다. 주님은 지금도 이러한 삶을 우리에게 요구하신다.

✝ 결국 모든 것을 버림에 이르러

　선교사를 훈련시킬 때 이런 말을 한다. "현지에서 뼈를 묻을 각오를 해라. 갔다 와서 아끼는 물건 쓸 생각 말고 주고 싶은 사람들에게 다 나누어 주고 가라." 그물 뿐 아니라 세상적인 모든 것을 다 버리라는 말씀이다.

베드로는 64년 말 순교한 것으로 알려져 있다. 그러나 그는 처음부터 순교를 결심한 것은 아니었다. 순교 당하는 것이 두려웠다. 그가 박해를 피해 로마 서남쪽으로 도망가고 있을 때 주님은 언덕에 나타나셨다. 그 때 베드로는 주님을 향해 "쿼바디스 도미네(Quo vadis Domine)?" 곧 "주님 어디로 가시나이까?" 물었다. 주님은 그를 향해 "나는 네가 버리고 가는 로마의 영혼들을 위해 로마로 간다."고 말씀하셨다. 그 말을 듣는 순간 그는 다시 로마로 돌아갔다. 그리고 그곳에서 순교했다. 진정 모든 것을 버리고 주님을 좇은 것이다.

순교를 당할 때 함께 그 현장에 베드로의 아내 콘코르디아가 끌려 왔다. 어떤 이는 페르펫투아라 하기도 한다. 그는 남편을 향해 이렇게 외쳤다고 한다. "여보, 주님을 생각하고 승리하십시오." 이것은 순교에 있어서 아내의 역할이 얼마나 큰가를 보여준다.

그리스도인은 주님을 따르는 사람들이다. 그런데 아직도 배에서 내리지 못하는 사람도 있고, 그물도 버리지 못하는 사람이 많다. 주님을 따른다 하면서도 아직도 그물을 끌고 다니는 사람도 있다. 두 마음을 가지고 신앙생활을 하고 있는 것이다. 그런 사람은 마음이 나뉘어져 한쪽으로는 주님을 따라가고 싶고, 다른 한쪽으로는 세상을 벗어나고 싶지 않은 상태로 살아가고 있는 것이다. 이런 마음을 가지고 살아간다면 주님이 주시는 평화, 곧 하늘의 상급을 맛볼 수 없다. 우리가 이 세상적인 것에 매어 있는 상태에서, 그것이 아니면 죽을 것처럼 여기면서 거기에서 떠날 수 없다고 생각한다면 그물을 버린 것이 아니다. 우리가 그물을 완전히 버리지 않는 한 주님이 우리 안에 작용할 수 없다. 마음이 나뉘고 찢어진 상태에서는 하늘의 평안과 기쁨이 없다.

어떤 분이 이런 간증을 했다. "저는 50년 동안이나 예수님을 따라 다녔지만 그물을 버리지 못하고, 그물을 끌고 다니며 예수님을 따라 다녔습니다. 50년 동안 나의 그물을 손에 쥔채 주님의 일을 하려고 한 것입니다. 그래서 마음에는 평화가 없고, 항상 괴롭기만 했으며, 노력 하고 또 노력해도 보람을 느끼지 못했습니다. 기쁨도 없었습니다. 그 런데 이번에 그물을 버리고, 모든 것을 버리고 주님을 따르니 평안이 생겼습니다. 기쁨과 보람을 느꼈습니다."

이 간증을 놓고 대천덕 신부는 이렇게 말하고 있다. "왜 50년 동안 이나 주일 설교를 듣고서도 이제까지 그물을 버릴 줄 몰랐을까? 왜 지금에 와서 그 말씀에 순종하기로 했을까? 성경에 이 같은 가르침이 많이 있는데 왜 듣지 못했을까? 아니면 교회에서 그것을 가르치지 않 고, 무시해 버린 것인가? 그것에 관해 말하기를 싫어한 것인가? 아니 면 그물을 끌고 예수를 따라가자고 하는 것이 오늘날 교회의 정신이 되어 버린 것인가?"

주님보다 그물에 의지하여 사는 한 주님을 100% 의지하며 사는 것 이 아니다. 99%를 버리고 1%만 가지고 있다 해도 그 사람은 그물을 버린 사람이 아니다. 우리 손에 그물이 있는 한 완전한 평안과 기쁨을 얻을 수 없다. 주님은 조금만 버려두고 신앙생활 하는 것을 원치 않으 신다. 모두, 전부 다 버려두고 따라오기를 바라신다. 그것이 주님의 소 원이다. 이삭마저 바치는 아브라함처럼, 순교를 각오하고 다시 로마로 들어가는 베드로처럼 깊은 결단과 각오로 배든 그물이든 세상적인 모 든 욕망과 염려 모두 다 버려두고 주님을 따라야 한다. 주님은 오늘도 하나님 앞에 두 손 다 든 사람을 그 나라에 들이신다. 지금 당신은 모 든 것을 다 버려두고 주님을 따르고 있는가? 우리 모두 지금 진정한 의미의 게바가 되어야 한다.

8. 한평생 주님의 사람으로 산 제자, 요한

사도 요한은 세베대의 아들이자 사도 야고보의 동생이다. 그는 아버지와 형을 도와 어부로서 생활하고 있었고, 시몬 베드로도 요한과 동업을 하고 있었다(눅 5:10). 그의 집은 경제적으로 넉넉한 편이었다(막1:20). 어떤 사람들은 요한이 대제사장과 개인적으로 친분을 가지고 있었기 때문에(요18:15) 제사장이었을 것으로 추측하는 사람도 있다. 그러나 성경은 무엇보다 그는 주님과 가까운 사람이었고, 한평생 주님의 사람으로 살았다는 것을 보여주고 있다. 그가 신앙적으로 어떤 사람이었는가를 살펴보고 교훈을 삼고자 한다.

✟ 부단한 변화와 자기발전 모색

성경을 보면 요한은 평소부터 바르게 살고자 한 인물이었음을 알 수 있다. 그는 예수의 제자가 되기 이전에 이미 세례 요한의 제자였다. 비록 직업은 어업이었지만 그 나름대로 이스라엘의 선생을 모시고 그분의 말씀을 듣고자 한, 지금으로 말하면 의식이 있는 사람이었다. 그는 세례 요한의 제자였던 안드레와 함께 예수님의 제자가 되었다(마 4:21-22; 요1:35-40).

그는 제자들 가운데 가장 손꼽히는 인물은 아니었다. 제자라 하면 늘 베드로, 안드레, 야고보가 손꼽혔다. 그 다음에 그의 이름이 거명될 정도였다. 그러나 그는 그것으로 만족하지 않고 선두에 속할 수 있도록 노력했다. 그는 훗날 베드로, 야고보에 이어 선두 그룹을 지킬 만큼 자신을 발전시켰고, 요한은 베드로 및 야고보와 함께 예수님의 특별한 사랑을 받았다. 예수님은 야이로의 딸을 살리실 때나(막5:37),

변화산에서 변화하실 때나(마17:1), 겟세마네 동산에서 기도하실 때
(막14:33) 이 세 제자들을 동행시킬 만큼 위치를 굳혔다.

유월절 준비를 할 때 베드로와 함께 그 일을 담당하기도 했지만 예
수님이 승천하신 다음 그의 지위는 더욱 확고해졌다. 사도행전은 베드
로 다음으로 요한을 꼽았다. 사도행전은 그를 세 차례 언급했는데, 그
때마다 베드로와 함께 그를 등장시켰다. 성전 문 앞에서 앉은뱅이를
고칠 때(행3:1-10), 산헤드린 공회 앞에서 답변할 때(행4:1-22), 그리
고 예루살렘 총회에서 사마리아로 대표단을 파송할 때(행8:14-25)가
그 보기이다. 바울은 요한에 대해 언급하면서 예루살렘 교회에서 기둥
같이 여기는 자들 중의 한 사람이라 했다(갈2:9).

베드로가 순교한 후 그는 결국 제자가운데 가장 주목받는 인물이
되었다. 한 이름 없는 어부가 사도가 되고, 사도가운데 가장 중추적
인물로 성장했다는 것은 그리스도 안에서 그 자신 얼마나 노력했으며,
그 과정에서 그의 삶이 얼마나 성숙했는가를 보여준다. 우리의 신앙도
자라야 한다. 현재에 안주하지 않고 끊임없이 변화를 모색하며 발전하
도록 한다.

✝ 주님과 늘 가까이

요한은 항상 주님 곁에서 떠나지 아니하는 모습 보였다. 틈만 있으
면 주님과 가까이 하고 싶어 했다. 이것은 그가 주님을 얼마나 사랑했
는가를 보여준다. 요한은 자신의 이름을 직접 밝히지는 않았지만 예수
님의 지상사역 중 마지막 3일을 비교적 자세히 언급하고 있다. 이 언
급 속에서 우리는 그가 얼마나 주님 곁에 가까이 있으려 했던 인물인
가를 알 수 있다.

　　요한은 성만찬 석상에서 예수님 품에 기대어 있었다. 댄 브라운의 소설「다빈치 코드」에서는 요한이 아니라 막달라 마리아로 묘사하고 있지만 그것은 가상일뿐이다. 요한복음 13장 23절은 다음과 같이 기록되어 있다. "예수의 제자 중 하나 곧 그의 사랑하시는 자가 예수의 품에 의지하여(leaning) 누웠는지라." 성경 전체에 이렇듯 아름답고 정겨운 모습을 찾기란 그리 쉽지 않다. 그 장면은 순간적으로 끝난 것은 아니었다. 베드로가 머리 짓을 하며 누가 주님을 팔게 될지 궁금한 질문을 던지자 요한은 예수님의 가슴에 그대로 기댄 가운데 배반자가 누군지 물었다. 요한은 이처럼 주님과 가까운 관계를 유지했다.

　　예수님이 잡히자 요한은 가야바의 집까지 갔다. 요한은 베드로와 함께 그 집에 가게 되었는데 그들이 이처럼 가야바의 집에 들어갈 수 있었던 것은 요한이 가야바와 아는 사이였기 때문이다(요18:15). 요한은 주님의 모습을 어느 누구보다 가까이 지켜보고 싶었다.

　　주님과 가까이 하고 싶은 그의 심정은 그것으로 끝나지 않았다. 요한은 십자가 곁에까지 갔다. 예수님께서 십자가에 달리셨을 때 요한은 예수님의 모친 마리아 곁에 서서 예수님의 운명을 지켜보았다. 그 자리에는 4명의 여인이 있었고, 남자로서는 요한뿐이었다. 요한은 주님이 당하고 계시는 아픔의 자리를 결코 외면하지 않았다. 그는 주님의 자비와 긍휼의 모습을 최후까지 그리고 가장 가까이서 지켜본 제자가 되었다.

　　또한 요한은 베드로보다 먼저 무덤에 달려가 예수님의 빈 무덤을 본 사람이기도 하다(요 20:1-10). 예수의 무덤이 비었다는 막달라 마리아의 보고를 받고 베드로와 요한이 달음질하게 된다. 그 과정에서 요한은 베드로보다 더 빨리 달려가서 무덤에 이르게 된다(요20:4). 무덤에 빨리 가서 그것을 확인한 것은 확인 자체의 사실보다 요한의 마음이 얼마만큼 주님께 가까이 있는가를 보여준다.

제자들이 디베랴 바다에서 밤 고기잡이를 하고 있을 때 주님을 먼저 알아본 것도 요한이었다. 날이 샐 때 예수님이 바닷가에 서계셨으나 제자들은 예수신줄 알지 못했다. 고기를 한 마리도 잡지 못하고 돌아온 제자들을 향해 주님은 "배 오른 편에 그물을 던지라"고 말씀하셨다. 고기가 많아 그물을 들 수 없을 지경이었다. 이 때 요한은 말씀하시는 이가 주님이심을 제일 먼저 깨닫고 베드로를 향해 "주님이시다." 외쳤다. 그 말을 듣자마자 베드로는 겉옷을 두른 후 바다로 뛰어 내렸다.

이러한 모든 것을 생각해 볼 때 우리는 요한이 얼마나 주님께 가까이 있었으며, 또 가까이 하고자 했는가를 알 수 있다. 그리스도인의 삶은 언제나 주님과 가까워지는 삶이 되어야 한다. 요한은 우리의 마음이 주님을 향해 얼마나 민첩해(alert) 있어야 하는가를 보여준다.

✝ 성격마저 바꾸고

요한은 매우 급한 성격의 소유자인 것으로 알려져 있다. 그는 그의 형 야고보와 함께 '보아너게', 곧 우뢰의 아들이라는 별명을 가지고 있다. 이것은 그가 얼마나 급한 성질을 가지고 있는가를 보여준다. 그의 급한 성질은 성경의 여러 곳에서 입증되고 있다. 어떤 사람이 예수님의 이름으로 귀신을 쫓아냈으나 예수님을 따르려 하지 않자 요한은 그 사람을 꾸짖어 주었다(눅9:49). 사마리아 사람들이 예수님을 영접하지 않을 때에도 하늘에서 내려오는 불로 그들을 태워버리자고 제안한 제자들도 바로 요한과 야고보였다. 더구나 이 두 사람은 순교까지라도 기꺼이 받을 터이니 다가올 천국에서 가장 높은 자들이 되게 해달라고 예수님께 당돌하게 요청하기도 했다(막10:35 이하).

이렇듯 급한 그의 성격도 주님 안에서 변화되기 시작했다. 예수님이

잡히시던 밤 그는 베드로와 같이 있었다. 베드로는 말고의 귀를 벨 정
도로 흥분되어 있었다. 그러나 주님은 베드로를 향해 "그것까지 참으
라."고 하셨다. 이에 반해 그토록 성급한 요한이었지만 그 자리에서는
자신의 성급함을 보이지는 않았고, 나중에 베드로와 함께 가야바의 집
까지 들어가는 여유를 보였다. 그곳에서 베드로는 예수님을 세 번이나
모른다고 부인했으나 요한은 이 광경을 잠잠히 지켜보았다. 이것은 이
모든 과정을 통해서 그의 성격이 얼마나 바뀌었는가를 보여준다. 요한
은 계시록의 여러 곳에서 성도들의 인내를(계 13:10;14:12) 강조했다.
특히 환란에 동참하는 자는 인내해야 하며, 끝까지 하나님의 계명과
예수 믿음을 지키는 자가 면류관을 얻을 것을 말했다.

✝ 주님의 뜻을 가장 잘 증거 하며

요한의 특징은 예수님의 뜻을 가장 잘 증거 하고자 했다는 점이다.
그는 요한복음을 통해 말씀으로 오신 하나님임을 밝혔고, 진리, 빛, 생
명이라는 개념을 통해 예수님의 특성을 설명하고자 했다. 그가 남긴
서신 요한 1,2,3서는 사랑의 서신으로써 서로 사랑하라는 주님의 가르
침에 충실했음을 보여주고 있다. 그는 서로 사랑하는 것이 마땅하다며
성도들에게 있어서 무엇보다 사랑이 필요함을 강조했다.

그는 밧모 섬에서 주님으로부터 직접 계시를 받은 마지막 사도가 되
었다. 그는 받은 계시를 통해 새 하늘과 새 땅, 곧 새 나라의 이상을
봄으로써 모든 인류가운데 가장 높이 보고 가장 멀리 보는 계시의 사
람이 되었다. 요한은 계시가운데서 어느 누구보다 주님을 보았다는 사
실에 주목할 필요가 있다. 그 주님은 과거에 그가 보았던 주님의 모습
이 아니었다. 눈같이 흰 머리, 불꽃같은 눈, 주석 같은 발, 좌우 날선

검이 나오는 입, 폭포수처럼 쏟아지는 목소리, 해가 힘 있게 비취는 것 같은 빛난 얼굴. 요한은 그 주님이 사망과 음부의 열쇠를 가졌을 뿐 아니라 모든 왕권을 쥐고 교회에 대해 말씀하시는 것을 바라보았다.

요한은 모든 환난의 과정을 거쳐 결국 승리하시는 주님과 그리스도의 사람들을 보았고, 그 주님이 내가 진실로 속히 오리라 는 희망의 말씀을 주시는 순간 "아멘 주 예수여 오시옵소서." 라고 외쳤다. 그는 투철한 재림신앙을 가졌고, 지금도 우리로 하여금 그 주님을 절실한 마음으로 기다리게 하고 있다. 요한계시록처럼 우리에게 미래에 대한 환상을 구체적으로 가지게 하는 성경말씀은 그리 많지 않다.

✝ 주님의 사랑을 많이 받은 제자

요한은 한 마디로 주님이 깊이 신뢰했고 사랑한 사람이었다. 요한은 주님으로부터 사랑과 은혜를 풍성히 받았다. 요한은 자기 자신의 이름을 밝히는 대신 자신을 가리켜 '주님이 사랑하시는 자'로 표현할 만큼 예수님과 자신의 관계에 대해 확신을 가지고 있었다.

요한에 대한 주님의 신뢰는 요한이 제자로서는 예수님의 모친 마리아를 모신 유일한 제자가 되었다. 예수님은 십자가상에서 어머니 마리아를 요한에게 부탁했다. "보라 네 어머니라." 요한은 에베소 근처에서 마리아를 모시고 목회를 한 것으로 알려져 있다. 요한은 예수님의 제자이기는 하지만 육적으로는 예수님의 사촌이었을 것으로 추측되고 있다. 요한의 어머니 살로메는 마리아와 자매 지간인 것으로 비춰지기 때문이다(마27:56;막15:40;요19:25). 그러나 예수님이 십자가상에서 모친을 요한에게 부탁한 것은 그가 단지 혈족이었기 때문이 아니다. 그것은 주님이 그를 그만큼 신뢰했기 때문이다. 모든 제자들이 도망한 것과 그래도 끝까지 주님의 모습을 지켜본 그와는 너무나 차이가 있다.

주님이 사랑하시는 제자 요한은 제자들 가운데 가장 오래 살아남아 주님을 위해 일했다. 그렇다고 가장 편하게 일한 것은 아니다. 전승에 따르면 그는 끓는 기름가마에서 살아났다고 할 만큼 어려움이 있었다. 성경적인 기록으로는 밧모 섬으로의 유배를 들 수 있다. 어떤 전승은 그가 최초로 사제복을 입었다고 하고, 어떤 전승은 믿음을 지키다가 죽음을 당한 순교자의 명단에 요한을 언급하기도 한다. 그러나 가장 믿을만한 전승은 요한이 에베소로 건너가 소아시아지방에 세워진 교회들의 감독이 되었으며 나이가 들어 죽게 되었다는 것이다.

요한의 그림을 보면 이마에 공이가 배겨 있다. 사람들은 그가 이마를 땅에 대고 기도를 많이 한 때문이라 말한다. 그만큼 기도의 사람이었다는 것을 보여준다. 그는 늘 기도로 주님과 대화한 인물이다.

요한은 무엇보다 주님의 사랑을 많이 받은 제자이다. 왜 그랬을까? 성경은 앞서 살펴본 바와 같이 그가 여러 가지 점에서 신앙적으로 모범이 되는 사람임을 보여주고 있다. 우리가 주님으로부터 사랑을 받으려면 어떻게 해야 하는가를 보여준다. 우리는 날로 발전하는 신앙의 모습을 유지해야 하고, 주님과 늘 가까이 하는 삶을 살아야 하며, 주 안에서 우리의 내면까지 변화되어야 하고, 모든 면에서 주님을 가장 잘 증거 하는 삶을 살아야 한다. 이렇게 산다면 우리는 요한처럼 주님의 사랑을 받는 제자가 될 수 있을 것이다.

9. 바늘귀를 통과한 부자, 삭개오

손에 먹을 것을 쥐고서도 다른 사람의 것을 달라고 조르는 아이, 남을 아랑곳 하지 않고 자기만 먹겠다고 막 무가네 떼쓰는 아이를 볼 수 있다. 그 아이에게는 먹는 것밖에 보이지 않고, 자기 먹을 것만 생각한다. 그런 아이를 볼 때마다 '너무 어리다', '크려면 멀었다' 는 생각이 든다. 주님은 커서도 그런 우리를 향해 그러한 삶의 형식을 벗어나 이제 성숙할 때가 되지 않았느냐고 하신다. 성숙하면 배고픈 동생도 보이고, 굶주린 이웃도 보인다. 뒤늦게나마 움켜쥔 것을 나누게 된다. 그 순간 부모나 이웃들은 대견해 한다. 자랑스럽게 생각한다. 철딱서니 없던 아이가 이제야 비로소 바늘귀를 통과한 것이다. 주님은 지금도 우리를 향해 바늘귀를 통과하라고 하신다.

누가복음 18장의 어떤 관원과 19장의 세리 삭개오는 모두 관원이자 부자라는 점에서 공통된다. 그러나 두 사람가운데 한 사람은 바늘귀를 통과하지 못한 사람이고, 다른 한 사람은 바늘귀를 통과한 사람이라는 점에서 크게 차이가 있다.

18장과 19장의 두 사건 사이에는 중요한 주님의 말씀이 소개되어 있다. 즉, "재물이 있는 자는 하나님 나라에 들어가기가 어떻게 어려운지 약대가 바늘귀로 들어가는 것이 부자가 하나님 나라에 들어가는 것보다 쉬우니라."(눅18:24,25). 재물이 있는 자가 하나님 나라에 들어가기 어렵다는 것은 부자일수록 자기 재산에 대한 집착이 강해 가난한 이웃을 위해 자신의 것을 내놓으려 하지 않기 때문이다. 하나님 나라의 삶은 남을 도우며 사는 삶인데 그렇지 못하다면 들어갈 수 없다는 것이다. 이 두 사례는 우리가 이 땅에서 재물을 어떻게 사용해야 하는가를 말해준다.

✟ 바늘귀를 통과하지 못한 부자

부자관원이 예수를 찾아와 "선한 선생님이여 내가 무엇을 하여야 영생을 얻으리까?" 물었다. 주님을 향해 '선한 선생님이여'라고 한 것이나 '무엇'을 해야 하느냐고 묻는 것을 볼 때 그는 기본적으로 행동에 관심이 많았음을 보여준다. 그가 예수님을 선하다 했다 해서 예수님을 주님으로 영접했다고 말할 수 없다. 그는 예수님을 기껏 선생님, 곧 랍비로 보고 있기 때문이다.

예수님은 계명이 있지 않느냐고 하셨다. 이것은 계명을 잘 지키면 선한 것으로 생각하는 그들의 태도를 꼬집는 것이기도 하다. 그는 계명에 관한 한 어릴 때부터 다 지켜 행했다고 말했다. 율법에 관한 한 자신이 있다는 것이다. 이로 보아 이 관원은 비록 관직에 있을지라도 율법을 어기지 않으려고 무척 노력한, 겉으로는 신앙이 아주 좋은 것으로 평가받아온 인물이었음을 알 수 있다.

그러나 주님은 그에게 한 가지가 부족하다고 하셨다. 그리곤 재물을 팔아 가난한 자를 도우라고 하였다. 주님은 재물이 그의 영생(구원)문제에 장애가 되고 있다는 것을 이미 아셨다. 주님은 그 장애물을 제거한 다음 나를 좇으라고 하셨다.

큰 부자였던 관원은 근심하며 떠나갈 뿐이었다. 이것은 그가 재물로부터 자유하지 못했음을 보여준다. 우리는 그를 나무랄 수 없다. 우리도 대부분 이 관원과 같은 생각과 태도를 가지고 있기 때문이다. 우리는 흔히 "---없으면 못살아"라고 말한다. 우리는 그것에 재물이나 식구를 대입한 후 "돈 없으면 못살아", "아내 없으면 못살아", "자식 없으면 못살아" 하며 황금만능주의, 이기적 가족주의에서 헤어나지 못하고 있다. 그러나 주님은 그 무엇보다 하나님을 대입하여 "하나님 없이

는 못살아"라는 단일성과 단순성을 가지라고 하신다. 그러면 황금만
능주의나 이기적 가족주의를 벗어나 나눔의 삶을 살 수 있다고 하신
다. 그 삶이 바로 하나님 나라의 삶이기 때문이다. 예수님은 부자가
하나님 나라에 들어가기는 낙타가 바늘귀로 들어갈 수 없는 것처럼
어려운 일이라고 결론을 내리셨다. 부자 관원은 결국 바늘귀를 통과하
지 못한 것이다.

　부자 관원이 하나님 나라에 들어가지 못한다는 평가를 받게 되자
사람들은 과연 어떤 사람이 구원을 받을 수 있을지 궁금해지기 시작
했다. 그래서 "누가 구원을 받을 수 있나이까?" 물었다. 베드로는 "우
리가 우리의 것을 다 버리고 주를 좇았나이다." 라고 했다. 그러자 주
님은 "하나님의 나라를 위하여 집이나 아내나 형제나 부모나 자녀를
버린 자는 금세에 있어서 여러 배를 받고 내세에 있어서 영생을 받지
못할 자가 없느니라."고 하셨다. 식구를 '버린다'는 것은 그들에 대한
책임을 다 하지 않고 돌아보지도 않는다는 것을 의미하는 것이 아니
다. 목숨보다 중하게 여기는 그것을 하나님을 위해서라면 기꺼이 포기
할 수 있을 정도가 되어야 한다는 것이다. 이기적 가족주의를 벗어나
라는 말이다. "아내나 자식 없어도 살지만 하나님 없이는 못살겠다."
는 단일성, 단순성으로 돌아와야 한다는 것이다. 처자를 버릴 정도의
믿음을 가졌다면 그까짓 재산쯤이야 못 내놓을 리 없다. 여기서 재산
을 내놓는다는 것은 꼭 교회에 바치는 것만 의미하지 않는다. 하나님
의 뜻을 생각하고 불우한 이웃을 위해 자기의 귀중한 것을 내놓을 수
있는 마음가짐과 그 태도가 바로 하나님 나라의 삶을 사는 사람으로
서 바른 삶이라는 것이다.

　재물도 포기하고 처자도 포기한, 즉 세상에서 귀중하다고 생각되는
그 모든 것을 포기할 만큼 하나님 나라의 삶을 중시하고 살아가는 사

람은 하나님과 이웃과의 관계가 새롭게 설정된다. 그동안 우리를 꽁꽁 묶어놓은 이기적 사슬을 끊어버렸기 때문에 비로소 하나님과의 관계가 회복되고, 이웃과도 사랑의 관계가 세워지게 된다. 부자관원처럼 아직도 "재물 없이는 못살아" 하는 사람은 하나님과 이웃과의 관계를 바로 맺을 수 없다. 이런 사람은 바늘귀를 통과할 수 없다.

✝ 바늘귀를 통과한 부자

누가복음 19장에 소개된 삭개오 사건은 근심하며 돌아간 부자 관원과는 대조적으로 부자가 바늘귀로 들어간 대표적인 사건으로 기록되고 있다. 삭개오는 주님을 만난 뒤 가난한 자에게 자기의 재산을 나눠줄뿐 아니라 토색한(속여 먹은) 일이 있으면 4배나 갚겠다고 했다. 이것은 그가 구원받았음을 명확히 보여주는 말이다. 삭개오에 관한 누가복음의 기록은 천국에 들어간 부자의 모델로 삭개오를 소개하고 부자가 어떻게 천국에 들어갈 수 있는가를 보여주는 것이라 하겠다.

삭개오는 세리장으로 유대인들의 눈으로 볼 때 로마정부를 위해 자기국민을 착취하는 매국노였다. 유대인들은 세리와 죄인을 미워했다. 성경은 그를 가리켜 부자라고 소개하고 있다. 그만큼 착취 가능성이 컸음을 보여준다. 그러나 그는 18장의 부자관원과는 판이하게 다른 점들을 가지고 있었다.

첫째, 주님을 향한 순수함이다. 18장의 관원은 자기과시적인 면이 강했다. 그래서 주님을 향해서도 당당했다. 그러나 삭개오는 주님 앞에 가까이 가지 못했다. 어린 아이와 같은 순수함과 호기심에 쌓여 멀리서라도 예수님이 어떤 분이신가 자기 눈으로 확인하고 싶었다. 키가 작은 탓도 있겠지만 다급한 마음에 뽕나무에 올랐다. 세리장이라는 체

면도 버렸다. 삭개오의 눈에는 예수님밖에 보이지 않았다. 그의 관심은 예수님밖에 없었고, 그분을 사랑했다. 이것은 영생을 얻겠다고 하면서도 자기밖에 모르는 부자 관원과는 사뭇 다름을 알 수 있다. 우리는 이 사건에 앞서 "누구든지 하나님의 나라를 어린 아이와 같이 받들지 않는 자는 결단코 들어가지 못하리라."(눅18:17)며 어린 아이를 용납하고 축복하신 주님을 상기할 필요가 있다. 주님은 어린 아이와 같은 삭개오를 그냥 지나치지 않으셨다. 눈을 들어 그를 보시고 그를 향하여 말씀하셨다. 그의 순수한 열정이 주님을 감동시킨 것이다.

둘째, 즉시 응답했다. 주님이 "오늘 네 집에 유하여야 하겠다."고 하셨을 때 그는 급히 내려왔다. 기쁜 마음으로 주님을 맞았다. 그리고 "주여 보시옵소서. 내 소유의 절반을 가난한 자들에게 주겠사오며 만일 뉘 것을 토색한 일이 있으면 사배나 갚겠나이다."고 하였다. 주님이 흡족해하실 답을 그는 마구 쏟아놓았다. 예수님을 선생으로밖에 인식하지 않는 부자관원과는 달리 그는 예수님을 "주님"이라 부름으로써 예수님을 주님으로 고백했다는 점에서 다르고, 주저주저하고 결국 고민만 하다 돌아간 부자 관원과는 달리 그는 즉시 응답했다는 점에서 확실히 다르다. 주님은 오늘 구원이 이 집에 이르렀다고 선언하셨다. 바늘귀를 통과한 것이다.

우리는 재물을 절대적인 것으로 믿고 살아왔다. 우리가족이 절대적인 것으로 믿고 살아왔다. 그것이 모두이고 그것이 없으면 살 수 없다고 생각해왔다. 그래서 우리는 그것에 삶의 의미를 두었고, 그것을 애써 붙잡으려 했다. 그러나 지금 주님은 우리를 향해 그 모든 것을 상대화하지 않으면 안 된다고 말씀하신다. 재물도 상대화하고, 명예도 상대화하고, 식구도 상대화하고, 절대화할 것은 오직 하나님, 하나님의 나라, 하나님의 말씀뿐이라고 하신다. 바늘귀로 들어갈 수 있는 방법은 우리가 절대화하며 살았던 그 모든 것을 상대화하고, 그것으로부터 완전히 자유로울 때 가능하다는 것을 주님은 이 두 사건을 통해 여실히 보여 주셨다.

인도네시아의 원주민들이 원숭이 잡는 법에 관한 이야기를 생각해 보자. 우리는 그들이 떼를 지어 원숭이를 몰아 잡거나 독화살을 쏘아 잡을 것으로 생각하지만 그렇지 않다. 원주민들은 술병과 땅콩을 들고 원숭이가 사는 곳에 들어간다. 그곳에서 그들은 술을 마시고 땅콩을 씹는다. 처음에 관심이 없던 원숭이들조차 사람들이 하는 모습을 눈여겨보게 된다. 사람들은 원숭이를 잡기보다 며칠 동안 술과 안주를 먹을 뿐이었다. 술을 먹고 나면 으레 그것을 남겨두고 떠났다. 원숭이들은 남은 술도 홀짝홀짝 마셔보고 땅콩도 먹어보았다. 원숭이들은 점차 땅콩에 맛이 들기 시작했다. 결전의 날이 왔다. 그날 원주민들은 의도적으로 호롱 박에 작은 구멍을 만들어 원숭이들이 좋아하는 땅콩을 집어넣고 떠났다. 그러자 원숭이들은 땅콩을 꺼내기 위해 작은 구멍으로 손을 집어넣었다. 땅콩을 한줌 쥐고 손을 빼려고 하면 구멍이 좁아서 좀처럼 빠지지 않게 되어있다. 원숭이들은 사람들이 그들을 잡으러 오는데도 손 안에 있는 땅콩을 놓지 않고 버둥거리다가 결국 모두 잡히고 만다.

오늘날 많은 그리스도인들은 이렇듯 어리석은 원숭이들처럼 자신의 손에 있는 썩을 것을 놓지 않고 버둥거리다가, 정말 귀한 하나님의 은혜받기를 거절하다가 마지막에는 불쌍하게 버림받는 사람마저 있다. 그러므로 그리스도인들은 더 좋은 것을 받기 위해 손을 펴야 한다. 땅콩을 과감히 상대화해야 한다. 그리고 가난한 사람을 위해 손을 펴야 한다. 베푸는 사람만이 더 좋은 것을 받을 수 있기 때문이다. 베풀 때 손해가 나는 것처럼 보여도 알고 보면 하나님으로부터 더 큰 은혜를 받게 된다. 그것이 바로 하나님 나라에서 통하는 은혜의 법칙이다.

프란시스 쉐이퍼는 「혁명적 기독교」를 통해 라브리 공동체를 소개하고 있다. 그 공동체에서는 이런 규범이 있다. "거지가 문을 두드리면 그를 영접하고 잠자리에 들게 하라. 잠자리를 제공할 때 자기가 자려고 깐 시트에 그를 뉘이라." 그리스도인이 되는 것은 계명을 얼마나 지켰는가에 있지 않다. 교회에서의 직분이 무엇인가에 달려있지 않다. 어느 교파에 속해있는가도 아니다. 이 세상의 것들을 과감히 상대화하고 그리스도와 자신을 일치시키는 삶, 이웃을 위해 자신을 내놓을 수 있는 삶, 그것에 있다.

잘 지은 교회를 더 잘 꾸미기 위해 연보를 강조하고 아직도 쓸 수 있는 건물을 부수고 몇 십억을 들여 단장한 교회가 있었다. 공사가 끝나던 그 날 그 교회의 교인가운데 한 사람이 그의 자녀들과 함께 목숨을 끊었다. 유서에는 이렇게 쓰여 있었다. "우리에게는 더 이상 우리의 목숨을 지탱해줄 아무것도 없습니다. 그동안 우리 식구는 줄곧 굶주림에 시달려 왔습니다." 이것이 오늘의 한국교회 모습이다. 이웃을 돌아보지 않으면서 자기 치장에만 바쁘다. 한국교회가 재물을 상대화하지 않으면 많은 생명이 죽어간다는 것을 잊어서는 안 된다. 우리 식구가 재물을 상대화하지 않으면 우리의 이웃이 죽어간다는 것을 잊어서는 안 된다. 주님은 그 모든 것을 상대화하고 하나님의 나라로 들어와 그 삶을 살라고 하신다. 그 삶은 움켜쥐는 삶이 아니라 나누는 삶이다. 삭개오는 바로 그 삶을 찾음으로 바늘귀를 통과한 부자가 되었다. 우리도 이제 바늘귀를 통과하는 교인이 되어야 한다.

송 명희 시인은 '감 추인 보물'에서 다음과 같이 썼다.

"주 예수를 뒤 따르는 자에게는

　지금의 모든 것을 버려야 하는
　괴로움이 있겠으나
　괴로움의 끝은 영원한 기업이 있으리라
　천국을 소유하기 원한다면
　이 세상의 모든 것을 잃어야 되리라."

　　나아가 우리는 상대화의 영역을 넓혀 나가야 한다. 주님은 인간에 대한 차별을 하지 않음으로써 상대화의 또 다른 모습을 보여주셨다. 우리는 삭개오 사건을 통해서 사람에 대해 어떤 차별을 하지 않으시는 주님을 발견하지 않으면 안 된다. "네 집에 유하여야 하겠다."고 하신 주님의 말씀 속에서 우리는 소외된 집을 찾으시는 주님의 사랑을 읽을 필요가 있다. 주님은 그가 소경이든 아니든 부자든 가난하든 차별을 하지 않으셨다. 그 모두가 구원이 필요한 사람이기 때문이다. 예수님을 믿지 않았을 때 우리는 퍽 사람을 구별하고 차별하며 살아왔다. 그러나 그리스도인이 된 다음부터는 달라져야 한다. 천인이든 아니든 흑인이든 아니든 교파나 종교가 같든 다르든 구별하고 차별하는 태도를 바꿔야 한다. 그렇다고 그리스도인으로서의 본질을 버리고 그들과 동화하라는 것은 결코 아니다. 적어도 차별하고 미워해서는 안 된다는 것이다. 우리 안에 미움의 장벽이 있다면 그것을 무너뜨리고 경계선이 쳐있다면 그것을 제거해야 한다. 상대를 인정하고 그리스도의 사랑으로 안아줌으로써 그리스도 안에는 세상에서 발견할 수 없는 다른 무엇이 있다는 것을 보여주어야 한다. 이웃을 병자로 취급하거나 남이야 어떻든 자기만 착하게 살면 그만이라는 생각도 버려야 한다. 주님이 삭개오를 사랑하고, 삭개오가 주님을 사랑한 것처럼 우리도 소외된 이웃에게 그리스도의 사랑을 전해야 한다. 그래야 그 이웃이 우리의 참된 이웃이 될 수 있다. 고정관념이라는 절대인식의 틀을 깨고 과감히 상대화하는 삶을 삶으로써 또 하나의 바늘귀를 통과해야 한다.

우리에겐 오늘도 바늘귀를 통과해야 할 부분이 많다. 하나님 나라의 삶을 사는 그리스도인들은 날마다 바늘귀를 통과함으로써 하나님의 뜻을 기꺼이 실현하고, 하나님을 기쁘시게 하는 일군이 되어야 한다. 오늘도 각자가 통과해야 할 바늘귀가 무엇인가를 생각하고 기필코 통과할 수 있는 우리가 되어야 할 것이다.

10. 예수 그리스도에 붙잡힌 여인, 막달라 마리아

막달라 마리아는 막달라(Magdalene) 지역에서 마리아라 부르는 여인을 말한다. 막달라는 갈릴리 호수 서안에 있는 지방으로 이방인들이 많이 살던 곳이어서 막달라 마리아는 이방여인으로 알려져 있다. 우리는 흔히 그를 창녀로 인식하기도 하는데 이는 누가복음 7장에 나오는 죄 많은 여인을 그로 간주하려는 데서 나온 것이다(눅7:36-50). 그러나 이는 신빙성이 없는 것으로 그에 대한 우리의 인식이 크게 잘못되었음을 보여주는 것이다.

성경은 막달라 마리아를 일곱 귀신들린 여인이었으며 예수님에 의해 나음을 입은 여인으로 소개하고 있다(눅 8:2). 일곱 귀신들렸다는 것은 그의 정신상태가 매우 심각한 지경에 이르렀음을 보여준다. 이렇듯 귀신에 붙들려 미친 사람으로 살아온 그가 주님을 만나 달라진 것이다. 그 후 그는 더 이상 귀신에 붙잡힌 여인이 아니라 예수 그리스도에 붙잡힌 여인이 되었다. 막달라 마리아를 한 마디로 표현한다면 예수님을 만나 완전히 변화된 여인이다.

그리스도를 만나 변화된 그는 늘 주님을 그림자처럼 따라 다녔다. 주님을 사랑했고, 그 주님과 늘 가까이 있고 싶었기 때문이다. 예수님이 마지막 고난을 당하시기 위해 예루살렘으로 오실 때도 다른 사람들과 함께 동행 하였다. 성경은 그를 가리켜 예수님을 섬기던 여인들 가운데 한 사람이었으며 예수님과 제자들에게 자기의 가진 것으로 힘껏 뒷받침을 해준 인물로(마27:55-56;눅8:3) 기록하고 있다.

✝ 주님의 고난을 가장 가까이 지켜 본 여인

막달라 마리아는 예수님께서 십자가에 달리실 때 뿐 아니라 무덤에 장사될 때 함께 있었다. 고난의 현장에 가까이 있었다는 것은 그가 얼마나 주님을 사랑했는가를 보여준다.

예수님이 십자가의 고난을 받으실 때 예수를 아는 사람들과 예수를 섬기며 갈릴리로부터 따라온 많은 사람들은 멀리 서서 그 고난을 지켜보았다. 그러나 요한복음에 따르면 막달라 마리아는 예수의 모친 마리아와 함께 십자가 곁에 있었다(요19:25). 성경은 야고보와 요셉의 어머니 마리아, 살로메, 세베대의 아들들의 어머니 등 여러 이름을 들고, 이 이름가운데 막달라 마리아를 항상 먼저 놓았다. 이 여인들은 평소 주님을 따랐고, 주님이 죽으신 뒤에도 관심을 가지고 가까이 따라 다녔다.

이 여인들은 사람들의 뒤를 좇아가 주님의 무덤과 그의 시신이 어떻게 놓여 진 것을 보았다. 성경은 "거기 막달라 마리아와 다른 마리아(요셉의 어머니 마리아)가 무덤을 향하여 앉았더라, 예수 둔 곳을 보더라."고 기록하고 있다. 그 뒤 여인들은 향품과 향유를 준비하기 위해 돌아갔다.

✝ 부활의 주님을 가장 먼저 맞은 여인

성경은 예수님의 부활을 맞아 여인들의 활동에 대해서 아주 소상하게 밝히고 있다. 특히 막달라 마리아의 역할을 비중 있게 다루고 있다. 이것은 막달라 마리아가 부활의 모든 과정에서 얼마나 중요한 역할을 했는가를 입증하고 있다.

안식 후 첫날 새벽, 아직은 어둡지만 그러나 해 돋으려 하는 때 막달라 마리아를 비롯한 다른 여인들이 예수께 바르기 위한 향품을 사두었다가 그 무덤으로 갔다. 그들은 가면서 "누가 우리를 위하여 무덤 문에서 돌을 굴려 주겠느냐?"며 걱정을 했다. 부활은 전혀 생각지도 않고 있었다. 마가는 눈을 들어본즉 돌이 벌써 굴려졌으며 그 돌이 심히 큰 것이었다고 기록하고 있다. 돌이 어떻게 굴려졌을까? 누가는 큰 지진이 나며 주의 천사가 하늘에서 내려와 돌을 굴려내고 그 위에 천사들이 앉아있었다고 기록하고 있다. 이로 미루어 보다 이 사건은 여자들이 무덤에 올라오고 있을 때 일어난 것으로 보인다. 그 때 무덤을 지키던 로마병정들은 어찌 되었을까? 마태는 이에 대해 천사의 형상이 번개 같고 그 옷이 눈같이 희었으며 그 무덤 문을 지키던 병사들이 저를 무서워하여 떨며 죽은 사람과 같이 되었다고 말하고 있다.

이 급박한 상황에서 열린 무덤 속으로 들어간 막달라 마리아 일행은 놀라지 않을 수 없었다. 예수님의 시신이 보이지 않는 것이었다. 그들은 이 사실을 제자들에게 알려야한다는 생각에 막달라 마리아를 주자로 뽑았다. 그는 그 길로 베드로와 요한에게 달려가 "사람들이 주님을 어디에 두었는지 모르겠다."는 말을 급히 전한다.

막달라 마리아가 베드로에게 보고를 하러간 사이 찬란한 옷을 입은 두 천사가 여인들에게 다가섰다. 여인들이 두려워 얼굴을 땅에 대자 천사가 말했다. "너희가 십자가에 못 박히신 예수를 찾는구나. 어찌하여 산자를 죽은 자 가운데서 찾느냐. 그는 여기 계시지 않고 그의 말씀하시던 대로 살아나셨느니라. 갈릴리에 계실 때 너희에게 어떻게 말씀하신 것을 기억하라." 여자들은 너무 놀라 떨면서 무덤에서 나왔다. 무덤에서 나오자마자 도망하듯 뛰었다. 마태는 여인들이 무서움과 큰 기쁨으로 무덤을 빨리 떠나 제자들에게 달음질했다고 기록하였으며, 누가는 여인들이 제3일에 다시 살아나야 하리라 는 예수의 말씀을 기억하고 무덤에서 돌아갔다고 기록하고 있다.

베드로와 요한은 막달라 마리아의 말을 듣고 무덤으로 달음질해갔다. 요한은 더 빨리 속력을 내어 무덤에 도착하였다. 그러나 무덤에 들어갈 용기가 나지 않았는지 베드로가 오기를 기다려 함께 무덤에 들어가 예수님의 시신이 없어졌다는 것을 확인했다. 그러는 가운데서도 "죽은 자 가운데서 다시 살아나야 하리라."는 말씀을 알지 못했다. 그저 어찌되었을까 기이히 여기며 집으로 돌아갔다.

그러나 막달라 마리아는 무덤밖에 서서 울고 있었다. 울면서 몸을 구푸려 무덤 속을 들여다보았다. 두 천사가 나타나 "여자여 어찌하여 우느냐?" 물었다. 마리아는 "사람이 내 주를 가져다가 어디 두었는지 알지 못함이니이다."며 울었다. 이 순간 주님은 마리아 뒤에 서셨다. 마리아가 몸을 뒤로 하여 주님을 보았지만 미처 예수님인줄 깨닫지 못했다. 동산지기인줄로만 생각한 여인은 그를 향하여 "당신이 옮겨갔거든 어디 두었는지 내게 이르소서. 그리하면 내가 가져 가리이다."며 안타까움을 표시했다. 주님이 부활하시어 자기 곁에 서 계신다는 것은 꿈에도 생각할 수 없는 일이었던 것이다. 그 때 주님은 그의 이름을 부르셨다. "마리아야." 그제서야 막달라 마리아는 주님이신 것을 알고 "선생님이여"라고 부르짖는다. 부활하신 주님이 맨 처음으로 그에게 나타나신 순간이자 여인에게는 감격적인 순간이었다. 성경은 "막달라 마리아에게 먼저 보이시니"라고 기록하고 있다.

마리아는 순간 주님을 붙들고자 한 것으로 보인다. 그러자 주님은 만지지 말도록 했다. 아직 하나님 아버지께로 올라간 몸이 아니었기 때문이다. 신학자들은 그 때는 아직 자기의 화목케 하는 피를 가지고 하늘의 지성소에 들어가 속죄소에 뿌리기 전이었기 때문이라고 말한다. 그리고 주님은 그에게 "내가 곧 하나님 아버지께로 올라간다는 사실을 다른 형제들에게 전하라"고 부탁하셨다.

✝ 기쁨의 소식을 가장 먼저 전해준 여인

요한복음은 "막달라 마리아는 가서 제자들에게 내가 주님을 보았다"하고 또 "주께서 자기에게 이렇게 말씀하셨다 이르니라."(요20:18) 기록하고 있다. 주님의 부활사실과 주님이 말씀하신 바를 그대로 전한 것이다.

마가복음은 "막달라 마리아에게 먼저 보이시니 마리아가 가서 예수와 함께 하던 사람들의 슬퍼하며 울고 있는 중에 이 일을 고하매 그들은 예수의 살으셨다는 것과 마리아에게 보이셨다는 것을 듣고도 믿지 아니하니라."(막16:9-11) 기록하였다. 부활은 역사적인 사실이요 예언대로 이루어졌다. 그렇지만 제자들이나 주님을 따랐던 여인들은 주님을 만나기 전까지 주님이 부활하실 것을 전혀 생각지 않았다. 제자들은 부활을 마음에 두지 않았던 것이다.

하지만 마리아는 예수의 일로 슬피 울고 있는 사람들에게 부활의 소식과 주님의 말씀을 전함으로써 위로자가 되었다. 그들은 비록 주님의 부활 사실이 믿기지 않은 것이었지만 그 소식은 정말 놀라운 것이었다. 주님은 마리아의 말을 확증시키기 위해 여러 사람들에게 나타나셨다. 주님은 무덤을 떠나 달음질 쳐가는 다른 여자들에게도 나타나셨고, 엠마오로 가는 두 제자들에게도 나타나셨으며, 베드로를 비롯하여 여러 제자들에게도 나타나셨다. 만져보기 전에는 믿지 못하겠다는 도마에게도 나타나셨다. 갈릴리 한 산에서는 11제자와 500형제들에게 일시에 보이시기도 했다. 야고보에게도 보이셨다.

40일 동안 이 땅에 계시다가 모든 사도가 지켜보는 가운데서 승천하셨다. 마지막 때 주님은 당부하셨다. "오직 성령이 너희에게 임하시면 너희가 권능을 받고 예루살렘과 온 유대와 사마리아와 땅 끝까지 이르러 내 증인이 되리라." 그 후 제자들은 달라졌다. 큰 기쁨을 갖고 예루살렘으로 돌아가 늘 성전에 있으면서 하나님을 찬양하며 말씀을 확실히 증거 하였다.

막달라 마리아, 그는 원래 귀신에 붙잡힌 여인이었다. 그러나 주님을 만나 모든 것이 변화되었고, 여러 모로 축복을 받았다. 그는 주님을 자기의 모든 것으로 알아 주님을 섬겼다. 주님이 말씀하시는 곳에 그가 있었고, 기쁨의 자리뿐 아니라 고난의 자리에도 그가 있었다. 무덤에 있어야 할 주님의 시신이 없어진 것을 처음 발견한 그는 울고 다녔다. 주님을 잃는다는 것은 자기의 생명을 잃는 것과 다름이 없기 때문이다. 주님은 그의 순수한 사랑을 읽으셨고 그의 눈물 앞에 나타나셨다. 순간 그의 눈물은 기쁨의 눈물로 바뀌었다. 그 뒤 그는 주님의 일로 인해 슬피 우는 사람들을 찾아가 그 눈물을 기쁨으로 바꿔놓았다. 이 모두는 그에게만 주어진 축복가운데 축복이었다.

그는 한 마디로 주님께 붙잡힌 여인이었다. 그 주님은 오늘도 사단에게 붙잡혀 살고 있는 우리를 붙잡고자 하신다. 우리가 오직 주님께 붙잡혀 사단으로부터 벗어날 때 우리는 주님과 함께 더 영광스러운 부활의 아침을 맞게 될 것이다.

제2장 사도행전

1. 사도행전

사도행전의 기록자는 누가이다. 누가는 누가복음을 '먼저 기록한 것'이라 했다. 그러므로 누가복음은 사도행전의 서론에 해당한다. 누가복음이 예수 승천 전까지의 기록이라면 사도행전은 승천이후의 기록으로 지적 통일성을 보여주고 있다. 사도행전이 끝나는 60년 이후와 바울이 순교하기 전, 곧 61-67년 사이에 로마에서 기록한 것으로 보인다. 교부들의 증언에 따르면 누가복음과 사도행전이 한 권의 책으로 회람된 문서였으나 90년대 사복음으로 정립되면서 분리되었다. 문체와 어휘는 의사 누구의 것임에 틀림없다. 300 정도의 단어가 누가의 독특한 특징을 보여주며, 20개 이상의 어휘가 의사가 쓰는 전통용어이다.

시도행전의 기록목적은 누가가 밝힌 것과 같이 "데오빌로로 하여금 그 배운 바의 확실함을 알게" 하는 데, 곧 데오빌로에게 보다 완전한 교훈을 알려줌으로써 신앙을 확고히 하는 데 있다. 데오빌로는 누가복음에 기록된 인물과 같은 인물이다. 그는 예수 그리스도가 부활하신 이후에도 사도와 후계자들을 통해서 그리고 성령을 통해서 하시고자 하는 것을 어떻게 이루어나가는가를 논리적으로 서술했다. 성령의 초자연적인 역사, 교회에서의 사도의 활동과 그 역사성, 베드로와 바울의 등장과 복음 전파, 계시에 의한 바울의 사도권 등이 언급되었다. 이것은 직접적인 동기이며 그밖에 여러 목적도 있다.

첫째, 역사적 동기다. 누가복음이 예수님의 행적과 그의 가르침을 시작한 사건의 기록이라면 사도행전은 성령의 역사와 초대교회의 발생 등 초대교회의 역사기록이다. 복음이 예루살렘에서 유대와 사마리아 그리고 로마에 이르게 된 경위를 설명하고 있다. 누가복음이 예수의 지상전도라면 사도행전은 그리스도의 영인 성령께서 사도들을 통해서 역사한 것을 나타내고 있어 예수의 '천상전도'라 불린다.

둘째, 변증적 동기다. 기독교인들이 로마에 불충 혐의를 받고 있는 것에 대한 변호라는 것이다. 오히려 유대인들이 로마에 불충성하고 있음을 강조했다.

셋째, 교리적 동기다. 성령의 인격과 역사를 잘 보여주고 있다. 그래서 사도행전을 '성령행전'이라 한다.

넷째, 전기적 동기다. 교회 초기의 주도적 인물이 누가인가를 잘 묘사하고 있다. 1장에서 12장은 베드로를 중심으로 기록되어 있어 '베드로 행전'이라 하고, 13장에서 28장까지는 바울을 중심으로 기록되어 있어 '바울행전'이라 한다.

사도행전은 다음과 같은 특징을 가지고 있다.

첫째, 예수 사후 첫 보궐선거, 첫 설교, 첫 회개, 첫 이적 등 최초의 사건을 기록하고 있다.

둘째, 성령이라는 말이 가장 많이 나오고 있다. 50번 이상 등장한다. 사도행전은 성령행전으로 불러야 더 정확한 표제가 된다. 사도행전은 역사를 포함하지만 성령 사역의 방향을 집중적으로 기록하고 있다. 학자들은 사도행전을 기독교의 확장사라 부르기보다 성령의 사역론으로 규정하는 것이 일반적인 경향이다.

셋째, 복음서와 사도들의 교량적 역할을 하고 있다. 특히 그리스도 부활사건 이전과 이후를 잘 연결시키고 있다.

예수 그리스도와 성령의 관계

	승천	
	파라클레이토스(보혜사)	
	천상에서 대제사장으로 역사	
로고스로 존재	십자가/부활	그리스도의 영이 와서 일하심
알파--오메가		
초림/데오파루시아		재림/파루시아

넷째, 기도를 강조한다. 사도행전 2장 42절, 3장 1절, 6장 4절, 7장 60절이 대표적 예이다.

다섯째, 증거의 책이다. 베드로의 설교 4, 바울의 설교 6, 야고보 설교 1, 스데반 설교 1 등 각종 설교들이 그대로 실려 있다. 따라서 사도행전을 사도들의 설교집이라 부른다.

여섯째, 역사가로서의 누가 모습을 잘 보여주고 있다.

사도행전은 1장 8절에서 단적으로 보여주는 바와 같이 성령강림(1-2장), 예루살렘 전도(3-7장), 온 유대와 사마리아 전도(8장), 그리고 이방전도(9-28장)를 내용으로 하고 있다. 즉, 성령에 힘입어 교회가 어떻게 확장되어갔는가를 객관적으로 기술하고 있다.

사도행전의 개요

I. 교회의 확장을 통해서 본 사도행전
1. 행1-12장: 예루살렘, 유대, 사마리아에 복음 전파
  1) 예루살렘에서 된 일: 행1:1-7:60
     부활, 승천, 오순절 준비, 교회가 오순절로 구체화, 교회의 성역, 교회 증거,
     교회조직, 스데반 증거
  2) 유대와 사마리아: 행8:1-12:25
     사마리아, 유대, 바울의 개종, 베드로 증거(다비다 부활, 고넬료 개종, 이방
     인 변호), 복음 팽창(사이프러스, 안디옥), 유대에 구호사명, 베드로 설교
2. 행13-28장: 복음이 땅 끝까지 증거-바울과 복음 전도
  1) 바울의 1차전도 여행: 행13:1-14:28
     사명 받음, 사이프러스, 안디옥, 니코니온, 리스투라, 데베, 돌아옴. 예루살
     렘 회의
  2) 2차전도 여행: 행15:36-18:22
     소아시아, 시리아, 시시리아, 데베, 루스투라, 갈라디아, 유럽(빌립보, 데살
     로니가, 뵈뢰아), 고린도, 돌아옴.
  3) 3차전도 여행: 행18:23-21:17
     에베소, 아케야, 고린도, 에베소, 마케도니아, 아가야, 드로아, 에베소 장로
     들, 예루살렘 향해 감.
  4) 바울의 감금: 행21:18-28:31
     예루살렘에서의 바울, 왕 앞에 섬, 로마로 호송
  5) 로마 성역: 로마 황제 앞에 선 바울, 복음이 이방에 전파됨.

II. 사도시대별로 본 사도행전
행1장: 승천 A.D.28-30
행1-8장: 예루살렘 교회 발전(30-32년): 수천 명이 믿음
행9장: 바울의 개종(32년), 첫 번째 예루살렘 방문(34-35년)
행12장: 아그립바 1세 죽음(44년), 두 번째 예루살렘 방문(44-45년),
        1차전도 여행(47-48년), 예루살렘 회의(49년)
행15-18장: 2차전도 여행(49-52년)
행18-21장: 3차전도 여행(52-57년)
행21-26장: 감금(57년 10월, 60년 6월)
행24-27장: Fetus 황제 고소(60년)
행28장: 로마 도착(61년), 로마에서의 바울사역(61-63년), 놓여남(63년), 죽음
        (67-68년)

Ⅲ. 내용 요약

- 이스라엘의 회복보다 오히려 땅 끝까지 이르러 복음이 전파 되어지는 것 강조
- 성령의 임재. 각자의 모국어로 하나님의 큰일을 듣게 되었다. 모든 육체에게 성령을 부으시리라. 누구든지 주의 이름을 부르는 자는 구원을 얻으리라.
- 스데반의 설교와 순교. 구약의 특수성에서 신약의 새로운 보편성으로의 전환이 특성. 3가지 중요성을 띤다. 신학적으로는 하나님이 다른 세대를 통하여 다른 장소에서 그의 백성과 언제나 함께 계신다는 점이다. 인격적으로는 스데반의 감동적 설교이다. 사울이 이를 목도했다. 지리적으로는 스데반이 죽자 그리스도인들은 사마리아 유대 등 여러 지역으로 흩어졌고 그들은 가는 곳마다 복음을 전파했다.
- 하나님이 아나니아에게 "이 자(사울)는 이스라엘의 왕들과 이방인들을 위하여 내 이름을 전해야 할 자"라 하심.
- 베드로의 보자기 환상. 고넬료 식구의 복음 영접은 이방인 전도의 정당성을 부여했다.
- 안디옥에서 처음으로 그리스도인이라 불리었다.
- 바울의 1차 선교여행. 성령은 안디옥교회에 더 넓은 선교를 명하심. 바울과 바나바 선교사 파송. 이방인들의 개종. 예루살렘 회의는 할례가 이방개종자에게 필수가 아님을 확인시켜주었다.
- 바울의 2차 선교여행. 바울과 실라. 드로아에서 누가 및 디모데가 합류해 유럽으로. 바울 아테네 및 고린도 선교. 유대인 반발. 그는 결정적으로 유대인에게서 이방인에게로 돌아섬.
- 바울의 3차 선교여행. 에베소의 두란노서원(훗날 셀시우스 도서관으로 변경됨)에서 설교.
- 로마에로의 여정. "그런즉 하나님의 이 구원을 이방인에게 보내신 줄 알라 저희는 들으리라."

　　사도행전의 여러 신학적인 면은 역사성과 함께 초대교회의 신앙(교리)을 알게 해준다.

사도행전의 신학적인 면

I. 신학의 전반 사항
1) 성경에 관해 진술: 선지자들의 언급(15:15), 매일같이 상고(17:11)
2) 하나님과 삼위일체의 관계
   (1) 하나님의 속성: 능력과 주권(4:24-31), 그의 영광(7:2), 살아계신 하나님
       (14:11,15) 창조주(17:24), 무한한 하나님의 지식(15:18), 아버지(1:4,7,
       2:33)
   (2) 아들, 예수 그리스도(9:20, 13:33, 20:28)
   (3) 성령: 네 신(2:17), 성령(5:3, 13:4, 15:28, 20:23), 영(5:9)
   (4) 삼위언급: 7:55, 2:33
3) 하나님의 영원한 경륜(decree): 예정(2:23, 4:27,28, 15:18, 27:23,24)
4) 창조: 4:24, 17:24
5) 하나님의 섭리: 4:27,28, 2:23, 15:18, 17:24, 27:31
6) 인간의 타락, 죄, 심판: 7:51, 17:26
7) 인간과 하나님 사이의 계약관계: 할례(7:8), 아브라함과의 계약(7:23), 15:11
8) 그리스도가 중재자: 그리스도의 신성(2:36, 3:13,26, 20:28), 선지자로서의
   직능(3:22, 7:37)
9) 그리스도의 사역
   (1) 죽음: 2:23, 7:52, 3:15, 5:30, 10:39, 4:10, 8:25, 20:28, 2:27
   (2) 부활: 2:24, 2:31,32, 3:15, 4:10, 4:33, 10:40, 17:31, 26:8
   (3) 승천: 1:11, 2:33, 3:21, 5:31
   (4) 재림: 1:11
10) 자유의지 허락: 4:28, 7:52
11) 소명: 2:39, 13:48, 26:18, 28:24, 16:14
12) 의: 11:39, 10:43,44, 16:31, 13:38
13) 성화: 20:32
14) 구속적 신앙: 은혜(15:11), 말씀(24:14), 기도(4:24-33)
15) 회개를 통한 생명(영생): 2:38, 3:19, 5:31, 8:22, 11:18(이방인도), 20:21,
    17:30(모든 인간), 26:20
16) 선한 일: 사랑(4:32-37), 과부에게(6), 약한 자(20:35), 회개를 위해(26:27)
17) 율법: 13:39
18) 그리스도인의 자유와 양심의 자유: 시간에서(15:10), 흑암에서(26:18)
19) 종교적 예배의식과 안식일: 14:12-17, 2:42, 6:4, 4:24, 7:59, 9:11, 12:5,
    13:3, 16:13, 11:21, 13:15, 20:7(안식 후 첫날)
20) 맹세, 서약: 23:12
21) 교회: 볼 수 없는 교회(20:28, 2:47), 유형교회(5:11, 8:11)

22) 성도교통: 2:16, 42, 11:29-30
23) 세례: 물과 성령(1:5), 집단(2:38-42), 남자와 여자(8:12), 내시에게(8:36), 사울(9:18), 고넬료(10:47), 간수(16:33), 루디아(16:15), 고린도사람(18:8), 요한의 세례와 성령세례의 관계(19:3-4)
24) 성도의 견인: 별로 볼 수 없다.
25) 없는 것: 결혼과 이혼

2. 성령론과 기독론
1) 성령론 강조
  (1) 성령 받는 일: 제자들이 성령 받음(2:1-4), 사마리아인들(8:4-24) 이디오피아 내시(8:26-39), 사울(9:1-19, 21), 가이사라의 이방인(10, 11:18) 에베소 성도들(19:1-6)
  (2) 성령의 사역: 성령의 부어주심(1:1-12), 성령이 친히 말하심(8:29, 10: 19-20, 11:12, 13:2, 19:1, 20:23, 21:10-11) 전도함에 성령역사(2:1-13, 10:44-48, 19:1-10) 성령의 개종시키는 사역(11:15-18), 성화사역(15:9, 16:18)
2) 기독론적 강조: 성령사역=그리스도 사역
  (1) 12편 설교분석을 통해 베드로 4편(2:14-41, 3:12-26, 10:34-43, 15:7-11) 바울 6편(13:14-43, 17:22-31, 20:17-38, 22:1-22, 24:10-21, 26:1-24) 스데반 1편(7:2-53), 야고보 1편(15:13-21)
  (2) 그리스도의 인격과 역사 7가지 측면 강조
    -자기 백성과 유기적 관계에 있는 그리스도(1:2-9)
    -세상의 유일한 소망은 오직 예수-모든 문제 해결자로서의 그리스도(1:10-11, 4:12)
    -자기 백성의 안내자로서의 그리스도-생과 사에 있어서 리더(1:24, 10:13-16, 16:10, 22:18-21)
    -성령의 활동 발원자로서의 그리스도-성령사역의 주도권은 그리스도가 갖고 있다(2:33)
    -교인의 수가 증가하도록 역사하시는 그리스도(2:47)
    -우리 곁에 계셔 우리 사역에 동참하시는 그리스도(3:16,26, 18:9,10)
    -개인의 중생(회심)을 유발시키시는 그리스도(9:3-6)

2. 성령행전, "오직 성령이 너희에게 임하시면"

사도행전을 가리켜 성령행전이라 한다. 성령이 제자들에게 임한 후 복음의 세계화에 박차를 가하게 되었기 때문이다. 다음은 "오직 성령이 너희에게 임하시면"이라는 주님의 말씀이 어떤 의미를 갖게 되었는가를 보여준다.

✝ 제자들의 관심과 예수님의 관심차이

예수님은 십자가 사건이후 40일 동안 이 땅에 계시면서 친히 여러 가지 증거를 통해 다시 사셨음을 보이셨을 뿐 아니라 하나님 나라의 일을 말씀하셨다(행1:3). 사도들은 예수님과 자리를 함께 하였을 때 그들이 궁금한 것을 묻기 시작했다. 그들의 관심은 아직도 이스라엘 나라의 회복에 있었다. "주께서 이스라엘 나라를 회복하심이 이 때이니까?"(행1:6). 제자들과 당시 유대인들은 옛 다윗 왕가의 영광이 회복됨으로써 이스라엘 민족이 하나의 신정국가로서 전 세계를 다스릴 것이라고 생각했다. 그들에게 있어서 하나님 나라는 이스라엘 한 민족에게 국한된 이 세상의 나라, 이스라엘이 오히려 통치하는 이 땅의 나라였다. 예수님이 그토록 하나님의 나라란 하나님의 의와 사랑이 충만하고 하나님이 스스로 통치하시는 영적인 나라임을 말씀하셨는데도 그들은 끝내 예수님과 관심을 달리 하였다.

관심의 차이가 드러나자 주님은 다음과 같이 말씀하셨다. "때와 기한은 아버지께서 자기의 권한에 두셨으니 너희의 알 바 아니요 오직 성령이 너희에게 임하시면 너희가 권능을 받고 예루살렘과 온 유대와 사마리아와 땅 끝까지 이르러 내 증인이 되리라"(행1:7). 이 말씀은 단순히 그런 것에 신경 쓰지 말고 전도나 하라는 말씀이 아니다. 근본적으로 하나님 나라의 체질로 바꾸어져 전도를 할 수 있을 만큼 영적으로 성장하지 않으면 안 된다는 것이다.

그들은 기다리기에 조급한 마음을 가졌다. 그러나 주님은 조급한 마음을 가지기보다 오히려 영적인 체질로 완전히 전환하여 하나님 나라의 삶을 살 것을 강조하셨다. 증인된 삶은 바로 하나님 나라의 삶으로 완전히 체질이 바뀌어진 삶을 나타낸 것이다. 하나님의 백성으로 180도 완전히 전환된 다음 다른 사람들에게도 그 나라의 삶이 얼마나 좋은가를 보여주고 그들로 하여금 그 나라의 백성이 될 수 있도록 전도하는 증거의 삶을 살라는 것이다.

전도는 변화된 삶의 모습을 단적으로 보여주는 것이다. 변화된 사람은 말씀을 전하지 않고서는 견딜 수 없다. 바울은 말씀을 전하지 않으면 내게 화가 미칠 것이라고 말했다. 이렇게 변화되기 위해서는 성령님의 내재하심이 필요하다. 우리의 인간적 욕심을 가지고서는 하나님 나라에 들어갈 수 없다. 오직 성령을 통하여 우리의 체질이 바꾸어지지 않으면 안 된다. 체질이 바꾸어진 다음에 그리스도의 증인으로서 전도도 할 수 있다. 하나님 나라의 체질로 바꾸어지지 않았는데도 전도를 한다는 것은 있을 수 없고 그러한 전도는 효과를 거둘 수 없다.

✝ "오직 성령이 너희에게 임하시면"의 의미

예수님께서는 제자들에게 "오직 성령이 너희에게 임하시면"이라고 말씀하심으로써 성령의 임함이 그들의 삶에 큰 변화를 가져오게 될 것을 말씀하셨다. 주님은 이미 그들에게 이 성령을 받기 위해 예루살렘을 떠나지 말라는 분부를 내리신 바 있다. 성령을 받는다는 것은 삶의 근본적인 개혁, 곧 우리의 체질을 하나님 나라의 체질로 바꾸는 것을 의미한다. 어리석은 인간의 체질이 하나님 나라의 체질로 바꾸어지기 위해서는 우리의 본성을 이 세상의 욕심에 매어두는 것이 아니라 하나님 나라의 속성으로 완전히 갈지 않으면 안 된다.

성령님만이 우리 속에서 우리의 체질을 하나님 나라의 체질로 바꾸는 위대한 작업을 하신다. 우리의 영혼 속에 깊이 파고 들어가 낡고 썩은 부분을 도려내고 하나님의 것으로 바꾸는 작업을 하신다. 하나님의 사람으로 완전히 체질개선을 하는 것이다. 하나님 나라는 하나님의 것 외에 다른 것을 사용하지 않는다. 성령님은 하나님 나라의 부품을 사용하여 우리를 완전히 하나님 나라 제로 만드시는 것이다. 그 다음부터 더 이상 이 세상에 속한 자로서 살지 않고 하나님 나라의 백성으로서 살게 하신다. 비록 우리가 몸으로서 이 땅에 살고 있다 할지라도 생활방식은 세상방식이 아니라 철저히 하나님 나라의 방식대로 사는 것이다. 이것이 바로 이 땅에서 미리 천국의 삶을 사는 것이다. 이것이 바로 하나님 나라가 이 땅에 이루어지는 삶이요 이 삶은 바로 주님께서 우리에게 가르쳐주신 기도의 주제이기도 하다. 주님은 "오직 성령이"라고 말씀하심으로써 성령님 외에 어느 누구도 이 일을 할 수 없음을 가르쳐 주셨다. 그러므로 성령님의 임재는 그리스도인으로서 필수적으로 거쳐야 할 영적 체질개선 과정이다.

우리가 이러한 영적 체질개선을 하지 않은 채 하나님 나라의 삶을 전파한다는 것은 거짓이요 효과가 있을 리 없다. 그러므로 우리는 "오직 성령이 너희에게 임하시면"이라는 말씀이 단순한 말씀이 아니라 우리의 체질을 완전히 바꾸어야 한다는 영적 각성을 촉구하는 말씀이며 이 체질개선이 이루어져야 비로소 하나님 나라의 백성으로서 하나님 나라를 전할 수 있게 된다는 것을 알아야 한다. 하나님 나라의 삶

을 살지 않는 사람, 곧 변화되지 않은 사람이 하나님 나라를 전파한다
는 것은 상식을 벗어난 일이다. 확신이 없는데 어떻게 전도를 하겠는
가. '믿으면 천국 간다더라.'고 전할 것인가 아니면 믿는다고 손해 볼
것 있느냐고 전할 것인가.

많은 비기독교인들이 우리의 전도에 대해 외면을 하고 기독교인이
면서 도대체 비기독교인과 다른 점이 무엇이냐고 질타하며 예수를 믿
는다는 아무개를 보면 믿고 싶다가도 믿을 마음이 생기지 않는다고
말하는 것을 들을 때마다 아직도 우리는 하나님 나라의 삶을 보여주
지 못하면서 입으로만 하나님 나라를 말하는 위선자임을 확인하게 된
다. 주님은 지금도 우리의 체질이 바꾸어지지 않고서는 아무것도 안
된다고 말씀하신다. 예수님은 이것을 너무나 잘 알고 있었기 때문에
제자들의 체질개선을 위해 "예루살렘을 떠나지 말고 내게 들은 바 아
버지의 약속하신 것을 기다리라 너희는 몇 날이 못 되어 성령으로 세
례를 받으리라."(행1:4-5) 명령하셨다.

✝ 주님의 체질개선 작업

주님의 체질개선 작업은 시작되었다. 주님이 승천하시자 제자들은
모두 함께 다시 오실 주님을 기다리며 그리고 주님이 보내실 성령을
사모하며 나날을 보내기 시작했다. 성경은 그들이 "마음을 같이 하여
전혀 기도에 힘쓰니라."(행1:14) 라고 기록하고 있다. 주님은 오순절
날 그들에게 성령님을 보내 그들에 대한 대수술작업을 하셨다. 수술은
갑자기 하늘로부터 급하고 강하게 임하심으로 시작되었다. 성령님의
강한 임재는 그들을 하나님 나라의 강체로 만들어 두려움 없이 말씀
을 전하는 사람으로 만들었다. 사람을 두려워했던 그들의 체질이 완전

히 바뀌어져 더 이상 사람을 두려워하지 않는 사람이 되었다. 그들은
방언으로 하나님의 큰 일(행2:11)을 말하며 예루살렘을 하나님 말씀
의 거리로 만들어 놓았다. 베드로는 소리를 높여 "너희가 회개하여 각
각 예수의 이름으로 세례를 받고 죄 사함을 얻으라 그리하면 성령을
선물로 받으리니 이 약속은 우리 하나님이 얼마든지 부르시는 자들에
게 하신 것이라."(행2:38-39) 라고 외쳤다. 베드로와 요한은 잡혀가서
도 "하나님 앞에서 너희 말 듣는 것이 하나님 말씀 듣는 것보다 옳은
가 판단하라."(행4:19) 라고 말할 만큼 담대하였다.

　방언하는 제자들, 그리스도를 힘 있게 증거 하는 베드로, 3천명 또
는 5천명의 회개자, 날마다 구원받는 사람들이 늘어남, 제자들의 담대
함 이 모두는 제자들이 성령으로 완전히 체질개선을 한 뒤 예루살렘
에서 예수 그리스도의 증인이 된 것을 입증하는 것이다. 아울러 이것
은 오직 성령이 너희에게 임하시면 너희가 권능을 받고 예루살렘에
이르러 내 증인이 되리라 는 말씀의 성취이기도 하다.

　유대와 사마리아 전도는 믿음과 성령이 충만한 스데반(행6:5,8)의
순교가 계기가 되었다. 스데반 순교이후 예루살렘 교회에 큰 핍박이
있었고 사도들을 제외하고 성령이 충만한 교인들 모두 유대와 사마리
아로 흩어졌다. 흩어진 교인들은 숨어 지낸 것이 아니라 각 곳에 돌아
다니며 복음을 전했다(행8:1,4). 더 이상 세상이 감당할 수 없는 그리
스도의 증인이 된 것이다. 스데반과 함께 집사가 되었던 성령의 사람
빌립(행6:5)은 사마리아성에 복음을 전했다. 사마리아도 하나님의 말
씀을 받는다는 소식이 전해지자 사도 베드로와 요한이 기쁨으로 내려
와 그들이 성령 받도록 기도하고 안수했다. 사마리아 사람들이 성령을
받고(행8:17) 변화되기 시작한 것이다. 이것은 놀라운 사건이자 주님
이 말씀하신바 유대와 사마리아에 이르러 내 증인이 되리라 하신 말

씀의 이루심이다.

유대 땅 전도는 바울의 변화를 통해 더 활기를 띠었다. 바울은 그리스도인을 극렬하게 핍박했던 사울이었다. 그는 스데반을 죽이는데 앞장섰고 각 교회를 돌아다니며 그리스도 믿는 자를 색출하여 투옥시켰던 살기등등한(행9:1) 사람이었다. 주님은 이런 사람까지도 변화시켜 하나님의 사람으로 만들어 사용하셨다.

주님은 예수 믿는 사람을 잡기 위해 다메섹으로 가는 사울을 만났다. 사울이 주님을 만난 뒤 보지 못하고 먹지 못하고 있을 때 주님은 그의 제자 아나니아를 불러 사울을 찾아 안수하고 보게 할 것을 명했다. 아나니아는 두려웠다. 그는 소문난 사람이었기 때문이었다. 그러나 주님은 계속해서 "가라 이 사람은 내 이름을 이방인과 임금들과 이스라엘 자손들 앞에 전하기 위하여 택한 나의 그릇이라."(행9:15)고 말씀하셨다. 아나니아가 사울을 찾아 안수할 때 성령이 충만하게 임했고 사울은 다시 보게 되었다(행9:17,18).

성령으로 거듭난 사울은 더 이상 옛 사람이 아니었다. 성경은 그가 다메섹의 여러 회당을 돌며 "즉시로 예수의 하나님의 아들이심을 전파하니"(행9:20)라 소개하고 있고 사람들이 그를 믿지 않으려 하자 사울은 힘을 더 얻어 예수를 그리스도라 증명하여 다메섹에 사는 유대인들을 굴복시켰다(행9:22). 성령님이 그를 완전히 변화시키신 것이다. 예수를 싫어하는 다메섹의 유대인들이 오히려 바울을 죽이려 성문을 지키자 제자들이 밤에 그를 광주리에 담아 성에서 담아 내리기에 이르렀다.

바울은 예루살렘에 가서도 전도를 했으나 제자들조차 그를 믿으려 하지 않았다. 그때 모든 사정을 알고 있었던 바나바가 사울을 데리고 사도들을 찾아가 자초지종을 말함으로써 그를 믿게 되었다(행9:26,27). 사울과 바나바의 관계는 이를 통해 더욱 굳어졌다. 사울의 예루살렘 전도는 결코 쉬운 것이 아니었다. 유대인들이 그를 죽이고자 했기 때문이었다. 그런 기미를 안 제자들이 그를 다소로 피신시켰다. 사도행전 9장 31절은 이렇게 기록하고 있다. "그리하여 온 유대와 갈릴리와 사마리아 교회가 평안하여 든든히 서 가고 주를 경외함과 성령의 위로로 진행하여 수가 더 많아지니라."

주님은 땅 끝 전도를 위해 베드로와 바울을 사용하셨다. 주님은 바울을 이방을 위한 그릇으로 사용하기 전에 베드로에게 이방전도가 주님의 계획이심을 일깨워 주셨다. 그 일깨움의 사건이 바로 베드로와 고넬료의 만남의 사건이다. 이방전도에 대해 부정적인 생각을 가지고 있었던 베드로를 향해 주님은 "하나님께서 깨끗케 하신 것을 네가 속되다 하지 말라."(행10:15) 하셨다. 베드로가 고넬료의 식구들을 만나 이야기할 때 성령이 임하셨고 베드로는 이방인들에게 성령 부어주심을 보고 놀랐다(행10:45). 베드로가 다시 예루살렘에 가서 고넬료의 일을 말하자 다른 제자들은 이방인의 집에 들어간 것을 힐난했다. 그러나 베드로는 확신을 가지고 하나님이 우리가 주를 믿을 때 주신 것과 같은 선물(성령)을 저희에게도 주셨으니 내가 누구관대 하나님을 능히 막겠느냐고 말하였다. 베드로를 힐난하던 그들도 결국에는 "하나님께서 이방인에게도 생명을 얻는 회개를 주셨도다."(행11:17, 18) 라고 말하며 하나님께 영광을 돌렸다. 이방전도의 당위성이 인정된 것이다. 주님이 하고자 하시는 일을 과연 누가 막겠는가. 성경은 그 뒤 어떻게 바울이 이방 전도에 활용되었는가를 자세히 기록하고 있다.

당시 스데반 사건으로 흩어졌던 사람들이 안디옥에 이르러 주 예수를 전파했는데 믿는 사람들이 많아지게 되었다. 성경은 믿는 자가 많아진 것을 두고 "주의 손이 그들과 함께 하시매 수다한 사람이 믿고 주께 돌아오더라."(행11:21) 라고 기록하고 있다. 주님의 역사하심 때문이라는 것이다. 이것은 오늘날 교인수가 많아지면 그것을 자기 공으로 돌리려는 사람들의 생각이 얼마나 잘못된 것인가를 일깨워 준다.

이 소식에 접한 예루살렘 교회가 바나바를 안디옥에 파견했다. 성경은 바나바를 가리켜 "착한 사람이요 성령과 믿음이 충만한 자라" 하였다(행11:24). 안디옥 교회는 바나바를 맞아 더욱 번성하게 되었다. 수가 많아지자 바나바는 사울을 찾아 다소로 갔고 사울을 안디옥 교회로 데리고 와 함께 교인들을 가르쳤다. 이른바 팀 목회의 모범을 보인 것이다. 그 결과 안디옥 교인들은 '그리스도인'이라는 별명을 얻기에 이르렀다. 이것은 그들이 얼마나 교회를 잘 돌보았는가를 입증한다.

안디옥 교회 교인들이 금식하며 기도하는 가운데 지금까지 그들을 가르쳤던 바나바와 사울을 선교사로 파송하라는 성령의 지시를 받자 그들은 성령님의 지시대로 그들을 선교사로 파송했다(행13:1-3). 사도행전 13장 4절은 두 사람이 성령님의 보내심을 받아 구브로로 갔다고 기록하고 있다. 성경은 이 구브로 전도를 기점으로 지금까지 사울이라 불렀던 것을 바울로 바꾸어 부르기 시작했다(행13:9). 다메섹 사건으로 사울이 바울이 된 것이 아니라 이방 선교사로서 그의 일을 시작했을 때 그의 이름이 비로소 바뀐 것이다. 사도행전 13장 9절은 그를 이렇게 소개하였다. "바울이라고 하는 사울이 성령이 충만하여." 성령님이 그를 완전히 다른 사람, 곧 하나님의 사람으로 만들어 땅 끝 전도의 대사명자로 삼으신 것이다.

✝ 우리도 성령으로 거듭나야

바울의 생애는 성령님과 함께 한 생애였다. 그는 여러 서신을 통해 성령을 좇아 행하라(갈5:16), 성령으로 살라(갈5:25), 성령의 충만을 받으라(엡5:18), 성령을 소멸치 말라(살전5:19), 성령의 열매를 맺으라(갈5:22) 라고 강조하였다. 바울은 성령의 사람은 육체의 사람과 다르다고 말하고 변화된 삶을 사는 것만이 그리스도인의 삶임을 강조하였다. 그는 갈라디아 교인들을 향해 이렇게 외치고 있다. "너희가 이같이 어리석으냐 성령으로 시작하였다가 이제는 육체로 마치겠느냐." (갈3:3). 그리스도인이라고 하면서 말씀과는 전혀 먼 생활을 하는 이름만의 그리스도인이 되어서는 안 된다는 것이다. 야고보 형제 유다는 마지막 때에 경건치 않고 정욕대로 사는 사람들을 가리켜 성령이 없는 자(유1:19)라 하였고 거룩한 믿음 위에 자기를 건축하는 사람을 가리켜 성령으로 기도하는 자(유1:20)라 하였다.

우리는 하나님 나라를 사모하면서도 정작 하나님 나라의 삶은 살고 있지 않다. 주님은 하나님 나라의 삶을 살지 않는 자에게 결코 그의 나라를 주시지 않는다. 힘써 그의 나라와 그의 의를 구하는 자, 성령으로 거듭난 자, 성령으로 철저히 변화된 삶을 사는 자에게 주어지는 것이 바로 하나님의 나라이다. 주님께서 천국은 힘써 빼앗는 자의 것이라고 말씀하심은 이 때문이다. 하나님 나라는 시간이 되면 저절로 자기에게 굴러오는 것이 아니다. 전혀 주님의 일은 하지 않고 다만 그 시간만을 기다리는 것은 어리석은 사람이다. 그것은 우리의 철저한 회개와 변화된 삶을 요구하고 있다. 주님은 단호히 말씀하신다. "나더러 주여, 주여 하는 자마다 천국에 다 들어갈 것이 아니요 다만 하늘에 계신 내 아버지의 뜻대로 행하는 자라야 들어가리라."(마7:21). "오직 성령이 너희에게 임하시면." 주님의 이 말씀은 안이한 제자들이 어떻게 주님의 사람으로 변화되었는가를 보여주는 사도행전의 주제이자 지금까지 안이하게 신앙생활을 해온 우리도 하나님 나라의 체질로 완전히 바꾸어져야 한다는 주님의 강한 권고이시다. 우리의 체질도 변화되어야 한다. 그리고 우리도 담대히 입을 열어 주의 기이한 말씀을 전하는데 까지 성숙되어야 한다. 체질개선 그리고 영적으로 변화된 삶, 그것은 우리를 향하신 주님의 바램이자 유일한 구원의 길이다.

3. 전도하는 자와 전도 받는 자의 마음가짐

우리는 사회생활을 할 때, 특히 무슨 일을 하고자 할 때 "사람은 마음보를 잘 써야 해" 라는 말을 종종 듣게 된다. 그렇지 못하면 "심보가 고약해서 그렇지" 라든가 "네 마음보를 먼저 고치지 않으면 안 돼."라는 말을 듣게 된다. 이것은 우리 주변에서 흔히 볼 수 있는 말들이다. 그런데 성경은 신앙생활을 할 때도 특히 마음가짐에 주의하지 않으면 안 된다는 것을 가르쳐 주고 있다. 특히 전도하는 자나 전도 받는 자 모두 하나님과 그분의 말씀을 향한 마음가짐이 중요하다.

사도행전 8장에는 마술사 시몬과 에디오피아 여왕의 내시에 관한 이야기가 서로 비교되면서 소개되고 있다. 한 사람은 마음보가 틀린 사람에 관한 것이고 다른 한 사람은 마음보가 바른 사람에 관한 이야기이다. 두 사람 모두 빌립으로부터 복음의 말씀을 들었던 사람이라는 점에서는 공통되지만 서로는 마음보가 달라 한 사람에게는 질책이, 다른 한 사람에게는 칭찬이 있는 모습을 우리는 읽을 수 있다. 우리는 신앙생활을 하는 사람들이다. 신앙생활을 한다고 해서 모두가 똑같은 것은 아니다. 어떤 사람은 순수하지 못한 동기를 가지고 믿음생활을 하는 사람이 있는가 하면 어떤 사람은 순수한 동기를 가지고 믿음생활을 하는 사람이 있다. 믿음생활이란 순수성을 잃으면 그 자체가 죽은 믿음이 된다. 그러므로 우리는 각자 어떤 믿음생활을 하고 있는가를 살펴 그 마음부터 바르게 하지 않으면 안 된다.

사도행전 8장은 '대조를 이루는 장'이라고 할 만큼 여러 가지 점에서 대조되는 면들을 소개하고 있다. 먼저 교회를 핍박하는 사울과 핍박을 당하는 교인들의 모습이 나타난다. 사울은 스데반을 죽이는데 앞장서고서도 그의 죽임 당함을 마땅히 여길 정도로 조금의 동요조차 보이지 않았다. 오히려 예루살렘 교회를 진멸(쓸어버림)할 정도로 핍박을 가했다. 이에 비해 경건한 사람들은 스데반을 장사하고 그를 위하여 크게 우는 모습을 보였으며 핍박이 거세지자 흩어지기는 했지만 흩어진 장소에서 말씀을 열심히 전했다. 빌립의 전도는 바로 이런 상황을 배경으로 하고 있다.

✝ 마술사 시몬의 고약한 마음보

빌립이 사마리아 성에 들어가 백성들에게 그리스도를 전파했다. 많은 무리들이 그의 말을 들었을 뿐 아니라 그가 행하는 기적도 보았다. 빌립이 기적을 행했다는 사실은 성령께서 함께 하셨음을 입증하는 것이다. 그 기적은 귀신을 쫓아내는 일에서부터 병자들을 고치는 일까지 다양하게 나타났다. 귀신들이 소리를 지르며 나가 그동안 정신병자처럼 살았던 사람들이 온전케 되고 몸이 마비가 되어 중풍병자로 살았던 사람이 정상을 되찾으며 심지어 앉은뱅이가 일어서는 기적이 일어났다. 이러한 기적은 하나님께서 함께 하시지 않으면 불가능한 일이었다. 온 성이 떠들썩했다. 성경은 그 성에 큰 기쁨이 있었다고 기록하고 있다. 하나님께서 빌립과 함께 하셨음을 성경이 증거하고 있는 것이다.

성경은 이 기적만 소개하고 있는 것이 아니라 빌립의 전도 상황을 더 자세히 할애하여 증거하고 있다. 빌립이 하나님 나라와 예수 그리스도에 관하여 전도를 할 때 많은 사람들이 믿고 세례를 받았다. 사마리아 성이 하나님의 말씀으로 변화되고 있는 것이다. 이처럼 하나님은 빌립 한 사람을 통해서도 강하게 역사하신다.

바로 그 성에 시몬이라는 사람이 있었는데 그도 빌립의 전도를 받고 믿을 뿐 아니라 세례를 받게 된다. 그러나 그 사람은 보통 사람이 아니었다. 사마리아에서 소문난 마술사였다. 그가 마술을 하면 사마리아에서 큰 사람이든 작은 사람이든 다 놀랄 정도였다. 그래서 사람들은 그의 마술을 보고 정말 놀랍다. 하나님의 능력이 아니면 이런 일이 일어날 수 있겠는가. 그는 정말 위대하고 큰 사람이야 하고 아낌없는 찬사를 보냈다. 그는 한 마디로 인기가 그만이었던 사람이었다. 그래서 그는 자기를 가리켜 큰 자 라 부를 지경이었다. 그가 자신을 가리켜 한 이 말은 크게는 자신이 하나님이라고 주장했거나 작게는 자신이 하나님의 대변자라고 주장했음을 의미한다. 그의 마술은 우리가 다 아는 바와 같이 속임수에 지나지 않는다. 그런데 빌립이라는 사람이 와서 하나님의 말씀을 힘 있게 전할 뿐 아니라 진짜 마술(?)을 함으로 놀라지 않을 수 없었다. 그는 빌립으로부터 세례를 받고서 계속해서 빌립을 따라 다녔다. 모든 것이 신기했던 것이다. 더욱이 빌립이 행하는 표적과 기사는 보통과는 다른 놀라운 것이었다. 그는 자기가 마술사라는 것도 잊고 그저 감탄하면서 빌립을 따라다녔다.

빌립의 사마리아 전도가 대단하다는 소식이 예루살렘에 전해졌다. 베드로와 요한이 사마리아에 내려왔다. 그들은 새롭게 형성되는 신자들의 공동체를 살펴볼 책임이 있기 때문이었다. 그러나 와보니 사람들이 예수 이름으로 세례를 받기는 하지만 아직도 한 사람에게 성령을 내리신 일이 없다는 것을 알고 사마리아인들에게도 성령이 임하기를 기도했다. 요한이 이처럼 한 것은 특이한 일이다. 그는 전에 사마리아

를 싫어해 엘리야처럼 하늘에서 불을 내려 사마리아를 멸망시켜 버리
자고 말했던 사람이었다(눅 9:54). 그런데 그가 지금 사마리아에 와서
그 완고한 사마리아 사람들이 복음에 의해 변화된 모습을 보고 그들
에게도 성령이 임하기를 기도하고 있는 것이다. 사도행전을 가리켜
'성령 장'이라고 하는데 사도들은 자기들만이 성령을 받을 것이 아니
라 믿는 사람들 모두가 성령을 받지 않으면 안 된다는 것을 크게 인
식하고 있었음을 알 수 있다. 머리로만 받고 믿을 것이 아니라 마음이
새로워지고 바꾸어져야 하기 때문이다.

이에 두 사도들이 사마리아 사람들에게 안수를 했다. 이 안수는 지
금까지 예루살렘 사람들에 의해 외인처럼 여겨졌던 사마리아 사람들이
하나님의 새로운 공동체에 속하게 되었음을 보여주는 것이기도 하다.
그 때 성령이 임하셨고 그들이 성령을 받아 새롭게 변화되기 시작했다.
마술사 시몬이 이 광경을 지켜보고 '이 능력이야 말로 진짜다'라고 생
각했다. 더욱이 두 사람은 다름 아닌 사도들이었기 때문이었다. 사도들
에게 말해 그 능력을 통째로 사두고 싶은 마음이 들었다. 그래서 사도
들에게 돈을 주며 "이 권능을 내게도 주어 누구든지 내가 안수하는 사
람은 성령을 받게 하여 주소서."라고 말했다. 성령을 돈으로 사려 한
것이다. 그는 사도들이 가만히 돈을 받을 것으로 기대했다. 대부분의
사람들은 돈에 넘어간다는 것을 너무나 잘 알고 있었기 때문이다. 그
가 이처럼 돈을 내민 것은 사실상 그의 믿음이 거짓임을 스스로 드러
내는 것이다. 그는 성령을 돈을 주고 사서 그것으로 이득을 보고자 했
다. 성직매매를 뜻하는 '사이모니'(simony)는 바로 그의 이름에서 나온
것이다. 그러나 사도들은 달랐다. 특히 베드로는 힘주어 말했다.

"네가 하나님의 선물(성령)을 돈 주고 살줄로 생각하였으니 네 은
과 네가 함께 망할지어다. 하나님 앞에서 네 마음이 바르지 못하니 이

도에는 네가 관계도 없고 분깃될 것(나누어 가질 것)도 없느니라. 그러므로 너의 이 악함을 회개하고 주께 기도하라 혹 마음에 품은 것을 사하여 주시리라. 내가 보니 너는 악독(쓴 담즙)이 가득하여 불의에 매인바(매는 자가) 되었도다."

사도 베드로는 특히 그의 마음이 '하나님 앞에서 바르지 못함'을 책망하였다. 마술사 시몬은 당황하지 않을 수 없었다. 그는 놀란 나머지 나를 위하여 주께 기도하여 말한 것이 하나도 내게 임하지 말게 하소서 라며 애원할 수밖에 없었다.

✟ 에디오피아 내시의 마음가짐

빌립의 전도는 사마리아에 국한되지 않았다. 하나님은 그의 천사를 보내 예루살렘에서 가사로 내려가는 광야 길로 가도록 명령했다. 그곳에 가보니 마침 에디오피아 여왕 간다게의 국고를 맡은 내시가 예루살렘에 예배를 보러 왔다가 내려가고 있었다. 유대인의 율법에 따르면 본래 내시는 하나님의 백성가운데 참여할 수 없었다(신 23:1). 그러나 그는 하나님을 경외하는 이방인으로서 큰 절기를 맞이하여 예루살렘을 방문할 정도로 열심이었다. 특히 그는 말씀을 사모하는 사람이었다. 병거를 타고 가면서도 말씀을 읽고 있었다. 그가 읽고 있었던 구절은 이사야 53장 7, 8절의 말씀이었다.

"저가 사지로 가는 양과 같이 끌리었고 털 깎는 자 앞에 있는 어린 양의 잠잠함 같이 그 입을 열지 아니했도다. 낮을 때(in his humiliation) 공변된 판단을 받지 못하였으니(justice was denied him) 누가 가히 그 세대를 말하리요 그 생명이 땅에서 빼앗김이로다."

읽어도 알 수 없었다. 성령은 이미 그의 이 같은 심경을 읽고 있었다. 그 순간 빌립의 마음을 움직여 내시에게 가도록 하셨다. 내시는 가르쳐 주는 사람이 없으니 어찌 깨달을 수 있겠느냐 고 솔직히 말하고 빌립을 자기 병거에 태웠다. 빌립은 이 말씀이 다름 아닌 예수 그리스도를 가리킨 것임을 자세히 풀어 설명해 주었다. 그러자 마음 문이 열린 내시는 물 있는 곳에 닿자마자 "보라 물이 있으니 내가 세례를 받음에 무슨 거리낌이 있겠는가!"라며 세례받기를 청하였다. 다른 사본에 의하면 이에 빌립이 "네가 마음을 온전히 하여 믿으면 가하니라" 하였다. 세례를 받기 위해서는 무엇보다 하나님 앞에 바른 마음을 가지지 않으면 안 된다는 것이다. 이에 내시가 내가 예수 그리스도께서 하나님 아들인줄 아노라 라고 고백하자 세례를 베풀게 되었다. 내시는 에디오피아인 중에서는 첫 번째로 하나님의 교회에 참여하는 사람이 되었다. 우리는 여기서 빌립의 말을 다시금 새길 필요가 있다. 빌립은 내시를 향해 네가 마음을 온전히 하여 믿으면 이라고 했다. 이것은 세례를 받음에 있어서 가장 필요한 것은 하나님을 향한 온전한 마음임을 알 수 있다. 마음가짐이 중요하다는 것이다.

✝ 우리의 마음가짐은 어떠한가"

전도하는 자의 마음도 순수해야 하고, 전도를 받는 자의 마음도 순수해야 한다. 지금 우리는 어떤 마음가짐을 가지고 신앙생활을 하고 있는가? 다시금 점검해볼 필요가 있다. 시커먼 마음을 가지고 교회에 다닌다면 하나님께서는 그 마음으로 인해 그의 기도와 찬양을 받으시지 아니 할 것이다. 사도행전 8장은 아무리 이적 때문에 사마리아 성이 요란하다해도 성령을 받기 위해서는 하나님 앞에 마음을 바르게 가져야 하고, 조용히 말씀을 읽고 묵상하는 가운데서 그리스도를 구주로 영접해도 마음을 온전히 가져야 세례를 받을 수 있다는 것을 보여주었다.

하나님을 믿는 사람에게 있어서 가장 중요한 것은 하나님에 대한 바른 마음임을 일깨워 주고 있다. 나는 신학교에 다니면서 지금도 잊을 수 없는 것이 있다. 그것은 늘 경건한 마음으로 공부하고 하나님 앞에서 바르게 행동하는 일이었다. 그래서 항상 마음을 새롭게 하는 일에 힘썼다. 나는 그 시절에 있었던 순전한 마음이 계속 이어지기를 기도하고 있다. 베드로가 마술사 시몬에게 준 칼날 같은 말이나 빌립이 내시에게 보여준 조용하고도 단호한 기준은 우리의 삶 속에도 그대로 적용된다. 하나님 앞에서 네 마음을 바르게 가져야 한다. 네 마음이 온전해야 한다.

4. 편견을 깨뜨리게 한 환상의 주인공, 고넬료

고넬료(Cornelius)는 가이사랴에 주둔하고 있던 로마 군부대의 백부장이었다. 고넬료라는 이름은 그 당시로부터 약 100년 전 코르넬리우스 술라(Cornelius Sulla)라는 사람이 만 명의 노예를 해방시킨 적이 있어 그 후로 이 이름을 따는 일이 많았다. 고넬료의 이름도 그 유래를 딴 것으로 생각된다. 당시 가이사랴는 팔레스타인에 대한 로마 통치의 중심지였다. 로마의 군대를 성경은 이달리야대라고 표현하고 있다. 당시 1개 부대는 1개 군단의 10분의 1로서 약 600명으로 추산되고 있다. 그는 이 부대에서 백부장의 지위에 있었다.

유대인의 입장에서 볼 때 그는 비록 이방인이었지만 하나님을 믿고 그 가르침에 충실하려고 했던 사람이었다. 당시 이방인들 가운데는 이처럼 하나님을 믿고 따르며 몇 가지 규례들을 자신의 것으로 삼기도

한 사람들이 있었다. 고넬료도 이 부류에 속하지만 남다른 데가 있었다. 누가는 그 점을 특히 지적하고자 했다. 그는 신앙의 모범을 보여준 인물일 뿐 아니라 여러 가지 점에서 우리에게 교훈을 남겨준 인물이다. 사도행전 10장에 나타난 고넬료의 신앙을 살펴봄으로써 우리가 이 땅에서 어떤 삶을 살아야 하는가를 배우고자 한다.

고넬료는 무엇으로 인정을 받았는가?

첫째, 경건한 사람이었다. 누가는 사도행전을 통해 그의 신앙의 특징을 경건한 사람, 구제를 많이 한 사람, 그리고 기도를 많이 한 사람으로 묘사하였다.

고넬료는 유대인의 눈으로 볼 때 하나님을 경외하는 이방인이었다. 유대교로 완전히 개종한 사람은 아니었지만 여호와 하나님이 참 하나님인 것을 알고 유대인의 도덕과 율법의 가르침을 따르던 사람이었다. 그의 이야기를 통해 복음을 맨 처음 받아들인 이방사람이 하나님을 경외하는 사람이었다는 것은 매우 중요하다. 왜냐하면 후에 바울의 선교활동을 통해 세워진 교회들의 핵심을 이룬 사람들이 바로 하나님을 경외하는 경건한 사람들이었기 때문이다.

누가는 고넬료를 가리켜 무엇보다 하나님을 경외하는 경건한 사람(행 10:2)이라고 기술하고 있다. 그는 자신만 경건한 생활을 할 뿐 아니라 온 집으로 하나님을 경외했다(2절). 그는 자기 집 식구들만 경건한 생활을 하도록 했을 뿐 아니라 자기의 종들과 부하들까지도 하나님을 경외하도록 했다. 이것은 그가 얼마나 모범적인 신앙생활을 했는가를 보여주고 있다.

둘째, 구제를 많이 한 사람이었다. 고넬료는 비록 유대교로 개종한 사람은 아니었지만 많은 구제를 하였다. 하나님께서는 그에게 "네 구제를 기억하셨으니"(행 10:31) 라고 말씀하심으로써 그의 구제가 하늘에 상달되었음을 일깨워 주셨다. 이것은 기도만 상달되는 것이 아니라 구제 등 우리의 행위 모두가 상달되는 대상이며 따라서 우리의 모든 행위가 하나님께 상달되도록 노력할 필요가 있음을 알 수 있다

셋째, 기도를 많이 한 사람이었다. 성경은 그를 가리켜 항상 기도했다고 말하고 있다. '항상'이란 말을 다른 성경에서는 '규칙적으로' (regularly)라는 말로 사용하고 있다. 이것은 유대인의 기도시간을 따라 기도했음을 의미하며 나아가 기도가 생활화되었음을 보여준다. 하나님은 그의 기도를 들으셨다. 하나님은 고넬료를 향해 "네 기도를 들으시고"(행 10:31)라고 말씀하심으로써 이를 확인시켜 주셨다. 베드로를 청하도록 지시한 것을 보아 그의 기도는 바른 신앙을 찾기 위한 회심의 기도였을 것으로 추측된다. 이것은 우리가 어떤 기도를 드려야 하는가를 일러준다.

고넬료의 이러한 특징들을 볼 때 그는 당시 유대인들이 행하던 신앙의 여러 규례들 가운데 몇 가지를 취하여 자신의 것으로 삼은 것으로 간주되고 있다. 하나님은 그를 불러 "네 기도와 구제가 하나님 앞에 상달하여 기억하신 바가 되었으니"(4절)라고 말씀하심으로써 하나님께서 그의 경건함, 기도, 그리고 구제를 기뻐하시고 받으셨음을 보여주고 있다.

베드로에게 파견된 고넬료의 사람들이 그를 베드로에게 소개할 때 의인, 하나님을 경외하는 사람, 유대 온 족속으로부터 칭찬을 받는 사람으로 소개한 것으로(22절) 미루어 그는 그의 종들, 부하들, 그리고 그를 아는 유대사람들로부터도 크게 인정을 받았던 인물이었음을 알 수 있다. 즉 그는 하나님 뿐 아니라 사람으로부터도 인정을 받은 것이다.

고넬료는 하나님을 통하여 자신의 행위들이 하나님께 상달된 것을 알았다. 그는 하나님의 지시를 따라 욥바에 머물고 있던 베드로에게

사람들을 보냈다. 이 때 하나님께서는 베드로를 새로운 계시로 깨우쳐서 이 이방인들을 만날 수 있도록 준비시키고 계셨다. 이들과 만난 베드로는 고넬료의 집으로 왔다. 그곳에서 베드로는 그리스도인의 공동체를 확장시키려는 하나님의 의도를 깨닫게 된다. 베드로가 자신의 새로운 깨달음의 결과들을 전할 때에 성령께서 말씀을 듣는 모든 사람에게 임하심으로 그들이 방언을 하며 하나님께 찬양을 돌렸다. 이에 베드로가 고넬료와 그 가문의 사람들에게 세례를 베풀었다.

환상 사건이 주는 교훈은 무엇일까?

첫째, 하나님은 준비시키신다는 것이다. 하나님께서는 고넬료를 부르심으로, 그리고 베드로에게는 기도 가운데 환상을 보여주심으로 두 사람의 만남을 준비시키셨다. 사람은 알지 못하지만 하나님께서는 준비하고 계신다. 이 사건은 하나님의 놀라우신 섭리가 우리를 향해 있음을 일깨워 준다.

둘째, 응답과 순종과 기다림의 신앙을 가지라는 것이다. 고넬료가 베드로에게 한 말을 통해서 보면 하나님께서는 무엇보다 고넬료의 기도와 구제를 기뻐 받으시고 베드로를 청하도록 함으로써 응답해주셨다. 고넬료는 지체하지 아니하고 '곧'(32절) 사람들을 보냈다. 이것은 그가 하나님의 말씀을 즉시 순종했다는 것을 보여준다. 파견된 사람들 또한 경건한 사람들이었다(7절). 우리 말 성경은 그 사람들이 베드로를 만나 '너'라고 말한 것으로(22절) 표현함으로써 베드로를 매우 얕본 것처럼 그리고 있는데 이 말은 상대방을 지칭하는 'you'(당신)를 말하는 것이지 격하시킨 것은 아니다. 고넬료가 이렇듯 몰상식한 사람을 파견하지 않았으며 베드로를 보자마자 그가 존경의 뜻으로(in reverence) 무릎을 꿇은 것을 보더라도 냉대나 격하는 상상할 수 없다. 그리고 베드로가 오자 고넬료 식구 및 함께한 친구들은 은혜를 사모하는 모습으로 보여주었다. 즉 기다릴 줄 아는 신앙을 보여준 것이다. 성경은 이렇게 기록되어 있다. "이제 우리는 당신에게 명하신 모든 것을 듣고자 하여 다 하나님 앞에 있나이다."(now we are all here in the presence of God)(33절). 베드로의 말을 인간의 말이 아니라 하나님의 말씀으로 받으려는 자세는 매우 높게 평가되어야 할 것이다.

셋째, 왜곡된 의식을 고치라는 것이다. 베드로를 비롯한 다수의 사도들은 이방인에 대해 매우 차별적인 의식을 가지고 있었다. 그러나 이 사건을 통해 베드로는 "내가 참으로 하나님은 사람의 외모를 취하지 아니하시고 각 나라중 하나님을 경외하며 의를 행하는 사람은 하나님이 받으시는 줄 깨달았도다."라고(34-35절) 고백했다. "외모를 취하지 아니하고"라는 말씀을 NIV 성경은 "편애를 보이지 아니하시고"(God does not show favoritism)라고 표현함으로써 하나님은 유대인들만의 하나님이 아님을 분명히 했다. 하나님은 사람의 외모, 민족성, 소유 등을 보고 그 사람을 편애하여 구원을 주시지 않는다. 하나님은 오히려 그 사람의 중심을 보시며 그 사람의 행위대로 판단하신다. 이 사건은 그가 가지고 있던 편협 되고 차별적인 유대인으로서의 사고방식을 떨쳐버리지 않으면 안 된다는 계기를 마련해 주었다. 고넬료는 이미 참되신 하나님을 경배했지만 그리스도에 대한 신앙은 없었다. 이제 그는 베드로를 통해 그리스도교 신앙을 갖게 된(36절) 반면 베드로는 유대교의 편견과 율법주의에서 벗어나기 시작했다.

베드로는 고넬료를 만나 유대인으로서 이방인과 가까이 하고 교제하는 것은 위법임을 새삼 일깨워 주었다(28절). 그가 고넬료의 집을 방문할 때 할례를 받은 신자 두어 사람과 같이 갔기(23절) 때문에 이것을 더 강조한 것으로 생각된다. 그러나 하나님은 아직도 차별의식을 버리지 못한 베드로 뿐 아니라 함께 방문한 할례신자들을 놀라게 함으로써 그들의 생각을 고치게 하셨다(45절).

사도행전 11장을 보면 베드로가 예루살렘에 갔을 때 사도들과 할례 신자들이 무할례자인 고넬료의 집에 들어가 교제하고 말씀을 전했다는 말을 듣고 힐난하자 그는 하나님이 자기에게 주신 환상과 고넬료의 집에서 일어난 일을 말하며 그들에게도 하나님께서 성령의 은사를 주셨는데 "내가 누구관대 하나님을 능히 막겠느냐"(행11:17)고 설득할 때 그 말을 듣던 모든 사람들도 "하나님께서 이방인에게도 생명 얻는 회개를 주셨도다."(행11:18) 라며 이방인들을 용납하는 모습을 보여 주었다.

베드로는 고넬료 가정의 회심 사건을 통해서 이방인에게도 성령님이 함께 하신다는 것을 체험했으면서도 훗날 이방인들과 함께 자리한 것을 유대인들에게 목격될까봐 두려워하는 모습을 보임으로써 바울로부터 책망을 받기도 했다(갈2:11-14). 이것은 사도들조차도 유대의 속성들을 철저히 버리지 못하고 있었음을 보여준다. 이것은 또한 옛 관습을 철저히 버리지 못하는 우리의 연약함을 함께 드러내는 것이기도 하다.

넷째, 물세례 받음과 성령세례 받음에 어떤 순서가 있는 것은 아니라는 점이다. 베드로가 고넬료 식구들에게 그리스도의 도리를 전할 때 사람들은 방언을 말하며 하나님을 찬양하였다. 그는 이처럼 성령이 말씀을 듣는 모든 사람들에게 내려오는 것을 보고 놀라지 않을 수 없었다(45절). 이에 베드로는 "이 사람들이 우리와 같이 성령을 받았으니 누가 능히 물로 세례 줌을 금하리오."하고 예수 그리스도 이름으로 세례를 베풀었다(47-48절). 이것은 우리가 흔히 물세례 받은 다음에 성령세례를 받는 것으로 생각하는 것을 불식시키고 있다.

고넬료의 이야기, 왜 중요한가? 사도행전은 10장과 11장을 통해 고넬료의 이야기를 자세히 설명하고 있는데 이것은 사도행전에서 매우 중요한 대목이기 때문이다. 고넬료의 이야기가 주요한 이유는 이방세계에 믿음의 문이 열렸기 때문이고, 이방사람들이 할례 없이 교회에 참여하게 되었기 때문이며, 교회가 유대교적인 습성과 관습을 버리고 하나의 독립적인 운동으로 발전했기 때문이다.

고넬료의 사람들은 그를 가리켜 하나님을 경외하는 자라고 소개하였다(22절). 이방인을 가리켜 하나님을 경외하는 자라고 했을 때 이는 하나님께 예배드리는 것과 율법의 대부분을 준수하는 것을 의미하기도 하지만 특히 할례 받기를 거부하는 사람을 가리키는 것으로 인식되고 있다. 이러한 고넬료가 할례 없이 복음을 받은 사건, 그리고 할례를 받지 않은 이방인들이 교회에 참여하게 된 것은 매우 중요한 의미를 가진다. 나아가 이 사건은 유대교인들이 중시하는 할례를 똑같이 중시한 사도들과 할례신자들에게 일대 각성을 가져오게 만들었다. 몸의 할례가 중요한 것이 아니라 마음의 할례가 중요하기 때문이다. 교회는 유대인이나 이방인이나 마음의 할례를 중시하는 사람들의 공동체임을 알아야 한다.

고넬료 사건은 이방인에 대한 전도가 매우 의미 있는 것으로 인식되었다는 점에서 중요하다. 누가는 한 이방인의 첫 회심의 사건을 매우 의미심장하게 취급하였다. 그는 이 사건을 바울의 회개 사건 뒤에 붙여 언급함으로써 이보다 앞선 이방인 구스 내시의 회심사건과 교회 내에 유대인들과 개종자들이 함께 들어온 것을 기록하였다. 이제 그는 초점을 옮겨 이 사건을 통해 이방인들이 교회에 가담하는 것을 기술하고 있다. 그는 사도 바울의 이방전도 여행이 시작되기 전에 이 사건이 있었음을 기록함으로써 바울의 회심과 함께 다음에 올 여러 기록들 앞서 어떤 조짐이 있었으며 바울의 이방선교에 바탕이 됨을 보여주었다. 누가는 특히 베드로가 이방인들과 교제를 나눔으로 인하여 반대에 직면하게 되었으나 그 사건의 의미를 성공적으로 설명함으로써 그의 비판자들을 잠잠케 하였음을 기록하고 있다.

기독교인인 우리라 할지라도 매우 이기적이어서 자기 자신은 깨끗하다고 생각하고 남은 속되다고 판단하는 우를 범한다. 그러나 하나님은 '아무도 속되다 하거나 깨끗지 않다 하지 말'고(28절) 가르치신다. 우리는 이 땅에서 하나님 나라라는 공동체를 함께 이뤄나가야 할 사람들이지 차별을 하고 교만한 행동을 해서는 안 될 사람들이다.

우리는 고넬료가 자기와 자기 식구 뿐 아니라 종들, 부하들, 친구들을 불러 말씀을 듣고 변화된 삶을 살게 하였음을 특히 기억할 필요가 있다. 그는 하나님의 말씀을 혼자 들으려 하지 않고 가까운 일가, 그리고 친구들과 함께 들으려 했다. 이것은 우리가 복음을 전할 때 우선 자신의 집과 가까운 친척, 그리고 친구에게 전파하고 하나님의 나라를 이룰 때 가까운 곳에서부터 이루어져야 함을 가르쳐 준다. 이것은 또한 그가 얼마만큼 하나님 나라를 확장하기 위해 열심 있는 삶을 살았는가를 보여줄 뿐 아니라 우리도 이 같은 삶을 살아야 한다는 것을 가르쳐 주고 있다.

5. 빌립보교회와 세계선교의 초석, 루디아

루디아(Lydia)는 두아디라 사람으로 빌립보 성에 거하면서 상업에 종사하는 매우 활동적인 직업여성이었다. 루디아라는 이름은 '루디아에서 온 여자'라는 별명에서 유래된 것으로 과거 우리나라에서 부녀자를 지칭할 때 수원댁, 파주댁이라 한 것과 매우 유사하다. 그 이름은 원래 '생산'이라는 뜻을 가지고 있다. 그녀의 고향인 두아디라는 소아시아 루디아 지방의 작은 성읍으로 물감을 생산하는 곳으로 유명했다. 그가 취급하는 자주(紫紬)는 그 지역 특산물로 염료가운데서도 값비싼 자색 염료로 처리된 것이어서 그만큼 값이 나가는 것이었다. 루디아는 두아디라 염색공장에서 나오는 공산품을 마게도냐 지방으로 가져와 파는 사업가였다. 장사로 생활은 넉넉했지만 남편은 먼저 세상을 떠난 것으로 이해되고 있다.

그는 사업에 바쁘면서도 평소 하나님에 대해 관심을 가진 이방인이었다. 그런 그가 바울을 만나 신앙적으로 아주 달라졌다. 이 배후에는 무엇보다 하나님의 예정과 섭리가 있다. 그는 바울의 일행을 만나 변화 받고 결국 그곳에 교회를 세우게 된다. 우리는 말씀을 통해 하나님의 놀라우신 계획과 섭리가 루디아에게 있었음을 깨달을 뿐 아니라 하나님의 섭리와 계획이 우리 각자에게도 있다는 것을 깨닫고 겸손히 그리고 적극적으로 그 뜻을 이루어 나가는 생활을 해야 할 것이다. 루디아의 마음을 여신 주님이 우리의 마음을 열어 온전히 하나님께 헌신하는 자로 거듭나야 한다.

루디아와 바울의 만남은 하나님의 놀라우신 섭리가 있었다. 바울이 제2차 전도여행을 계획하고 디모데를 택하여 함께 전도하게 되었다. 그는 에베소 등 소아시아 전도를 계획했지만 성령님이 허락지 않으셨다. 바울은 드로아에 머물고 있었다. 드로아(Troy)는 에게 해안의 항구도시로 아시아와 유럽을 잇는 교통의 요지였다. 그 밤에 환상이 나타났다. 마게도냐 사람 하나가 나타나 "마게도냐로 건너와서 우리를 도우라"는 것이었다. 바울은 이 환상을 본 후 마게도냐로 떠나고자 했다. 마게도냐의 전도는 바로 유럽전도를 뜻한다. 바울은 실라, 디모데, 누가와 함께 배로 드로아를 떠나 마게도냐 지방에 이르게 되었다. 마게도냐는 지역이름이고, 빌립보는 그곳 도성 이름이다.

성경에 빌립보는 마게도냐 지경의 첫 성이자 로마의 식민지였다고 기록하고 있다. 이 말씀은 바울이 이제 마게도냐 지방 전체를 향해 복음을 전하게 되었는데 빌립보가 그 시작이라는 말씀이다. 그는 빌립보에 이어 데살로니가, 아덴, 고린도로 전도여행을 하게 된다. 그러므로 빌립보는 이번 전도여행의 첫 성이 되는 것이다. 빌립보 지역의 전도는 동양 문화권에 속한 소아시아 전도와는 달리 서양문화권 전도라는 점에서 특색이 있다. 그 관문인 빌립보에서 전도에 실패한다면 유럽 전 지역에 대한 선교에 차질을 빚게 된다는 점에서 매우 의미 있는 전도이다.

바울 일행은 빌립보에서 며칠을 지났다. 안식일이 되자 강가로 나가게 되었다. 혹시 강가를 기도처로 삼고 찾아오는 사람이 없는가 알아보기 위해서였다. 당시 어떤 도시든 유대인이 많이 살면 회당을 지어 함께 예배를 드렸다. 그러나 유대인 수가 적으면 강가에 기도처를 정하여 안식일 예배를 드렸다. 강가에 기도처를 삼은 것은 유대인의 전통적인 관습에서 나온 것이자 결례상의 편의 때문이었다. 시편에 "우리가 바벨론의 여러 강변 거기에 앉아서 시온을 생각하며 울었도다." (시137:1) 라는 말씀이 있는데 강변에 앉아 운 것은 건물에서 반듯하게 예배를 드리지 못하고 간이식으로 예배를 드렸음을 의미한다. 에스라서도 강가에 사람을 모으고 예배를 드리는 장면이 소개되고 있다 (스8:15).

강가에는 마침 여러 여인들이 앉아 있었다. 바울 일행은 그들에게 접근하여 함께 예배를 드렸다. 여인들 가운데는 마침 자주장사 루디아가 있었다. 루디아는 비록 이방여인이지만 유대교에 개종하여 하나님을 공경하고 있었다. 바울은 열심히 예수님을 소개했다. 루디아는 귀를 기울여 바울의 설교를 들었다. 성경은 이에 대해 이렇게 기록하고 있다. "주께서 그 마음을 열어 바울의 말을 청종하게 하신지라"(행 16:14). 바울이 예수님에 관해 설교를 할 때 주님께서 그 마음을 열어 주심으로 그 말씀을 믿고 따르게 되었다는 것이다. 이것을 볼 때 선교의 주체는 인간이 아니라 주님이라는 것을 알 수 있다. 성령님이 그 마음을 열어 주셔야 그 사람에게 전도가 되는 것이다. 바울이 이곳에 와 설교를 하게 된 것이나 루디아가 이 예배에 참석하여 생명의 말씀을 경청하게 된 모든 것에는 하나님의 오묘하신 섭리가 작용했다는 것을 알 수 있다. 하나님이 그 마음을 열어주시지 않는다면 복음을 깨달을 수 없고, 그리스도의 사람으로 헌신할 수 없기 때문이다.

루디아는 여러 면에서 변했지만 특히 물질적인 부자에서 영적인 부자로 변했다. 그는 물질적으로 넉넉했다. 그는 빌립보에 살면서 디아두라에서 나오는 값비싼 포목을 내다 파는 생활력이 강한 사람이었다. 특히 그가 판매하던 자주 빛 명주옷은 매우 값비싼 생활용품이었기(막15:17-20;눅16:19) 때문에 그는 매우 부자였다. 그는 비록 이방여인이었지만 유대인들이 믿는 하나님에 관심을 가지고 있었다. 그래서 유대교로 개종해 유대인들과 함께 예배도 드리곤 했었다. 그를 가리켜 '하나님을 공경하는 자'라고 한 것은 그만큼 신앙심이 있었다는 것을 보여준다. 그의 마음속에는 항상 잘 믿어보려는 마음이 있었던 것으로 보인다. 주님이 그 마음을 아시고 바울을 만나게 해 주신 것이다. 유대인의 하나님만 알았던 그가 바울을 만나 예수님을 구주로 영접하게 되었다. 그의 얕은 신앙심이 바울이 전한 복음을 통해 더욱 깊어지게 되었다. 그는 아주 철저한, 그리고 헌신하는 그리스도인이 되었다. 예수 그리스도를 모르던 사람이 예수의 사람이 되었고, 명실 공히 바울이 유럽선교에서 얻은 첫 열매가 되었다. 물질적으로도 부자일 뿐 아니라 영적으로도 부자가 된 것이다.

그는 온 가족을 구원시켰다. 루디아와 그의 온가족이 회심하여 세례를 받았다. 그가 믿음으로 온 가족이 구원을 얻게 된 것이다. 이는 한 사람의 회심이 가정의 구원을 위해 얼마나 귀한 역할을 할 수 있는가를 보여준다. 바울로부터 복음을 들은 루디아는 온 집안을 구원해야겠다는 생각을 굳히게 되었다. 당시에는 개인주의가 만연하지 않아 가정에서는 가장을 중심으로 뭉쳐 있었다. 따라서 세례의 경우도 온 식구가 함께 받았다. 이 온 식구에는 유아뿐 아니라 하인까지 포함된다. 교회에서 유아에게 세례를 베풀게 된 것도 이 같은 전통과 연관된다. 그러므로 가장이 믿게 된다는 것이 얼마나 중요한가를 보여준다. 루디아는 남편이 없음으로 가장역할을 했다. 남편이 없어 힘을 잃은 여인이 아니라 오히려 더 강한 리더십을 발휘하여 하루도 미루지 않고 온 식구로 하여금 믿고 세례를 받게 한 것이다.

그의 집이 선교의 본거지가 되었다. 온 가족이 믿게 되자 그는 자기 집을 바울과 그의 동역자에게 개방하였다(행16:14, 40). 그녀의 집이 선교의 본거지가 된 것이다. 루디아의 온 집안이 예수를 영접하고 세례를 받자 집안이 달라졌다. 루디아는 바울 일행에게 이렇게 말했다. '만일 나를 주 믿는 자로 알거든 내 집에 들어와 유하라'(행 16:15). 성경은 루디아가 강권하여 있게 했다고 적고 있다. 루디아의 이 말은 여러 면에서 교훈을 주고 있다.

첫째, 루디아는 지체함이 없이 그리고 전적으로 헌신했다. 루디아는 매사에 적극적이다. 이것이 그의 장점이다. 그는 사업에만 적극적인 것이 아니라 주님을 믿음에도 적극적이었다. 우리는 자기 일에는 적극적이면서 하나님 일에는 소극적이라는 점에서 문제가 있다. 우리가 루디아처럼 하나님의 일에 적극적으로 헌신한다면 교회든, 가정이든 모든 면에서 달라지는 모습이 나타나게 될 것이다.

둘째, 세상의 편견에 사로잡히지 않았다는 점이다. 우리는 말씀가운 데 '나를 주 믿는 자로 알거든'에 주목할 필요가 있다. 바울과 그 일행 은 남자이다. 이 집은 여자네 집이기 때문에 남자가 함부로 들어갈 수 없었다. 보통 여인 같으면 바울 일행이 자기 집에 오는 것을 막았을 것이다. 그러나 루디아는 단호히 "나를 여자로 보지 말고 예수 믿는 사람으로 보라", "나의 집에 거하면서 복음을 전하라"고 말한다. 그의 마음은 인간적인 안목을 떠나 주님을 향해 있었다. 낯선 사람을 받아 세상적으로 오해를 살 수도 있었지만 지금 그의 마음에는 세상적 오 해나 편견보다는 오직 주님의 것으로 충만히 채워져 있었다. 그는 주 님을 위한 것이라면 모든 장애를 극복할 수 있다는 마음으로 가득 차 있다. 그래서 그렇게 과감히 말할 수 있었다. 우리는 이것을 통해서 루디아가 얼마나 용기 있고 헌신적인 인물인가를 알 수 있다.

셋째, 이것은 주님께서 루디아의 심령을 얼마만큼 감동케 하셨는가 를 보여준다. 루디아가 주님을 영접하게 된 것이나 강권하여 바울 일 행을 집에 머물도록 한 것은 근본적으로 예수님의 오묘하신 섭리가 작용했을 뿐 아니라 성령님이 그의 마음을 감동케 하셨다는 것을 잊 어서는 안 된다.

이러한 믿음의 행진은 루디아 집으로 끝나지 않았다. 그 지역을 영적 으로 살리는 교회가 세워지게 되었다. 그 교회가 바로 빌립보 교회이다 (행16:15, 40). 하나님은 그 교회를 거점으로 삼아 주변지역 뿐 아니라 유럽선교에 전초기지를 마련하셨고, 세계선교의 전진기지로 삼으셨다.

당시 교회는 가정교회로부터 출발했다. 초대교회는 그 지방의 핵심 적인 신자의 집에서 모임을 갖는 가정교회였다. 이러한 가정교회의 보 기로 예루살렘에 있는 마가의 집(행12:12), 에베소에 있는 아굴라 부 부의 집(고전16:19), 라오디게아에 있는 눔마의 집(골4:15), 골로새에 있는 빌레몬의 집(몬1:2) 등을 들 수 있다. 이 가정교회에서 예루살렘 교회, 에베소교회, 라오디게아교회, 골로새교회가 탄생되었다. 빌립보교회는 바로 이 루디아의 가정교회가 모태가 되었다. 빌립보교회가 세워지게 된 것이다.

한국의 많은 교회도 가정교회로부터 출발했다. 교회역사를 보면 거의 예외 없이 성도의 집에서 예배를 드리는 것으로 교회가 시작된다. 초가집에서 기와집으로 옮겨가면서 교회는 커져갔다. 그 속에는 충성스런 성도 몇몇이 있다. 빌립보 교회도 루디아가 자기 집을 예배처소로 제공하면서 교회로서 틀을 잡게 되었다. 주님은 루디아의 마음속에 이미 주님의 교회를 세우셨다. 그에게 용기를 주시고 헌신하게 하셨다. 루디아는 빌립보 교회의 어머니가 되었다. 오늘도 주님은 여러 성도를 감동시키시고 곳곳에 교회를 세우고 헌신하게 하신다. 교회를 세우는 주체는 사람이 아니라 주님이시다.

바울은 여러 곳에 선교여행을 하면서 말할 수 없는 고생을 하게 된다. 옥에도 갇히게 된다. 그 때마다 빌립보 교회는 바울을 재정적으로 기도로 도와주었다. 바울은 여러 곳에 교회를 세웠다. 하지만 그에게 진정으로 위로를 줄 수 있었던 교회는 빌립보 교회였다(빌4:15). 성경의 빌립보서는 바울이 로마에 감금되었다는 소식을 듣고 에바브로디도를 통해 헌금을 보낸 빌립보 교회에게 그 헌금에 감사하여 교회에 보낸 개인적인 서신이다. 빌립보 교회는 영적인 면에서도 지도적인 교회로 성장하게 되었다. 그 교회에 바로 루디아가 있었다는 것을 잊어서는 안 된다. 루디아는 바울의 사역에서 언제나 중요한 협력자로 있었다.

바울과 빌립보 교회는 주 안에서 서로 사랑하는 관계를 유지했다. 바울은 빌립보서에 이렇게 쓰고 있다. "내가 너희를 생각할 때마다 하나님께 감사하며.---너희가 내 마음에 있음이며 나의 매임과 복음을 변명함과 확정함에 너희가 다 나와 함께 은혜에 참여한 자가 됨이라 내가 예수 그리스도의 심장으로 너희 무리를 어떻게 사모하는지 하나님이 내 증인이시니라."(빌1:3,7,8).

이방여인이었던 루디아, 남편을 잃었던 루디아, 장사를 하며 억척스럽게 살지 않으면 안 되었던 루디아였다. 그는 비록 하나님을 공경하기는 했지만 주님을 몰랐다. 그런 그가 바울을 만나 주님을 영접하게 되었다. 십자가의 사랑을 깨닫는 순간 그는 즉시 깊은 신앙으로 들어갔고, 자기의 집을 예배의 처소로, 유럽선교의 전진기지로 내놓을 수 있었다. 그 위에 영광스럽게도 빌립보 교회가 세워지게 되었다.

하나님의 오묘하신 섭리로 아시아로 가려던 바울을 마게도냐로 가게 하신 것, 빌립보에서 루디아를 만나게 된 것, 루디아가 바울의 말씀을 듣고 마음을 열어 그리스도인이 된 것, 그의 온 가족이 세례를 받은 것, 그의 가정교회가 빌립보교회의 초석이 된 이 모든 것은 하나님의 거룩하신 역사다. 그 역사가 지금도 우리가운데서 일어나고 있다. 이 역사에 참여하고자 하는 자는 어떻게 변화해야 하고 또 어떤 자세로 일해야 하는지 루디아는 우리에게 실증적으로 가르쳐 주고 있다.

다윗은 이렇게 고백하고 있다. "여호와 나의 하나님이여 주의 행하신 기적이 많고 우리를 향하신 주의 생각도 많도소이다. 내가 들어 말하고자 하나 주의 앞에 베풀 수도 없고 그 수를 셀 수도 없나이다."(시40:5). 바울과 루디아는 하나님을 향해 바로 이런 고백을 했을 것이다. 이 고백이 우리의 고백이 되어야 할 것이다.

제3장 바울의 서신과 바울의 신학

1. 바울, 그는 누구인가?

바울의 히브리 이름은 사울이다. 사울로 불리던 이름이 바울로 바뀐다. 우리는 예수를 영접하기 전에는 사울이었지만 후에는 바울로 바뀌었다고 생각한다. 하지만 영접한 이후에도 한 동안 사울로 소개된다. 바울을 로마식 이름으로 보는 학자도 있다.

바울은 유대인이자 로마 시민이었다. 그는 출생 때부터 로마시민권을 가진 유대인이었다. 1세기에 로마시민권을 갖기 어려웠다. 그의 가문이 탁월하고 부유했을 것으로 간주된다. 당시 부유층은 채색 옷을 많이 입었다. 바울의 할아버지 때 로마에 충성하여 그 특혜를 얻었을 것이라는 설도 있다. 바울은 안디옥 근처 다소(오늘날의 터키)에서 태어났다. 당시 다소는 로마 통치 아래 있었으므로 날 때부터 로마 시민이었다는 주장도 있다.

바울은 무엇보다 히브리인이다. 헬라 분위기에 쉽게 동화할 수 있었지만 히브리 전통을 소중히 간직했다. 그는 베냐민 지파에 속하는 전통적 유대인으로 8일 만에 할례를 받았다. 그의 아버지는 바리새인이이

었다. 그가 정통성을 내세우는 이유도 여기에 있다. 그는 예루살렘에
가서 가말리아 문하에서 유대주의(율법주의)를 연구했다. 가말리엘은
정통 유대학자로 유대인으로부터 존경을 받은 힐렐(Hillel)의 손자이다.
그의 유대적 정열은 박해로 나타났다. 예수를 영접한 뒤 그는 율법주
의에서는 나왔지만 유대인과는 결별하지는 않았다.

바울은 헬라의 배경도 가지고 있다. 그가 주로 사용한 언어는 헬라
어였다. 바울의 신비사상은 헬라문화의 영향을 받은 것으로 간주되기
도 한다. 매첸에 따르면 바울은 희랍의 인간론에 많이 기원한다.

바울의 가정은 성경에 별로 나타나지 않는다. 그의 가정이 부유했다
면 왜 자력으로 생계를 유지했을까 하는 의문도 제시된다. 바울은 빌
립보 교인들이 준 선물에 대해 감사한다. 바울의 가족은 부유했지만
바울이 예수 운동(Jesus movement)에 몰입했기 때문에 가족이 그와
원수 되었을 것으로 보기도 한다. 대적(enemy)관계로 빠진 것이다. 어
떤 이는 바울이 설교나 증언, 그리고 권고에서 윤리를 강조한 것, 예
를 들어 "자녀들아 부모를 공경하라. 부모들아 자녀를 노엽게 하지 말
고"(엡6:1-4)는 말은 바울의 이 같은 배경과 경험에서 나온 것으로
보기도 한다.

2. 바울과 교회의 관계

바울과 교회의 관계는 그의 회심으로 시작한다. 핍박에 그토록 앞장
섰던 그가 어떻게 변할 수 있었을까? 바울의 회심을 유도한 몇 가지
요소들이 있다. 먼저 스데반 집사의 순교 장소에 그가 있었다는 점이
다. 교회와의 첫 만남이다. 순교의 모습을 보면서 그의 도덕심 및 영

적, 정신적 갈등이 바울의 내적인 평화를 어지럽게 했을 것이다. 그의 마음속에는 의문과 의혹으로 가득 차 있을 수 있다. 그리스도가 과연 누구이며 십자가는 무엇인가? 그는 다메섹으로 가는 길에서 부활하신 주님을 뵘으로써 삶의 변환을 맞는다. 주님을 인격적으로 만난 것이다. 그는 "맨 나중에 만삭되지 못하여 난 자 같은 내게도 보이셨느니라." (고전15:8)고 고백한다. 그는 주님과의 인격적인 만남을 통해 인간의 의보다 하나님 관계속의 의(값없는 선물)를 깨달았다. 주님이 주시는 의는 자신이 그토록 추구한 바리새인의 의가 아니라 인간의 공로와 무관하게 값없이 베푸시는 의였다.

바울은 안디옥교회와의 관계를 통해 히브리인만 메시야왕국을 가질 수 있는 것 아님을 알게 되었다. 누가복음이 쓰여 질 당시 안디옥교회 는 5년밖에 안되었다. 따라서 안디옥교회는 예루살렘 교회와 관련시켜 이해할 필요가 있다. 안디옥교회는 예루살렘교회(예루살렘회의)로부터 인정을 받아야 했다. 예루살렘 교회는 조사 사절단으로 바나바를 파송 했다. 안디옥에서 바울이 바나바를 맞았다. 예루살렘 교회는 고민에 빠졌다. 히브리인만 메시야왕국을 가질 수 있다고 생각했기 때문이다. 그러나 이것이 이방전도의 시작일 줄이야. 이 교회는 예루살렘 교회가 흉년 들었을 때 헌금하기도 했다.

바울은 예루살렘 교회와의 관계를 통해 사도적 권위의 문제를 해결 했다. 바울과 예루살렘 교회와의 관계에서 가장 문제가 되었던 것은 바 울의 사도적 권위 문제였다. 바울과 바나바에게 문제가 되는 것은 사도 성이었다. 사도는 예수와 직접 교제한 인물에 한정되어 사용되는 단어 다. 바울은 자신을 이방인을 위한 사도로 부각시켰기 때문이다. 예루살 렘 제자들은 이를 어떻게 받아들여야 하는지 문제가 아닐 수 없었다.

바울은 먼저 하나님에 의해서 지명되었고, 후에 교회로부터 인준을 받았다고 주장한다. 그러나 바울은 하나님에 의해서 선택되었으며 교회에 의해서 사도가 된 것이 아니라는 것이 복음적 견해다.

문제는 바울이 사도적 메시지와 능력이 있느냐 하는 것이다. 그는 부활하신 예수님을 만났으며 그 사건은 그를 변화시킨 모든 것의 원천이 되었다. 그는 이방인을 위한 사도로 신성한 부름을 받았다. 이 모든 것은 계시와 연관된다.

그의 메시지는 하나님께로부터 왔다. 그의 특이한 모든 일은 주의 영이 함께 하셨다. 그는 초대교회의 중심적 신앙은 '주님'(kurios)에 있음을 강조했다. 주님이 오셔서 다스린다는 것이다. 그는 주(하나님)는 영이요 살아계신 주님임을 확실히 했다. 부활하신 주님이 현존해서 그리스도인과 함께 하신다. 이것은 초대교회에 새로운 힘을 주었다. 나아가 바울은 그리스도의 죽음에 동참할 것을 강조했다. 이것은 그리스도의 죽음과 함께 장사되는 것을 말한다. 세례는 이것을 상징적으로 보여준다. 세례는 예수를 그리스도로 고백하는 것이요 나는 죽고 그리스도의 사람으로 다시 태어나는 것이다. 세례자가 성찬에 참여하는 것은 영이신 그리스도와 교제하는 것이며 그의 영이 우리 가운데 역사하시는 것을 믿는 것이다. 그리스도의 몸인 교회는 이것을 가르치고 실행한다.

3. 바울신학과 복음서

바울의 중심적 메시지는 복음은 값없이 주신 선물이라는 것이다. 누가는 '모든 육체는 하나님의 영광을 보리라' 말함으로써 복음의 우주적 보편성을 강조했다. 이에 비해 바울은 영생은 무엇이며 그것을 어떻게 수용하느냐 하는 문제에 집중했다. 이에 대한 답으로, 바울은 선물로서의 복음을 제시했다. 복음은 은혜로 말미암은 것이고, 믿음을 통하여 구원을 얻을 수 있다. "의인은 오직 믿음으로 말미암아 살리라"(롬 1:17, 갈3:11). 이 말씀은 하박국서 2장 4절의 말씀과도 일치한다.

바울신학과 복음서의 관계는 모순점, 분리, 상이가 보이지 않는다. 바울은 '한 주님', '한 하나님', '한 세례', '부활하신 주님'을 말함으로써 모두 한 카테고리에 있음을 보여주었다. 주님은 그리스도 안에 있는 모든 사람의 그리스도로, 오고 오는 사람의 하나님이시다. 바울신학은 영감 된 기독교의 성경적 유전(권위)에 근거하고 있다. 그는 성경적 전통성에 따라 하나님의 말씀이 어떻게 존재하는가를 설명하였다.

4. 바울 서신

바울서신의 구분

개략연대	시기	구분	서신들	그리스도의 표상
48-50년	1차 선교여행 말기	논증서신	(갈라디아서)	율법의 해방자
51-53년	2차 선교여행 기간 중	입문(최초)서신	데살로니가 전후서	재림주, 심판주
54-58년	3차 선교여행 기간 중	주요(복음)서신	고린도전후서, 로마서 (갈라디아서)	구세주
61-63년	1차 투옥기간 중	옥중서신	골로새서, 에베소서, 빌레몬서, 빌립보서	교회와 세상에 대한 구주
64-68년	석방과 잇따른 2차 투옥 기간 중	목회서신	디모데전서, 디도서, 디모데후서	지상교회의 통치주

바울서신은 모두 13권으로, 히브리서까지 포함하면 14권이다. 그러나 일반적으로 히브리서는 저자가 알려져 있지 않아 바울서신에 포함시키지 않는다.

바울서신은 기록자, 받는 이, 인사, 내용, 끝인사 식으로 써 로마시대 서신형태를 취하고 있다. 기록된 순서로 읽으면 내용 이해에 도움을 준다.

1) 논증서신

논증서신은 갈라디아서를 말한다. 이 서신을 주요(복음)서신에 두는 학자도 있다. 그런 경우 데살로니가 전후서가 명실 공히 입문서신이 된다. 갈라디아서는 복음의 기원, 본질, 응용에 대해 언급했다.

2) 입문서신(introductory epistle): 재림론 중심

입문서신은 최초서신(the first epistle)으로 데살로니가 전후서를 말한다. 최초로 기록되었다고 보는 학자가 있어 붙여진 이름이다. 바울이 고린도에서 이 서신을 기록했다.

이 책의 중심 메시지는 그리스도의 재림이다. '밤에 도적같이'는 '갑자기 온다'는 것의 은유적 표현으로, 초신자들의 이해를 돕기 위한 것으로 보인다. 바울은 또 재림의 연기(delay of parousia)를 언급했다. 재림이 임박했다는 재림임박사상만 믿고 일을 하지 않으려 하는 것에 대해 경고의 의미를 담고 있다. 즉 하나님 나라는 이미(already) 임했으나 아직 완전한 상태는 아닌(not yet) 사이에 우리가 처해있다는 것이다. 여기에서 그는 "일하지 않는 자는 먹지도 말라"는 유명한 말을 남기었다.

바울은 우리의 의에 대해서도 dikaios가 아닌 dikaiosune라는 말을 사용했다. 그리스도가 하나님의 아들이심을 고백할 때 의롭다함을 입는다. 그리스도의 피가 우리의 죄를 깨끗하게 한다. 지금(now)우리는 이러한 신앙고백(원리)에 따라 의로워진 것이다. 그러나 주님이 재림하시는 그 날(then) 우리는 진정 완전히 의로워진다. 우리는 지금(now)과 그 날(then) 사이에 있다. 데살로니가 전후서는 이것을 가르쳐 준다.

바울은 그밖에 죽은 자에 대한 문제를 언급하면서 '잠자는 자들'이라 했다. 잠을 죽음으로 본 것이다. 또 규모 없는 자(불법인)를 경계하도록 했다.

3) 주요서신: 구원론 중심

주요서신은 복음서신(gospel epistles)이라 하기도 한다. 고린도 전후서, 갈라디아서, 로마서로 '3대 서신'으로 불리기도 한다. 갈라디아서를 논증서신에 둘 경우 2서신을 가리킨다. 고린도전서는 3차 선교 후 55년에, 후서는 56년에, 갈라디아서는 56년, 그리고 로마서는 57년에 기록되었다.

복음서신은 주로 구원문제를 집중적으로 다루었다. 복음서신이라 함은 이 서신들이 예수 그리스도의 인격과 사역, 십자가 및 구속 등을 교리적으로 재해석했기 때문이다. 로마서는 대표적인 보기이다.

고린도 전후서는 교파분리, 성윤리, 법정소송 등 윤리문제를 다루었다. 교회 안에서의 여성 행실 문제도 언급했다. 여자 성도를 향해 "잠잠하라"라 한 것은 여자들의 방언문제와 연관된 것으로 고린도 교회의 특수상황으로 이해할 필요가 있다.

4) 옥중서신(prison epistles): 기독론 중심

옥중서신은 골로새서, 에베소서, 빌레몬서, 빌립보서를 가리킨다. 62년에 골로새서를, 나머지는 62년에 기록했다. 옥중서신의 중심주제는 기독론이다. 바울은 이 서신에서 지상교회의 목회, 특히 그리스도의 왕권과 성령의 사역에 대해 언급했다. 예를 들어 에베소서 1-4장은 성령의 사역에 대해 말하고 있다. 그 중 1장은 성령의 인 치심을 말하고, 성령을 근심시키지 말 것과 성령 안에서 기도하라고 당부한다. 에베소서는 삼위일체, 교회, 윤리문제를 다루었다. 빌레몬서는 노예문제를 다루었다. 바울이 당장 노예해방을 주장하지 않은 이유는 제도폐지 자체가 반로마적이고, 폭력적인 방법보다 인간혁명에 의해 없애려 했기 때문이다.

5) 목회서신(pastoral epistles): 교회론 중심

목회서신은 디모데전후서, 디도서를 말한다. 디모데전서와 디도서는 65년에, 디모데후서는 68년 2차 투옥 때 로마에서 기록했다. 68년은 바울이 순교한 해이기도 하다. 목회서신의 주제는 교회론이다. 집사와 장로를 택할 때 주의해야 할 점을 기록하는 등 여러 목회 훈을 통해 후배 목회자에 대한 배려를 잊지 않았다.

바울서신의 지배적 내용은 그리스도의 복음, 교회, 윤리, 종말론으로 집약된다. 그는 구원역사에 있어서 하나님의 계획, 그리스도의 위치, 그리스도의 구원사건 효과를 다루었다. 그는 그리스도 밖에 있는 사람은 죄와 율법아래 있는 자이며, 그리스도 안에 있는 자는 신앙과 세례, 그리고 그리스도와 연합한 자임을 분명히 했다.

5. 로마서

저자는 바울이다. 더디오가 대서(롬16:22) 했고, 여집사 뵈뵈 편에 (롬16:1) 로마로 전달되었다. 기록자가 바울이라는 증거는 크게 내증과 외증으로 나눌 수 있다. 내증으로는 바울 스스로 기록자가 자신임을 드러냈다는 것(롬1:1)과 로마서 11장 13절 등에서 '이방인의 사도'라 표현한 부분이 있는 데 이것은 실제로 바울 자신을 지목한 말이다. 외증으로는 저스틴(Justin)의 편지, 폴리갑(Policap)의 편지, 그리고 무라토리 (Muratori) 정경 등에서 바울이 로마서를 썼다는 것을 입증하고 있다.

로마서는 주후 57년 겨울 바울이 3차 전도여행을 끝마칠 무렵 고린도에 3개월간 체류하는 마지막 때(행20:1-6) 쓰여 진 것으로 간주되고 있다. 이 서신의 수신자는 로마교회이다. 로마교회는 무명의 사람들에 의해 세워진 것으로 알려지고 있다. 로마가톨릭에서는 베드로가 이 교회를 세웠다고 주장한다(행12:17). 그러나 개신교에서는 오순절 때 각국에서 모여들어 베드로의 설교를 들었던 사람들, 곧 무명의 사람들이 이 교회를 세운 것으로 본다. 그들 중에는 유대인은 물론 유대교에 들어온 사람들, 그레데인, 아라비아인들도 있었다. '로마로부터 온 나그네'는 이들을 가리킨다. 로마서는 바울이 스페인 전도를 위해 로마 교인들의 협력을 얻으려는 바울의 의도가 담겨 있었던 것으로 본다. 바울은 당시 스페인을 땅 끝으로 보았으며, 이곳의 전도를 위해 로마를 교두보로 활용하고자 한 것이다.

로마서는 로마시대의 서신형태를 띠고 있다. 즉 기록한 사람이 누구인가를 밝히고 그 다음에는 받는 사람이 누구인가를 명확히 하고 있다. 그 다음 인사의 내용이 있고, 그 다음에 편지의 내용에 속하는 본문이 기록되어 있다. 그리고 마지막 인사로 대미를 장식하였다.

바울 서신에는 배열에 순서가 있다. 긴 것은 앞에 두고, 짧은 것은 뒤에 두었다. 또한 교회에 보내는 것은 먼저 놓고, 개인에게 보내는 편지는 뒤에 놓았다.

로마서는 서신이라기보다 논문식이고, "기록하였으되"라며 구약의 구절들을 많이 인용하였으며, 죄·진노·사망·율법·의·칭의·신앙·생명·소망 등 여러 용어들은 많은 신학적 의미를 지니고 있다는 특징이 있다. 로마서는 바울신학을 가장 잘 보여주고 있다.

내용은 머리말(1장 1-17절), 칭의 교리(1-5장), 성화의 교리(6-8장), 이스라엘의 역사관(9-11장), 기독교윤리(12-15장), 그리고 마지막 인사(16장)로 구성되어 있다. 칭의와 성화는 교리적인 측면으로 구원에 필요한 내용을 담고 있다. 바울은 "믿음으로 구원을 받았다"(칭의)는 지시적(indicative) 내용을 말함과 동시에 "구원에 이르기 위해 힘쓰라"(성화)라는 명령적(imperative) 내용을 아울러 강조하고 있다. 이것은 우리가 은혜가운데 있음을 가르쳐 주고 있다. 기독교윤리는 개인윤리와 사회윤리 모두를 담고 있다. 바울은 윤리적인 삶을 통해 감사할 줄 아는 사람이 되라고 말한다. "너희 몸을 산제사로 드리라"는 표현도 이와 맥을 같이 하고 있다. 바울은 교리와 함께 윤리를 강조하고, 은혜와 함께 감사를 강조함으로써 기독교가 이 모두를 아우르는 종교임을 드러내고 있다.

로마서의 메시지는 기본적으로 이신득의(以信得義), 곧 믿음으로 의롭다 함을 얻는다는 것이다. 칭의와 성화가 이를 입증한다.

칭의(稱義, dikaiosune)는 "의롭다고 선언한다."는 뜻을 가지고 있다. 가톨릭에서 "의롭게 한다"는 것과는 성격이 다르다. 칭의란 본래 우리는 죄인이지만 그리스도를 믿을 때 하나님께서 의롭다고 인정하여 선언하는 것을 말한다. 칭의는 심판자 되시는 하나님의 선언인 것이다.

칭의는 "하나님과 바른 관계를 가진다."는 점에서 윤리적 개념보다 관계적 개념이다. 하나님과 바른 관계를 가진 사람은 하나님의 표준인 말씀에 일치된 생활을 한다. 아브라함이 순종할 때 그 순종을 의로 인정한 것이 그 보기이다. 칭의의 근거는 무엇보다 율법에 대한 순종이 아니고 그리스도의 죽으심밖에 없다(롬5:9). 그리고 칭의의 수단은 개개인의 신앙(롬3:24-25)에 있다.

칭의가 실존적 측면에서 볼 때 하나님을 모르던 사람이 하나님과 바른 관계에 들어서는 방향전환이라면 성화(聖化, sanctification)는 하나님과 새로운 관계를 맺은 후 그리스도인들이 영원히 걸어가야 하는 과정이다. 성도는 이 성화의 과정을 통해 세속과 구별되는 생활을 하게 된다.

6. 바울의 신학

1) 바울의 중심 복음: 예수 그리스도가 복음이다

바울의 복음은 예수 그리스도다. 바울은 복음을 부끄러워 아니했으며 그리스도만 전하였다. 그는 예수님을 주(kurios)로 보았다. 예수님이 주님이자 그리스도라는 것은 초대교회의 핵심적 사상이었다.

바울의 복음은 복음의 신비를 드러낸다. 그것은 하나님의 신비요 성령의 역사다. 우선 바울의 사도됨은 하나님의 계시에 의해서다. 즉 하나님의 부르심이다(고전2:1-2). 그는 그리스도 안에서 성취된 구원의 계획을 통해서 사도가 되었다. 나아가 바울의 신비는 그리스도가 중심이 되는 것에 있다. 사도적인 경험이 신비적인 면, 곧 모든 관계가 영적인 면으로 나타나 있다. 하나님의 지혜가 그리스도 안에서(en Christo) 사람에게 나타난다. 바울은 계시의 신비를 복음에 적용하여 복음의 신비를 드러내고 있다. 다메석 도상에서의 신비를 "살아도 주를 위해, 죽어도 주를 위해"라며 종말론적 사상으로 이어나갔다.

바울신학의 중요한 개념은 그리스도 중심의 구원론(Christo-centric saterology)에 있다. 그리스도는 하나님의 능력과 지혜 모두를 담고 있으며, 십자가는 그 중심에 있다. 십자가를 떠나서는 바울을 이해하기 어려울 정도다. 불트만은 바울에게서 그리스도보다 인간론(죄인 된 인간, 죄와 육체, 이 세상)의 성격이 강하다고 주장하지만 바울이 인간론을 말하는 것은 하나님의 구원론을 말하기 위한 것임을 알아야 한다.

바울은 특히 예수 그리스도의 십자가에서의 죽음에 집중하고 그 죽음을 구속적 죽음, 메시야적 죽음으로 간주했다. 그 죽음이 죽음으로 끝나는 것이 아니라 부활했다는 점이다. 부활은 그에게 있어서 중요한 교리이다. "그와 같이 죽고 그와 같이 살리라(부활하리라)"(롬1:12).

예수의 십자가가 중심이 된 배경에는 하나님의 구원의 역사가 담겨 있다. 사람을 향한 하나님의 뜻은 그들을 구원하는 것이다. 구원계획에서 하나님은 그리스도 안에서 계시로 나타난다. 죄가 없으신 그리스도가 오셔서 십자가를 지심으로 우리를 구원하신다. 구원의 저자는 바로 하나님이다. 그리스도가 구원역사에 참여한다. 이것이 그리스도의 역할이다. 십자가에 죽으신 주님이 부활하시고, 주로서 교회의 머리가 되셨다. 십자가의 피로 구원함을 받은 그리스도인은 영원히 그와 함께 살며 그의 통치를 받는다.[10]

---

10) 유대랍비사상에서 구원사 6000년을 다음과 같이 분류한다. 첫 2000년은 아담에서 모세까지로 율법이 없는 시대다. 둘째 2000년은 모세서 메시야까지로 율법시대이다. 그리고 셋째 2000년은 메시야가 통치하는 시대이다. 이에 비해 바울은 아담서 모세까지를 율법이전시대, 모세에서 그리스도까지를 율법시대, 그리고 그리스도에서 종말까지를 말세 재림시대로 구분한다. 이 구분은 서로 유사한 점이 있어 어떤 이는 바울이 랍비의 영향을 받은 것으로 간주하기도 한다.

바울의 복음은 우주적 복음이다. 첫째는 유대인이요 둘째는 헬라인에
게다(갈6:16). 표적을 구하는 유대인에게나 지혜를 구하는 헬라인에게
나 필요한 것은 그리스도의 복음이요 구원이다. 우주적 복음이 되기 위
해서는 복음이 모든 사람에게 적용되어야 한다. 우주적 복음의 중심에
예수 그리스도가 있다. 그리스도는 하나님의 계획대로 우리 죄를 위해
죽으시고 장사되고 부활하셨다. 그는 성경의 기록대로 고난을 받고 3일
만에 부활했다. 이 모두에는 성령과 하나님의 능력이 함께 했다.

2) 하나님 구원계획

먼저 이스라엘에게 주었다. 이스라엘은 하나의 도구(수단, 모범 케
이스)로 선택되었다. 모든 국가들이 이스라엘의 모범을 따라 축복받을
수 있게 하였다. 율법을 준 것은 그 보기이다. 그들에게 율법을 위탁
했지만 그들은 이를 감당하지 못했다. 이로 인해 하나님의 구속적인
계획이 실행된다. 그리스도를 위한 하나님의 준비과정이다. 결국 아브
라함과 맺은 언약을 이루신다. 나아가 우리마저 양자로 삼아 하나님의
영광스러운 세계에 들어가게 하신다. 새로운 의는 그리스도 안에 있는
삶에서 가능하다. 이스라엘이 타락함으로 구원의 시기가 이방인에게
이양된다. 마지막에 이스라엘을 구원한다. 영적인 것만이 아니라 국가
도 구원한다.

하나님은 우리를 향한 구원계획을 가지고 계신다. 바울은 종종 '날
들'에 대해 언급한다. 이것은 종말론적(parusian) 의미를 담고 있다. 날
들이나 죽은 자의 부활은 우리가 마지막 시대에 살고 있음을 보여준다.
세례 요한을 가리켜 우리는 구약시대의 마지막 선지자라 말한다. 그에
겐 회개·심판·세례 등 종말론적 설교가 많다. 이것들은 메시야적 커
뮤니티에 들어가기 위해 필요한 것들이다. 우리가 종말시대를 살아가

고 있다는 점에서 도드(Dodd)처럼 실현된 종말론(realized eschatology)
을 말할 수 있겠지만 심판주로 오실 때의 그 종말은 앞으로 있을 것이
다. 하지만 바울은 구원의 현재성(parousia)에 대해 주목한다. 예수를
그리스도로 믿을 때에 구원이 있기 때문이다.

바울은 인간적인 면, 인간사에 관심을 가지고 있다. 그래서 그가 종
말이라 말할 때 그 종말은 그리스도 은혜 때문에 얻은 자유를 상징적
으로 나타내고 있다. 바울은 이러한 상징적 용어를 즐겨 사용했다. 파
루시아는 부활·심판·구원의 완성이라는 형태를 가진다. 죽은 자들이
살아나고, 이스라엘을 통해 모든 국가가 구원을 받는다. 이 때 이스라
엘은 선택된 도구로 사용된다. '의'가 구원받는 모든 사람에게 붙여진
다. 이 의는 하나님의 때가 참으로 이뤄진 것이며, 모두는 그리스도
안에서 새로운 이스라엘로 태어난다. 구원에는 그리스도가 필요하다.
이것은 구원에서 그리스도의 역할이 크다는 점이다.

3) 구원계획에서의 그리스도의 역할

선재해 계신 하나님의 아들(pre-existent Son)

예수 그리스도는 이미 하나님의 아들로 선재해 계셨다. 창세기에
'태초에 말씀이 계시니라'의 '말씀', 다니엘서의 '인자 같으신 이'나 '옛
적부터 계신 이', 그리고 갈라디아서의 '하나님의 아들' 등은 이를 입증
하고 있다.

하나님의 아들은 구약의 경우 왕을 맞아들일 때나 구세주를 영접할
때 이 단어를 사용했다. 바울의 경우 거룩한 능력을 가진, 부활한 '산
령'이신 예수를 가리킨다. 나아가 바울은 다니엘에서처럼 왕국을 통치
하는 하나님의 아들을 바라보았다. 요한복음에 아버지와 아들의 관계
가 소개된다. 아들은 아버지와 하나로 왕·선지자·대제사장 직분을

수행한다. 바울은 마지막 상태에서 주님의 통치를 상정한다. 주의 발 등상에 엎드러질 때까지 통치하시는 분이시다.

주되심(Lordship)

예수님이 주되심을 바울은 강조한다. 로마의 경우 황제를 '주'라 표시했다. 이 경우 주는 주권자적 타이틀임을 알 수 있다. 어떤 이는 바울이 로마의 전통을 따라 왕의 개념을 사용한 것으로 보기도 한다. 헬라의 경우 여신이나 남신에 kuria, kurios를 사용했다. 그래서 어떤 이는 주 개념을 헬라신비사상의 영향을 받은 것으로 간주하기도 한다.

히브리에서는 전능하신 하나님으로 엘로힘(Elohim)이라는 명칭을 사용한다. 이 엘로힘 대신 사용된 것으로 야웨와 아도나이가 있다. 칠십인역에서는 야웨와 아도나이를 같이 사용하고 있다. 이 아도나이가 주에 해당한다.

바울은 '많은'(polloi) 주보다 '한' 주를 강조한다(고전8:5,6). 그리스도는 한 주님이며 하나님의 아들이라는 것이다. 이 땅은 주의 것, 곧 창조주의 것이다. 나아가 성령의 힘이 아니고는 누구나 그리스도를 주라 할 수 없다. 그리스도인은 그리스도를 주로 받은 사람들이며(골2:2), 그리스도를 사랑하지 않는 자는 저주를 누구든지 받으리라 선언한다.

주님은 성도를 실제적으로 통치한다. 하나님이 그리스도를 주 되게 하셨다(행2:36)는 것은 능력으로 하나님의 아들이 되셨을 뿐 아니라 그리스도가 우리 생명 속에서 통치하신다는 것을 의미한다. 즉 우리는 그리스도 안에서 살며, 그 주님은 우리의 영뿐 아니라 육까지 실제로 주관하신다. 보혜사를 보내겠다는 것은 영적으로 자기의 자녀들을 통치하겠다는 것과 같다. 하나님은 주님으로서 우리의 삶 속에 와 계시며, 생활 속에서 활동적으로 나타난다. 주되심은 하나님이 결코 추상적 존재가 아님을 말해준다. 이것은 그리스도의 인성보다 신성을 더욱 드러내는 것으로 이를 통해 우리는 그리스도의 신비를 이해해야 한다.

우리가 그리스도를 주라 부른다면 우리는 그분의 종이다. 주님이 우리의 상전이라면 교회는 그 하인이다. 이처럼 주님 앞에서 우리는 종(doulos)[11]과 주인(kurios)의 관계에 서 있는 것이다. 그리스도인은 큐리오스에 종속되면서 그리스도와 하나 됨(unity)을 이룬다는 특색이 있다. 우리가 그리스도를 주님이라 할 때 주인이신 주님은 우주의 주로 정사와 권세를 잡은 주로 폭군이 아니다. 종은 죄와 그 속박으로부터 자유하다는 점에서 일반적 노예와는 다르다. 종이지만 자유자라는 점에 그리스도인의 자유는 다르다. 나아가 바울은 더 이상 종이 아니고 아들이 되었다(갈4:7)고 선언한다. 그리스도로 인해 하나님의 양자가 되었다는 것(adoption)이다. 하나님 나라를 상속할 계승자가 된 것이다. 이것은 우리의 의 때문이 아니라 오직 그리스도의 의를 힘입어 하나님 앞에 설 수 있게 되었음을 인식하지 않으면 안 된다.

그리스도의 수난·죽음·부활 강조

그리스도의 수난·죽음·부활은 주님의 결정적 순간을 묘사한 것이다. 서로 다른 것 같지만 십자가의 대속이라는 점에서 통일성을 이루고 있다. 이 순간들은 바울 자신에게도 깊은 관계를 가지고 있으며, 이것을 전파하고자 했다.

수난은 그리스도의 십자가 희생, 대속물, 종의 형태로 나타난다. 수난은 인자가 온 목적의 하나이며, 고난의 짐을 대신 져야 할 메시야의 타이틀과 관련이 있다. 수난은 무엇보다 다음과 같은 특징이 있다.

첫째, 주님은 섬기기 위해 오셨다는 점이다. 주님은 우리 죄를 속죄

---

11) 종은 생명권도 없고 소유권도 없다.

하기 위해 자기의 생명을 대속물로 주셨다.

둘째, 자원적 고통과 죽음이라는 점이다. 이것은 내(자신) 뜻대로가 아니라 하나님의 뜻을 이루겠다는 그리스도의 의지가 담겨 있다.

셋째, 바울이 복음에 의존해 그리스도의 수난·죽음·부활을 논했다는 점이다. 이것은 바울이 창작한 것이 아니라 복음적 전통이다. 예수님은 죄를 알지도 못하는 자로서 세상 죄를 지고 가는 어린 양이 되었다(고후5:21). 예수라는 이름은 우리를 죄에서 구원하셨다는 뜻을 가지고 있다. "그 이름을 예수라 하라"할 때부터 그의 사역은 예정되어 있었다. 그리스도는 우리를 위해, 곧 경건치 않은 자를 위해 십자가에서 죽으셨고(롬5:6), 우리를 속량하셨다. 대가를 지불했다. 호세아가 아내를 위해 속량을 지불하듯 신약에서 어린 양의 피로 우리의 죄를 구속하심으로써 우리를 사신 것이다. 바울은 이것을 가리켜 그리스도의 사랑이라 하였다(엡5:22). 우리를 위해 자기를 버리고 향기로운 제물이 되신 것이다. 구약의 제사와 복음의 메시지도 이처럼 연관되어 있다. 오늘도 우리는 그리스도의 한없는 사랑을 성만찬을 통해 확인할 수 있다. 이처럼 바울의 근본적 메시지는 복음과 같다.

그리스도의 죽음은 예수님의 순종과 대속적 죽음으로 나타난다. 바울은 이 악한 세대에서 우리를 구원하기 위해 그리스도가 자기 몸을 드리셨다고(갈1:4) 말한다. 그의 십자가 죽음은 하나님 아들로서 자신을 나타냄은 물론 아들을 통해 구원이 실현된다는 것을 보여주었다. 그리스도의 죽음은 구약과 복음 전통의 케리그마에서 나온 것이다. 어떤 이는 헬라의 신들이 죽고 다시 사는 것을 부활과 연결시켰다고 말한다. 그러나 바울은 그의 죽음이 언약에 따른 희생임을 확실히 하고 있다. 즉 그리스도의 죽음과 부활에는 구원 사역이 함축되어 있다. 우리의 죄 때문에 내어준 바 되고(롬4:25), 의를 위해(빌2:9-11) 그리고 우리의 허물을 위해(롬1:34) 죽으셨다. 이것은 구원의 가치를 확신케 한다.

그리스도의 부활은 절정(고전2:8)이다. 다시 사신 그리스도는 주의 승리이자 영광이다. 이 영광은 미래의 영광과 연관된다. 그리스도의 죽음은 믿는 자에게 새로운 의를 준다. 따라서 부활은 그리스도 안에서 의로운 자에 대해 긍정적이다. 부활은 우리의 의롭다 함을 위해 살아나셨기 때문이다. 부활은 역사적 사건으로 그의 죽음과 부활 때문에 우리에게도 부활의 산 소망을 갖게 되었다. 주님이 다시 오시는 그날, 부활의 그 날은 믿는 자에게는 구원의 날이지만 죄인에게는 하나님의 진노가 명백히 들어나는 날이다. 예수님은 부활함으로 인해 진정 큐리오스로서의 주님이 되셨다. 부활의 주님은 이제 영으로서 궁극적으로 구원을 완성시키고 우리에게 생명을 주시며 성화에까지 이르게 하신다. 부활은 이만큼 중요하다. 부활이 없다면 우리의 전하는 것은 헛것이다.

4) 그리스도 구원사건의 효과

구원사건의 효과는 화목, 속죄, 구속적 자유, 칭의 등으로 나타난다.

화 목

메시야 공동체에 들어간 이후 예수를 주로 고백하며 시인할 때 세례를 받게 된다. 예수님은 세례 요한으로부터 물세례를 받았다. 세례를 받는 것은 수난과 죽음, 부활과 영광을 상징한다. 바울은 세례를 예수의 죽음과 연관시켰다. 그의 죽으심을 따라 우리의 옛것을 죽이고 주님의 새것으로 거듭나는 것이다.

세례는 무엇보다 하나님의 은혜가운데 들어가게 한다. 그리스도의 수난과 죽음은 죄의 용서를 낳고 하나님과 우리 사이에 화해의 문을 열어준다. 이로 인해 하나님과 연합할 수 있게 된다. 주님이 죽으심으

로 하나님과 더불어 화목하고 우리가 은혜의 자리에 나갈 수 있게 된
다. 예수님은 스스로 화목제물이 되었고, 우리에게 화평을 가져다주었
다. 성소의 휘장이 찢어진 것은 십자가로 인해 하나님이 우리를 만나
주시기로 함으로 인해 하나님과 우리 사이에 증오가 소멸되고 평화가
도래했음을 의미한다. 사람뿐 아니라 세상을 자기와 화목케 하셨다(골
1:20-21). 이것을 가리켜 우주적 화목(cosmic reconciliation)이라 한다.

우리가 예수를 구주로 시인하고 고백할 때 구원을 받을 수 있다. 구
원을 받는 자는 하나님을 만나야 한다. 그래야 구원이 가능하다. 만남
은 화목의 중요한 단계이다. 나아가 죄의 용서를 받아야 한다. 죄의
용서를 받기 위해 예수님이 스스로 화목제물이 되셨다. 주님이 우리를
위해 죽으셨고, 우리는 그로 인해 죄 사함을 얻었다. 그리스도는 죄의
대가를 피로 지불했으며, 우리는 그 피로 인해 구속함을 받았다. 주님
이 그 대가를 지불하지 않았다면 화목이 이뤄질 수 없다. 주님은 우리
의 죄를 속죄하기 위해 육신의 몸을 입고 이 땅에 오셨다.

속 죄

속죄(expiation)는 예수 그리스도가 우리 죄를 위해 죽으시고, 그 피
로 말미암아 죄 사함을 얻은 것을 말한다. 예수님이 속죄제물이 되신
것이다. 고대에는 영웅이나 신성한 존재의 분노를 막기 위해 제물을
드렸다. 그러나 예수의 속죄는 우리 죄를 속해 준다는 점에서 이것과
속성이 다르다. 구약에서는 구속의 날에 제사장이 동물의 피로 속죄의
식을 행했다. 제물의 피를 취하여 제단의 4뿔에 뿌려 성결케 했다. 의
식적 청결이라 할 수 있다. 그리스도의 피 뿌림을 통해 우리의 죄과가
사해진 것이다.

속죄는 '씌우다'(cover), '닦아서 없애다'(wipe out)는 뜻을 가지고

있다. 모든 사람이 하나님 앞에 죄를 범했고, 그리스도의 피로 죄 사함을 받았다. 피 흘림이 없으면 죄 사함이 없다. 그리스도의 죽음 없이는 죄를 씻거나 하나님의 진노를 막을 수 없다. 호세아서에 고멜을 사는 것 같이 하나님은 피를 지불하고 우리를 사, 우리를 죄로부터 깨끗하게 하신 것이다. 그리스도의 피 뿌림은 우리 죄를 사할 뿐 아니라 우리를 성화시킬 힘이 있다.

나아가 예수의 피는 야웨의 날, 곧 심판 날 장래의 노하심에서 우리를 구속하셨다(살전1:10). 그리스도가 피로 희생제물이 됨으로써 죄 사함을 얻게 할뿐 아니라 진노도 막게 한 것이다. 이것은 구약의 개념과 연관된다.

그리스도의 피는 인간에 대한 하나님의 사랑이 얼마나 큰가를 보여준다. 하나님은 성육신의 역사를 통해 이 땅에 오시고 우리를 위해 친히 속죄제물이 되어 피를 흘리셨다. 그리고 우리가 지은 죄 값을 다 지불하셨다. 우리는 우리의 공로가 아니라 하나님의 사랑으로 인해 죄 씻음을 받았고 하나님과 화목하게 되었다.

구속적 자유

구속적 자유(redemptive freedom)는 그리스도의 구원을 통해 우리가 얻는 자유를 말한다. "네 구속자는 만군의 여호와 이스라엘의 거룩한 자"(사41:14, 47:4)라는 말씀은 하나님이 우리에게 자유를 주셨음을 의미한다. 이스라엘 백성은 노예로부터, 포로로부터 자유 함을 얻었다. 그리스도인이 얻은 구속적 자유는 죄로부터의 자유 함이다. 죄 있는 피조물이 그리스도를 통해 새롭게 된 것이다. 하나님은 피조물이 영적으로 새롭게 되기를 고대하신다. "너희는 값으로 사신 것이니 사람의 종이 되지 말라"(고전7:23)는 말씀은 그 보기이다.

구속적 자유는 더 이상 사람의 종이 아니라 주의 종, 곧 주의 소유가 됨으로써 얻는 영적 자유이다. 죄에 얽매어 사단의 포로로 사는 것이 아니라 주님의 사람으로 사는 것이다. 주님이 주신 구속의 자유에는 이처럼 소유적 의미가 있다. 주의 소유된 백성은 그 입에 찬송이 있다. 영원토록 주님을 찬양하고 즐거워한다. 우리를 구속하여 주의 기업의 지파로 삼으셨다는 구약의 개념은 양자의 개념으로 발전한다.

바울은 율법으로부터의 자유도 말한다. 율법아래 있는 자들이 이제 그리스도의 종이 되었다(고전7:23)는 것이다. 율법아래 있는 자를 속량하였다는 것은 율법으로부터 자유 함을 뜻한다. 율법은 몽학선생 역할을 한다. 즉 죄를 깨닫고 하나님께 나아가게 한다. 사랑이 율법의 완성이다.

구속적 자유는 풍성한 구속과 함께 죽음과 음부로부터의 자유까지 포함하고 있다. 이 자유는 종말론적 의미의 자유이다.

칭 의

칭의는 로마서의 주제이다. 시바이처는 칭의를 바울신학의 부수적인 것으로 보았지만 로마서에서는 주제를 이루고 있다. 칭의는 하나님의 의, 그리스도의 의로움이 구속적 의로 나타나는 것을 말한다. 하나님이 인간을 향한 호의와 긍휼을 베풀어야 가능한 것이므로 은혜로 표현되기도 한다.

구약에서는 하나님의 공의가 강조되었다. 하나님은 의로우신 분이시고, 하나님의 백성은 하나님의 의를 자랑하며, 그 의를 나타내야 한다. 그러나 "주께서 죄악을 감찰하실진대 누가 그 앞에 서리이까 구속자가 시온에서 임하리이다"(시130:3,4). 그리스도가 임하고, 우리가 그를 믿을 때 하나님은 그 믿음을 보시고 우리를 의롭다 하신다. "나를 의롭다 하는 이가 가까이 계시니"9사50:8). 하나님이 의를 입혀주신다. 의인은 믿음으로 말미암아 산다(롬1:17).

바울은 구속사건을 통해 믿음 안에서 실제로 의로워진다는 것을 강조한다. 하나님은 현재도 공의로우시고 영원히 공의로우시다. 의로움은 사랑처럼 하나님의 신성이다. 인간은 범죄하여 의로움과는 거리가 멀다. 죄인이 하나님 앞에 설 수도 없다. 그럼에도 불구하고 하나님은 우리를 의롭다 선언하시고 하나님 앞에 바로 설 수 있도록 만드셨다. 인간은 할 수 없다. 그러나 하나님은 하실 수 있다. 의롭다 선언할 수 있는 분은 오직 하나님 한 분뿐이시다. 그럴 자격도 없는 사람에게 의롭다 함을 선한 것은 하나님의 지극한 선물이다. 그 의는 예수 그리스도 한 사람이 순종함으로(롬5:19) 얻어진 의다. 그리스도에 기인한 의만 영구적이다. 율법에 기인한, 불완전하고 비영속적인 자신의 의는 오래가지 못한다. 우리가 의로워질 수 있는 조건은 예수님을 구주로 고백하는 믿음과 옛것을 버리고 새것으로 갈아입는 세례를 통해서다. 그리스도 안에 있는 신앙으로 의로워질 수 있다. 이것은 교회를 통해서 가능하다는 점에서 교회의 역할은 크다. 교회는 우리를 그리스도와 연합하게 만든다.

5) 그리스도 이전의 인간 상태

죄 아래 있는 인간

복음 없는 사람은 죄 아래 있다. 복음이 오기 전에 인간의 상태는 죄의 무대였다. 죄는 빚과 같아 전가되었다(갈3:19, 롬5:15,16). 원죄(hamartia)는 인간 생명에 악한 영향을 주었다.

죄는 죽음과 연관된다. 육적, 영적 죽음 다 포함된다(롬5:12,19). 죄가 지배한 세상 속에서 인간에게는 노동, 고통, 죽음, 해산이 임했다. 시락서에 따르면 죽음이 개인뿐 아니라 집합적 죽음(corporal death)으로 이어진다. 한 여인의 잘못으로 우리 모두가 죽게 되었다고 말한다. 지혜서에 따르면 하나님이 인간을 불멸의 존재로 창조했으나 악마의 시기로 죽음이 이 세상에 들어왔다. 창세기, 욥기, 시편 모두 죄와 죽음을 언급한다. 바울도 죄의 상태는 죽음을 동반한다고 믿었다. 그는 특히 대표의 원리를 적용했다. 첫 번째 아담 한 사람이 범죄 함으로 그 죄가 전가되어 죽음을 가져왔고, 두 번째 아담, 곧 그리스도가 순종함으로 우리는 생명을 얻게 되었다.

율법과 이 세상의 영들에 종노릇하는 인간

율법은 죄와 죽음에 대해 말하며, 그리스도가 오기 이전에 중요한 역할을 했다. 율법은 몽학선생[12]으로 죄를 깨닫게 해준다. 바울에 따르면 율법은 결코 악한 것은 아니다. 오히려 선한 것이다. 하지만 율법을 온전히 이룰 사람은 아무도 없다. 율법은 인간에게 어떤 능력을 주지 못한다. 율법 행위로 의를 생산하지 못한다. 오직 외부규범을 제공할 뿐이다. 죄를 알게 해주고, 죄를 정죄한다. 따라서 율법은 오히려 구원의 필요성을 알게 해준다.

바울은 율법을 영구적인 것으로 보지 않는다. 임시적이다(갈3:23). 인간은 율법아래 감금되어 있다. 모든 사람이 죄 아래 있다는 것은 인간에게도 책임이 있다(롬7:14). 율법이 인간문제를 완전히 해결해주지 못하며 그리스도만이 가능하다. 그리스도께서 우리를 율법가운데서 자유케 하기 때문이다. 주님은 이 세상의 영들에 종노릇하며 죄와 죽음의 율법아래 있는 우리를 그리스도 예수 안에 있는 사람으로 완전히 바꾸어놓는다.

---

12) 깨달음을 주는 선생을 말한다. 당시에는 학식을 갖춘 노예가운데서 가정교사로 삼기도 했다.

그리스도 전의 인간 상태: 인간은 능력 없는 존재

바울은 인간을 몸·육·영혼·영·마음·칼기아 등 여러 모양으로 말하였다. 이로 보면 5,6분설을 주장하는 것처럼 보이지만 그는 구조론적으로 보지 않고 유기적 관계로 보았다. 즉 몸 안에 영이 함께 있는 것으로 본 것이다. 그는 인간을 부분으로 보기보다 전체성을 가진 존재(whole man)로 보았다.

몸(body)은 소마(soma)이다. 생물학적 존재로 구약의 '바사'에 해당한다. 뼈는 소마에 속한다. 바울은 '죄의 몸', '죽을 몸'처럼 몸이 죄를 지을 때 경멸하는 용어로 이 단어를 사용했다. 이것은 그리스도가 오기 전에 구원을 받지 못한, 이기적인 인간의 몸을 가리킨다. 그러나 인간은 소마만 가진 것이 아니다.

육(flesh)은 사르크스(sarx)다. 이것은 자연적인 인간 존재로 죽을 수밖에 없는, 허약한 육체를 가진 인간이다. 사르크스는 땅으로 돌아가야 하는 존재로 영원하신 하나님 앞에서 결코 자만할 수 없다. 이 육만으로는 하나님을 기쁘시게 할 수 없다(롬8:5,8).

영혼(soul)은 푸시케(psyche)다. 이는 생물학적 활동성이 아닌 '네페쉬'(영적 기능을 가진 영혼)로 구약에서는 '산 영'이라 부른다. 이 영은 인간의식과 지성으로 활동한다(살전2:8). 어떤 이는 이를 하나님의 영과 구분하고, 인간의 자연적 삶에 필요한 영으로 해석하기도 한다.

영(spirit)은 프뉴마(pneuma)로, 하나님과 관계되는 영이다. 성령은 우리의 프뉴마에 역사하며 우리를 그리스도인의 삶으로 인도한다. 성령은 주님과 그 백성을 영을 통해 교통(커뮤니케이션)하게 만든다.

마음(mind)은 누스(nous)다. 누스는 알고 판단하고, 계획하고, 감수성을 가지고 결정한다. 이에 비해 온 마음(heart)은 '칼기아'(kalgia)로 지성에 대해 감성적 반응이 있다. 응답이 있는 마음이다. 구약에서는

마음(mind)로 사용하고 있다. 그리스도인은 칼기아를 열어 주님의 말
씀에 응답하는 삶을 살아야 한다.

몸과 육, 영혼, 영, 마음

구분	원어	성격
몸(body)	소마(soma)	구원받지 못한 죄의 몸
육(flesh)	사르크스(sarx)	죽을 수밖에 없는 존재
영혼(soul)	푸시케(psyche)	이성과 지성을 가짐
영(spirit)	프뉴마(pneuma)	하나님과 교통
마음(mind)	누스(nous)	인식, 판단, 계획, 결정
마음(heart)	칼기아(kalgia)	지성에 대한 감성적 반응

바울은 이 같은 인간 존재의 표현을 종합적으로 사용하였다. 일반적
으로 영과 육을 구분하고 육은 악한 것으로 간주한다. 그러나 바울은
영과 육을 하나로 엮어 유기적으로 연관되어있음을 강조한다. 예를 들
어 "너희 몸을 산제사로 드리라"할 때 문자적으로 몸이지만 내용적으
로는 몸 안에 있는 영혼을 포함시켰다. 몸과 영은 서로 다르지만 독립
적으로 존재하기보다 유기적으로 연관되어 있다. 육체가 육체만으로
존재하지 않고 영에 의존하고 있는 것이다. spirit, soul, body를 말할
때 문자적으로는 삼분설이라 할 수 있다. 그러나 바울의 중심사고에는
흔들림 없이 하나로 간주하고 있다. 바울은 이 모두를 합해 '전 인격'
으로 간주하고 있다. "몸은 떠나 있으나 영으로는 함께 하고 있다"(고
전5:3)는 것도 영과 육 포함해 인간은 전체적으로 이해한다. "몸 안에
있었는지 몸 밖에 있었는지 나는 알지 못하나 하나님은 아시느니라."
(고후12:3)에서 우리는 인간의 이중구조(dualism)를 본다. 그러나 이
것은 사실상 하나로 말한다. 그가 '하나님의 몸 된 교회'라 할 때 그

몸은 그저 몸이 아니다. 교회와 그리스도의 관계에서 그리스도의 영과 교제하는 몸임을 알 수 있다.

바울은 이 모두를 생명, 곧 하나님이 주신 선물로 간주했다. 우리도 인간 존재를 총체적으로 이해할 수 있어야 한다. 그러나 이 모든 것이 있다 해도 그리스도가 없을 때 하나님의 영광에 이를 수 없다. 그러므로 칼빈은 그리스도가 없는 인간은 무능력하며, 전적으로 타락했다고 본다. 이러한 인간은 그리스도 안에서만 달라질 수 있다.

6) 그리스도 이후의 인간 상태

그리스도 이후의 인간 상태는 그리스도 안에서의 인간 상태를 말한다. 인간이 구속되고, 만물도 함께 구속된다. 새로운 형태의 인간과 세계가 구성되는 것이다. 이 속에서 그리스도는 문화의 키 컨셉트가 된다. 이 속에는 믿음, 세례, 그리스도와의 연합이 있다.

믿음은 말씀을 들음으로 시작한다. 그리스도에 관한 말씀이다. 주님의 인격과 계시, 그의 사역을 믿고 인간이 전인격적으로 그리스도에게 헌신한다. 믿음은 순종으로 이어진다. 그리스도인은 주님의 말씀에 대해 전 인격적으로 응답한다. 인간의 총체성을 전체 속에 포함시켜야, 즉 말씀 속에 녹여야 새로운 존재가 될 수 있다. 신앙생활은 전인격 속에 말씀을 넣고 생활하는 것이다. 믿음은 하나님이 호의를 베풀 때 우리가 얻을 수 있는 하나님의 선물이다. 바울은 모든 그리스도인이 이런 믿음을 가지고 실천할 것을 강조하고 있다.

세례는 그리스도와 연합하도록 하는 것이다. 세례는 죄와 죽음과 연관된다. 세례는 원시 교회의 포뮬러로 신앙 규범을 나누게 한다. 세례는 교회의 연합을 위한 의식이기도 한다. 이 연합은 모든 교회가 세례를 통해 그리스도를 옷 입게 만든다.

그리스도와의 연합은 크게 dia(-을 통해서), eis(안으로), sun(함께), 그리고 en(안에서)라는 4가지 요소를 가지고 있다.

- dia는 중재자인 그리스도를 통해 하나님과 연합하는 것을 말한다.
- eis는 '예수 그리스도의 이름으로'(into the name of Christ) 축소 되는 것으로, 그리스도의 이름으로 연합한다.
- sun은 모든 그리스도인이 그리스도와 함께 연합하고, 그 영광에 동참하는 것을 말한다.
- en은 '주 안에서'이다. 그리스도 안에서 하나 되는 것이다. 주 안 에서 하나 됨으로써 그리스도인은 그리스도의 몸 된 백성이 되 고 새로운 이스라엘이 된다.

7. 바울의 율법 관: 율법의 목적과 그 역할

바울은 율법을 어떻게 보았을까? 이 글은 갈라디아서 3장 19-25절 을 중심으로 율법의 목적과 역할에 대한 그의 생각에 접근해보고자 한다. 이 구절에 따르면 율법은 인간으로 하여금 자기의 죄 많음을 깨 닫게 함으로써 인간의 약함을 드러낸다. 그리고 구원자이신 예수 그리 스도를 사모하게 만들어 줌으로써 그에게 돌아가도록 하는 역할을 수 행한다. 즉 율법은 약속하신 자손, 곧 그리스도가 오시기까지 몽학선 생으로서 우리를 보호했다가 그리스도에게로 인도하는 역할을 한다. 이것은 율법의 기능과 역할이 그리스도의 사역에 비해 잠정적이며 도 구적인 성격을 띠었음을 보여준다.

믿음이 오기 전, 곧 구약시대에서는 율법아래 있었지만 믿음이 온 후에는 그리스도에게 인도됨으로서 그리스도인들은 이제 몽학선생아래 있지 않고 전적으로 그리스도 안에서 살고 있으며 약속대로 유업을 이을 자가 되었다. 율법은 다만 인도자 격인 몽학선생 역할을 수행하기 때문에 우리를 살게 하는 구원의 약속 체제와 다른 기능을 가지고 있다. 즉 율법이 우리를 구원하는 것이 아니고, 구원은 오직 그리스도를 통해서 성취되는 것이다. 율법은 오직 구원의 약속 체제에 부속적인 역할을 수행함으로써 이에 협조하는 것뿐이다. 그러므로 이 두 가지는 서로 대립되는 기능을 수행하고 있지 않다.

이 글은 이 구절에 대한 어원적 분석 작업을 통해서 위에 언급된 사항을 더욱 확고히 나타내고자 한다.

1) 갈라디아서 3장 19절: 율법의 목적과 전수경로와 유효기간

원문해석: "그러면 율법을 주신 목적은 무엇인가? 죄를 깨닫게 하기 위하여 더하여 주신 것이다. 그 율법은 이미 약속하신 그 씨(자손)가 오셔야만 할 때까지 유효하며 그 율법은 천사들을 경유하고(이 시종하는 가운데) 또한 중보자(모세)를 통해 주신 것이다."

19절 이전에 바울은 하나님이 주시는 유업은 그가 주신 은혜의 약속에 따른 것이지 율법이 아니라고 밝혔다. 그는 누구든지 믿음으로 말미암는 자는 아브라함의 자손임을 주장했다. 이것은 갈라디아 교회에 유대주의자들이 그릇된 교훈, 곧 율법주의를 퍼뜨리기 때문에 주는 경고이다.[13] 구원문제에 있어서 그리스도를 믿는 것 이외에 다른 것을 더하는 것은 하나님의 계약 체제에 위반하는 것이다. 여기서 당연히 일어나는 의심은 바로 "그러면 율법을 주신 목적이 무엇이냐", 곧 율법의 기능은 무엇이냐 하는 점이다. 바울은 선수를 쳐 질문을 먼저

---

13) 박 윤선. (1979). 성경주석: 바울서신. 영음사. 44쪽.

내걸고 거기에 회답하는 형식으로 율법의 정체를 밝혔다. 율법의 목적은 죄 때문이고 그 주신 경로는 모세를 통해서, 그리고 그 유효기간은 그리스도가 오시기까지이다.14)

바울은 15-29절에서 아브라함에게 주신 은혜계약이 후대에 임한 율법으로 인하여 변동될 수 없음을 강조하고 있다. 언약이란 그 자체의 성격으로 보아 폐지될 수 없으며(15, 18), 후대에 들어온 율법은 은혜계약과 교체하려는 것이 아니고 다만 "법 범함을 인하여 더한 것"이다. 범법함을 인하여 더한 것이라는 뜻은 유업을 얻는 데 있어서 약속으로 충분하였으나 죄의 자각을 분명히 해주기 위해서 율법을 첨가해서 주셨다는 것이다. 즉 인생들로 하여금 그 범죄한 것이 많음을 알게 하기 위해서 율법을 주셨다(롬4:15;5:20).

율법의 목적은 새로운 구원방법이 아니고 인간으로 하여금 죄를 깨닫게 하는 데 있다. 따라서 율법이 왔다고 해서 종래의 은혜계약이 변동될 수 있는 것이 아니다. 디모데전서 1장 9절의 말씀과 같이 법은 옳은 사람을 위하여 세운 것이 아니요 오직 불법한 자와 복종치 아니하는 사람 등을 위해 세우신 것이다. 범법이란 줄을 넘는 것, 곧 계명을 어기는 것이다. 헬라어에는 다음과 같이 죄를 표시하는 용어들이 많다.

- '하마르티하'(hamartia): 표적에서 벗어나는 것
- '파라프토마'(paraptoma): 설 곳에서 떨어지는 것(허물)
- '파르코에'(parkoe): 음성을 듣지 않는 것(불순종)
- '파라노미아'(paranomia): 율법을 어기는 것(범법),
- '아그노에마'(agnoema): 알아야 할 것을 모르는 무지
- '아노미아'(anomia): 무법한 것

---

14) 이 상근. (1974). 신약주해: 갈라디아서/히브리서. 대한예수교장로회 총회 종교교육부. 86쪽.

- '엣테마'(ettema): 정량을 감하는 실수
- '프렘메레이아'(plemmeleia): 조화하지 않는 것

본문은 주로 3가지 측면으로 이해되어왔다. 첫째는 어거스틴, 칼빈, 베자, 라이트푸트, 빈센트 등이 주장하는 것으로 범법의 발견 또는 각성이다. 칼빈은 법이란 범죄 함을 알게 하기 위한 것이라고 말했다.[15] 둘째는 크리소스톰, 제롬, 에레스무스, 디 웨트, 렌달 등이 주장하는 것으로 범법의 방지이다. 이것은 고대로부터 유력한 학설이었고, 10계명을 보아서도 율법의 목적은 그랬을 것으로 보인다. 셋째는 위의 두 주장을 결합한 루터와 벤겔의 주장이다. 이 세 가지 견해가운데 바울의 의도는 첫 번째이었을 것으로 간주된다. 왜냐하면 이러한 해석이 바울의 사상, 특히 로마서 3장 20절, 5장 13절, 7장 7,8절과 부합하기 때문이다. 그의 주장에 따르면 인간은 자기의 죄 많음을 알게 하는 율법의 작용을 통해서 비로소 자기는 하나님의 심판을 초래할, 곧 자기로서는 할 수 없이 멸망할 줄 알고 자신을 오직 그리스도에게 맡기게 된다.

율법이 "천사들로 말미암아 중보자의 손을 빌어" 베푸신 것이라 함은 율법이 어떻게 부여되었는가하는 율법 경로의 형편을 설명해주는 장면이다. 하나님께서 율법을 직접 주신 것이 아니고 천사들을 경유하고 모세를 중보자로 하여, 즉 천사들이 시종하는 가운데 모세를 통해 주신 것이다. 천사들이 하나님을 시위하고 율법을 부여하는 데 참여했다는 말씀은 신명기 33장 2절, 사도행전 7장 53절, 히브리서 2장 2절에서도 찾아볼 수 있다. 'en cheipi'는 인간적 중재자의 손, 곧 모세를 통해 법을 선포하게 된 것을 보여준다. 중보자(mesiton)는 과연 누구인가 하는 문제를 놓고 그리스도라는 견해와 모세라는 견해가 맞서왔다. 디모데전서 2장 5절,

---

15) John Calvin. (1855). Commentaries on the Epistles of Paul to the Galatians and Ephesians. Edinburgh: The Calvin Translation Society. 100쪽.

히브리서 8장 6절과 9장 15절의 경우처럼 중보자가 그리스도라는 견해
는 오리겐, 크리소스톰, 어거스틴, 제롬, 칼빈 등 주로 고대 교부들을 중
심으로 이어온 견해이다. 이에 반해 바실(Basil), 메이어(Meyer), 벤갈
(Bengal), 알포드(Alford), 버튼(Burton), 라이트푸트(Lightfoot), 렌달
(Rendall) 등 주로 현대 학자들의 지지를 받고 있다. 랍비문학은 현저하
게 모세가 하나님과 사람 사이의 중보자임을 밝히고 있다.

랍비문학이 아니더라도 본문 내용은 출애굽기 20장 19-20절, 신명기
5장 5절을 가리킨다고 볼 때 모세임이 분명하다. 그러나 모세는 오실
그리스도의 그림자인 의미에서 중보자이기 때문에 그리스도의 중보성
에 비할 수는 없다.[16] 이 본문은 율법이 천사들과 한 인간의 중재라는
이중적인 중재 작용(double intervention)을 거쳤다는 것을 보여준다.[17]
따라서 율법은 그리스도로 말미암아 직접 주신 복음과 대조된다. 즉
율법은 하나님이 직접 주신 것이 아니고 간접적으로 주셨기 때문에 그
가 직접 이 세상에 오셔서 임마누엘로서 주시는 믿음의 구원제도 그것
과는 다르다. 믿음의 구원제도는 곧 약속체제에 속한 것이다.[18]

"약속하신 자손이 오시기까지"는 율법의 유효기간을 가리킨다. 오시
는 약속의 씨, 곧 자손은 그리스도이다. "그 자손"은 특수한 자손, 곧
예수 그리스도이다. 율법은 그리스도가 오시기까지 일시적 역할을 하
다가 그리스도가 오심으로 우리는 그를 믿음으로 구원을 받고 성령을
받으며 영원한 유업을 차지하게 된다. 이로써 율법의 사명은 다한 것
이다.[19] 율법이 약속하신 자손이 오시기까지 있었다는 것은 율법의

---

16) 앞책. 이 상근.39쪽.
17) W. Robertson Nicoll. (1951). The Expositor's Greek Testament. Vol. 3.
    MI: Wm. B. Eerdmans. 172쪽.
18) 앞책. 박 윤선. 39쪽.
19) 앞책. 이 싱근. 87쪽.

예언이 예수 그리스도에게서 모두 성취되었다는 것, 율법의 방식으로 하나님을 섬기는 일은 그리스도께서 이 세상에 오시기 전에만 있었다는 것, 그리고 율법의 정죄하는 일은 우리가 그리스도를 믿기 전에만 있었다는 것을 가리킨다.

이 본문은 율법의 목적과 전수경로와 유효기간을 압축적으로 나타내고 있다. 율법은 불명료한 죄를 명료한 범법으로 바꾸어놓는 외적인 양심(an external conscience) 역할을 한다. 이렇듯 바꾸어놓는 작업은 궁극적으로 선을 위한 것이다. 죄인으로 하여금 회개하게 만들고 복음을 받아들이게 한다.[20] 즉 법이란 범죄 함을 알게 하기 위한 자각제 역할을 담당하고 있다. 율법의 전수는 천사의 중보와 모세의 중보를 통해 이루어졌다고 본다. 우리는 유대인들이 천사가 율법의 중보라고 믿는다는 사실을 스데반의 발언에서 찾아볼 수 있는데 바울도 스데반처럼 철저히 정통적이다. 천사에 대한 유대인의 강조점들이 그대로 반영된 것으로 보인다. 율법이 천사들을 통해 계시되었다면 예수 그리스도께서는 어떠하셨겠는가 짐작할 수 있다.[21]

2) 갈라디아서 3장 20절: 율법과 약속

원문해석: "그러나 그 (율법의) 중보자는 한 편만의 중보자는 아니다. (그러나 약속의) 하나님은 오직 하나이시다."

이 구절은 극히 난해한 구절 가운데 하나이며, 해석이 수백 가지나 된다. 메이어는 80종으로, 라이트푸트는 300종으로, 조웨트(Jowett)는

---

20) C. H. Spence and J. S. Exell(엮음). (n.d.). The Pulpit Commentary: Galatians. NY: Anson D. F. Randolph. 176쪽.

21) R. A. Cole. (1979). The Epistle of Paul to the Galatians. 갈라디아서신. 김 효성 옮김. 예수교문서선교회. 126쪽.

430종이 된다고 말한다. 이렇듯 다양한 해석이 있으나 근본적으로는 전절의 중보자가 모세냐 그리스도냐에 따라서 달라진다.

전절의 중보자를 그리스도로 본 칼빈은 한 편과 다른 한 편을 유대인과 이방인으로 간주하고 그리스도가 전에는 하나님과 유대인 간의 중보자였으나 이제는 이방인의 중보자이시며 하나님은 전에나 지금에나 같은 한 분이시라고 주장한다.[22]

그러나 여러 학자들은 전절의 중보자를 모세로 간주하고 이 절을 해석한 라이트푸트의 주장에 동조하고 있다. 그의 주장에 따르면 율법이 중보자를 통하여 우리에게 왔으며 그것은 인간과 하나님 쌍방의 책임을 같이 고려하여 조약적으로 성립한다는 것을 의미한다. 조약적으로 맺은 것은 한 편에서 책임을 이행하지 아니할 때 무효이다. 이 율법은 모세라는 중보자를 필요로 한다.

하나님이 하나이시라는 것은 율법과 대조를 이루는 약속에 관한 것이다. 하나님이 스스로 주체가 되어 사람에게 복주기를 한 것은 조약이 아니라 약속이다. 이 약속은 하나님 한 분의 자유의지에 따라 결정되므로 율법은 상대적이나 약속은 절대적이다. 그것은 하나님께서 일방적으로 정하신 것이어서 변하지도 않고 폐하지도 않는 은혜의 제도이다. 이것이 하나님은 하나이시라는 말씀의 의미이다. 하나님께서 그 축복을 성립시키시므로 그것은 언제든지 그대로 되고야 만다. 이 약속에 대해서 인간이 할 수 있는 것은 아무것도 없다. 인간은 다만 하나님이 허락하신 약속을 받을 뿐이다. "오직 하나님은 하나이시라"는 말씀은 로마서 3장 30절에 '에이스 호 데오스'(eis ho theos)로 나타난다. 그 구절에 따르면 "믿음으로 의롭다 하실 하나님은 한 분"이시다. 한 분 하나님께서만 우리를 의롭다 하실 분이다. 본문으로 돌아가서 오직

---

22) 앞책. Calvin. 103쪽.

하나님만이 약속의 하나님으로 유일한 분이다. 즉 시내산의 하나님이 유일한 약속의 하나님이시다.[23]

이 밖의 해석으로, 알포드는 중보자와 하나님, 또 하나가 아닌 것과 하나를 대조시켜 율법과 약속의 성격을 밝힌다. 버튼은, 율법은 중보자를 통해 간접적으로 하나님께서 주신 것이나 약속은 직접 주셨다고 보았다. 렌달에 따르면 율법은 아브라함의 여러 육신적 가족들에게 주신 것이나 약속은 한 가족에게 주시고 계속적으로 세대를 따라 택한 백성에게 전달된다. 따라서 받은 자는 내용 자체에도 근본적인 차이를 가져와 약속은 믿음과 사랑을 일으킨다. 스탐(Stamm)에 따르면 율법은 천사와 이스라엘 백성 사이의 협상으로 되었고 모세는 그 대표였으나 약속은 아브라함에게 개인적으로 주셨고 믿음의 사람들에게 성령으로 교통하게 하셨다. 루터는 모세와 그리스도의 대조시켜 모세는 일반적 원칙의 중보자로 양편을 위한 것이었으나 그리스도는 특수한 중보자로 하나님 편을 위한 것이 아니고 사람 편을 위한 것으로 보았다. 빈센트(Vincent)에 따르면 모세는 하나님과 이스라엘 백성 간의 중보자였으나 그리스도는 새 언약의 중보자로 한 분이신 하나님의 의사표시였다. 그 외에 여러 해석들이 있다.[24]

종합적으로 볼 때 칼빈의 해석도 의미가 없는 것은 아니지만 라이트푸트의 해석이 더 타당한 것으로 보인다. 따라서 본문의 전반 절은 율법에 관한 것으로, 후반 절은 약속에 관한 것으로 해석하는 것이 바람직하다.

---

23) 앞책. Nicoll. 172쪽.
24) 앞책. 이 상근. 87쪽.

3) 갈라디아서 3장 21절: 율법과 하나님의 약속과의 관계

원문해석: "그러면 그 율법이 하나님의 약속들을 거스리는가(하나님의 약속들과 반대되는가)? 결코 그럴 수 없다! 왜냐하면 만약 살게 하는(생명을 줄 수 있는) 율법을 주셨다면 의는 진실로 그 율법에 의해 이루어졌을 것이기 때문이다."

바울은 지금까지 율법주의를 공격하고 이를 하나님의 약속과 대립되는 입장에 서 있었다. 그러면 과연 율법은 하나님과 약속과 대립되고 상충되는 것이냐는 의문이 일어날 수 있다. 그는 이 의문을 스스로 물어보고 "결코 그럴 수 없다!"며 강한 부정을 하였다. 이 부정은 앞으로 이야기할 율법의 역할을 설명함에 있어서 전환점을 이룬다. 그는 앞서 말한 바와 같이 율법은 하나님의 약속을 방해하는 것이 아니며 오히려 부속적인 역할을 수행한다고 주장함으로써 율법의 사명을 구체화시켰다. 그것들은 서로 다른 기능을 가지고 있는 것이지 갈등관계에 있지 않다는 것이 바울의 확신이다.[25] 율법이나 약속이나 모두 하나님께서 주신 것으로 주실 때 목적에 따라 그 성격이 다른 것일 뿐 어느 하나가 결코 다른 하나를 거릴 수 없는 것이다.

바울은 그 이유를 "왜냐하면"(ei)이라는 조건절로 시작하고 있다. 율법이 하나님의 약속체제와 상충되지 않는 이유는 하나님이 결코 율법을 통해서 생명을 주는 제도를 택하지 않으셨기 때문이다. 율법은 다만 죄를 깨닫고 하고 그 자체의 무능함을 확인케 한 다음 약속의 때를 기다리게 하는 역할을 한다. 율법이 생명을 주는, 곧 살게 하는 길이

---

25) S. R. Driver, A. Plummer, and C. A. Briggs(엮음) (1975). The International Critical Commentary on the Epistle to the Galatians. (E. Burton), Edinburgh: T. & T. Clark. 193쪽.

되었다면 그것은 약속체제와 서로 충돌하고 서로 모순 된다. 즉 율법이 믿음과 같이 그것으로 사람이 살도록 주어진 것이라면 율법으로 의롭게 되기 때문에 약속하신 그리스도를 기다릴 필요가 없게 된다. 그러나 하나님은 율법을 살게 하는 길, 즉 구원의 길로는 주시지 않았다.

우리가 구원함을 받는 것은 우리의 행위, 곧 율법으로 된 것이 아니라 은혜의 약속으로 된 것이다. 따라서 율법은 살게 하는 길, 곧 하나님의 약속체제에 부속하여 협조하는 것일 뿐이다. 율법의 목적은 구원을 위한 여러 단어들 가운데 하나인 종말론적 의미의 생명을 주는 것이 아니라 하나님이 누구시며 무엇을 요구하시는가에 대한 지식을 인간에게 명백하게 가져다주고 깊은 죄의식을 심어주는 것이다. 만약 율법이 이와는 달리 생명을 줄 수 있는 것이었다면 율법과 약속 사이에는 명백한 대립이 있게 된다.[26]

영원한 생명은 율법에 순종한다고 해서 얻어질 수 있는 것이 아니다. 인간이 도덕적으로 된다고 해서 생명을 얻는 것이 아니다. 그 생명은 영원한 메시아적 삶(the everlasting Messianic life)과 연관된 것이어야 한다. 바울이 '조에'(zoe)를 파루시아에서 나타난 영원한 생명(골3:3f)과 연결시킨 것은 바로 이러한 의미를 깊게 한다.[27] 이것은 영원한 생명이 약속과 깊은 연관을 가지고 있음을 의미한다. 벵겔은 본문의 끝에 나타나는 의를 다음과 같이 표현하고 있다. "의는 삶의 근본이다"(Justitia est vitae fundamentum).[28] 우리를 의롭다 하시는 분은 하나님이시지 결코 율법일 수 없다.

---

26) 앞책. Cole. 127쪽.
27) H. A. W. Meyer. (1884). Critical and Exegetical Handbook to the Epistle to the Galatians. NY: Funk & Wagnalls. 149쪽.
28) 윗책. 150쪽.

4) 갈라디아서 3장 22절: 믿음과 약속의 성취

원문해석: "그러나 성경은 모든 것(사람)을 죄 아래 가두었다. 그것은 예수 그리스도를 믿음으로 약속이 믿는 자들에게 주어질 수 있게 하기 위한 것이다."

이 절은 초두부터 '그러나'로 시작하여 앞 절의 가설과 실제가 차이가 있음을 지적하였다. 율법으로는 누구나 예외 없이 죄인이다. 율법으로 의롭다 함을 받을 사람은 없다. 죄의 우리에 감금되어 있을 뿐이다. 그러나 실제로는 그리스도의 은혜로 의를 옷 입게 되는 것이다. 이것의 뜻은 '성경'이라는 말 속에서 더욱 구체화된다. 일반적으로 성경은 여러 권으로 되어 있기 때문에 복수로 사용된다. 이 본문에서 단수로 사용되어 있음은 율법에서의 특별한 구절, 특히 "이 율법의 모든 말씀을 실행치 아니하는 자는 저주를 받을 것이라"(신27:26)는 구절을 염두에 둔 것으로 보인다.[29] 라이트푸트는 신명기 27장 26절뿐 아니라 "주의 목전에는 의로운 인생이 하나도 없나이다."(시143:2)를 가리키는 것으로 보았다. 이 같은 사실은 로마서 3장 10-18절에서도 자세히 언급되고 있다. 그러나 잔(Zahn)은 성경의 어떤 구절들을 가리키는 것이기보다 성경 전체를 염두에 두고 한 말이라고 보았다. '모든 것'은 사람에게 적용될 수 있는 것으로 육신으로 보아 아브라함의 모든 혈통들, 곧 유대국민으로서의 전체를 의미한다.[30]

그레이다누스(Greijdanus)의 해석에 따르면 모든 것이라는 말은 전 인류뿐 아니라 그들의 구조와 생각 및 행동, 또한 그들의 지배아래 있고 그들 때문에 저주 받은 온 세상을 의미한다.[31] 그러나 죄 아래 '가

---

29) 앞책. Nicoll. 173쪽.
30) 같은 책 같은 쪽.

둠'이 된 대상은 사람이라고 볼 때 유대민족 나아가 전 인류로 봄이 더욱 합당하다. 이 성경 말씀에 따르면 사람은 예외 없이 죄의 우리에 감금되어 있다. 율법이 이렇게 모든 사람을 정죄아래 또는 죄의 종으로 둔 것은 목적이 있기 때문이다. 그 목적은 바로 죄인인 인간이 자기 힘으로는 구원 받을 수 없음을 깨닫게 하고 결국 예수 그리스도에게 돌아가게 하려는 데 있다.

이러한 목적은 후반 절에서 구체적으로 들어나 있다. 율법은 단지 신앙으로 그리스도를 믿는 모든 사람에게 주어질 종국적인 약속의 성취를 위해 길을 포장하는 역할을 한다. 즉 율법은 사람들로 하여금 죄를 인식케 함으로써 예수 그리스도를 믿음으로 약속이 믿는 자들에게 주어질 수 있게 하기 위한 것이다. 율법 아래서 절망의 상태에 사람을 가두어두신 것은 예수 그리스도로 말미암아 죄에서 해방되고 그리스도를 믿음으로 아브라함에게 주신 약속을 얻게 하려는 데 목적이 있었다.

그러므로 우리 모두를 죄인들이라 한 목적은 우리가 구원받을 자격이 있도록 하기 위해서이다. 예수 그리스도께서 이 세상에 오신 것은 죄인들을 구원하기 위해서(마9:12,13)이다. 그리스도께서 의인들이 아닌 죄인들을 위해 이 땅에 오셨다는 사실은 약속의 성취와 깊게 연관된다. 이런 시각에서 볼 때 우리가 의롭다 함을 받는 것은 모두 은혜인 것을 알 수 있다. 율법은 이 약속의 성취를 위해 우리가 하나님 앞에서 모두 죄인인 것을 깨닫게 하고 오직 그리스도를 향한 믿음을 갖고 그의 나라와 의를 소망하게 만들어주는 역할을 담당한다. 따라서 율법은 약속과 그 기능이 다를 뿐이지 결코 경시되어서는 안 되는 중요한 역할을 수행하고 있다. 그러나 의의 종국적인 성취, 곧 약속의 성취는 그리스도를 믿음으로 이루어진다.

---

31) 앞책. 박 윤선. 40쪽.

5) 갈라디아서 3장 23절: 믿음이 올 때까지의 율법의 역할

원문해석: "그러나 그 믿음이 오기 전에 우리는 율법아래 보호를 받고 있었고 믿음이 계시될 때까지 갇혀있었다."

이 본문은 믿음의 때가 오기까지 율법은 우리를 보호하고 감시하는 역할을 했음을 보여준다. 그러므로 본문 가운데 '믿음이 오기 전'은 문장 전체의 윤곽을 한정하고 있다. 믿음이 오기 전은 구약시대를 가리킨다. 구약시대에 믿음이 없었던 것은 아니나(갈3:6-9,14; 롬4:11,12) 믿음의 내용이 그리스도께서 오신 신약시대처럼 명백하지는 못했다. 다시 말하면 구약시대는 그림자적인 것이었다. 믿음의 때 이전에는 율법이라는 엄한 감시인이 필요했다. 그 엄함은 우리를 믿음의 때가 올 때까지 보호했다가 믿음으로 인계하기 위함이었다. 믿음의 때가 오면 율법은 그 속박을 풀고 믿음으로 인계되어야 한다.

우리는 믿음 앞에 정관사가 붙어있음에 주목할 필요가 있다. 그것은 단순한 믿음이 아니라 그리스도 안에 있는 좋은 소식을 듣고 받아들인 자들에게만 있는 그리스도인의 바로 '그' 믿음이다. 구약시대에도 일반적인 의미에서 또는 준비적인 의미에서 히브리서 11장에 나타난 것처럼 믿음이 있었다. 그러나 그리스도를 믿는 믿음은 신약에 와서 더욱 뚜렷해졌고 그 믿음이 특수한 것임을 보여주었다. 그리스도에게 귀일되지 않는 믿음은 결코 무의미한 것임을 알 수 있다.

'에푸루메다'(ephouroumetha)는 '감금하다' 또는 '보호하다'는 뜻이 있다. NEB에서는 감금보다 보호 안에 있었던 것으로 풀이하였다. 감금보다는 오히려 보호 개념을 취하는 것이 바람직하다. '순클레이오메노이'(sunkleiomenoi)는 어떤 감금 상태를 말하는 것이 분명하다.[32] 에프루루메다를 감금으로 보려는 쪽은 이것이 옥에 가두고 자물쇠를 잠그

고 밖에 감시인이 지키고 있는 상태를 나타내기 때문이기도 하다. 그러나 이러한 의미 이면에는 보호라는 뜻도 있음을 인식할 필요가 있다. 시제가 미완료과거형인 것은 믿음의 때까지 계속 갇혀있음을 보여주기 위한 것이다. 그레이다누스에 따르면 신약시대는 믿음의 시대이다.

"믿음의 때까지 갇혔느니라."는 문자적으로 볼 때 "믿음을 향해 같이 갇혀있음"이다. 믿음의 시기가 올 때까지 갇혀있는 일시적이고 잠정적인 상태를 나타낸다. 여기의 시제는 현재분사형으로 이는 믿음의 때까지 계속 갇혀있는 것을 보여주고 있다.[33] 이 갇힘은 "계시될 믿음을 얻기 위해서"[34]라는 적극적인 면도 있다. 그러므로 율법에 의한 갇힘을 묘사함에 있어서 율법을 잔혹한 체포 관으로만 생각하는 것은 짧은 생각이다.

바울은 믿음을 논하면서 계시의 필요성을 강조하였다. '아포카룹데나이'(apokaluphthenai), 곧 '계시될'은 하나님의 선물이다. 하나님의 우선적인 사역, 곧 계시 없이는 우리가 믿어야 할 것이 무엇인지 모른다. 이것은 바울신학의 근본적인 표현방법으로서 바울의 눈에서 볼 때 믿음 자체도 공로가 될 수 없는 이유(엡2:8)를 밝혀준다.

결국 율법은 우리를 구원 받을 때까지 보호해 두었다가 그 믿음이 계시될 때 풀어놓음으로써 우리를 구원에 이르게 한다.

6) 갈라디아서 3장 24절: 몽학선생으로서의 율법

원문해석: "그러므로 율법은 우리가 믿음으로 의로워질 수 있도록 그리스도에게로 인도하는 우리의 몽학선생이었다."

---

32) 앞책. Cole. 129쪽.
33) 앞책. 이 상근. 90쪽.
34) 앞책. Driver 외 엮음. 199쪽.

바울은 본문을 통해 율법을 보호자격인 몽학선생(paidagogos)으로 비유함으로써 율법을 험악한 간수로 생각하는 방식을 고쳐주고 있다. '파이다고고스'는 '아이의'라는 뜻을 가진 '파이스'(pais)와 '인도자'라는 뜻을 가진 '아고소스'(agogos)를 합한 것으로 고린도전서 4장 15절에는 스승으로 나타나 있다. 파이다고고스는 '어린이들을 위한 호위자'(guardian), '교사(tutor, schoolmaster)로도 번역된다.

고대 헬라사회에서 파이다고고스는 6-10세 사이의 주인집 아이의 가정교사로서 초등학문을 가르치고, 의복·식사·행동을 돌보아주고 학교에 가게 되면 데리고 다니는 노예였다. 이 몽학선생은 엄격한 명령과 제약을[35) 아이에게 가함으로써 스승으로서의 직무와 후견자로서의 직무를 아울러 수행하였다. 이 직무는 어린이가 성숙할 때까지 계속되는 임시적인 성격을 띠고 있다. 몽학선생은 주인의 아이를 잘 돌보고 인도해줄 책임이 있다. 그러나 그 책임은 어린 시절에만 해당된다. 그 아이가 자라 성숙하면 인도자 역할을 할 필요가 없다.

율법도 이와 같이 인간이 아직 유치할 때 일시적으로 교육하고 돌보아 도덕적으로 위기에 빠지지 않도록 했다가 장성하면 그리스도에게 인계하는 직무를 가지고 있다. 본문은 단지 '에이스 크리스톤'(eis Christon), 곧 '그리스도에게로' 되어 있으나 NEB처럼 '그리스도께서 오시기까지' 또는 '우리를 그리스도에게로 인도하는' 것으로 봄이 좋다.

7) 갈라디아서 3장 25절: 몽학선생의 역할 종식

원문해석: "그러나 그 믿음이 온 후로는 우리는 더 이상 몽학선생 아래 있지 않다."

---

35) 앞책. Spence와 Exell 엮음, 177쪽.

본문은 율법이 한정된 위치를 가지고 있음을 밝혀주고 있다. 일단 몽학선생의 보호를 받던 아이가 성장하면 더 이상 그의 통제나 보호가 필요 없게 된다. 마찬가지로 그리스도께서 이 세상에 오셔서 우리를 죄에서 구원하고, 우리는 그를 믿음으로 의롭다 함을 받았으므로 지금까지 몽학선생 역할을 했던 율법에 매일 필요가 없다. 본문에 있는 믿음에 관사가 있는 데 이것은 앞서 지적한 바와 같이 예수 그리스도에 대한 그 믿음을 가리킨다. 그러므로 하나님의 자녀가 되었다는 것은 그리스도의 구속사건을 통해서 죄로부터 자유 함을 얻었다는 것을 의미한다.

25절로부터 29절까지의 구절들은 그 믿음이 온 후로 우리는 몽학선생 아래 있지 않고, 그리스도를 옷 입듯 그와 연합하여 살고 있으며, 모든 계급의 사람들이 차별 없이 하나가 되고, 약속대로 유업을 이를 자가 되었음을 보여준다.

율법은 인간으로 하여금 죄를 의식케 하여 구원과 자유를 사모하게 하고, 구원에 이르게 하는 그리스도를 사모하게 하여 전적으로 그에게 돌아가게 한다. 리델보스(Rodderbos)는 이런 의미로 몽학선생을 해석하였다.[36]

갈라디아서 3장 19절에 따르면 바울은 먼저 율법의 목적이 무엇인가를 스스로 묻고 이에 대한 답을 제시해주고 있다. 그러므로 이 논제의 전체적인 제목은 율법의 목적과 그 기능, 곧 역할로 함이 적합하다. 그 율법의 목적은 인간으로 하여금 죄를 깨닫게 하는 데 있다. 그러나 그 자체가 구원의 방편이 될 수는 없다. 그 율법은 우리를 구원해 주실 약속의 씨, 곧 예수 그리스도가 오실 때까지만 유효한 것이다. 그가 오기 전까지 율법은 우리로 하여금 죄를 깨닫게 해주고 그리스도에게 돌아가도록 만들어 준다.

---

36) H. Ridderbos. The Epistle of Paul to the Church of Galatia. 146쪽.

그 율법은 하나님께서 홀로 이루시는 은혜의 약속과는 그 성질을 달리한다. 율법은 우리를 주께 인도할 뿐이지 우리를 결코 구원할 수 없다. 구원은 오직 예수 그리스도를 통한 약속의 성취에서 이루어진다. 우리가 율법을 지킴으로써 구원을 얻게 된다면 그것은 하나님의 약속과 상충된다. 율법이 우리를 의롭게 하거나 살릴 수는 없다. 오직 예수 그리스도를 믿음으로 믿는 자들에게 구원의 약속이 주어지는 것이다.

우리를 종국적으로, 그리고 영원히 구원하실 그리스도가 오기 전까지 우리는 다만 율법의 보호아래 있을 뿐이다. 이 때 율법의 기능은 우리가 믿음을 통해 의로워질 수 있도록 그리스도에게로 인도하는 몽학선생의 역할을 수행할 뿐이다. 결국 그리스도께서 오셔서 우리의 죄를 속죄하심으로 약속이 성취된다. 그리스도의 속죄 사역 앞에서 율법의 정죄는 효력을 잃게 된다. 우리가 의지하는 것은 결코 몽학선생이 아니라 그리스도이다. 율법아래서 우리는 누구나 죄인일 뿐이다. 그러나 그리스도는 우리를 그 죄에서 해방시키고 우리를 살리시는 분이다.

8. 그리스도 예수 안에 있는 자

영적인 회복을 위해 필요한 것은 항상 그리스도 예수 안에 머물러 있는 것이다. 그리스도인은 누구인가? 한 마디로 그리스도 예수 안에 있는 자이다. 그리고 예수 안에 있음으로 만족하는 자이다. 그리스도 안에 있는 것은 그저 교회에 열심히 다니는 것이 아니다. 세상의 옷을 과감히 벗어던지고 매순간 그리스도를 옷 입은 자가 되어야 한다. 그래야 회복의 길에 설 수 있다.

사도 바울은 육신에 속한 자는 하나님을 기쁘시게 할 수 없다고 말한다. 그는 로마서 7장에서 "오호라 나는 곤고한 사람이로다. 이 사망의 몸에서 누가 나를 건져내랴"(롬7:24)고 부르짖었다. 육신적으로 볼 때 인간은 죄의 법을 섬기고 있기 때문에 괴로울 수밖에 없다. 죄는 하나님을 기쁘게 할 수 없을 뿐 아니라 우리를 사망의 법에 가두어 둔다.

바울은 로마서 8장 2절에서 그리스도 예수 안에 있는 생명의 성령의 법이 이 죄와 사망의 법에서 우리를 해방시켰다고 말한다. 이 말씀은 그리스도 예수만이 죄에 대한 해답이요 구원에의 길을 밝히 보여줌을 드러낸다. 바울은 8장의 첫 절에서 "그러므로 이제 그리스도 예수 안에 있는 자에게는 결코 정죄함이 없나니"라고 못을 박았다. 우리가 예수 안에 있기 때문에 죄의 문제가 해결될 수 있는 것이다. 예수 그리스도는 우리의 죄를 속량하기 위해 십자기 위에서 구속의 피를 흘리셨다. 그 피가 우리를 죄로부터 해방시켰다.

스페너(P. J. Spener)는 "성경을 하나의 반지에 비한다면 로마서는 그것의 보석부분이고, 그 가운데서도 8장은 가장 광채가 나는 부분이다"고 주장했다. 7장을 통과하여 8장에 들어서는 사람은 고뇌의 밤이 지나가고 광명한 아침을 마지하게 된다. 또한 전혀 새로운 환경을 느끼게 된다. 그 새로운 환경의 모든 비결은 8장 서두에 나타난 '그리스도 예수 안에 있는 자'에서 찾을 수 있다. 그러면 '그리스도 예수 안에 있는 자'는 과연 어떤 의미를 가지고 있는가? 로마서 8장을 통해 그 해답을 찾아보자.

1) 예수 안에 있는 자에게는 결코 정죄함이 없다

바울은 참된 그리스도인의 특성을 한 마디로 요약하고 있는 데 그것은 바로 '그리스도 예수 안에 있는 자들에게는 결코 정죄함이 없다'(1절)는 선언이다. 나아가 그는 우리가 예수 안에 있을 때 죄의 법에서, 그리고 사망의 법에서 해방되었다고 강조하고 있다. 이 말씀은 7장에서 보여준 죄로 인한 우울한 한탄과 갈등에 뒤따른 그의 승리와 기쁨의 표현이다.

형무소에서 사형언도를 받은 사람이 무기징역으로 감형되었다는 소식을 듣는 순간 가장 기뻐한다고 한다. 그리곤 "이제 나는 살았습니다!"라고 소리친다고 한다. 죄로 인해 사망의 운명 아래 있는 사람에게 탕감이 선언되고 놓임을 받게 되는 것은 가장 큰 행복이다. 바울은 이 행복의 대상을 '그리스도 예수 안에 있는 자'라고 밝히고 있다. 그리스도 예수 안에 있는 자는 보혈의 공로를 결정적으로 믿는 자이며 믿음으로 의롭다 하심을 받은 자이다. '그리스도 안'이란 신자의 새로운 거주지이자 새로운 생활방식이고, 새로운 생명의 형태를 말한다. 왜냐하면 그리스 예수 안에 사는 사람은 그리스도라는 영역 안에 살며 그리스도의 모본을 따라 살며 그리스도와 결합하여 살기 때문이다. 거기에 정죄함이 있을 수 없다. 바울신학에 있어서 가장 근본을 이루는 단어는 '엔 크리스토'(en Christo), 곧 '그리스도 안에'라는 단어이다. 우리가 그리스도 안에 있을 때만이 죄의 문제를 해결할 수 있다. 그리스도 예수 안에 있는 자에게 결코 정죄함이 없다는 것은 그리스도인이 가지는 특성이자 특권이다.

정죄함을 나타내는 '카타크리마'(katakrima)는 심판 그 자체를 가리키는 '카타크리시스'(katakrisis)와는 달리 그 심판의 결과에서 오는 단죄 및 정죄, 곧 유죄판결을 가리킨다. 인간에 대한 하나님의 정죄는 그 인간의 사망을 의미하며 다만 그리스도 예수와 연합한 자들만이 이것을 면한다. 예수 그리스도 안에 있는 자만이 죄의 법에서, 그리고 사망의 법에서 해방될 수 있다.

2) 예수 안에 있는 자는 육신을 좇지 않고 그 영을 좇아 행한다

그리스도 예수 안에 있는 자는 육신을 좇지 않고 그 영(pneuma)을 좇아 행한다. 그 영은 사람의 영보다는 성령을 의미한다. 11절에 '너희 안에 거하시는 그의 영으로 말미암아 너희 죽을 몸도 살리시리라'했다. 그 영이 우리 안에 거하심으로 인하여 우리 죽을 몸도 살게 된다. '죽을 몸'이란 아직도 사망에 굴복한 채로 남아있는 우리 안에 있는 모든 것을 가리킨다. 육신을 좇지 않고 그 영을 좇아 행함은 바로 그리스도 인이란 성령으로 말미암아 거듭나고 성령의 지배를 받아 성화의 도상에 있는 자들임을 나타낸다.

바울에 따르면 육신의 생각은 하나님과 원수가 되며 육신에 있는 자들은 하나님을 기쁘시게 할 수 없다. 육신에 있다 함은 부패하고 거듭나지 못한 인간성의 지배를 받는다는 뜻이다. 부패한 생각은 하나님을 위하지 않고, 오히려 자기를 위해 하나님의 영광을 도적질하기 때문에 하나님과 원수가 된다.

바울의 설명에 따르면 영적인 사람들은 하나님께서 그의 영으로 말미암아 다스리는 자들이요 자신의 충동적인 생각이나 이해관계에 순종하는 자들이 아니다. 비록 그들 안에 육체의 찌꺼기들이 발견되기는 하지만 그래도 그들 안에 내주하시는 성령을 그들이 모시고 있기 때문에 그들은 영을 좇는 자가 된다. 9절에 '만일 너희 속에 하나님의 영이 거하시면 너희가 육신에 있지 아니하고 영에 있나니 누구든지 그리스도의 영이 없으면 그리스도의 사람이 아니라'했다. 여기서 하나님의 영이란 그리스도의 영과 같은 말이며, 이것은 곧 성령을 가리킨다. 성령이 어떤 때는 성부 하나님의 영으로, 어떤 때는 그리스도의 영으로 구별 없이 불리고 있는 것은 성령이 성부와 성자에게 공통되기 때문으로, 성부와 성자는 한 본체를 가지고 계시며 동일한 영원한 신격을 가지고 계신다. 바울은 그리스도인들이 육신을 부인하는 것이 얼마나 필요한가를 보여주기 위해 이 말씀을 덧붙이고 있다. 성령께서 내주하여 자기 속에서 왕 노릇하지 않는 사람들은 그리스도에게 속한 것이 아니다.

바울은 거듭나게 하는 이 성령을 생명이라고 부르고 있다. 이것은 성령께서 우리 안에 사시며 활동할 뿐 아니라 그의 능력으로 우리를 소생시키어 우리의 죽을 육신을 멸하고 마침내 우리를 완전히 새롭게 하기 때문이다. 바울은 '또 그리스도께서 너희 안에 계시면'(10절)이라고 말함으로써 그가 지금까지 성령에 관하여 언급한 것을 그리스도에게 적용했다. 이는 그리스도께서 우리 안에 거하는 방식을 나타내 보이기 위함이다. 그리스도께서는 성령으로 말미암아 우리를 거룩하게 구별하여 자신을 위한 성전으로 삼으신 것처럼, 바로 그 성령으로 말미암아 우리 안에 거하신다.

그리스도 예수 안에 있는 자는 육신보다는 그 영을 좇는 자들이다. 성령께서는 계속적으로 활동하면서 육신의 찌꺼기들을 제거하며 우리 안에서 거룩한 생명을 새롭게 한다. 이 성령을 가리켜 '그리스도 예수 안에 있는 생명의 영'이라 부른 것은 그만큼 의미가 깊다. 이 생명의 영이 있기 때문에 우리가 그리스도와 함께 살 수 있으며, 이것으로 영원한 생명을 누릴 수 있다. 이 영적 생명이 우리 마음에 생기를 불어넣어 우리의 뜻이 하나님을 사모하게 만들어 준다.

3) 예수 안에 있는 자는 하나님의 자녀가 된다

그리스도에게 속한 모든 사람은 하나님의 자녀관계에 들어간다. 그들은 하나님의 영으로 인도함을 받는다. 그들은 하나님의 영의 인도에 순종하여 따라감으로 순조롭게 진리가운데로 인도된다. 그리고 '하나님이 영으로 인도함을 받는 그들은 곧 하나님의 아들이라'(14절) 칭함을 받는다. 그들은 그의 자녀로 인정되고 그의 사랑을 받는 특권을 누리게 된다.

하나님의 자녀 된 자는 하나님을 마땅히 아버지라 부를 수 있다. 하나님을 '아바 아버지'라고 부른 것은 우리가 하나님의 자녀이기 때문이다. 우리가 다 같이 양자의 영을 받았으므로 '아바 아버지'라 부를 수 있다. '아바 아버지'의 '아바'는 아람어로 '아버지'라는 뜻을 가지고 있다. '아버지, 아버지'라는 말은 하나님을 가까이서 정답게 부르는 것을 강조하는 말이다. 나는 지금도 나의 아버님을 향해 '아버지'라 불렀을 때 기뻐하시던 모습을 잊을 수 없다. 성령은 지금도 우리로 하여금 하나님을 아버지라 부르도록 역사하고 있다.

성령의 지배를 받는 사람은 정죄함을 당치 않을 뿐 아니라 하나님의 아들이 되고 미래에는 하나님의 후사가 되는 영광을 얻게 된다. 거듭난 그리스도인은 다시는 육신을 따라 행하지 아니하고 성령의 인도함을 받아 육신의 행실을 죽이면서 산다. 이 때 성령은 우리가 하나님의 자녀된 것을 증거하고 하나님의 후사가 되는 영광을 바라보게 한다.

후사란 '크레로노모스'(kleronomos), 곧 '상속자'라는 의미를 가지고 있다. 하나님이 우리를 그의 자녀로 입양시켜 주셨을 때 우리를 위해 기업을 정해 놓으셨다. 바울은 그것이 하늘에 있는 것이며 썩지 않고 영원하며 그리스도 안에서 계시된 것임을 말해주고 있다. 하나님의 후사라는 말에는 무한한 영광의 내용이 담겨있다.

후사는 받을 영광만 생각해서는 안 된다. 바울은 고난도 함께할 것을 강조하고 있다. '우리가 그와 함께 영광을 받기 위하여 고난도 함께 받아야'(17절) 한다는 것이다. 우리는 그리스도와 함께 한 후사이므로 그가 먼저 가신 길을 따라가야 한다. 그의 영광에 동참하려면 먼저 그의 고난에 동참해야 한다.

우리가 주님을 위해 고난을 받는 것은 그리스도의 남은 고난을 상속받았기(골1:24) 때문이요 장차 하나님의 나라에 들어가서 하나님이 누리는 영원한 영광과 기쁨을 상속받게 된다. 그리스도와 함께 후사된 우리가 그리스도와 함께 고난을 받으며, 그리스도와 함께 영광을 받는다는 것을 생각할 때 현재 우리가 당하는 십자가의 고난이 어떠한 것일지라도 극복해나갈 수 있을 것이다.

4) 예수 안에 있는 자는 장래의 영광을 소망하는 자들이다

18절 이하는 17절을 이어받아 그리스도와 함께 받을 미래의 영광을 바라보면서 현재 그와 함께 받아야 할 고난을 논하고 있다. 즉, 모든 피조물도(18-22절), 신자들도(23-25절) 다 같이 고난 중에 허덕이면서 그리스도의 재림과 그 때에 이뤄질 영화를 위해 탄식하면서 대망하는 것이다.

18절에 "현재의 고난은 장차 우리에게 나타날 영광과 족히 비교할 수 없도다."라고 했다. 이 절은 영화 교리의 서론으로서 현재와 미래, 고난과 영광을 대조시키고 우리가 선택해야 할 진정한 가치가 무엇인가를 보여주고 있다. 즉, 현재의 고난도 심각하지만 이 고난은 그리스도의 재림 시에 실현될 영광과는 족히 비교할 수 없다는 것이다. 현재의 삶에서 일어나는 고난, 곧 '파데마타'(pathemata)는 견디기 어려운 것이라 할지라도 장차 하나님에 의하여 나타날 영광, 곧 '독사'(doxa)는 너무 귀한 것이어서 비교하거나 바꾸거나 포기할 수 없는 것이다. 따라서 고난의 가치는 미래의 영광과 불가분의 관계를 가지고 있다.

바울은 부패할 수밖에 없는 피조물들이 허무한 데 굴복하게 된 것은 썩어짐의 종노릇한 데서 해방될 것을 소망하는 가운데서 일어났다는 것과 그들이 바라는 것은 '하나님의 자녀들의 영광의 자유에 이르는 것'(21절)임을 보여주었다. 성도들이 영광을 위해 고난을 받는 만큼 그들도 그 영광을 기다리고 있다. 장차 나타날 영광이 매우 경이적인 것이어서 모든 피조물들이 그것을 열심히 기대하고 있으며(19-22절), 우리들 자신도 열렬히 그것을 기다리고 있고(23-25절), 성령께서도 우리와 함께 하신다(26, 27절). 이 모두가 소망을 가지고 약속하신 영광의 태동을 기대하며 마치 해산때와 같이 탄식(신음)한다.

하나님은 그의 종들로 하여금 소망을 갖도록 하신 말씀을 이루실 것이다. 소망이 지체되면 애가 타지만 소망이 이루어지는 날에는 큰 기쁨과 영광이 있게 될 것이다. 믿음은 약속을 존중하고, 소망은 약속된 것을 존중한다. 믿음은 보이지 않는 것들의 증거요 소망은 그것들에 대한 기대이다. 바울은 '만일 우리가 보지 못하는 것을 바라면 참음으로 기다릴지니라.'(25절) 하였다. 이 영광을 바라는 데 있어서 우리에게 필요한 것은 인내이다. 비록 그가 늦는 것 같을 지라도 우리는 마땅히 그를 기다려야 한다.

우리는 지금까지 로마서 8장 1절에서 2절까지의 말씀을 통해서 그리스도 예수 안에 있는 자에게는 결코 정죄함이 없으며, 그들은 육신을 좇지 않고 그리스도의영을 좇아 행동하며, 양자의 영을 받아 하나님의 자녀라 일컬음을 받고 그리스도와 함께 하나님의 후사가 되며, 현재의 고난과 족히 비교할 수 없는 영광을 바라보며 살아가는 존재라는 것을 알게 되었다..

로마서 8장은 그리스도 예수 안에 있는 자에게는 결코 정죄함이 없다는 말로 시작하여 어느 것이든 우리를 우리 주 그리스도 예수 안에 있는 하나님의 사랑에서 끊을 수 없다는 말로 끝을 맺고 있다. 성도와 그리스도의 관계는 하나님의 사랑에 근거한 것이므로 영원하다. 마찬가지로 그의 구원도 영원하다. 구원은 그리스도의 속죄 은총과 그것에 따르는 성령의 살리는 역사로 이루어진다. 그 구원의 성취는 하나님 자신의 희생으로 된 것인 만큼 그것은 하나님과 같이 영원하다. 그 구원은 고난가운데서도 오히려 완성되어 간다.

우리가 결코 정죄함을 받지 않고 하나님의 자녀라 칭함을 받으며 구원의 큰 기쁨 속에 살 수 있는 것은 우리가 그리스도 예수 안에 있기 때문이다. 우리 연약함을 도우시는 성령께서 말할 수 없는 탄식으로 우리를 위해 친히 간구하심으로 우리를 하나님 뜻대로 살게 하신다. 죄 가운데 있던 우리를 부르고 의롭다 하고 또한 영화롭게 하신 아버지 하나님께 우리가 드릴 수 있는 것은 감사와 찬송이다. 그리고 그분의 뜻대로 사는 것이다. 바울은 말한다. "너희가 육신대로 살면 반드시 죽을 것이로되 영으로써 몸의 행실을 죽이면 살리니 무릇 하나님의 영으로 인도함을 받는 그들은 하나님의 아들이라"(롬8:13).

9. 칭의에서 영화에 이르는 길

바울은 여러 서신을 통해 예수 그리스도를 통한 구원의 길을 제시하고자 한다. 그에게 있어서 구원은 불가능한 것이 아니라 폭넓고 실현가능한 것이다. 그리스도를 통한 구원은 인간의 양심·사고·마음·의지와 육신의 모든 죄의 파괴로부터 우리를 해방시킨다. 구원은 은혜로 말미암은 구원이며, 칭의·성화·교화의 단계를 거쳐 영화의 단계에 이르게 한다.

1) 칭의(justification)

칭의는 주안에서 의롭다 하심을 받는 것을 말한다. 그리스도와 연합함으로 주안에서 죄인이 의롭다 함을 받는 것이다. 하나님 앞에서의 그의 가납으로, 순간적으로 발생하는 법적 선포이다. 율법에서 난 것이 아니라 오직 그리스도를 믿음으로 말미암은 것이다. "내가 그리스도와 함께 십자가에 못 박혔나니 그런즉 이제는 내가 산 것이 아니요 오직 내 안에 그리스도께서 사신 것이라"(갈2:20). 그리스도와의 연합에 대한 표징이 세례와 성찬이다.

칭의에 있어서 바울은 3가지 질문을 하고 그에 답한다. 첫째, 만약 구원이 주안에서 은혜로 말미암아 믿음으로 얻은 것이라면 율법의 목적은 무엇인가? 이에 대한 답으로 바울은 율법은 그리스도가 오시기까지 우리의 몽학선생이나 관리인일 따름이라고 말한다. 둘째, 구원이 만약 은혜로 말미암아 믿음으로 얻은 것이라면 유대인의 이익은 무엇인가? 바울은 이에 대해, 유대인은 하나님의 계시로 맡은 바의 특권을 소유하였으며, 하나님은 자기의 백성을 저버리지 아니하시므로 어느 날 이방인의 충만한 수가 들어올 때 모든 이스라엘은 구원을 받을 것이라(롬9-11장) 했다. 셋째, 만일 구원이 은혜를 힘입어 믿음으로 얻은 것이라면 우리의 뜻대로 죄를 지을 수 있는가? 이에 대해 바울은 다시 묻는다. "우리가 은혜를 더하게 하려고 죄에 거하겠는가?"(롬6:1). 그래서 우리는 성화가 필요하다.

2) 성화(sanctification)

성화는 거룩함에 이르는 것으로, 죄인이 점차 하나님의 형상으로 변화해가는 단계를 말한다. 바울은 성화를 말하면서 두렵고 떨림으로 매일의 행위 속에서 구원을 이루어야 한다고 말한다. "너희 구원을 이루라!"

바울서신은 크게 두 부분으로 나뉜다. 하나는 교리적인 것으로 그리스도인의 믿음에 대해 말한다. 다른 하나는 윤리적인 것으로 그리스도인의 생활에 대해 말한다. '매일의 행위 속에서'는 윤리적인 것으로, 매일의 삶 속에서 도덕적으로 순결한 생활을 해야 한다는 것을 가르친다. 예를 들어 원수를 갚는 것이 아니라 원수까지 사랑하고 그를 위해 기도한다. 이것은 인간적으로 결코 쉬운 일이 아니다. 따라서 하나님의 전신갑주를 입고, 성령의 열매를 맺는 생활을 해야 한다. 그리스도인은 육에 속한 자가 아니라 영에 속한 자이다. 날마다 성령의 지배를 받아야 한다. 성화를 위해서는 자극이 필요하다. 자극이란, 그리스도를 모본으로 삼고, 그리스도의 임재를 사모하며, 성령을 받고, 구원에 대한 마지막 무대에 참여해야 한다. 마지막 무대에 참여한다는 것은 그리스도인으로서 소망을 가지고 빛 속에서 사는 것을 말한다.

3) 교화(edification)

교화는 그리스도의 몸 된 교회 속에서의 생활을 말한다. 코이노니아(koinonia), 곧 그리스도인의 참다운 교제를 한다. 하나님이 주시는 모든 은혜에 참여하고, 주님의 만찬(성찬)을 통해 영적으로 교제한다. 교화는 칭의와 성화의 결과이기도 하다. 코이노니아는 3가지 공통된 연계관계가 있다.

- 첫째는 믿음과 사랑의 연계다. 믿음을 가진 자는 모두 그리스도의 사랑으로 연결되어 있다.
- 둘째는 아들들과 형제들 사이의 연계다. 우리가 하나님의 아들이면 우리는 주안에서 서로 한 형제이다.
- 셋째는 성령과 육신 사이의 연계다. 성령을 받은 자는 모두 성령 안에서 하나가 된다.

4) 영화(glorification)

영화는 영원한 영광 안에서의 그의 완전함을 말한다. 영원한 영광은 하나님의 궁극적 승리요 그리스도는 영광의 소망이다. 종국에 가서는 우리는 그리스도와 함께 완전한 영광을 소유하게 된다. 하나님 나라의 상속자로서 주님의 영광에 참여하게 된다.

그리스도인의 영화는 재림, 육신의 부활, 그리고 종말의 상황 전개와 연관된다. 재림은 주의 날, 곧 승리의 날을 말한다. 육신의 부활은 옛 몸과 동질성을 보유하고 있는 새로운 형태의 몸을 말하며, 그리스도 영광의 몸과 같은 것이다. 그리고 종말의 상황 전개는 "이제는 거울을 보는 것 같이 희미하나 그 때에는 얼굴과 얼굴을 대하여 볼 것이요"(고전13:12)처럼 주님의 영광에 함께 동참한다.

10. 바울의 명령, "너희 구원을 이루라"

구원은 인간 스스로 성취할 수 없다(요 15:4;고전 15:10;엡 2:5,8). 그럼에도 불구하고 바울은 빌립보 교인들을 향해 "너희 구원을 이루라"라고 명령하였다. 구원은 행함으로 얻는 것이 아님을 누차 강조한 그가 왜 여기에서 갑자기 "너희 구원을 이루라"고 말하는 것인가 의아해 할 수밖에 없다.

구원을 이룬다는 것은 무슨 뜻인가? 이 명령은 행위를 통해 구원을 받는 것이므로 열심히 네 행위를 보이라는 것이 아니라 이미 은혜로 받은 구원을 확실히 하기 위해서 완전한 신앙으로 나아가라는 것이다. 즉, "구원을 성공적으로 완성하라"(work out)는 뜻이다. 이것은 단순히 "구원을 위해 힘쓰라"는 차원을 벗어나는 것이다. 우리는 바울이

'힘쓰라' 라 하지 않고 '이루라'고 말하는 것에 주목할 필요가 있다. 헬라인들은 이 말을 수학문제를 논리적으로 완벽하게 풀 때나 금광에서 정확한 맥을 찾아 금을 캘 때 사용하였다. 그러므로 이 말은 구원받은 자로서 복음의 가르침에 가장 합당하게 생활하여 마침내 구원을 이루도록 하라는 것임을 알 수 있다.

성도들은 이미 믿고 구원받은 상태에 있다. 그러나 바울은 우리가 아무리 구원을 받았다 해도 그저 수동적이거나 정지 상태에 머물러 있어서는 안 되며 구원을 온전히 이루기 위해 계속 노력하지 않으면 안 된다는 것을 강조하고 있다(빌 3:12; 롬 14:19;고전 9:24-27). 따라서 이 말씀은 그리스도의 장성한 분량까지 믿음이 성장해야 한다는 말씀과 맥을 같이 하고 있다. 이 모든 말씀은 우리의 신앙의 모습이 완전하지 않으면 안 된다는 것을 가르쳐준다.

그러나 우리가 한 가지 주목해야 할 것은 우리가 아무리 구원을 이루기 위해 노력한다 해도 구원을 이루는 모든 과정에 하나님께서 개입하신다는 것을 잊어서는 안 된다. 바울은 "너희 안에서 행하시는 이는 하나님이시니 자기의 기쁘신 뜻을 위하여 너희로 소원을 두고 행하게 하시나니"(빌2:13)라고 말함으로써 구원을 이루는 것도 하나님이 함께하심으로 가능하다는 것을 가르쳐주고 있다. 하나님께서 역사하시고 우리는 이루어야 하는 것이다.

✝ 구원을 이루기 위해 우리는 무엇을 해야 하는가?

1) 하나님께 진심으로 복종하라

바울은 여러 서신을 통해 하나님에 대한 복종은 하나님의 명령임을 밝히고 있다(롬 1:5; 고후 10:5,6). 명령이므로 복종은 하나님에 대한 성도들의 마땅한 태도이다. 따라서 바울은 하나님의 말씀에 항상 순종할 것을 강조하고 있다. 바울은 복종을 함에 있어서 두 가지를 강조하고 있다. 하나는 '나있을 때나 없을 때나 항상' 그리고 다른 하나는 '두렵고 떨림으로' 이다.

'나 있을 때나 없을 때나 항상' 은 빌립보 교인들이 자기가 그들과 함께 있을 때만 하나님께 순종하는 척하는 것은 있을 수 없으며 자기가 없는 지금 그리고 언제나 하나님께 복종하는 생활을 해야 한다는 것이다. 이 말은 그가 지금 감옥에 갇혀있다는 사실에 구애받지 말고 언제나 하나님 말씀에 순종해야 한다는 것을 더욱 강조하고 있다. 더욱 지금 나 없을 때에도 라는 말씀이 그것이다. 우리는 여기에서 두 가지 종류의 순종을 발견할 수 있다. 하나는 주인이 있을 때만 눈가림식으로 하는 순종이요 다른 하나는 마음으로부터의 진정한 순종이다. 눈가림식 순종은 어머니가 등을 돌리고 나갈 때까지만 순종하는 아이 같은 순종, 목사가 있을 때만 교회에 나가고 목사가 비었다하면 나가지 않는 순종이다. 이러한 순종은 천박하고 피상적이며 바람직하지 못하다. 이에 반해 마음으로부터의 참된 순종은 하나님 외에는 아무도 보지 않는 곳에서 열심히 일하는 노동자의 정신, 목사가 바뀌고 교우들이 떨어져 나가도 변함없이 신앙생활을 하는 사람들의 순종이다. 바울은 눈가림식 순종이 아니라 자기가 없을 때에도 믿음에 있어서 최선을 다하는 참된 순종을 하라고 호소하고 있다.

'두렵고 떨림'으로 는 항상 하나님 앞에서 행동하라는 보다 강한 권고이다. 두렵고 떨림으로란 노예적인 공포심을 가지고 하나님을 대하는 것이 아니라 신앙인으로서의 경건함과 경외심을 가지고 하나님 앞에서 사는 모습을 말한다. 하나님 앞에서 자기의 연약함과 죄성, 그리고 무가치함을 느낄 때 두렵고 떨리는 마음을 갖게 된다. 하나님께 복종하지 않는 사람은 이러한 태도들을 가질 수 없다. 이 말씀에 대해 라이트풋(Lightfoot)은 바르게 행하려고 신경을 쓰고 떨리는 염려로 라고 해석하였다. 오늘날 많은 사람들은 물질적으로 풍요해진 나머지 하나님 앞에서 별로 떨 기미를 보이지 않고 있으며 하나님에 대한 경외감도 거의 갖지 않고 있다. 아무 걱정이 없고 득의에 찬 시대를 살고 있기 때문이다. 이런 때에는 설교가 요나단 에드워드가 아무리 진노하는 하나님의 손 안에 있는 죄인들 이라는 유명한 설교를 한다 해도 별로 마음을 찌르지 못할 것이다. 청교도시대에는 이런 말씀만 들어도 "어찌 할꼬" 했는데 우리는 지금 정반대에 서 있는 것이다. 바울은 빌립보 교인들을 향해 이런 무감각한 교인들이 되어서는 안 된다고 말하고 있다.

2) 하나님의 뜻을 기쁘게 수행하라

하나님은 우리가 구원을 이룸에 있어서 모든 과정에 은혜를 베푸시고 성도들에게 영적이고 도덕적인 힘을 주심으로 그들이 구원을 이루어 가는 것을 기뻐하신다. 하나님은 우리 안에 소원을 일으키신다. 따라서 우리는 그분의 소원대로 행한다. 하나님이 우리 안에서 그 일을 행하시는 것이다. 그러므로 구원을 이루기 위한 우리의 행동에는 인간의 뜻을 세우는 것이 아니라 하나님의 뜻만이 나타나야 한다. 바울이 모든 일을 원망과 시비없이 하라는 것은 하나님의 뜻을 이뤄나감에 있어서 걸림돌이 되는 인간의 소위들을 없애라는 것이다. 왜냐하면 하나님의 일을 함에 있어서 원망과 시비가 있게 되면 하나님의 일이 중단될 수 있기 때문이다. 바울은 우리가 행함에 있어서 무엇보다 하나님의 기쁘신 뜻(His good pleasure)을 위하며, 하나님이 우리 안에 두신 수원(will)을 기필코 이룰 것을 강조하고 있다. 이것은 하나님의 뜻

을 온전히, 기쁜 마음으로 이루라는 명령이다. 구원을 이루는 것은 하
나님이 기뻐하시는 일을 끝내 완성하는 일이다. 인간의 원망과 시비로
인해 그 일이 중지되어서는 안 된다.

바울은 고린도 교인들에 대해서도 같은 명령을 내린 바 있다. 저희
중에 어떤 이들이 원망하다가 멸망시키는 자에게 멸망하였나니 너희
는 저희와 같이 원망하지 말라 (고전 10:10). 이스라엘 민족은 광야에
서 모세와 하나님에 대해 원망을 계속했고 그리하여 무서운 결과를
초래하였다. 하나님의 뜻에 대한 내면적인 원망은 쉽사리 서로에 대한
불만으로 바뀌어진다. 사람들은 하나님에 대해 보통 원망으로 끝나지
않고 누군가를 비난하고 싶어한다. 원망 다음에 오는 것은 서로에 대
한 혐오감이다. 시비는 일종의 지적인 반역이다. 망설임이나 의심은
하나님의 일마저 왜 해야 하는지 모르겠다는 생각에 빠지게 한다. 원
망과 시비는 결국 그리스도의 선한 군사로서 지휘관의 명령에 기꺼이
순종하기보다 그 명령을 괴로운 것으로 생각하게 만든다. 바울은 원망
과 시비가 없게 하라고 말함으로써 그리스도의 군사인 우리는 주님의
명령을 기쁘게 받아들이고 최선을 다해야 한다는 것을 가르치고 있다.

3) 순전하고 깨끗하라

하나님의 눈으로 볼 때 어떤 사람도 흠 없고 순전하지 못하다. 그럼
에도 불구하고 바울은 빌립보 교인들을 향해 흠 없고(blameless) 순전
하라(innocent)고 명령하고 있다. 흠 없고 순전하라는 것은 17절의 제
사적 표현과 깊게 연관되어 있다. 구약의 경우 하나님께 드려질 제물
은 흠이 없고 순전한 것이어야 했다. 신약의 경우 이 표현은 그리스도
와 연관된 영적이고 도덕적인 의미로 사용되었다(히 9:14; 벧전 1:19).
하나님께 속한 성도는 하나님께 드려진 제물답게 흠 없고 순전한 민

음생활을 해야 한다는 것이다. '순전한'이란 '비둘기같이 순결한' 인격, 다른 것이 섞이지 않은 진짜 성도를 말한다. 그리스도를 믿음으로 다시 태어난 사람은 그리스도의 거룩한 마음과 생활을 본받아 흠과 티가 없이 순수해야 한다는 것이다. 이를 위해서는 마음과 생활에서 어떤 악한 요소도 혼합되지 않아야 하며 다른 사람이 판단하기에도 책잡힐 것이 없어야 한다. 하나님께 자신의 가장 깨끗한 제물을 드려야 하기 때문이다.

당시 이스라엘은 바울의 표현대로 '어그러지고 거스리는 세대'가 되어 있었다. 만일 빌립보 교인들이 내적인 불만을 가지고 살면 흠 없고 순전한 제물이 되지 못할 뿐 아니라 어그러지고 거스리는 세대의 일원이 될 뿐이다. 바울은 이 교인들로 하여금 이러한 세대가운데서도 무흠한 표를 드러내라고 당부하고 있다.

'어그러지고'란 하나님의 말씀을 듣지 않으려 하는 고집스러운 태도를 가리키며, '거스리는'은 반듯하지 못하고 뒤틀리고 비틀어진 것을 말한다. 우리가 속한 세대는 바로 고집이 세고 뒤틀림이 많은 세대이다. 바울은 죄의 어둠에 의해 삐 뚫어지고 무감각해진 세대 속에 빛들로 나타나라고 말하고 있다. 생명의 말씀을 통해 어두운 세상을 밝히는 존재가 되라는 것이다. '밝히는' 이라는 말은 등불을 가진 사람이 등불을 가지지 않은 다른 사람이 잘 갈 수 있도록 등불을 높이 들어 먼발치까지 빛을 비추도록 한다는 뜻을 담고 있다. 도시의 어두운 구석구석마다 찾아다니며 빛을 전하는 자가 되라는 것이다.

교회는 캄캄한 죄의 밤중에 파도가 부서지는 가운데서 빛을 비추기 위해 서있는 등대라면 교인들은 구석구석을 비추는 발광체들이다. 장소가 어두울수록 빛은 더욱 필요하다. 우리는 의의 아들이신 주님께서 태양처럼 다시 떠오르는 순간까지 빛을 내야 하는 주님의 별들이다.

우리가 흠 없고 순전하지 못하면 그 빛을 밝게 드러낼 수 없다. 그러므로 우리는 항상 주님 앞에 가장 흠 없고 깨끗하여 빛을 완전히 드러내는 종들이 되지 않으면 안 된다.

✝ 그리스도인에 대한 바울의 당부

1) 그리스도의 날에 자랑할 것이 있게 하라

바울은 어머니가 자기 아들을 자랑하듯이 주님 앞에서 빌립보 성도들을 자랑할 수 있게 되기를 소원하였다. 바울은 나이가 들어가면서 그리고 위험에 처해 있을수록 주님의 날을 그의 마음속에 더욱 구체화시켜 나갔다. 그는 교인들이 기필코 구원을 이룬다면 이로 인해 그리스도의 날에 주님 앞에서 자랑할 것이 있게 되리라는 꿈을 가지고 있었다. 빌립보 교인들이 이룬 구원은 주의 날에 그가 얻게 될 면류관의 별들이 될 것이다. 그는 자기의 모든 공력이 소멸된 채 구원을 겨우 불 가운데 얻는 결과가 되지 않기를 바랐다. 바울은 자신의 일을 돌아볼 그 날이 올 때 달음질이 결코 헛되지 않고 수고도 헛되지 않은 결과, 곧 믿음의 경주에 있어서 성공적인 마지막 모습을 주님께 자랑스럽게 보여주기를 바랐다. 이것은 그의 영적인 비전이다. 그리스도인은 바로 이러한 생산적인 비전을 많이 가지고 있어야 한다. 왜냐하면 그것은 하나님 앞에 열매가 있음을 보여줄 수 있는 가슴 벅찬 일이기 때문이다. 바울은 이러한 소망을 간절히 말한 다음 자기의 수고와 달음질을 헛되이 하지 말라고 당부하였다. 그의 달음질은 주님을 향한 달음질이지만 자기만 달리는 것이 아니라 그가 전도한 성도 모두와 함께 뛰는 믿음의 달음질이다. 수고란 믿음의 수고를 가리킨다. 수고는 원래 종과 어원이 같다. 종이 주인을 섬기듯 바울이 성도들의

신앙성장을 위해 노심초사하고 노력했음을 가리킨다. 이렇듯 최선을
다했는데 자기를 실망시키지 말라는 것이다. 그들이 바울을 실망시킨
다면 이 실망은 결국 주님을 실망시키는 일이 될 것이기 때문이다.

2) 나를 관제로 드릴지라도 함께 기뻐할 수 있는 자가 되라

바울은 너희 믿음의 제물과 봉사(sacrificial offering) 위에 자기를
관제(libation)로 드릴지라도 자신은 물론 너희와 함께 기뻐하게 될 것
이라고 말한다. 빌립보 교인들이 자신들의 그리스도인으로서의 삶, 곧
믿음과 봉사를 제단 위에 놓으면 바울은 기꺼이 이 제단 위에 자기의
생명을 추가적인 제물로 부을 준비가 되어 있다는 것이다. 관제란 제
물 위에 포도주를 부어 하나님께 드리던 의식을 가리키는 것으로(민
15:1-10) 구약에서는 전제라 한다. 바울이 자신을 관제로 드리겠다는
것은 빌립보 교인들의 하나님에 대한 헌신, 곧 이룬 구원 위에 자신의
순교를 더하여 하나님께 영광을 돌리기를 주저하지 않겠다는 비장한
표현이다.

왜 비장한가? 우리는 이 글은 바울이 옥중에 있을 때 쓴 것이라는
것을 잊어서는 안 된다. 그는 옥중에서도 오직 빌립보 교인들이 보다
신앙생활에 진전이 있기를 바라고 있었으며 그들의 신앙이 실제적으
로 완성될 수만 있다면 자신의 고통, 자기의 죽음쯤이야 얼마든지 관
제로 부어 하나님께 드리겠다는 것이다.

우리는 바울이 왜 이 자리에서 제사적인 용어를 사용했는가에 주목
할 필요가 있다. 그는 유대의 제사용어를 사용해서 자신의 죽음을 전
제에 비유했다. 빌립보 교인이 믿음으로 하나님을 영화롭게 하는 생활
이 제물이라면 자신은 기꺼이 그 위에 붓는 관제물이 되겠다, 즉 그처
럼 순교의 피를 기꺼이 흘리겠다는 것이다. 그러면서도 그는 오히려

이 일을 기뻐할 뿐 아니라 이 기쁨을 너희 모두와 함께 나눌 수 있기를 소원한다고 말한다. 주님께서 하늘나라는 잃은 양 한 마리, 잃은 드라크마를 찾은 천국의 기쁨을 나누는 곳이라고 말한 것처럼 바울도 그들과 함께 이 기쁨을 함께 나누고자 하는 것이다.

　바울은 우리를 향해 너희 구원을 이루라 고 명령하였다. 구원을 이루는 사역은 성도 한 사람 한 사람 속에서 일어나기 때문에 성도의 삶은 바로 이런 구원의 완성을 확인하는 삶이어야 한다. 이것은 바로 우리의 삶의 자리를 통해 하나님의 뜻을 바로 실현하는 데 있다. 바울은 이렇듯 구원을 완전히 이루는 생활을 함으로써 너희도 기뻐하고 나도 기뻐하는 종국, 곧 모두가 함께 기뻐하는 결과를 기필코 달성하자고 다짐하였다. 주 안에서 성취되는 이 기쁨은 바로 구원을 이루는 기쁨, 믿음이 생활로 나타나는 기쁨, 모두가 서로 기뻐하는 기쁨이다. 이것은 우리의 삶에서 죄를 이긴 그리스도의 승리의 기쁨이자 천국에서 경험하게 될 놀라운 기쁨이 될 것이다. 이 기쁨은 우리가 얼마나 구원을 완벽하게 이뤄 가는가에 달려있다. 우리 안에 소원을 두신 하나님의 기쁘신 뜻이 우리 각자의 신앙생활을 통해 완전히 이루어지기를 기도한다.

제4장 히브리서에서 유다서까지

1. 히브리서

히브리서의 저자는 알 수 없다. 동방교회나 제롬, 그리고 어거스틴 등은 바울이 저자라고 주장하지만 문체가 바울의 그것과는 다르다. 히브리 기자는 헬라 스타일에 논리적이며 수사학적 구조를 가지고 있다. 특히 히브리서의 종말론 바울의 종말론과 차이가 있다.

히브리서의 종말론은 삼각구조를 가지고 있어 삼각형 종말론(tri-angular eschatology)이라 한다. 삼각형의 정점(A)에는 실체(reality)가 있고, 좌편 정점(B)에는 그림자로 반영된 것이 자리하고 있으며, 우편 정점(C)에는 실체 그 자체가 반영된 것이 자리하고 있다. 예를 들어 A에 창조의 안식이 있다면 B에는 그 그림자로 반영된 가나안 안식이 있고 C에는 앞으로 있을 영원한 구원의 안식이 자리하고 있다. 이것은 구약과 깊은 연대성을 강조한 것으로 바울에서는 찾아볼 수 없다.

바울은 알파와 오메가라는 시점을 두고 이 땅에서 십자가까지는 옛 시대요 부활 이후는 새 시대로 구분된다. 우리는 새 시대에 살고 있고, 하나님의 나라는 이미(already) 임했지만 아직 완성된 것은 아닌(not yet) 상태에 있다. '이미'와 '아직은 아닌' 이 두 가지가 균형 있게 강조되고 있다는 것이 바울 종말론의 특징이다. 원칙적으로는 실현되었지만 완전한 실현은 미래에 있다. 이것은 하늘에 속한 것으로 미래에 다시 오실 주님의 재림과 함께 완성된다. 바울의 종말론은 수평적 종말론(horizontal eschatology)이라 한다.

히브리서의 종말론과 바울의 종말론

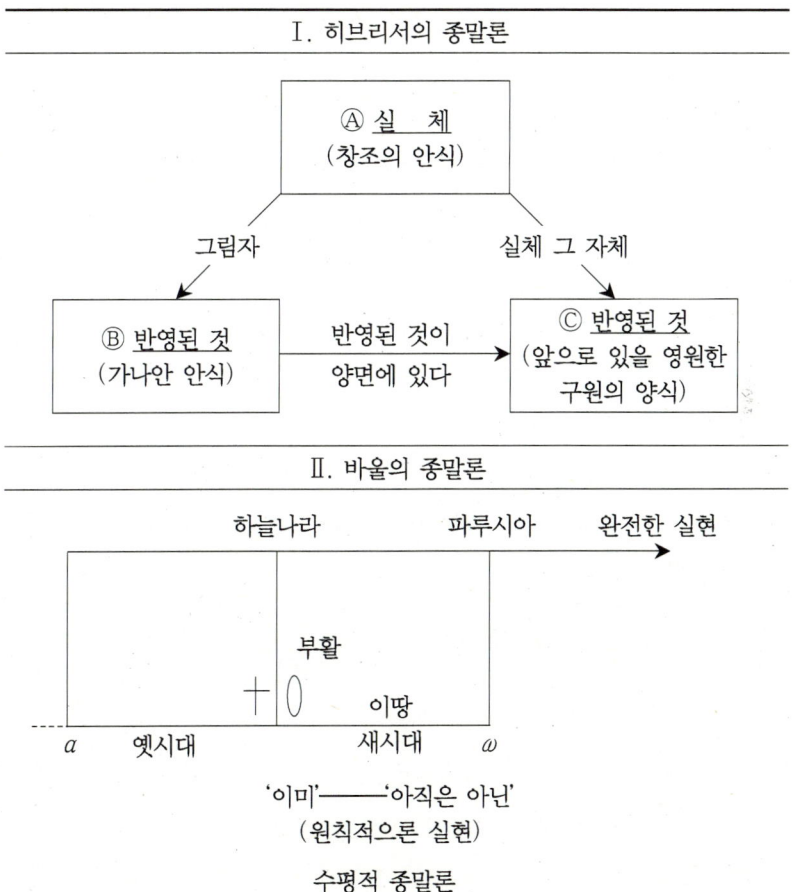

저자로 거론된 인물로는 아볼로, 누가, 바나바, 실라, 브리스길라 등이 있다. 아볼로라 주장한 사람은 루터다. 그는 아볼로가 구약학자였고 고린도교회에 있었다는 점을 들었다. 그러나 성령론이 약해 아볼로로 보기 어렵다. 누가라 한 학자는 이거(Eager)와 모펫(Moffatt)으로 히브리서가 역사성을 강조했다는 점을 높이 샀다. 바나바로 본 학자는 웨스트콧(Westcott)이다. 바나바는 레위인으로 성전의식에 조예가 깊다는 것이다. 실라로 본 학자는, 실라가 바울이 가진 기독론을 구약적 이해로 재정립했다고 주장한다. 교부 오리겐은 브리스길라에 주목했다. 여러 추측에도 불구하고 현재까지 히브리서의 저자는 알 수 없어, 익명의 저자로 본다.

이 익명의 저자는 어느 지방에 있는 히브리 교회 형제들을 대상으로 쓴 것으로 판단된다. 히브리서 기자는 당시 기독교인들은 박해를 받아 신앙과 그리스도를 버려야 하는 심각한 위험 상황에 처해 있었고(히2:1, 10:32-39), 그들에게 그리스도의 우월성을 강조함은 물론 믿는 도리(신앙고백)를 굳게 잡도록 함으로써 변절하지 않도록 한 것이다. 히브리서는 '천상에서' 우리 죄를 위해 중보 기도한다는 내용으로 보아 예루살렘 성전이 있었던 때, 곧 70년 이전(직전)에 기록된 것으로 보고 있다.

히브리서의 내용은 주로 그리스도와 구약종교를 비교하고, 그리스도의 탁월성을 증명하는 데 초점을 맞췄다. 예수 그리스도는 모든 영적 존재보다 탁월하고, 모세(율법, 구약종교)보다 탁월하며, 그리스도가 영원한 속죄 제사를 드렸으므로 아론(제사제도)보다 탁월하다. 예수 그리스도는 하나님께서 세상에 대하여 하시는 마지막 말씀이며, 구약의 모든 것을 완성시켰고, 그리스도 외에는 더 이상 따를 것이 없다. 히브리서는 그리스도의 제사장직과 희생, 계약의 영원한 우월성을 강조하고 있다.

그리스도의 제사장직

그리스도의 제사장 직이 아론의 그것보다 우월하다는 것이 요지다. 그리스도는 하나님 영광의 광채시며(신성보증) 그 본체의 형상이시다(인성보증). 예수는 예언자(히1:1-3), 천사(히1:4-2:18), 모세(히3-4장), 아론(히5-7장)보다 우월하신 분이다.

예수 그리스도는 멜기세덱의 반차를 좇는 제사장이다. 멜기세덱은 예루살렘의 고대 왕으로, 지극히 높으신 하나님의 제사장(창14:18)이었다. 멜기세덱의 인격은 예수의 제사장직을 상징한다. 멜기세덱이 아론보다 위대한 이유는 아브라함에게 복을 빌었고, 아브라함으로부터 노략물의 10분의 1을 받았기 때문이다.

예수의 희생

예수의 희생이 모든 레위의 제물보다 우월하다는 것이 요지다. 그리스도는 제사장일 뿐 아니라 예수님 자신이 산 제물(히9:12,14, 10:10)이 되셨다. 아론의 예물은 예수의 희생을 상징한다. 염소와 송아지의 피로 아니 하고 오직 자기 피로 영원한 속죄를 이루고 단번에 성소에 들어가셨다(히9:12). 예수는 백성의 죄를 위해 돌아가셨다. 그의 희생으로 영원한 속죄를 받은 것이다. 육체가 아니라 양심을 깨끗하게 하신다는 점에서 그의 희생은 의식적인 것이 아니라 도덕적이다(희생의 영역). 예수는 영원하신 성령으로 말미암아 자신을 제물로 드렸다(희생의 본질). 우리의 죄를 없게 한 것은 황소의 피가 아니라 예수의 피다. 그 피는 죽음이 아니라 생명이며, 다른 것을 가능케 하는 인간생활의 에너지다. 그 효과는 영원하다. 십자가는 많은 자녀들을 영광에 들어가게 한다. 그의 희생은 모든 이를 위해 단번에(once for all) 드렸다는 점에서 독특하다. 대제사장은 속죄의 날에 해마다 반복하여 성소에 제물의 피를 드렸으나 그리스도는 단 한번으로 영원히 속죄하셨다. 그의 희생으로 예수는 우리보다 앞서 가서 하늘 성소에 들어가셔 영광의 관을 쓰셨다(희생의 성과). 대표로 간 것 아니다. 율법의 대제사장은 백성을 대표해서 성소에 들어갔고, 다른 누구도 가까이 갈 수 없었다. 그러나 이제는 예수에 의해 어떤 죄인도 은혜의 보좌에 가까이 가게 되었다.

새 계약

그리스도는 새 계약의 중보로 다른 중재가 필요 없고, 조건이 옛 것보다 더 좋다는 것이 요지다. '더 좋은'(better) 계약이라 했는데, 이는 결코 대신 되어 질 수 없는 가장 좋은 마지막 계약이라는 뜻이다.

새 계약에는 그의 법을 그의 백성의 마음에 기록하고(내적인 신성의 약속), 그 자신을 각 개인에게 나타내시고(인간적 지식의 약속), 그들의 죄를 용서하신다(완전한 용서의 약속)는 3중의 약속이 담겨있다. 이 모든 것이 그리스도의 죽음을 통해 충족된다.

새 계약에는 3가지 접근방법이 사용되었다. 첫째, 인간적인 예증이다. 계약(covenant)을 유언(will, testament)으로 보았다. 유언은 유언자가 죽어야 효력이 발생하는 것과 같이 새 계약도 예수께서 죽으셨을 때 힘을 발휘한다. 둘째, 계약은 피에 의해 시작된다는 성경적 분석방법을 사용한 것이다. 계약 첫 번째인 모세 계약은 피로서 실증했고, 새 계약도 예수의 피로 실증했다. 셋째, 신학적 논증방법이다. 피흘림은 새 계약을 확립한 그리스도의 속죄의 죽음이다. 피 흘림이 없이는 사함이 없다. 다시 죄를 위하여 제사드릴 것도 없다.

권   고

히브리서는 끝으로, 우리가 예수의 피를 힘입어 성소에 들어갈 담력

모습이 행위로 드러나야 한다는 것이다.

야고보서를 보면 야고보와 바울은 서로 모순되는 것이 아닌가 생각되기도 한다. 서로 모순되는 것은 아니다. 그들은 같은 복음을 전했으며 강조점만 다르다. 바울의 적수는 유대 율법주의자들이었다. 그들은 구원이 율법을 행함(선행으로 의롭게 된다)에 있다고 보았다. 이에 반해 바울은 구원이 행함이 아니라 그리스도 안에서 믿음을 통해 의롭게 되었다고 주장한다. 바울도 사랑으로 역사하는 믿음(갈5:6), 선한 일을 위하여 지음 받음(엡2:10)을 말함으로써 믿음이 행함으로 이어지도록 했다. 이에 비해 야고보의 적수는 유대지식주의자들이었다. 그들의 구원은 신앙의 단순한 정통성, 곧 믿음이었다. 야고보는 귀신들도 믿고 떠는 무익한 정통성(약2:19)이 아니라 행함에 의해 의롭게 된다고 주장했다. 진정한 믿음으로부터 우러나오는 행함을 강조한 것(약2:15)이다.

문제는 믿음이냐 행위냐에 있지 않다. 우리는 사랑과 선행으로 귀착되는 살아있는 믿음에 의해 구원을 받는다(히10:24). 행함에 의해 구원을 얻는 것은 아니지만 행함 없이 구원될 수도 없다. 행함은 구원을 증거 하기 때문이다. 예를 들어 아브라함은 하나님의 약속을 믿었으므로(믿음) 그의 명령을 순종했다(행함). 성령은 행함으로 귀착되는 믿음을 강조하라고 바울을 사용하셨고, 믿음으로 얻어지는 행함을 강조하라고 야고보를 사용하셨다.

야고보서의 테마 중 가장 빛나는 것은 1장 26-27절의 말씀이다. "누구든지 스스로 경건하다 생각하며 자기 혀를 제갈 먹이지 아니하고 자기 마음을 속이면 이 사람의 경건은 헛것이라 하나님 아버지 앞에서 정결하고 더러움이 없는 경건은 곧 고아와 과부를 그 환난 중에 돌아보고 또 자기를 지켜 세속에 물들지 아니하는 이것이니라."(약

1:26-27). 이 말씀은 진정한 신앙과 거짓신앙의 차이를 극명하게 보여 준다. 자신이 신앙적이라 생각하지만 그의 신앙이 도덕을 동반하는 것이 아니라면 그의 신앙은 헛것이라는 것이다. 생각하는 것과 실재하는 것 사이에는 이처럼 구분이 있다. 여기서 말하는 순전하고 깨끗한 신앙은 3가지 특징(3대 의무와 지표)이 있다. 혀를 제어하고(자신에 대한 의무: 자제의 지표), 고아와 과부를 찾아가며(이웃에 대한 의무: 형제애의 표본), 그리고 세상에 물들지 않는 것(하나님에 대한 의무: 하나님 숭배에 대한 의무)이다. 이것은 야고보가 본 순전하고 깨끗한, 그리고 진정한 신앙의 요소이자 테마이다.

자신에 대한 의무: 자제의 지표

야고보는 자제(self-control)를 강조한다. 예를 들어 혀는 쉬지 아니하는 악, 죽이는 독이 가득한 것으로 길들이기 힘들다. 같은 입으로 하나님을 찬양하며 사람을 저주한다. 문제가 아닐 수 없다. 해결방법으로 그는 "듣기는 속히 하고 말하기는 더디 하라."고 가르친다. 시험(temptation) 근원은 혀가 아니라 인간의 내적 욕심에 의한 것이다. 바울은 그 근원을 육이라 부른다. 우리는 시험을 물리치고 시련(trial)은 기쁘게 받아야 한다(약1:2). 시험은 안에서 일어나는 죄에 대한 유혹이라면 시련은 박해와 같이 외적인 상황에서 오는 믿음의 확인이다.

이웃에 대한 의무: 형제애의 표본, 사랑

이웃에 대한 의무에서 사랑은 최고의 법이다. 사랑은 행동을 이끌고, 공평하게 만들기 때문이다. 행동을 이끄는 사랑의 표본은 여러 말씀에서 찾을 수 있다. 형제를 음식과 의복 없이 내버려둔 상태의 사람은 진정한 믿음이 없다(약2:14-17). 바울도 믿음은 사랑으로써 역사한다(갈5:6)고 말한다. 고아와 과부를 동정만 하는 것은 선하지 못하며 그를 찾아가야 한다. 거지에게 "배부르게 하라, 더웁게 하라" 말하지 말고 그들에게 음식과 의복을 주어야 한다. 우리가 말로만 사랑하지 말고 오직 행함과 진실함으로 하자. 그리고 사랑은 구별을 인정치 않고 차별대우를 싫어한다는 점에서 공평하다.

하나님에 대한 의무: 하나님 숭배의 표본

하나님에 대한 우리의 의무는 세상으로부터 물들지 않는 것이다. 야고보는 하나님과 세상을 반대되는 것으로 본다. 요한도 세상을 사랑하는 것과 하나님을 사랑하는 것은 상반된다고 보았다. 세상은 공허한 향락과 믿음이 없는 물질주의의 이교도 사회로 그들은 그들의 부와 함께 멸망한다(약5:1-6). 세상과 짝하면 하나님과 원수 되는 것이다. 믿음에 부요해지고 약속하신 나라를 유업으로 받자.

그리스도인의 생활은 본질적으로 실제적인 거룩함의 생활이다. 거룩함은 그리스도 안의 믿음에서 시작되나(약2:2) 행함으로 믿음을 드러내야 한다(약2:18).

3. 베드로 전후서

이 편지의 저자는 베드로로 로마에서 순교하기 직전(63년 11월-64년 4월)에 기록한 것으로 알려져 있다.

베드로전서는 모두에서 밝힌 바와 같이 각지에 흩어져 있는 교인들, 특히 박해를 받고 있는 교인들에게 보냈다. 그들을 위로하고 격려하기 위한 것이다. 베드로는 격려의 주제를 산 소망으로 잡았다. 그래서 이

서신을 '소망의 서신'이라 부른다. 그는 구원이 예수 그리스도의 피 뿌림에 근거하고 있음을 밝히고, 과거에는 하나님의 백성이 아니었지만 이제는 하나님의 백성이 되었음을 상기시키면서 구원의 확신을 가지고 박해를 이기라고 강조하고 있다.

베드로후서는 주로 교회 안에 들어온 거짓교사들에 대해 경고했다. 당시 거짓교사들은 주로 영지주의자들이었다. 이들은 기독교적인 윤리를 무시해도 된다는 도덕폐기론을 내세우며 성도들을 유혹했다. 베드로는 이런 교사들의 유혹에 빠지지 않기 위해 그리스도인의 성품을 지니고 계속 성장할 것, 예수님의 재림을 바라보며 인내할 것, 은혜와 지식 안에서 성장할 것을 강조했다. 재림은 '파루시아'(parusia)로 '나타나심', '재림' 두 가지 뜻이 있다.

베드로전후서의 내용

베드로전서
1. 산 소망을 주신 하나님 찬양
2. 산 소망에 합당한 생활을 하도록 권면: 거룩한 생활
3. 산 소망이 나타나야 되는 생활영역: 이방인, 국가, 상전, 남편, 아내, 이웃
4. 고난과 시련에 대한 권면
5. 고난의 영적 의미
6. 교회 지도자들에 대한 권면

베드로후서
1. 그리스도를 아는 지식 안에서 성장하라 권면
2. 거짓교사들에 대한 경고

---

4. 베드로의 출애굽

여기서 논하려고 하는 제목은 베드로의 출애굽이다. 베드로의 출애굽이라니? 다소 이상한 생각이 들 것이다. 베드로는 출애굽 당시와는 시간적으로 공간적으로 다른 인물이기 때문이다. 그럼에도 여기에서 출애굽이라 말하는 것은 그의 생애 속에 여러 차례 출애굽적 사건이 있었다는 것을 의미한다. 신앙적 의미의 출애굽인 것이다. 이것은 그에게 출애굽적 사건이 있었던 것 같이 우리의 삶 속에서도 출애굽이 있어야 한다는 것을 가르쳐 준다.

베드로는 베드로전서와 후서를 기록하였다. 베드로전서는 극심한 박해를 받고 있는 여러 교회의 교인들에게 편지를 보내 그들을 격려하고 위로하는 데 목적이 있었다. 그러나 베드로후서는 베드로가 임종을 얼마 남겨두지 않고 쓴 것으로 알려져 있다. 그래서 후서는 그리스도인들에게 주는 베드로의 유언과 같은 말씀에 속한다. 그는 이 말씀을 통해 주님의 성품을 지니고 계속 성장할 것과 주님의 재림을 바라보며 인내할 것을 말하였다.

베드로는 베드로후서 1장 15절에서 "나의 떠난 후에라도"라는 말을 했다. 원문에는 '나의 출애굽(my exodus)'으로 표현되어 있다. 떠남은 사실상 임종을 나타내지만 그가 말한 '나의 출애굽'이 가지는 의미는 사뭇 다르다. 우리는 그가 다가오는 죽음을 앞에 두고 이런 말을 했다는 사실을 상기할 필요가 있다. 이에 대해 주석가 바클레이(W. Barclay)는 "베드로는 자신의 죽음을 보며 그것을 종말이 아니라 약속의 땅으로 나아가는 출애굽적 여행으로 보고 있다."고 설명하였다. 그러나 그의 삶 전체를 통해서 보면 여러 차례 출애굽이 있었음을 알 수 있다.

1) 탈세적(탈자적) 출애굽: 세상적 망설임에서 주님의 제자로

예수님은 베드로를 만난 뒤 "나를 따르라"고 말씀하셨다. 그러나 성경을 보면 그는 그대로 순종하지 않고 두어 차례 망설였다. 처자식을 거느린 어부로서 끼니 걱정을 해야 하는 판인데 그 모든 것을 다 내어놓고 주님을 따르자니 문제가 한두 가지가 아니었기 때문이다. 그래서 망설일 수밖에 없었다. 우리 가운데도 교인이기는 하지만 교회 일에 적극적으로 참여하기보다 소극적으로 신앙생활을 하는 사람이 있다. 적극적으로 참여하면 시간 빼앗기고 돈 들고 골치 아픈 일이 하나둘이 아닐 것이라고 생각하기 때문이다.

그러던 어느 날 아침 일찍 주님은 고기를 잡는 베드로를 찾으셨다. 그저 오라고 해서는 안 될 것 같기에 마음을 먹고 나서신 것이다. 밤새 그물질을 했지만 고기 한 마리 잡지 못한 그 날이었다. 주님은 "깊은 곳에 가서 그물을 던지라"고 말씀하였다. 세상적인 생각에 매어있는 그에게 주님은 세상적인 것뿐 아니라 그 이상의 것까지도 주관하신다는 보다 고차원적인 뭔가를 보여주지 않으면 안 된다고 생각했기 때문이었다. 주님은 밤새 헛수고하고 허탈한 상태에 빠져있는 그를 향하여 다시 깊은 곳으로 가서 그물질을 하라고 명령하셨다. 밤새껏 뒤진 곳을 다시 뒤지게 하다니 "누구 죽는 꼴 보고자 하시는가?" 또는 "이미 해가 떠오른 후에 깊은 물에 그물을 던지면 고기를 잡을 수 없는데" 하는 생각도 들었다. 하지만 그는 말씀대로 순종했다. 그 결과 베드로는 놀라운 결과를 얻었다. 사람이 전혀 생각지 못한 수확을 얻은 것이다. 그 후 그는 배와 그물을 다 버려두고 예수님을 좇았다. 인간적인 의심, 자기의 생각에만 매달려온 삶을 과감히 버리고 주님을 향해 출애굽을 한 것이다. 이것이 그의 생애에 있어서 첫 번째 출애굽인 탈세적(脫世的) 탈자적(脫自的) 출애굽이었다. 그 후 그는 주님의 수제자가 될 만큼 열심을 다했다. 우리도 이 세상적인 것에 고착된 삶으로부터 출애굽을 할 필요가 있다.

2) 과변적 출애굽: 뒤돌아선 삶에서 다시 사람을 낚는 어부로

예수님이 잡히시고 십자가에 달려 돌아가시자 제자들은 낙망하고 모든 것을 포기하였다. 그래서 베드로는 "나는 다시 고기나 잡으러 가야겠다."고 말하였다. 그는 예수님과 함께 하면서 많은 것을 보고 듣고 체험하고 배운 사람이었다. 부활하신 주님까지 만나 뵙고도 그는 갈릴리로 물고기 잡으러 갔다.[37] 그러자 과거에 어부였던 제자들도 따라 나섰다. 그는 자기 자신을 너무나 잘 알고 있었다. 그는 주님이 당한 핍박을 직접 보았고 앞으로 자기에게 있을지도 모를 그 많은 핍박을 이기며 주님의 제자 될 자신이 도저히 없었다. 지금도 우리 주변에는 예수님을 좇다가 개인적으로 어떤 자그마한 어려움에 부딪혀 낙망하고 주님으로부터 멀어진 베드로들이 많이 있다.

제자들이 고기를 잡고 있을 때 주님이 나타나셨다. 주님은 생각지 않은 어떤 외딴 곳에 나타나시는 것이 아니라 우리의 생활가운데, 직업의 현장에 오셔서 말씀하신다. 주님은 삼년동안이나 가르쳐온 그의 제자들이 다시 어부로 돌아가는 일만큼은 절대로 있어서는 안 된다고 생각하셨다. 주님의 일은 십자가의 사건으로 끝난 것이 아니라 이제 시작이었다. 해야 할 일이 산처럼 쌓여있는데 그 시작부터 제자들이 주저앉은 모습을 하고 있는 것이다. 주님은 안타까웠다. 그래서 그들을 찾아오셔

---

37) 이것에 대해서는 평소 예수님이 부활 후 먼저 갈릴리로 가시겠다는 말씀이 생각나서 갔다는 주장, 예수님의 무덤에서 천사가 예수님의 이 말씀을 상기한 것에 따랐다는 주장, 그리고 이와는 상관없이 제자들이 갈릴리로 갔다는 주장 등 다양하다.

서 그들의 마음을 돌이키기로 작정하신 것이다. 주님은 그들을 향해 배 오른 쪽에 그물을 내리라 고 말씀하셨다. 고기를 잡을 때 오른 쪽은 안 좋은 쪽이다. 그러한 명령은 오래 동안 어부로서 살아온 자기들의 경험 법칙에 맞지 않는 말이었다. 그럼에도 불구하고 말씀에 따라 그물을 내 렸다. 결과는 생각과는 전혀 다르게 그물이 찢어질 정도였다. 요한이 갑자기 이상하다는 생각이 들었다. 어디서 많이 듣던 목소리며 어디에 선가 경험했던 일이 생각났다. 그 순간 자기들에게 말하는 사람이 누구 인가 자세히 살펴보았다. 주님이 틀림없었다. 그래서 순간적으로 베드 로를 향해 주님이시다 라고 소리쳤다. 베드로는 그 말에 놀라 바다에 뛰어들었다. 주님을 모른다고 부인한 일, 부활하신 주님을 뵈었으면서 도 다시 갈릴리로 돌아온 일이 너무나 마음에 걸렸기 때문이다. 이런 점을 보면 베드로는 양심이 상당히 고운 사람이 아니었나 하는 생각이 든다. 그 뒤 그는 주님이 그토록 자기에게 두신 소원에 따라 고기를 낚 는 어부가 아니라 사람을 낚는 어부가 되었다. 주님을 부인하던 그가 주님을 완전히 긍정하고 주님을 전하는 전도자가 되었다. 특히 예수님 의 말씀대로 더 이상 갈릴리에 머물지 않고 예루살렘에 올라가 성령이 임하기를 기도하며 기다렸다. 그는 주님이 약속한 권능을 받고 능력의 사람, 담대한 사람이 되었다. 결국 그는 주님을 위해 큰 역사를 이루는 사람으로 변하였다. 그의 두 번째 출애굽, 곧 주님의 사람으로서 생의 과정에 있었던 그의 과변적(過變的) 출애굽이었다.

3) 종말적 출애굽: 세상을 바라본 삶에서 새 하늘과 새 땅을 바라보는 사람으로

베드로는 주님의 제자였기는 하지만 그의 마음 한 구석에는 언제나 세상적인 것이 자리 잡고 있었다. 세상에 대한 미련이 그를 놓아주지 않았다. 그것은 그가 과거에 어부였다는 직업의식이 살아있었기 때문이었다. 어차하면 어부로 돌아가 보통사람으로 살아가리라는 생각을 지우지 않았다. 여차하면 그것으로 밥은 먹고 살 수 있다는 생각이 앞섰기 때문이었다. 그러나 베드로전후서를 보면 그의 이러한 모습은 완전히 사라지고 오직 새 하늘과 새 땅을 바라보는 사람으로 변해있음을 알 수 있다. 더 이상 세상에 미련을 두지 않고 하늘을 소망하였다. 그리고 우리로 하여금 주님과 함께 할 그 약속의 땅을 바라보며 살라고 당부하고 있다. 우리는 그의 말씀 속에서 또 하나의 마지막 출애굽, 곧 종말적(終末的) 출애굽을 읽을 수 있다.

베드로는 베드로후서 3장 8-13절의 말씀을 통해서 종말적 출애굽을 하는 자의 삶의 태도를 다음과 같이 요점적으로 가르쳐 주고 있다.

주님의 안목을 가져라

새로운 차원의 인식과 시각을 가지라는 것이다. 베드로 당시 초대교회 사람들은 주님이 왜 이리 더디 오시는가 하고 생각하였다. 마음이 조급해진 것이다. 곧 오시마고 하신 주님의 말씀을 문자적으로 해석하고 일도 하지 않고 기다리는 사람마저 있었다. 베드로는 이에 대해 "주께는 하루가 천년 같고 천년이 하루 같다는 것을 잊지 말라"(8절)고 하였다. 주님의 시간개념은 우리의 시간개념과 다르다는 것이다. 단 하루라도 천년 같은 의미의 기간이 될 수 있고, 천년 같은 긴 시간이라도 하루가 될 수 있기 때문이다. 주님 앞에서는 길고 짧음이 문제가 되지 않는다.

시간에는 크게 상대적 시간과 절대적 시간이 있다. 상대적 시간이란 사람들이 만들어 놓은 시간개념이다. '똑딱'하는 길이의 시간을 초로 정해놓고 그 길이에 따라 길다 짧다 말하는 것이다. 이 길이의 시간을 변경하면 길다 짧다하는 개념이 달라질 수도 있다. 그만큼 상대적인 것이다. 그러나 절대적인 시간은 인간이 만든 시간개념을 초월한다. 사람의 생각이 기준이 아니라 하나님의 생각이 기준이다. 절대적인 시간은 길고 짧음이 없다. 영겁(영원)이 찰라(순간)이고 찰라가 영겁이 된다. "주께는 하루가 천년 같고 천년이 하루 같다"는 것은 바로 이것을 보여준다. 따라서 길다 짧다, 주님이 왜 더디 오시는지 조급해 하지 말라는 것이다.

하나님 앞에서는 우리가 그렇게 소중하게 생각하는 시간문제나 일상의 잡다한 문제, 그리고 그 많은 사건도 절대적인 의미를 가지지 못한다. 우리는 종종 어떤 일을 놓고 부부나 친구 간에 그것이 좋다 나쁘다, 옳다 그르다 하고 싸운다. 지면 죽는 줄 알고 우기고 고집을 피운다. 심지어 죽니 사니 하는 말까지 나오고 싸우고 때리기까지 한다. 이것은 그런 것들을 절대적으로 인식하기 때문이다. 그러나 하나님께서는 이런 우리를 보고 웃으시며 "쯧쯧 아직도 어린 인간아"라고 말씀하실 것이다. 그런 일 모두 하나님 앞에서는 아무 것도 아닌 것이다. 우리가 절대적인 것처럼 생각하며 사는 일들이 주님 앞에서는 모두 상대적인 것일 뿐이다. 그것이 그 때 그렇게 중요한 듯 보여도 사실 시간이 지나고 보면 그리 중요하지 않은 것을 가지고 괜히 싸웠구나 하는 생각이 들 때도 있다. 그래서 주님은 세상사를 상대적으로 볼 수 있는 안목을 가지라고 말씀하신다. 중요한 것은 영적인 문제요 절대적인 것은 오직 주님 밖에 없기 때문이다. 이러한 사실은 삶을 살면서 점차 체득하게 된다. 그러나 그 사실을 알쯤 되면 우리는 벌써 갈 나이가 되어 있다. 문제는 우리가 얼마만큼 주님이 기뻐하시는 삶을 사는가 하는 것이 중요하다. 이것이 바로 주님이 생각하는 것과 우리가 생각하는 것의 차이이다. 그러므로 우리는 우리 자신의 생각을 고집할 것이 아니라 주님의 안목을 가지고 생활해야 한다. 그럴 때 주님은 우리가 알지 못하는 사이에 오신다.

회개하라

베드로는 주님이 더디 오시는 이유를 우리의 회개가 필요하기 때문이라고 하였다. "오직 너희를 대하여 오래 참으사 아무도 멸망치 않고 다 회개하기에 이르기를 원하시느니라."(9절). 성경은 밤은 깊고 낮이 가까워 왔으니 어두움의 일을 벗으라고 말씀하고 있다. 밤이 깊었다는 것은 세상이 깊은 어두움가운데 있다는 것과 함께 아침이 가까이 오고 있다는 것을 의미한다. 사람들은 미래를 밝게 이야기 하고 있지만 세상은 점점 어두워지고 종말로 치닫고 있다는 것이 우리의 솔직한 느낌이다. 성경은 세상이 끝이 있으며 그러기 위해서는 지진과 재난과 전쟁과 파괴와 폭력과 환난이 있고, 인간성도 파괴되리라고 말씀한다. 어두운 것들이 극단으로 치달을 것이다. 그러나 '아직도 끝이 아니니라, 그 모든 환난과 함께 복음이 땅 끝까지 전해지리라, 그 때야 끝이 오리라' 하신다. 성취의 아침이 오기는 하지만 그저 평화로운 가운데 오는 것이 아니라 환난과 핍박과 전쟁과 억압과 고난이 있을 것이라는 것이다. 그 속에서 복음이 전파된다. 어두움이 판치는 가운데서 빛이 되어 살기는 어렵다. 어두운 삶에 길들여져 회개하기조차 힘들다. 그러나 그런 어두움 속에서 주님은 주님의 사람을 키우고 찾으신다.

중국이 1950년에 교회 문을 닫았을 때 중국에는 약 300만의 교인들이 있었다. 많은 사람들은 이제 중국에는 복음의 문이 막혔다고 생각했다. 신도들이 하나도 살아남지 못할뿐 아니라 전도는 아예 되지 않을 것이라고 생각했다. 그러나 1982년 중국이 문을 열었을 때 교인의 숫자는 우리나라 인구보다 많은 6천만 명이나 있었다. 중국당국은 억압을 했지만 하나님은 그 억압가운데서도 꾸준히 일하고 계셨다. 하나님의 뜻은 우리의 상식을 초월하신다. 환난과 핍박과 질병과 고난 속에서도 아침은 찾아온다. 우리가 다 끝난 것으로 생각하는 북한에서도 주님은 지금도 일하고 계신다. 통일이 되어 장막이 걷히면 우리는 놀라게 될 것이다. 그 어두운 세계 속에서도 주님의 사람이 늘어가는 데 우리가 회개하지 않는다면 하나님은 무엇이라 말씀하실 것인가.

주님은 해마다 우리의 생명을 연장해 주신다. 주님이 우리에게 이렇듯 시간을 주시는 것은 우리의 회개가 필요하기 때문이다. 주님은 지금도 우리의 문을 두드리고 계신다. 우리의 문밖에 서서 두드리노니 음성을 듣고 문을 열면 너와 더불어 먹으리라 말씀하신다. 주님은 문을 열라며 오늘도 강하게 두드리고 계신다. 금년에도 계속 두드리실 것이다. 어리석은 사람아 회개하고 하나님께 돌아오라 고 문을 두드리실 것이다.

하나님의 날을 바라보고 사모하라

베드로는 하나님의 날에 어떤 일이 벌어지게 될 것인가를 구체적으로 제시하고 이 날에 대한 대비를 하도록 하고 있다. 그는 그 날이 임하면 하늘이 큰 소리로 떠나간다 하였다. 하늘이 불에 타서 풀어지고 체질이 뜨거운 불에 녹아진다(10절). 이 모두는 아주 큰 일이 벌어질 것을 상징하고 있다. 어느 나라에서 총소리가 나고 지진이 나고 하는 정도가 아니라 우주적 사건이 벌어지는 것이다. '풀어진다'(modesontai)는 것은 소금이 물이 녹듯 밀납이 불 앞에서 녹듯 모든 힘의 질서가 해체된다는 뜻을 가지고 있다. 지구는 지구대로, 달은 달대로 어떤 질서를 가지고 있는데 그 모든 질서가 다 녹아지고 해체된다는 것이다. 하나님 앞에서 세상의 질서는 모두 깨어진다는 것이다.

베드로는 이러한 때가 이르기 전에 "어떠한 사람이 되어야 마땅하

뇨?" 묻고 있다. 그리고 거룩한 행실과 경건함으로 하나님의 날이 임하기를 바라보고 간절히 사모하라 고 말한다. 왜 그런 무시무시한 시간, 그 엄청난 사건의 시간을 기다리라고 말하는가? 그것은 하나님께서 약속하신 새 하늘과 새 땅이 밝아오기 때문이다. 세상의 질서가 깨어지고 하나님의 질서가 새롭게 세워지기 때문이다. 그 땅에서는 오직 하나님의 의만 나타난다. 그래서 믿음의 사람들은 이 질서가 세워지기를 바라고 사모하며 기쁜 마음으로 기다리라는 것이다. 기다리되 더욱 경건한 마음으로, 더욱 신실한 마음으로 기다려야 한다.

출애굽 여행은 우리가 이 육신 장막을 벗는 그 날까지 계속될 것이다. 출애굽은 베드로에게만 필요한 것이 아니라 우리에게도 필요하다. 죽음의 세계에서 낙원의 삶으로 옮겨지는 경이로운 일은 삶의 중간에서도 일어나지만 종착역에서도 일어난다. 남에게만 일어나는 것이 아니라 나에게도 일어나야 한다. 주님은 지금 이 순간도 우리 각 사람을 향하여 출애굽을 하라고 말씀하신다. 잘못된 과거의 삶, 세상형식으로 찌든 삶의 틀에서 벗어나 과감히 하나님의 삶의 형식으로 들어가야 한다.

성경은 종말을 사는 우리들에게 "어떠한 사람이 되어야 마땅한가?"라고 묻고 있다. 우리는 지금까지 우리 자신의 안목만을 내세웠던 과거를 버리고 주님의 안목으로 갈고, 회개하며, 경건한 마음으로 주님의 질서가 세워지기를 바라고 사모해야 한다. 이것이 종말을 사는 우리가 가져야 할 바람직한 자세이다. 출애굽은 우리 자신으로부터 시작되어야 한다. 그리고 가정, 교회, 사회로 번져나가 우리 모두가 출애굽 공동체를 이뤄나가야 한다. 그럴 때 비로소 주님은 우리를 인정하고 만족해하실 것이다.

5. 요한 1·2·3서

요한1·2·3서의 저자는 사도요한이다. 비판주의자들은 요한복음과 요한1·2·3서의 저자가 다르다고 주장한다. 심지어 요한 1서와 요한 2, 3서의 저자가 다르다는 주장도 있는데 이는 장로 호칭 때문으로, 다른 장로의 기록, 즉 요한의 것이 아닐 수 있다는 생각에서다. 그러나 어거스틴, 제롬, 요한의 제자 폴리갑은 요한의 서신을 요한의 것으로 인정했다. 무엇보다 문체형태, 공통된 사상, 진리·빛·생명·사랑·증거 등 용어의 유사성 등은 요한이 기록했음을 보여준다. 요한복음은 상징·신성·재림·부활·비유 등으로, 요한1·2·3서는 윤리적·직설적·논리적으로 참된 기독론을 강조하고 있다. 적그리스도에게서는 예수의 피나 생명을 찾아볼 수 없다.

요한은 어부로 아버지 세베대, 어머니 살로메에, 야고보를 형제로 두었고, 12제자가운데 하나다. 젊었을 때는 '보아너게'(우뢰의 아들)이라 불릴 만큼 과격했다. 최후의 만찬 때는 예수님의 품에 안기어 있었고, 주님이 특별히 사랑한 제자로 알려져 있다. 예수님은 십자가 상에서 어머니 마리아를 요한에게 부탁했다. 예수님이 부활하실 때 베드로와 같이 무덤에 같이 갔다. 그는 초대교회 설립 때 중심인물이었고, 할례문제를 다룬 예루살렘 총회에도 참석했다. 그는 에베소에서 생활했는데(행19:65-69) 이곳에서 요한1·2·3서를 쓰고(90-95년?) 순교한 것으로 보인다. 95년 도미시안 황제 때 밧모섬으로 귀향을 갔었다 Nerva황제 때 에베소로 다시 와 그곳에서 순교했다는 주장도 있다. 이레네우스는 그가 트라얀 황제(98-117년) 때 순교했다고 주장했다. 마태우선주의자들(Mathewan Priority)은 70년대로 본다.

요한1·2·3서는 예수는 참 하나님의 아들(요일5:20)이요, 그 아들

안에 있는 자에게는 영생이 있음(요일5:11)을 가르치고 있다. 지식이 커가서 구원에 이른다는 영지주의에 대해 공격한다. 영지주의는 육체를 무시하고 예수의 성육신을 받아들이지 않아 계시도 부인한다. 그는 영지주의를 반대함으로써 그것에 대한 기독교 입장을 뚜렷이 밝혔다. 요한은 로고스(말씀)를 선재해계신 아들로서 말씀이 육신이 되셨다. 요한은 예수의 인성을 부인하는 적그리스도를 배격한다. 나아가 사랑을 실천함으로 교회가 견고하게 된다는 등 실제적인 윤리를 강조했다. 이 서신은 사랑과 진리의 서신으로, 사랑의 사도 요한의 특성을 잘 나타내었다.

요한 1·2·3서의 특징

- 영생(생명)을 얻었다는 것을 확실히 해야 한다.
- 이단(적그리스도)적 교훈으로 혼탁한 교회를 염려한다.
  이단(영지주의?)의 3가지 양상
  1) 성부만 주장하고 성자이신 아들을 부인한다. 성육신을 부인한다. 이는 교리적으로 잘못되었다. 예수는 신성과 인성을 동시에 가졌다.
  2) 육체는 근본적으로 악하여 성육신이 불가능하다고 주장한다. 이는 윤리적으로 잘못되었다. 하나님께로 난 자마다 죄를 짓지 아니한다. 하나님의 자녀는 그의 깨끗하신 같이 자기를 깨끗하게 해야 한다.
  3) 다른 사람에 대해 우월하다는 태도를 가지고 있고, 타인을 경멸한다. 이러한 태도는 자신의 특별한 것을 나타내려고 하는 종교적 미숙자임을 드러낸다. 성도들은 서로 사랑해야 한다. 형제를 미워하면 빛 가운데 거할 수 없다. 친구를 위해 목숨을 버리는 사랑이 귀하다.
- 그리스도께서 육체로 오신 것을 시인하는 영마다 하나님께 속한 것이다. 이것이 믿음의 시금석. 예수님이 그리스도임을 부인하는 자는 거짓말하는 자다.
- 그리스도인의 3가지 증거, 곧 하나님께로 난 자의 3가지 특징은 올바른 믿음(믿고), 독실한 복종(복종하며), 형제애(사랑하는)에 있다.
- 그리스도를 소유하고 (하나님) 아들의 생명이 있는 자는 그리스도께 속한 자이다.

6. 요한의 메시지, "그 가운데서 행하라"

요한이서는 여러 가지 점에서 특이하다. 성경가운데 가장 짧은 책일 뿐 아니라 성경가운데 한 여성을 수신인으로 한 책이라는 점에서 유일하다. 요한은 이 편지에서 자신의 이름이나 여성의 이름을 밝히지 않고 있는데 이것은 이 편지로 인해 로마 당국으로부터 입을 수 있는 박해를 피하고자 한 것이 아닌가 생각된다. 요한은 이 짧은 편지를 통해 교회에 대해서, 그리고 믿음의 가정에 대해서 어떤 자세로 신앙생활을 해야 하는가를 아주 요점적으로 가르치고 있다.

✝ 이 여인은 누구인가?

장로 요한은 택하심을 입은 부녀, 곧 선택받은 한 여성도(chosen lady)와 그 자녀들에게 편지를 보내는 것으로 요한이서를 시작하고 있다. 그 성도는 보통 여인이 아니라 진리, 곧 그리스도의 복음의 진리를 아는 사람이다. 그래서 그 여인은 진리를 사랑하는 요한 뿐 아니라 그 진리를 아는 모든 사람으로부터 그리스도 안에서 사랑의 문안을 받고 있다. 이것은 비록 남녀사이라 할지라도 하나님의 말씀 속에서 나누는 성도의 교제가 얼마나 신성하고 사랑스러운가를 보여주고 있다.

요한으로부터 칭찬을 받고 있는 이 여인은 누구인가? 이 여인을 놓고 두 갈래의 해석을 하고 있다. 하나는 이 선택된 여인은 성경에서 말하는 바와 같은 부인이 아니라 어떤 지역교회라고 생각한다. 이 경우 그의 자녀들은 교회의 구성원을 가리킨다. 다른 하나는 이 여인은 성경이 말하는 것과 같이 한 부인이라는 주장이다. 이 경우 그의 자녀들은 그가 낳은 이이들임을 알 수 있다. 이 두 해석가운데 이느 짓도

해당될 수 있다. 개인에게 비중을 두게 될 경우 부인으로, 교회에 비중을 둘 경우 부인을 교회로 해석해도 무방하다.

요한의 편지는 여인에게 국한되지 않는다. 그는 "너의 자녀 중에 우리가 아버지께 받은 계명대로 진리에 행하는 자를 내가 보니 심히 기쁘도다."라고 말하고 있다. 이것은 그녀의 자녀들도 하나님을 알고, 그 진리의 말씀 안에서 살고 있다(walking in the truth)는 것을 보여준다. 부모는 물론 자녀도 함께 진리를 믿는 믿음을 갖고, 그 믿음에 대한 소문이 나서 이처럼 칭찬을 받는다는 것은 영광이 아닐 수 없다. 요한은 그의 자녀들이 주 안에서 믿음생활을 잘 하고 있다는 소식을 들을 때 너무나 기뻤다. 그래서 편지에도 "심히 기쁘다" 했고, 영어에도 "큰 기쁨을 주었다"(given me great joy)고 말하고 있다. 전도자의 기쁨은 무엇보다 전도를 받은 자가 진리가운데 행하는 것이다.

그러나 그의 자녀 모두가 아니라 '자녀 중에', 곧 일부(some of your children)라는 점에서 아쉬움이 남는다. 자녀 모두가 진리 안에서 산다면 얼마나 좋으련만 그렇지 못하다는 것은 그 여인에게도 기도의 조목이 있다는 것을 가르쳐 준다. 적그리스도의 미혹에 빠져들지 말라는 권고를 한 것으로 보아 자녀 중, 곧 교인 중 일부가 이것에 빠져든 것으로 판단된다.

✠ 두 가지 명령

1) 진리가운데서 행하라

요한이서의 중심은 진리에 초점이 맞추어져 있다. 대학은 대부분 진리(veritas)를 표방하고 있다. 서울대학교는 '진리는 나의 빛'(veritas lux mea)이라 한다. 연세대학교는 '진리를 알지니 진리가 너희를 자유케 하리라'며 성경의 말씀을 인용하고 있다. 교역자양성을 목표로 했던 하버드대학도 진리를 표방했다. 그러나 대학의 진리는, 기독교대학이라 할지라도, 대부분 과학을 표준으로 삼으면서 하늘의 진리보다 과학적 진리를 더 중시하게 되었다. 과학적 진리도 하나님의 오묘하신 자연 질서가운데 하나임에 불과한데 하나님보다 과학을 더 신봉하고 있는 것이다.

그러나 요한이서의 여인이나 그 자녀가 칭찬을 받은 것은 그들이 바로 하나님의 진리 안에서 행하기 때문이다. 이것은 곧 지금까지 그래왔던 것처럼 앞으로도 진리가운데서 행하는 삶을 살아야 한다는 것을 강하게 보여주고 있다. 진리에 행한다는 것은 하나님의 말씀대로 생활하는 것을 말한다. 이것은 그들의 신앙이 그만큼 생동적이고 살아 있음을 보여준다.

미국은 청교도의 신앙에 뿌리를 두고 있다. 미국인들은 이것을 늘 자랑스럽게 생각하고 있다. 그런데 이 청교도의 뿌리에 대해 연구를 하는 학자들 가운데 어떤 이는 청교도의 조상이 해적의 무리였던 바이킹이라고 주장한다. 이야기인 즉은 다음과 같다.

바이킹들은 해적활동을 함에 있어서 여러 모로 생각을 많이 해야 하기 때문에 머리가 우수했다. 그 생각이 자기 후손에 대한 염려로 나타났다. 즉, 해적의 후예를 어떻게 훌륭하게 이어나가게 할 것인가가 문제였다. 그들 주변에 많은 여자들이 있었지만 방탕하고 병들고 교육을 받지 못해 주변의 여자를 통해서는 그들의 자손이 좋으리라는 기대를 할 수 없었다.

그들은 가장 깨끗한 여자를 찾아 결혼하는 것이 제일 좋다는 결론을 내리고 이 나라 저 나라에 다니면서 기독교 여성들을 마구 잡아다가 강제결혼을 시켰다. 그 가운데 청교도의 발상지 스코틀랜드에서 잡혀온 여성들이 많았다. 강제로 결혼한 이 여성들은 지금 비록 해적의 아내가 되었지만 자기 아이들만큼은 바른 신앙으로 키우고자 성경을 가르치고 기도하게 하며 하나님 앞에서 바르게 살도록 교육했다. 아이들의 아버지는 해적의 길로 나갔지만 아이들은 깨끗하게 자라 청교도의 조상이 되었다는 것이다. 바이킹은 칼을 휘두르며 바다를 주름잡았지만 가문의 신앙적 전통은 완전히 여성에 의해 장악된 것이다. 진리의 말씀으로 성숙된 자녀들이 마침내 청교도가 되고, 그 청교도가 미국의 조상이 되고, 그 미국이 오늘의 세계를 움직이고 있는 것이다.

자녀를 둔 성도들은 무엇보다 자녀를 하나님의 진리 안에서 키울 의무가 있으며, 이를 위해서는 자신이 먼저 진리 안에서 행하는 사람이 되어야 한다. 자식은 부모를 보고 배우기 때문이다. 부모가 자식의 신앙을 위해 기도하고, 모범을 보이는 한 그 자식은 희망이 있다. 한때 잘못될 수는 있어도 영원히 잘못될 수는 없기 때문이다.

2) 사랑 안에서 행하라(5)

요한은 사랑 안에서 살 것을 강조하였다. 그는 "서로 사랑하라"고 말함으로써 그리스도인의 사랑이 일방적인 사랑이 아니라 서로 사랑으로 응답하는 사랑임을 보여주었다. 이 명령은 그의 말대로 새로운 것이 아니라 처음부터 우리에게 주신 계명이다. 이것은 기독교가 처음부터 끝까지 사랑의 종교임을 보여준다. 요한은 우리가 처음부터 들었던 그 사랑을 우리의 생활가운데서 행하라고 명령하고 있다. 하나님으로부터 받은 그 큰 사랑의 빚을 하나님에 대해서는 온 마음과 목숨과 뜻을 다해서, 그리고 이웃에 대해서는 내 몸과 같이 여기며 갚아야 한다.

나아가 기독교의 사랑은 맹목적인 사랑이 아니라 진리 안에서의 사랑이라는 점을 잊어서는 안 된다. "사랑은 진리와 함께 기뻐하고"라는 말씀처럼 가장 근본적인 진리가 무엇인가를 파악하고, 그것을 붙잡는 것으로 나타나야 한다. 진리를 향한 열정, 참된 것을 추구하려는 것이 바로 사랑이다.

한 기자가 일본 어머니들을 대상으로 자식을 어떤 인물로 키우고 싶으냐고 물었다. 그 어머니들은 대부분 "나는 나의 자식이 누구에게나 폐를 끼치지 않는 자식으로 키우고 싶습니다."라고 대답했다. 남에게 폐를 끼치지 않는 사람, 이것이 일본 어머니들이 가지고 있는 일반적인 교육관이다. 일본에 살았던 사람들은 이것이 일본인의 특성가운데 하나라고 말한다. 대통령, 사업가, 장군이라고 말하는 우리네 어머니와는 판이하게 다르다.

일본 어머니들은 자식이 남과 싸울 때 가만히 지켜본다고 한다. 자기자식이 맞아도 참견하지 않는다. 싸움이 끝난 뒤 "왜 맞았다고 생각하느냐?"고 물음으로써 원인을 발견하도록 만든다. 우리네 어머니는 무조건 자기 아들 편을 들면서 상대아이와 그 부모를 욕한다. 자식이 맞고 오면 바보취급을 한다. 자식에 대한 한국 어머니의 사랑은 어느 나라에 뒤지지 않는다. 그러나 무엇보다 중요한 것은 무조건 자식 편을 드는 것이 아니라 비록 자식이 맞고 돌아왔다 해도 그 자식이 올바로 깨닫고, 그에 따라 자라는 것을 기뻐하는 것이다. 이것이 바로 근본을 추구하는 모습이다.

그리스도인의 사랑도 달라야 한다. 아무렇게나 맹목적으로 사랑하는 것이 아니라 진리 안에서, 하나님 안에서, 하나님의 것을 본받으면서 바른 사랑을 해야 한다. 그 진리는 하나님과 하나님의 것 모두를 가리킨다. 진리 안에서의 사랑은 자식에게도 적용되고, 성도들에게도 적용되고, 이웃에게도 적용된다.

요한은 "진리와 사랑가운데서 우리와 함께 있으리라"(3절) 말함으로써 진리가운데 행함과 사랑 안에서 행함 두 가지를 분리하지 않고 있다. 우리는 이 사실에 주목하지 않으면 안 된다. 사랑이 없는 진리는 율법주의로 나아가고, 진리가 없는 사랑은 자유주의로 나아갈 수 있기 때문이다. 그는 6절에서 "사랑은 이것이니 우리가 그 계명을 좇아 행하는 것이요 계명은 이것이니 너희가 처음부터 들은 바와 같이 그 가운데서 행하라 하심이라"고 말함으로써 사랑과 진리 행함을 서로 결합시키고 있다.

요한뿐 아니라 바울도 이 두 가지를 결합시키고 있다. "오직 사랑 안에서 참된 것을 하여 범사에 그에게까지 자랄지라 그는 머리니 곧 그리스도라."(엡 4:15).

✝ 두 가지 권면

1) 사단을 경계하라

"미혹하는 자가 많이 세상에 나왔나니 이는 예수 그리스도께서 육체로 임하심을 부인하는 자라 이것이 미혹하는 자와 적그리스도니 지내 쳐 그리스도 교훈 안에 거하지 아니하는 자마다 하나님을 모시지 못하되 교훈 안에 거하는 이 사람이 아버지와 아들을 모시느니라 누구든지 이 교훈을 가지지 않고 너희에게 나아가거든 그를 집에 들이지 말고 인사도 말라 그에게 인사하는 자는 그 악한 일에 참예하는 자임이니라."(요이 7-11).

이 말씀 가운데 '지내 쳐'라는 말씀에 주목할 필요가 있다. '지내 쳐'라는 것은 과했다는 것인데 이것은 우리의 신앙생활에서 지나침이 있어 문제가 되었음을 뜻한다. 적그리스도들은 바로 이 점이 문제가 되었다. 우리도 지나쳐 딴 소리를 하는 사람들을 자주 볼 수 있다. 신앙에서도 그런 점이 나타난다. 우리는 그런 사람을 경계해야 한다.

요한은 이단을 용납하지 않았다. 이단들은 지나쳐 예수님이 육신으로 오시지 않았다고 엉뚱한 말을 했다. 예수의 제자로서 직접 주님과 함께 생활했던 요한으로서는 억장이 무너지지 않을 수 없다. 그는 가짜가 진짜처럼 행동하는 적그리스도들에 대해. 자기가 전한 복음의 한계를 넘어 그리스도의 교훈 안에 있지 않는 것에 대해 단호함을 보였다. 아마도 이 여인은 사랑이 넘친 나머지 그리스도인이라 말하면 가리지 않고 모두 용납하여 환대를 베푼 것으로 보인다. 하지만 요한은 그들 가운데는 이단자들도 있어 철저히 경계하지 않으면 안 된다고 말한다.

교회에는 교리적으로 문제가 되는 심각한 이단자들도 있고, 주님의 재림을 사모한 나머지 이상하게 흘러간 종말론자들도 있으며, 함부로 예언을 하는 사람들도 있어 심심찮게 문제를 일으키고 있다.

최근 기도한다는 사람들 가운데서 점술적 예언가들이 늘고 있다. 사주나 점이 교인들에게 파고드는 현상을 걱정하고 있는 지경인데 이런 양식에 물든 현상들이 곳곳에 나타나고 있다. 원래 사주나 점은 인간의 앞날을 알 수 없다는 미래에 대한 불확실에서 근거하고 있다. 불확실한 미래를 점을 통해 해석을 잘해주고 마음의 평안을 갖도록 하는 것이 목적이었다. 그런데 그 목적이 상업적으로 바뀌어 불확실하고 불안한 심리를 이용하여 돈을 벌고자 하는 것이다. 점술가들은 남의 약점을 공격하여 쓰러뜨린 다음 가정문제에 관여하고 재해를 막으려면 자기가 말하는 대로 해야 한다고 말하는가 하면 그 대가로 금품을 요구하는 등 온갖 짓을 자행하고 있다. 여성이 그들의 주 고객이 되고 있다. 여성들은 식구들을 보호하려는 본능이 강한데다 그들의 말에 대처능력이 약하다는 점에 문제가 있다.

브린크먼(R. Brinkman)과 커슈너(R. Kirschner)는 「골치 아픈 사람

을 다루는 법」에서 "지옥으로 통하는 길도 좋은 의도로 포장되어 있
다."는 말을 했다. 사단은 자기가 사단이라고 말하지 않는다. 겉으로
온순해 보여도, 보통사람 같아 보여도 결정적인 순간에 마각을 드러낸
다. 성경에 '가만히 들어와 미혹케 하는 자'가 바로 그런 사람이다. 브
린크먼는 그런 사람을 저격병과 같은 사람이라 한다. 저격병 스타일은
당혹감과 창피를 통해서 사람을 통제하려고 한다. 대부분의 사람들은
저격병 스타일이 주로 사용하는 공개적인 당혹감을 두려워하며 산다.
그래서 그들은 가장 상처받기 쉬울 때 위험을 안고 있는 말이나 비꼬
는 말을 한다.

주술적 예언가들은 "기도가 부족하다, 정성이 부족하다"는 말로 상
대를 넘어뜨린다. 누구든 하나님께 부족한 점들을 가지고 있기 때문에
수긍할 수밖에 없다. 그들은 잘 받아들이는 심리를 이용하여 엉뚱한
짓을 한다. 어떤 목사사모가 남편의 목회활동을 중지하지 않으면 곧
죽게 된다는 예언에 말려 남편목사의 목회를 중지시키기 위해 가출을
한 사건도 발생했다. 하나님의 일을 하지 말라는 예언이 하나님의 말
씀일 수 있는지 생각해봐야 할 것이다. 마귀는 일반성도뿐 아니라 목
회자마저 넘어뜨리려 안간힘을 다하고 있다. 하나님의 일을 방해하는
것은 결코 하나님으로부터 나올 수 없다. 우리는 사단을 경계하지 않
으면 안 된다.

잠언에 "횃불을 던지며 살을 쏘아서 사람을 죽이는 미친 사람이 있
나니 자기 이웃을 속이고 말하기를 내가 희롱하였노라 하는 자도 그
러하니라."(잠26: 18-19)는 말씀이 있다. 사람을 죽일 짓을 해놓고도
"농담으로 그랬다"고 말한다면 그처럼 무책임한 일이 없을 것이다. 우
리를 미혹케 하는 사람들이 바로 그런 사람이다. 이단이나 적그리스도
는 대표적인 보기에 속한다.

요한은 적그리스도에 대해 강한 표현을 사용하고 있다. 그런 사람이 오거든 집에 들이지도 말고, 그에게 인사도 말라고 당부하고 있다. 요한일서에 보면 그런 자를 위해서는 기도도 하지 말라고(요일 5:16) 하였다. 여기서 인사란 단순한 목례로 해석될 수도 있지만 동조 내지 격려의 의미가 담겨 있다. 그래서 그에게 인사하는 자는 악한 일에 참여하는 자라고 요한은 말하고 있다. 참여하는 자는 문자적으로 교제하는 자를 의미한다. 적그리스도와 교제하는 자를 그리스도인이라 말할 수 없다. 적그리스도는 기독교를 근본적으로 부인하는 자이기 때문이다. 그리스도 교훈 안에 사는 자, 곧 계명대로 진리를 실천하고자 하는 그리스도인이라면 이처럼 넘어서지 말아야 할 엄한 선이 있다. 요한은 '지내 쳐' 그 선을 넘어서는 안 된다고 말한다. 그리스도인은 절대 이단에 넘어가서는 안 된다. 오직 그리스도의 교훈 안에 거해야 한다.

2) 자신을 경계하라

과함도 문제지만 부족함도 문제다. 신앙생활에는 언제나 과함도 부족함도 없는 균형이 필요하다. 요한은 너희는 너희를 삼가 우리의 일한 것을 잃지 말고 오직 온전한 상을 얻으라 고 말한다. 우리는 여기서 너희는 너희를 삼가 라는 말씀에 주목해야 한다. 자신을 살펴 부족함이 없도록 해야 한다는 것이다. 우리는 자신을 살펴 하나님의 기준에 부족함이 없는지 늘 살펴야 한다.

요한은 그리스도께서 심판의 보좌에 앉으실 때 이 사랑하는 여인이 그녀의 충성된 봉사로 인하여 온전한 상을 받게 되기를 바랐다. 여기서 온전한 상이란 부족함이 없이 바르게 신앙생활을 한 성도에게 주어지는 구원의 상, 구원받은 자가 누릴 수 있는 영광을 말한다. 요한은 이 상을 받기 위해 우리 스스로 삼가도록 명령하고 있다. 그렇지 않으면 문제가 발생하기 때문이다. 바울도 지혜로운 건축자가 닦아둔 예수 그리스도라는 터 위에 엉뚱한 집을 짓지 않도록 "각각 어떻게 그 위에 세우기를 조심할지니라."고 말하고 있다. 이 터 위에 금이나 은, 나무나 짚으로 세울 것인데 심판 날에 공력이 그대로 있으면 상을 받게 되지만 불타게 되면 구원을 얻긴 하겠지만 얼마나 창피스러운가를 보여주고 있다(고전 3:5-17). 공력이 불타지 않는 가운데서 당당히 얻는 구원, 그것이 바로 온전한 상이다.

이런 이야기가 있다. 이상이라는 흰 새가 있었다. 처음부터 그는 현실이라는 이름의 검정 새와 어울리지 않았다. 그러나 검정 새들이 재미있게 노는 것이 부러웠다. 견디다 못한 그는 검정 새 사이에 끼어들어 함께 놀기 시작했다. 그렇게 해서 이상은 현실에 물들기 시작했다. 흰 새가 검정 새에 물든 이야기에 대한 반론도 있다. 흰 새의 본색은 원래 검정색이었는데 남다른 대접을 받기 위해 살짝 희게 염색을 했을 뿐이라는 것이다. 그러던 것이 시간이 지나면서 본색이 드러나게 되었다는 것이다. 어느 주장이 맞는지는 알 수 없지만 흰 새가 검정 새에 동화되었다는 것은 좋지 못한 결과를 낳게 되었다는 점에서 문제가 된다.

그리스도인은 원래 하나님의 형상을 따라 흰색을 본색으로 하여 태어났다. 그러나 사단의 유혹을 받아 검게 되었다. 그 검은 우리가 그리스도의 보혈에 의해 희게 되었다. 본색을 찾게 된 것이다. 그러므로 그리스도인은 언제 어디서나 흰옷을 입어야 하는 사람들이다. 그리스도인이 자기를 살피는 것은 주님이 우리에게 입히신 흰옷에 더 이상 검정물이 들지 않기 위함이다.

요한은 여인을 향해 "그 가운데서 행하라"고 말했다. 그 가운데란 진리 가운데서 행하는 것이며 사랑가운데 행하는 것이다. 그리고 지나침도 없고 부족함도 없이 하나님의 말씀 안에서 균형 있게, 바르게 살아가는 것이다. 우리는 자신뿐 아니라 자녀들도, 교회뿐 아니라 성도 모두 하나님의 진리 안에 거하고 서로 사랑하는 살아있는 신앙생활을 해야 한다. 하나님의 것과 반대되는 것을 과감히 물리치며, 부족함이 없는지 날마다 우리의 삶을 점검해 나가야 한다. 우리가 이렇듯 바르게 신앙생활을 해 나갈 때 우리는 하나님을 기쁘시게 할 뿐 아니라 주님으로부터 온전한 상을 받을 수 있을 것이다.

7. 요한의 기도, "네 영혼이 잘됨같이"

자신을 장로라고 밝힌 사도 요한은 요한일서, 이서, 그리고 삼서를 썼다. 그는 요한일서를 통해 자기의 영적인 자녀들도 자기처럼 하나님과의 교제를 누리도록 간절히 부탁하고 있고, 요한이서에서는 거짓교사들과의 교제를 금하라고 엄히 명령하고 있으며, 요한삼서에서는 성도로서 참다운 삶을 어떻게 살아야 하는가를 가르치고 있다. 특히 요한삼서에서는 지금까지 모범적인 신앙생활을 해온 성도 가이오에게 계속해서 신앙의 모범이 될 것을 부탁하면서 그를 축복하고 있다.

✝ 누가 축복받을 자격이 있는가?

가이오가 소속된 교회에는 문제가 있었다. 어느 교회에 있음직한 일이지만 당시 순회전도자들을 배척하고 교회 안에서 실권을 쥐려는 인간적인 사람들이 있어서 문제를 일으키고 있었기 때문이다. 요한은 이런 가운데서도 주 안에서 살고자 하는 그의 신실한 종 가이오를 생각할수록 감사히고 사랑스러웠다. 그래서 그가 계속해서 이러한 삶을 살게 되기를 바라면서 권면과 함께 축복의 기도를 해주고 싶었다. 요한 삼서는 그의 이러한 소망과 더불어 시작하고 있다. 특히 2절은 가이오에 대한 요한의 이 같은 간절한 소망을 기도문 형식으로 다음과 같이 적고 있다. "사랑하는 자여 네 영혼이 잘 됨 같이 네가 범사에 잘 되고 강건하기를 내가 간구하노라." 요한은 이 글 끝에 이처럼 간구한다고 말함으로써 이 내용 전체가 가이오에 대한 자신의 기도임을 보여주었다. 하나님을 향한 요한의 이 기도의 내용은 많은 그리스도인들이 즐겨 암송하는 구절이다. 이 말씀을 벽에 붙여놓고 그 축복 모두를 받고 싶어 한다. 조용기 목사는 세 가지 내용의 축복을 강조함으로써 '삼박자 축복의 신앙을 가지라'고 말한다.

요한삼서의 전체 내용을 자세히 살펴보면 우리가 아무리 복을 받고자 한다 해도 이 축복은 누구나 받을 수 있는 것이 아님을 곧 알 수 있다. 무엇보다 진리에 바로 서고, 믿음을 실제의 행동으로 나타내는 사람이 축복을 받을만한 자격이 있다는 것이다. 요한은 요한삼서를 통해 디오드레베와 데메드리오를 지적하여 말하고 있다. 디오드레베는 자기만 잘난 척하고 교회 안에서 자기의 세력을 넓혀 나가려 하며 진리와는 거리가 먼 생활을 하는 문제의 인물인 반면 데메드리오는 이와 반대되는 모범적인 인물이었다. 만일 우리가 디오드레베와 같은 성도였다면 요한은 이러한 축복을 하지 않았을 것이다. 그러나 데메드리오나 가이오와 같은 믿음의 일꾼이었다면 가히 이 축복의 말씀을 받을 수 있다. 그럼에도 불구하고 많은 설교자들은 이 사실을 말하지 않고 무조건 축복만을 말함으로써 우리가 하나님의 축복을 받기 전에 먼저 선행되어야 할 조건을 무시하는 우를 범하고 있다. 또한 우리는 자신의 신앙적 행위는 제쳐둔 체 성경이 말하는 모든 축복일랑 마치 자기가 받아야 하는 것처럼 생각하는 모순성을 안고 있다.

✝ 잘된다는 것은 무엇을 의미하는가?

본문의 '잘됨 같이' 또는 '잘되고'라는 말은 헬라어로 '유오두마이 (euodoumai)'이다. 그 의미는 '순탄하게 여행을 한다', '좋은 길을 간다' 는 의미를 가지고 있다. 인생을 가리켜 여정이라 말한다. 우리의 삶에 는 물리적인 여정과 신앙적인 여정이 있다. 물리적인 여정은 시간을 사는 것이며, 신앙적인 여정은 그 시간과 공간 속에서 신앙의 안목을 가지고 믿음의 삶을 구현해 나가는 것이다. 우리는 인생이라는 긴 여 정 속에서 해마다 한 해의 여정을 시작하고 마감한다. 그 시간의 여정 에서 참으로 '유오두마이'의 여정이 되려면 바른 믿음에 선 여정, 작은 것이라도 믿음을 나타내며 사는 여정이어야 한다.

✝ 우리의 여행이 잘 되려면 무엇이 잘 되어야 하는가?

요한의 기도에는 축복에도 우선순위가 있음을 보여준다. 그 첫째는 영혼이 잘되는 것이고, 둘째는 범사가 잘되는 것이며, 셋째는 강건한 것 이다. 이것은 우리의 인생여정에 있어서 이 세 가지가 아주 필수적인 것이요 이것만 잘 갖추어져 있으면 그 여정은 아주 순탄하게 된다는 것 을 의미한다. 이것의 순서를 다소 바꾸어 생각해보기로 한다. 영혼이 잘 되는 것을 맨 마지막에 넣은 것은 이것이 매우 중요하기 때문이다.

1) 범사가 잘 되어야 한다

사람에게 있어서 하는 일마다 술술 잘 풀린다는 것처럼 기분 좋은 일은 없을 것이다. 사업을 했다하면 돈이 벌리고, 일을 계획했다하면 성사되니 기분이 좋지 않을 틔 없다. 싱딩수의 교인들은 범사기 잘 되

기를 기원하는 요한의 기도를 삶에 있어서 부와 연결시켜 믿는 사람
도 부유해야 한다고 말한다. 심지어 믿는 사람이 지질이 가난하게 살
면 본이 되지 않을 뿐 아니라 전도가 되지 않는다고 말한다. 심지어
많은 사람들은 돈을 벌면 축복이고 돈을 잃으면 시험이요 저주라고까
지 생각한다. 대학입시에 합격하면 축복이고 떨어지면 시험이고 저주
라고도 말한다. 이것은 아주 잘못된 생각이다. 모든 것을 양적인 것으
로 생각하는 이 같은 사고방식은 세상적인 눈으로 볼 때 그럴지는 몰
라도 하나님의 눈으로 볼 때 얼마든지 그렇지 않을 수 있기 때문이다.
그리스도인이 된다는 것은 세상적인 안목을 버리고 하나님의 안목으
로 바꾸어 산다는 것을 의미한다. 따라서 이러한 잘못된 생각을 고치
기 전에는 진정으로 하나님이 주시는 행복을 바로 누릴 수 없다.

우리의 생각가운데 가장 잘못된 생각은 돈으로 행복을 살 수 있다,
돈이면 모든 것을 해결할 수 있다는 생각이다. 그래서 돈이 많고 재물
이 많을수록 든든하고 행복하다고 생각한다. 그러나 돈이나 재물이 행
복을 보장해 주는 것은 결코 아니다. 그럼에도 불구하고 재산을 상속
할 때 하나라도 더 가져가려고 형제간에 싸우고 급기야는 원수가 되
며, 돈 때문에 심지어 부모를 살해하는 일마저 벌어진다. 남의 돈을
빼앗아서라도 자기의 행복을 만들고자 하는 파렴치한 행동들이 매일
각 곳에서 일어나 매스컴을 장식하고 있다.

돈이나 재물은 자기가 힘써서 벌어야 하는 것이지 남의 것을 도적
질하는 식으로 벌어서는 안 된다. 기독교에서 땅 투기, 증권투기, 복권,
마권 등을 좋지 않게 보는 것은 힘 안들이고 남의 것을 자기의 것으로
삼기 때문이다. 성경은 이런 사람들을 가리켜 불한당이라 말한다. 어떤
경영학교수가 자기는 절대로 증권투자 같은 것은 하지 않을 것이라고
말했다. 경영학교수가 무슨 말이냐고 했다. 그랬더니 자기가 그 문제에

대해 곰곰이 생각해보았는데 그것은 남의 주머니에 있는 돈을 요행과 꾀로 자기 주머니에 끌어 모으는 것과 다름이 없다는 결론을 얻었기 때문이라는 것이었다. 자기의 주머니가 채워지는 만큼 남의 주머니가 비워져야 하고, 자기가 행복해한 만큼 남은 울어야 한다는 것을 생각한다면 그래서는 안 되겠다는 것이다. 그러한 요행을 통해 얻은 재물을 하나님의 축복으로 생각한다면 이것은 오히려 하나님을 모독하는 것임을 인식해야 한다. 자기의 하는 일이 잘된다고 생각할 때 그만큼 이웃의 아픔을 생각할 줄 알아야 하는 것이 바른 그리스도인의 태도이다. 하나님이 우리에게 재물과 기회를 주셨을 때는 그만큼 그에 대한 책임이 함께 주어져 있다는 것을 인식하지 않으면 안 된다.

범사가운데 부도 포함될 수 있겠지만 부가 범사의 모든 것은 아니다. 다시 말하면 부는 범사의 극히 일부라는 점이다. 성경은 부에 대해 이야기 하고 있지만 물질적 축복만이 축복이라고 말하지 않는다. 하나님 없이 부만을 좇는 사람들을 비판하고 오히려 그러한 부보다 하나님을 택하라고 말하고 있다. 나아가 육선이 가득한 가운데 싸우는 것보다 비록 가난하지만 화목한 가정을 이루는 것이 그리스도인의 바른 가정이라고 말하고 있다.

요한이 말하는 범사는 그리스도인의 범사, 곧 주 안에서의 범사라는 사실을 우리는 특히 기억하지 않으면 안 된다. 그 범사가 잘 되기를 바라는 것은 그것이 주 안에 있는 일이고, 주님을 위한 일이기 때문이다. 그 범사가 주님과 나와의 관계되는 일도 있고, 교회와 관계되는 일도 있고, 사회와 관계되는 일도 있다. 주님의 나라를 세워가는 일에 있어서 범사는 잘 되어야 한다. 이 일이 잘 되어 가는 것은 하나님의 뜻이기도 하다. 따라서 범사에 잘되기를 소망하는 그리스도인들은 그 일이 자기 유익을 구하는 일이 아니라 모든 사람, 특히 주님에게 합당한 일이어야 함을 인식하고 그 일에 충실한 삶을 살아야 한다.

2) 강건해야 한다

지금까지 재물에 대해 이야기 했지만 따지고 보면 우리가 가지고 있는 것 가운데 가장 가치가 적은 것이 재물이다. 독일 사람들의 격언에 이런 말이 있다. '돈을 잃는 것은 조금 잃는 것이고, 건강을 잃는 것은 많이 잃는 것이며, 명예를 잃는 것은 전부 잃는 것이다.' 독일 사람들은 명예를 존중하기 때문에 이것을 제일로 치는데 우리의 여러 약국에 가보면 이 격언을 바꾸어 '건강을 잃으면 모든 것을 잃는 것이다'라고 쓴 것을 볼 수 있다. 이것은 한국 사람들이 얼마나 건강을 중시하고 있는가를 단적으로 보여준다. 아무리 돈이 좋고 재산이 귀하게 보여도 건강하지 못하면 아무 것도 아니기 때문이다. 재산이 많고 대궐 같은 집이 있고 좋은 차가 있다 해도 병이 들어 아무 것도 먹지 못하고 몸져 누워있는 사람에게는 아무런 의미가 없다. 그만큼 건강은 중요한 것이다. 그러나 건강에 관한한 우리가 잘못 생각하고 있는 몇 가지 점들을 지적하지 않을 수 없다.

첫째, 대부분의 사람들은 우리가 보통사람으로 건강하게 살아가는 것을 축복이 아닌 것처럼 생각한다. 이러한 생각은 잘못된 것이다. 지금 우리 주변에 건강하지 못한 사람이 한 둘이 아니다. 심장병으로 숨을 잘 쉴 수 없는 사람도 있고, 물조차 넘기지 못하여 고통스러워하는 사람도 있다. 친지가운데 고혈압으로 쓰러져 물조차 넘기지 못하여 결국 돌아가신 분이 있었다. 평소 먹지 못해 죽는다는 것을 생각해보지 못했는데 그 후로는 우리가 물을 마실 수 있다는 것, 목으로 먹을 것을 넘길 수 있다는 것도 얼마나 큰 축복인가라는 생각을 하게 되었다. 또한 잠을 이루지 못해 신경이 날카로워져 미칠 지경인 사람도 많다.

이런저런 점만 보아도 보통사람으로 건강하게 살아갈 수 있는 것이 큰 축복임이 확실하다. 지체부자유자의 부모는 그 아이가 남보다 월등하게 뛰어난 아이가 되기보다는 그저 다른 아이처럼 정상적으로 말하고 뛰어노는 모습을 보고 싶어 한다. 이것이 그 부모의 간절한 소원이다. 따라서 우리는 비록 돈이 없어도 건강하다면 복을 받은 줄 알고 감사하는 성숙된 믿음을 가져야 한다.

둘째, 사람들은 때로 건강하면 복을 받은 것이고 병이 들면 시험이고 저주라고 생각한다. 이것 또한 고칠 점이다. 심지어 모든 병은 마귀 때문이라 생각하고 귀신을 몰아내는데 열중한다. 상당수 한국교회가 현재 마귀열풍에 빠져있다. 병의 원인을 마귀에 돌리는 것이다. 물론 마귀로 인한 것도 있지만 상당수는 그것과는 상관이 없다. 그럼에도 불구하고 교회들이 앞서서 마귀를 높이고 있다. 성경이 병의 원인으로 마귀를 말하는 것은 그 병이 악과 연관되어 있음을 지적하고자 한 것이다. 악의 세력을 장악하고 있는 마귀의 영향을 받아 나쁜 생각, 악한 행동을 하게 되면 병을 얻기 십상이기 때문에 이 악의 세력으로부터 떠나야 한다는 의미에서 '귀신아 물러가라'고 말하는 것이다. 교회가 귀신을 너무 두려워하거나 강조하면 교인들은 귀신이 마치 하나님과 힘을 겨룰 수 있는 상대가 되는 것처럼 착각하게 되는 우를 범하게 된다. 귀신은 하나님과 겨룰 수 있는 상대가 될 수 없다. 격이 낮아도 한참 낮고, 하나님의 지배아래 있는 존재이기 때문이다. 그럼에도 불구하고 우리는 그것을 두려워하고 있다. 우리가 두려워해야 할 존재는 하나님 외엔 없다.

셋째, 사람들은 병으로 죽거나 어떤 사고로 죽었을 경우 벌을 받은 것이라든가 심지어 저주라고 말한다. 이러한 생각은 너무나 잘못된 것이다. 그것은 평안히 살고 평안히 죽는 것이 최고라고 생각하는 세상

사람들의 사고방식에서 나온 것이다. 그리스도인들은 하나님께서 원하실 때 어떤 방식으로든 불러 가신다는 것을 잊어서는 안 된다. 평안히 죽으면 축복이고 병이 들거나 사고로 죽으면 저주라고 생각하는 것은 그리스도인다운 생각이 아니다.

넷째, 육적인 건강만을 생각하는 것도 우리의 고칠 점이다. 많은 사람들은 건강을 육체적인 것으로만 생각하고 음식 잘 먹고, 운동 많이 하고, 그리 못할 처지면 약으로 보하면 된다는 생각을 가지고 있다. 요한이 '강건하기를 간구한 것'은 육적인 건강도 포함되어 있지만 정신적인 건강, 신앙적인 건강까지 포함된 것이다. 육신의 건강을 생각할 때 신앙적인 건강도 함께 생각해야 한다는 것이다. 몸은 하나님이 주신 것이므로 우리가 그 몸을 잘 관리하는 것도 우리에게 맡겨진 중요한 책무이다. 기독교에서 자살을 허용하지 않는 것도 우리의 몸이 우리 자신의 것이 아니라 하나님의 것이라는 생각 때문이다. 하나님의 것이니 하나님이 기뻐하시는 방향으로 우리의 몸을 관리해야 하는 것이다. 일차적으로 자기의 몸이니 각자 자기가 잘 관리해야 하겠지만 하나님의 것이니 더욱 잘 관리해야 한다는 생각을 해야 한다. 아울러 우리의 몸도 하나님이 지켜주시지 않으면 안 된다는 것을 의식하고 하나님의 것인 우리 몸을 위해서 깊은 신앙을 가져야 한다. 이것은 우리의 육체적인 몸도 신앙적인 것과 직결되어 있다는 것을 의미한다. 이런 의미에서 요한은 우리에게 강건하기를 간구하고 있는 것이다.

3) 영혼이 잘 되어야 한다

요한은 무엇보다 먼저 '영혼이 잘되기'를 소원하였다. 이것은 그리스도인은 누구나 영적으로 강건해야 한다는 것을 의미한다. 정신이 바르지 않고서야 다른 모든 것이 바로 설 수 없기 때문이다. 대학입학을 위해 수능시험을 치루고 있다. 어떤 사람은 성적이 좋아 어쩔 줄 모르고 어떤 사람은 성적이 나빠 울상이다. 심지어 자살하는 학생마저 있다. 대학에 합격하면 축복이고 불합격하면 시험 들었다고 말하는 사람도 있다. 이 모두는 세상 사람들이 하는 생각이다. 수능시험 성적이 아무리 좋고 좋은 대학에 들어갔다 해도 하나님 나라의 수능시험이 영점이고 하나님 대학에 들어갈 수 없는 신앙상태라면 그것은 근본적으로 문제가 있다. 그 마음에 하나님이 없는 사람이 아무리 출세를 한다 해도 그가 하고자 하는 일이나 그가 가는 목적지란 쉽게 짐작 할 수 있다. 범사가 잘되고 강건한 것이 복이기는 하지만 가장 큰 복은 영혼이 잘되는 것이다. 사업이 잘 안되지만 오히려 믿음이 좋아졌다면 그것은 복을 받은 것이다. 건강을 잃었지만 오히려 믿음이 좋아졌다면 복을 받은 것이다. 사업도 잘되고 건강해졌지만 믿음을 잃어버렸다면 이처럼 불행한 일은 없다. 가장 귀한 것을 잃어버렸기 때문이다. 따라서 범사가 잘되고 강건해지는 것만 귀하게 생각하는 것은 잘못된 생각이다. 이러한 생각을 고치지 않는 한 우리는 계속 문제를 안고 불행하게 살 수밖에 없다. 그리스도인은 주 안에서 범사가 잘되고 강건한 축복을 받아야 한다. 그러나 범사가 잘 안되고 몸에 병이 생기는 시험이 왔다 해도 그 시험을 잘 이기고 그 때문에 믿음이 더 자라게 되었다면 더 큰 축복을 받은 줄 알고 오히려 하나님께 감사하는 성숙한 그리스도인이 되어야 한다. 근본적으로 믿음이 중요하기 때문이다.

우리는 다 같이 인생이란 여정을 살아간다. 누구나 그 여정이 모두 좋은 여정, 복된 여정이기를 바라고 있다. 그러나 우리가 종국적으로 하나님 앞에 영광스러운 여정이 되었는지 아닌지 하는 것은 우리의 영혼이 근본적으로 잘 되어있는가에 달려있다. 영혼이 근본적으로 잘 되려면 언제나 하나님의 편에 서서 살아야 한다. 처음부터 끝까지 예수 그리스도와 함께 걸어가야 한다. 예수 그리스도를 내 마음에 참으로 모시고, 그 보혈의 피를 의지하여 나의 더럽고 추악한 것들을 십자가아래 내려놓아야 한다. 그래야 영혼이 잘 될 수 있다.

요한은 말하고 있다. '사랑하는 자여 네 영혼이 잘 됨 같이 네가 범사에 잘 되고 강건하기를 내가 간구하노라.' 범사가 잘되고 건강한 것 모두 중요하다. 그러나 무엇보다 중요한 것은 영혼이 잘되는 것이다. 또 영혼이 잘되어야 범사가 잘되고 강건할 수 있다. 우리는 언제나 주님과 바른 관계에 서는 영혼의 축복, 그로 인해 범사가 잘 되는 축복, 육적으로나 정신적으로 건강한 축복을 누릴 수 있어야 하겠다.

8. 유다서

유다서의 저자는 서신에서 밝힌 것처럼 야고보의 형제 유다로, 예수님의 동생 유다로 널리 인정받고 있다. 야고보는 예수님의 친동생으로 초대교회에서 많은 활동을 했으며 야고보서를 썼다. 유다는 예수님이 이 세상에 계실 때 예수님을 따르지 않았으나 예수님이 부활하신 후 신자가 되었다(행1:4). 고린도전서 9장 5절에 따르면 예수의 형제들은 순회전도자로 활동했다. 이 편지도 유다가 순회하며 설교했던 한 교회에 보낸 것으로 추측되고 있다. 정확히는 알 수 없지만 60-80년 사이에 쓴 것으로 알려져 있다. 유다서는 위경들을 많이 인용했다는 이유로 정경으로서의 가치를 의심받기도 했지만 위경을 인용했다고 해서 그 위경을 정경으로 인정하는 것은 아니다.

유다서의 주제는 하나님을 존중하지 않는 부도덕한 사람들을 하나님께서 심판하신다는 것이다. 당시 거짓교사들은 잘못된 가르침과 부도덕한 행실로 교인들에게 나쁜 영향을 주었다. 하나님의 은혜를 잘못 이해하고, 하나님께서 신자들의 모든 죄를 용서해 주셨기 때문에 신자들은 도덕적 제재를 받지 않고 자유롭게 살 수 있다고 가르쳤다. 현대에도 이렇게 가르치는 거짓교사들이 있다. 나아가 그들은 신비체험, 특히 종교적 황홀경에 들어가 체험한 환상을 지나치게 의존하는 우를 범했다. 유다는 신비체험을 강조하고 자랑하면서 하나님의 거룩한 성품을 본받지 않는 사람들에 대해 경종을 울렸다. 거짓교사들은 이렇듯 그릇된 가르침뿐 아니라 악한 행실로 교인들을 타락시켰다. 유다는 이들의 잘못된 가르침을 배격하고 그들의 방탕한 행위를 본받지 않도록 경고한다. 유다는 자유방임주의를 배격하고 종교적 보수주의 입장에 섰음을 알 수 있다.

제5장 요한계시록

1. 요한계시록

요한계시록의 저자는 요한(계1:1)으로 밧모 섬에서 기록했다(계1:9). 95년에 기록한 것으로 보고 있다. 순교자 저스틴(Justin)은 사도 요한을 계시록 저자라 했다. 그러나 익명의 다른 요한이거나 에베소 교회의 장로 요한일 수 있다는 주장도 있다. 어떤 이는 사상과 문체가 다르다는 이유를 들어 사도 요한의 저작을 부인한다. 그러나 하나는 복음이요 다른 하나는 계시라는 점을 구별해야 한다.

중요한 것은 저자가 구약에 능통하다는 점이다. 계시록의 미래 예언이 구약예언과 일치하기 때문이다. 또한 황제숭배를 거부함으로써 하나님 절대 주권신앙을 가지고 있다. 니골라 당은 타협주의에 서 있었는데 요한은 "악한 이교도 습성 가진 자와 교분을 끊으라." 명령하고 있다. 또한 요한은 그리스도의 영화로운 모습을 목격(계1:10)했다. 모세는 떨기나무 가운데서, 이사야는 높은 보좌에 앉으신, 에스겔은 보좌의 형상 위에 계신, 그리고 다니엘은 힛데겔 강(티그리스강)가에서 영화로운 모습을 보았음에 비해 요한은 '인자 같은 이'로 영화로운 모습을 보았다.

이 모습들은 이스라엘이 위기에 처했을 때 나타난 모습이었다.

요한은 밧모 섬에 유배되었는데 죄목은 하나님말씀과 예수를 증거했다는 것이다. 계시록의 총 주제는 그리스도와 교회에 관한 것으로, 교회가 원수들과 많은 투쟁을 한다는 것이다. 이 책은 묵시(계시)로 하나님의 비밀을 드러내고 있다. 예언서로서 특히 소아시아 일곱 교회에 보내라는 명령이 기록되어 있다. 하나님께서 그의 종들(교회)에게 주신 말씀으로, 친히 교회에게 주신 말씀이라는 특색이 있다. 이 말씀은 모든 고난당하는 교회에 주시는, 시대를 초월한 말씀이다. 역사적 상황은 변할 수 있어도 우리의 관심은 예수 그리스도다. 단지 역사적 사건에 대한 환상이 아니라 그리스도에 대한 환상이다. 영적인 진리는 변하지 않는다. 계시록은 1세기 교회들을 향한 말씀일 뿐 아니라 시대와 장소를 초월한 모든 교회를 향한 말씀이다.

이 책은 특히 상징에 의한 계시방법을 사용하였다. 천사, 예수 모습(영적 의미), 비유, 숫자, 사물, 구약서 인용(바벨론) 등 다양하다.

- 앞뒤에 눈이 가득한 생물: 빈틈없이 경계 펴는 생물 모습
- 성도의 하얀 옷: 성도들이 하나님 앞에 설 수 있는 것은 오직 그리스도의 대속적 은총 때문이다.
- 4: 창조된 세상, 나침반 4방향, 4풍
- 4생물: 창조주에 대한 피조물의 종속성
- 7: 완전성(7일 창조사역 완성)
- 7교회: 당시 교회뿐 아니라 전 교회 대표
- 12: 교회, 12지파, 12제자
- 24장로: 신구약의 모든 교회가 경배드림
- 10: 무한성과 중대성 표시(x10)
- 144,000: 12×12×1000으로 구속받은 모든 교회

- 천년왕국: 문자 그대로의 천년이 아니라 기간은 불확실하나 매우 오랜 기간
- 3년 반(한 때, 두 때, 반 때), 42달, 1260일: 초림과 재림 사이의 신약시대 전체를 의미한 듯하다. 한 달을 30일로 계산하면 이 기간들은 모두 동일한 기간이다. 전체 인류역사 7년으로 보면 초림이 이등분되고 나머지 3년 반 동안 교회는 고난을 겪지만 하나님이 영력 주신다.

요한이 본 환상을 그리스도 안에 존재하는 교회의 생명, 그리스도에 의한 교회의 구원, 교회의 그리스도 증거, 교회의 그리스도를 위한 투쟁, 교회를 보호하시는 그리스도, 그리스도와 교회의 결합 등 6부분으로 나누어 볼 수 있다.

1) 그리스도 안에 존재하는 교회의 생명(1-3장)

교회는 그리스도로부터 출발한다. 이것이 교회의 생명이다. 그리스도는 모든 것의 열쇠이며, 교회 사이를 다니시는 최고의 감독자이다. 그리스도는 교회 안에, 교회는 그리스도 안에 서로 존재한다.

교회에 대한 말씀 속에 3가지 요소가 포함되어 있다. 첫째, 영화로우신 그리스도의 모습이 환상이나 명칭을 통해 나타나고 있다. 둘째, 바람직한 교회 상이 강조되어 있다. 셋째, 충성스런 자에게 특별한 상이 약속되어 있다.

특히 소아시아 일곱 교회에 대한 말씀이 상세하게 적혀있다.

- 에베소교회: 처음 사랑을 잃어버렸다.
- 서머나 교회: 환난을 겪고 있지만 아직도 더 겪어야 한다.
- 버가모 교회: 악과 타협했던 자들 때문에 회개할 필요가 있다.

- 두아디라 교회: 칭찬받을 것이 많이 있지만 거짓교훈을 묵인했기 때문에 책망을 받게 된다.
- 사데교회: 온전함을 잃었다. 명목상 살았다 하나 실제로는 죽은 교회다.
- 빌라델비아 교회: 인근지방 향해 전도 포문을 열었으므로 이 특별한 기회를 굳게 잡으라.
- 라오디게아 교회: 미지근한 자기만족에 빠졌다. 그들의 가난·눈멈·헐벗었음을 시인하는 겸손을 잃었다.

그러므로 교회는 사랑·인내·거룩함·바른 교리·온전함·전도·겸손을 나타내는 교회가 되어야 한다는 것을 가르쳐주고 있다.

일곱 교회에 대한 해석에서 과거주의적 해석학파, 미래주의적 해석학파, 상징주의적 해석학파 등에 따라 해석이 달라진다. 과거주의적 해석학파(자유주의자들)는 과거의 역사이므로 현재나 미래와 상관이 없다고 주장한다. 미래주의적 해석학파(세대주의자들)는 미래에 있을 교회의 사건으로 본다. 상징주의적 해석학파는 상징으로 본다. 이 파는 교훈은 주지만 역사성이나 문자성을 약화시킨다. 우리의 입장은 이를 역사적으로 봐야 하며, 특히 구속사적으로 이해할 필요가 있다는 데 있다.

2) 그리스도에 의한 교회의 구원(4-7장): 인에 의한 환상

삼위께서 교회 구원을 위해 적극적으로 활동하시며 교회는 그리스도에 의해 구원을 받는다. 하늘 문이 열리자 하나님 보좌를 보았다. 24장로(교회), 4생물(모든 피조물), 천사들, 인자만이 뗄 수 있는 책이 있다. 어린 양이 인을 뗄 때마다 재앙이 임한다. 재앙은 어린 양이 허락이 있어야 한다. 인은 그리스도의 허락을 내포하고 있다. 두 무리가 목격된다. 하나는 이스라엘 12지파서 각 12,000명씩 144,000의 무리요, 다른 하나는 각 나라로부터 온 셀 수 없이 많은 무리(범세계적 구원)다. 이는 교회 전체를 대변하며, 그들은 하나님 주권에 의해 구원을 받는다.

3) 교회의 그리스도 증거(8-11장)

나팔에 따라 환상이 전개된다. 이는 하나님의 경고를 나타낸다. 교회는 세상을 향해 회개하도록 경고한다. 7재앙가운데 4재앙은 강도가 비교적 약했으나 나머지 3재앙은 화를 부를 정도로 처참하다. 이 재앙과 함께 교회가 활동을 개시한다.

요한이 책을 받아먹는다. 이것은 책 내용을 소화했음을 상징한다. 그 후 예언하도록 명령을 받는다. 두 증인을 세운다. 이는 그리스도를 증거 하는 교회다. 교회는 세상을 향해 경고한다. 증거 임무가 끝나면 원수들에 의해 죽임을 당한다. 세상에는 잠시 그리스도 증거자가 없게 된다. 교회는 영광의 휴거와 최후 심판 전에 박해 딛고 부활한다. 구원받을 자의 수가 차고 교회의 증거임무가 끝날 때 성전이 하늘에 나타나고 하나님이 그의 백성들과 함께 거한다.

4) 교회의 그리스도를 위한 투쟁(12-14장)

최후의 심판을 하시러 내려오신다(11장). 하늘 문이 열리고 하늘의 비밀을 보여주신다. 두 나라가 대결한다. 하나는 어린 양으로 대표되는 하나님의 나라 그리스도의 제국이고, 다른 하나는 용으로 상징되는 사단의 제국이다.

교회의 원수들은 용과 3연합군으로 묘사된다. 용은 사단 자신으로 마귀요 온 천하를 꾀는 자다. 3연합군은 바다짐승, 땅의 짐승(거짓선지

자), 큰 음녀(큰 성 바벨론, 붉은 빛 여자)다. 용은 사내아이(그리스도)
를 공격한다. 그리스도는 죽음과 부활로 사단을 이긴다. 용은 그리스도
인 각 개인을 대상으로 교회를 추격한다. 바다에서 온 짐승(로마), 7머
리(박해한 7황제). 7머리 중 하나(네로황제, 666숫자는 히브리 숫자로
'네로 시저' Nero Cesar를 나타낸다)가 치명상을 입고 죽을 것 같았으
나 결국 나아버렸다(도미시안 황제가 박해정책 부활시켜). 땅에서 올
라온 짐승(시저에 대한 우상숭배)이 첫째 짐승(박해군주)을 경배하도
록 강요한다. "큰 성 바벨론이여 무너졌도다 그 음행으로 인하여"는
로마제국의 타락을 말한다. 사단은 아직도 각종 이단, 현실주의, 상대
주의를 이용하여 교회를 무너뜨리려 한다.

5) 교회를 보호하시는 그리스도(15-20장)

멸망당할 짐승을 경배하려는 자에게 경종이 울린다. 성도들에게 인
내하도록 격려한다. 7대접의 진노로 큰 음녀가 멸망한다. 하나님의 공
의로우신 징벌이요 심판이다. 어린 양과의 혼인잔치가 임박하다. 환호
성과 할렐루야를 외친다. 그리스도가 만국을 통치하기 위해 백마를 탄
기사로 내려오신다. 사단은 천년동안 무저갱에 갇힌다(신약시대 전체
기간). 사단은 종말 직전 잠간 놓인다. 아마겟돈 전쟁이 일어나고 불
못에 던져진다.

6) 그리스도와 교회의 연합(21-22장)

세상 멸망 뒤 교회가 완전히 승리한다. 그리스도와 교회가 하늘에서
연합한다. 이를 상징을 통해 묘사한다. 새 하늘과 새 땅이 그것이다. 요
한은 먼저 곱게 단장한 신부와 같은 교회를 목격한다. 높은 성곽을 가

진 성이 내려오는 것을 목격한다. 성도 예루살렘이다. 그 성에는 하나님의 영광이 가득하고 하나님께서 직접 통치하신다. 이 성에는 하나님과 어린 양이 친히 성전이 되시므로 성전이 따로 존재하지 않는다. 성전체가 지성소와 같다. 강이 흐르고 있는 동산을 본다. 생명나무가 있던 에덴동산이 재현된다. 이 모두는 구약 예언의 성취다. 어떤 부분은 이미 복음을 통해 이루어졌다. "우리는 정결한 신부가 되었다"(고후 11:2), "시온산 위에 있으며"(히12:22), "생명수를 마시고 있다"(요4, 7:37-9). 그러나 미래의 완전한 성취는 현재 교회가 경험한 것보다 훨씬 더 찬란할 것이다.

요한계시록의 말씀에 대한 불순종, 봉함, 기감을 금지한다. 그 이유는 주님이 "내가 속히 오리라"하셨기 때문이다. 계시록은 교회가 겪어야 할 투쟁, 구원, 최후승리를 상징적으로 보여주고 이에 대한 확신을 준다. 그리스도는 인자로 촛대 사이에 거하시고, 어린 양과 사자로 하나님 보좌 곁에 계시며, 장차 왕 중 왕으로 백마를 타고 오실 것이다. 죄에 물든 교회여 "회개하라"(나는 안다), 의심하는 교회여 "내가 이겼노라 믿기만 하라", 두려워하는 교회에 "곧 오리니 인내하라."

2. 요한계시록과 교회

하나님은 의의 길로 가고 주님 편에 서서 행동하는 사람에게 상을 주신다. 사람에게만 상을 주시는 것이 아니라 교회에게도 주신다. 요즘 교회가 교회답지 못하다는 말을 자주 듣는다. 이 말은 지금에서만 들리는 말이 아니다. 요한계시록을 보면 소아시아 여러 교회에 대해 주님은 경고를 하셨다. 역사적으로도 많은 교회가 문제가 있었다.

오죽하면 종교개혁이 일어났겠는가? 그럼에도 불구하고 교회는 아직
도 문제가 많다는 지적이 끊이지 않고 있다. 교회가 진정 하나님의 교
회가 되기 위해 무엇이 달라져야 하는가? 요한계시록을 통해 이 문제
에 접근해보기로 한다.

요한계시록은 3가지 성격을 가지고 있다. 첫째는 계시(계1:1)요, 둘
째는 예언(계1:3)이며, 셋째는 서신(계1:4;22:21)이다. 주님은 주일날
유배지 밧모 섬에 와있던 요한이 성령이 충만한 가운데 있을 때 말씀
을 주시고 신비한 체험을 하게 하신 후 본바와 들은바 모두를 기록하
여 소아시아 7교회에 보내라고 명령(계1:1)하셨다.

요한은 도미티아누스 황제의 박해(95년)로 인해 밧모 섬에 유배된
것으로 추정되고 있다. 당시 세상에는 100여개의 교회가 있었던 것으
로 알려져 있다. 바울 혼자 수십 개의 교회를 세웠고, 다른 사도들도
그리했을 것이다. 그러나 그 많은 교회가운데서도 주님은 소아시아 일
곱 교회를 대표적으로 택하여 말씀을 주고자 하셨다.

이 교회들은 지리적으로 모두 밧모 섬 건너편에 있는 교회들로서
지금의 터키지역에 있던 교회들이다. 주님은 교회들이 외적인 박해와
말씀의 혼잡으로 인하여 믿음이 흔들리고 하나님을 저버릴 위험에 빠
져있는 것을 보시고 그들의 믿음을 견고히 할 필요를 느끼셨다. 이 교
회들은 모두 사도들이 세운 교회들로서 당시 마지막 사도였던 요한은
그 교회들에 대한 관심이 매우 컸었다. 주님은 어려움에 처한 교회,
배교의 위험 속에 있는 교회들에 대해 이 계시의 말씀들을 읽고 듣고
지키도록 함으로써(계1:3) 그리스도의 궁극적인 승리를 보여주고 그
들로 하여금 위로와 용기와 소망을 갖도록 하셨다.

주님이 주신 이 메시지는 일차적으로 소아시아에 있는 일곱 교회를
대상으로 한 것이지만 궁극적으로는 모든 시대의 모든 교회, 곧 하나

님의 교회를 향한 주님의 메시지이며 교회를 통해 신앙생활을 하는 모든 그리스도인을 향한 것이기도 하다.

✝ 교회를 살피시는 주님

계시록 1장 12-16절은 이 계시를 주실 때 주님의 모습을 담고 있다. 손에 7별과 7 금 촛대를 들고 계시고, 발에 끌리는 옷을 입으셨으며, 가슴에는 금띠가 둘려 있었고, 머리와 머리카락은 양철처럼 희였으며, 눈은 불꽃같았고, 발은 풀무에 단 주석처럼 빛났으며, 목소리는 많은 물소리 같았고, 좌우에 날선 검을 입에 물고 계셨으며, 얼굴은 힘차게 비취는 해 같았다. 주님의 이 모습은 요한이 60여전에 보았던 그런 모습은 아니었다. 요한은 이 놀라운 광경을 보고 그만 꼼짝없이 얼어붙어 버린 듯 했다. 그는 주님의 발아래 엎드려져 죽은 자같이 되었다 (계1:17).

요한은 한 때 예수님과 3년 동안 동행했다. 그는 주님께서 베푸시는 기적을 목격했으며 그분의 설교를 직접 들었다. 또한 다락방에서는 그분의 품에 기대었고, 그분이 십자가 위에서 돌아가시는 것, 부활, 승천 모두 직접 지켜보았다. 그러나 이와 같은 일은 모두 60여년 전에 일어난 일들이었다. 그는 이제 주님의 엄위하신 모습, 단호한 모습 앞에서 두려움과 놀람으로 죽은 자같이 된 것이다. 그러나 요한을 사랑하시는 주님은 즉시 예전과 같이 그를 부드럽게 어루만져 주시고 두려워 말라(계1:17)고 하셨다. 그리고 7교회에 대한 계시를 적어 보내라고 하셨다. 그러므로 엄위하고 두려움을 줄 만큼 단호하신 모습은 7교회에 대한 주님의 모습임을 알 수 있다.

요한은 각 교회에 보내는 편지를 언급하면서 교회에 대해 말씀하시는 주님의 모습을 과거와는 달리 표현하였다. 오른 손에 7별을 붙잡고 7금 촛대 사이에 다니시는 이, 좌우에 날 선 검을 가지신 이, 그 눈이 불꽃같고 그 발이 빛난 주석과 같으신 이, 처음이요 나중이신 이, 다윗의 열쇠를 가지신 이, 아멘이시오 충성되고 참되며 창조의 근본이신 이 등이 바로 그것이다. 주님에 대한 이 묘사는 주님께서는 지금도 교회를 감찰하시며, 교회가 지은 죄를 용납지 않으실 뿐 아니라 순교에 직면한 그리스도인들에게 보장이 되실 것을 가르쳐 주고 있다. 그러므로 일곱 교회에 대한 주님의 말씀은 주님이 얼마나 교회를 사랑하시며, 교회가 얼마나 온전하게 되기를 바라시는가를 보여주고 있다. 주님은 교회를 살피시는 분(계2:23)이시다.

✝ '내가 아노니'로 본 일곱 교회

요한계시록의 주제는 환난과 심판, 그리고 참 그리스도인의 승리이다. 그 심판의 첫 장면에 나타나는 것은 개인이 아니라 교회이다. 교회도 환난을 받을 것이며, 그 환난을 믿음으로 극복하는 교회에 대해 승리가 있을 것을 말씀하신다. 그리스도인은 교회를 통해 믿음생활을 한다. 따라서 교회에 대한 하나님의 심판 경고는 개 교회로서만 끝나는 것이 아니라 작게는 각 개인의 신앙적 향상, 크게는 위대한 하나님 나라의 우주적 건설과 깊은 관계를 가지고 있다.

중요한 것은 지금도 교회 사이를 왕래하시는 주님이 각 교회가 어떤 믿음으로 살아가고 있는가를 분명히 파악하고 계신다는 사실이다. 주님은 소아시아 일곱 교회에 대해서 여러 가지 염려되는 점을 말씀하셨지만 자세히 살펴보면 긍정적인 면도 보시면서 그 점을 계속 살려 나가기를 바라셨다. 현대교회에 대한 주님의 관심도 마찬가지다.

주님은 현대 교회에 대해 영적인 면에서 여러 가지로 염려도 하신다. 하지만 현대 교회가 가지고 있는 긍정적인 면에 대해서도 관심을 가지고 그것을 적극적으로 키워나가기를 바라고 계신다.

✝ '아노니'의 의미

요한계시록 2장과 3장은 소아시아 일곱 교회에 대해 소개하고 있다. 우리는 이 교회들에 대해 어느 교회는 칭찬을 받았고, 어느 교회는 비판을 받았다는 식으로 이해한다. 이런 이해의 방식이 틀린 것은 아니지만 비판을 받은 교회들 가운데서도 칭찬을 받은 점들이 있었다는 것을 인식하고, 그 점들이 과연 무엇인가에 주목할 필요가 있다. 그것을 현대의 교회들이 배워야 하기 때문이다.

요한계시록은 교회들에 대해 언급하면서 '내가 아노니'(know)는 말을 자주 사용했다. 안다는 것은 헬라어로 '에이도'(eido)이다. 주님이 '내가 아노니'(oida)라고 말했을 때 그것은 단순히 안다는 의미를 뛰어넘는다. 그것은 인간적인 눈으로 보는 것이 아니고 주님이 주님의 눈으로 보고 영적으로 판단하신 것을 의미한다. 구약에서 그처럼 자주 나왔던 '여호와 보시기에'와 의미가 같다. 여호와 보시기에 좋고 나쁜 것이 계시록에서도 주의 눈을 통해 확연히 드러나고 있다.

'내가 아노라'는 의미는 크게 긍정적인 의미와 부정적인 의미로 구분된다. 긍정적인 의미는 '아노라'의 내용이 칭찬을 받을만한 사실을 담고 있으며, 주님이 그 내용을 충분히 인식하고 있고(fully aware), 그리고 그것을 높이 인정한다는 것이다. 그러나 부정적인 의미는 '아노라'의 내용이 판단 받을 만한 사실을 의미를 담고 있으며, 그 내용을 하나님이 다 알고 있으니 '알아서 하라'는 경고의 뜻을 담고 있다.

이 경우 교회에 대한 회개와 변화를 촉구하신다. 칭찬받은 내용은 교회가 계속해서 배우고 추구해야 할 것들이며, 판단 받은 내용은 교회가 기필코 버려야 할 것들이다.

✝ 긍정적인 의미의 '아노니'

1) 에베소교회의 수고와 인내

에베소교회에 대해서는 2절의 '알고'와 3절의 '아노라' 등 두 차례에 걸쳐 '아노니'는 말씀을 사용하고 있다. 에베소교회는 사도 바울이 설립한 교회로도 유명하지만 사도 요한이 목회했던 것으로도 유명하다. 일곱 교회가운데 제일 먼저 언급된 것도 그만큼 중요성이 큰 것을 보여준다.

2절에서 주님이 인정하시는 것은 '네 행위와 수고와 네 인내'이다. 에베소교인들이 바로 행동한 것, 열심히 수고한 것, 그리고 참고 견딘 것을 하나님께서 인정하신다는 것이다. 칭찬받은 행위가 무엇인가에 대해서는 확실치 않지만 3절의 내용이 상당수 포함되었을 것으로 생각된다. 3절은 악한 자들을 용납지 아니한 것, 자칭 사도라 한 사람들을 시험하여 그 거짓된 것을 드러낸 것, 하나님의 이름을 위하여 견디고 게으르지 아니한 것들을 하나님께서 아신다고 적고 있다.

에베소교회 당시에는 자칭 사도라 하는 자들이 나타나 미혹했다. 교통과 통신이 발달하지 못한 때라 그런 일들이 벌어지기 쉬웠다. 그러나 믿음이 있는 에베소 교인들은 거짓 사도들의 믿음이 과연 어떠한가를 시험함으로써 참과 거짓을 구별하였다. 그들은 적어도 무엇이 있어야 진짜 믿음인가를 알았다. "열매로 그것을 알리라"는 말씀대로 에베소 교인들은 인내하면서 오랫동안 거짓사도들의 열매를 주시했다. 그러나 그들의 성품 속에 성령의 열매를 찾아볼 수 없었고, 참된 교리로 다진 진리의 열매가 아니라 거짓의 열매였으며, 그들의 삶 속에는 믿음과 사랑과 경건이 없었다. 교인들은 거짓사도들의 거짓된 열매를 단호히 거부했다.

역사적으로 보면 교회사는 하나님의 것을 바로 세우기 위한 노력의 연속이었다. 예수님을 비롯하여 사도 바울, 그리고 베드로 모두 말세에 거짓선지자들이 많이 나타나 그리스도인들을 미혹하게 될 것을 말씀해 주었다. 거짓선지자는 속과 겉이 다르고, 그 목적은 자기희생보다 노략질에 있으며, 근본적 회개 없이 계속 범죄하고, 우리로 의의 열매를 맺지 못하게 방해한다. 요한계시록의 모든 환난도 따지고 보면 거짓 선지자들이 나타남으로 시작된다. 초대교회는 교리를 바로 세움으로써 거짓 선지자들이 교회에 발을 붙이지 못하게 했으며, 종교개혁시대에도 바른 교리를 재차 확립함으로써 교회에 이단사설이 들어오지 못하도록 하였다. 지금도 이단과 거짓이설들이 우리 주변을 에워싸고 있다. 에베소교회는 바른 교리를 지키느라고 수고했고, 여러 시련가운데서도 인내했다. 이것은 무엇보다 이 어지러운 세상가운데서 참 하나님의 말씀을 바로 지키며 생활하는 것이 중요하다는 것을 가르쳐 준다.

2) 서머나교회의 환난과 궁핍

서머나교회에 대해서도 9절에서 두 차례나 '아노니'라는 인정적인 말씀을 하셨다. 첫 번째 '아노니'는 교회가 처한 환난과 궁핍이다. 두 번째 '아노니'는 자칭 유대인이라 하는 사람들의 훼방이 있었음을 알았다는 것이다. 환난과 물질적 궁핍과 주변의 훼방이 심한 가운데 믿음을 지키려고 노력한 것을 주님께서 인정하신 것이다.

　서머나교회는 이방 로마인들로부터 많은 핍박을 받았다. 그러나 교인들은 그 핍박가운데서도 믿음을 지키고자 하였다. 그 교회가 당한 환난가운데 승리한 대표적 보기가 바로 역사적으로 유명한 폴리갑 감독의 순교이다.

　서머나교회는 로마인 뿐 아니라 자칭 유대인이라 하는 사람들로부터도 훼방을 받았다. 이것은 교회가 믿음을 지키기에 주변 환경이 얼마나 열악 했었는가를 보여준다. 그곳에 사는 유대인들은 기독교 신앙에 반감을 가지고, 예수를 모독하며 서머나교인들의 신앙을 방해했다. 그러나 그러한 환경 속에서도 믿음을 지키고자 하였다. 이 점에 대해 주님이 인정을 하신 것이다.

　현대 교회는 지금도 각종 사단의 회들로부터 훼방을 받고 있다. 전도관의 박태선 장로는 예수님을 입에 담지 못할 상스런 말로 욕하며 자신을 하나님으로 선포했다. 아가동산의 교주 김기순도 예수를 천한 신분출신이라며 욕하고 자신이 하나님, 곧 '아가야'이자 '왕 중 왕'이라 했다. 그는 성경 말씀가운데 여호와를 아가야로 바꾸어 암송하도록 했다. "아가야는 나의 목자시니 내가 부족함이 없으리로다. 내가 아가야 전에 영원토록 거하리로다." 아직도 하나님이 누구신줄 모르고, 물질적으로 이용당하며, 영적으로 무지몽매한 사람들이 있다는 것이 믿어지지 않는다. 그들은 한 결 같이 기존교회 뿐 아니라 기독교인들을 비판하고 있다는 점에서도 공통된다. 이것은 하나님 말씀대로 바로 살지 못한 현대 교회와 기독교인들에게도 책임이 있다. 현대는 과거와 같은 핍박이 아닐지라도 갖가지 형식으로 예수의 그리스도이심을 크게 훼손시키고 있다.

3) 버가모교회의 충성

버가모교회에 대한 '아노니'는 2장 13절에 나타나 있다. 주님은 그 교회가 '어디 사는 것'을 안다 하셨다. 그들이 살고 있는 곳은 사단의 위가 있는 곳, 곧 사단의 세력이 막강한 곳이다. 그런 가운데서도 교인들은 하나님의 이름을 굳게 잡고 있었다. 주위에 사단의 경배자들이 들끓고 그 가운데서 충성스러운 교인 안디바(Antipas)가 그들에 의해 순교를 당했음에도 불구하고 흔들리지 아니하고 하나님을 저버리지 않았다. 하나님은 버가모교회의 충성됨을 인정했다.

버가모교회의 충성스런 신앙은 우리로 하여금 그리스도인은 세상을 피하는 것이 아니라 오히려 세상 속에서 빛으로 살아야 한다는 것을 가르쳐 주고 있다. 사단이 이 도시에 산다면 하나님의 자녀는 당연히 그곳에 살면서 어둠 속에 빛을 드러내야 한다는 것이다. 이것은 그리스도인이 강한 믿음을 가지고 살아야 하며 그 어떤 희생과 죽음까지도 각오한 삶을 살아야 한다는 것을 교훈적으로 보여주고 있다.

간하배(H. Conn) 교수는 한국에 선교사로 왔을 때 의정부 등지에서 가난하고 소외된 사람에게 복음을 전하는 그리스도인으로 살았다. 필라델피아에서도 흑인 동네에서 그들과 함께 생활하는 삶을 살고 있다. 시카고의 워싱턴 목사는 일반인도 선뜻 들어서지 못하는 우범지대에 살고 있다. 그를 찾아가기에 겁이 난 다른 사람들이 왜 그런 곳에 사느냐고 물으면 그는 " 예수님이 빛으로 사신 것처럼 우리도 그 빛이 되어 이 어둠의 도시를 뚫어야 하지 않겠느냐"고 했다.

트리니티신학교의 웨이브라이트(Greg Waybright) 총장에 따르면 그 학교에서 스리랑카의 한 목사를 교수로 초빙하고자 했다. 그러나 그 목사는 거부했다. 그가 있어야 할 곳은 미국처럼 편한 곳이 아니라 가난과 억압과 고난 속에 있는 스리랑카 백성이 있는 곳이라는 것이었다.

페루주재 일본대사관저를 점거한 게릴라들이 인질 일부를 석방할 때 자신을 석방시키려 한 것을 안 가톨릭 신부 비츠는 마지막 인질이 나갈 때까지 자신은 남아있겠다고 말하고 끝까지 남아 사제로서 역할을 했다. 인질들은 극한상황 속에서 자신들 곁에 진정한 종교인이 있다는 것을 절감하고 평안을 찾았다.

마더 테레사도 가난하고 병든 사람들과 함께 하며 그리스도의 사랑을 심어준 이 시대의 사표이다. 그리스도인은 고난을 피하는 것이 아니라 그 고난에 참여해야 한다. 우리 속에 이러한 그리스도인들이 많아져야 한다.

웨이브라이트 총장은 신학생들로부터 졸업하게 되면 어디서 목회를 하는 것이 좋겠느냐고 종종 질문을 받는다고 한다. 그러면 그는 "목회하기 쉽고 편한 곳이 아니라 어려움이 기다리고 있는 곳에 가라"고 말한다. 목회자는 편한 곳이 아니라 어려운 것이 널려있는 곳(hot spot)에 갈 수 있는 태도가 중요하다. 그곳에서 고난의 짐을 지고 빛의 문까지 갈 수 있는 마음가짐이 더 중요하다. 교인들도 교회가 어렵다고 피할 것이 아니라 그 어려운 교회에서 고난의 짐을 나눠야 그리스도인답다.

목회자가운데도 큰 교회에서 오라하면 당장 옮기려는 사람도 있다. 자기의 이름이 나고 편한 곳이라면 언제든 떠날 준비가 되어있는 것이다. 하나님이 버가모교회를 통해 강조하시는 것은 어려운 상황에서도 충성하라는 것이다. 그곳이 지옥문 앞이라 할지라도 그 문을 밀어제치고 그 속에 그리스도의 빛을 투입하며 살 때 하나님은 우리를 인정하시고 함께 하신다. 어렵고 힘든 곳을 피할 것이 아니라 오히려 도전적으로 살아갈 필요가 있다. 그 때 주님은 우리를 '아노라' 말하고 칭찬하실 것이다.

4) 디아두라교회의 믿음과 사랑

2장 19절에 나타난 두아디라교회에 대한 '아노니'의 내용은 그 교회가 행한 행위(사업), 사랑, 믿음, 섬김 그리고 인내 등이다. 같은 절에서 이렇게 칭찬하고 있다. "네 나중 행위가 처음 것보다 많도다." 이것은 갈수록 믿음의 열매가 많았다는 것을 의미한다. 교회가 갈수록 적은 열매를 맺는 것이 아니라 갈수록 열매를 다양하게 맺어야 주님으로부터 인정을 받을 수 있다.

5) 빌라델비아교회의 인내

빌라델비아교회에 대한 칭찬은 3장 8절에 나타나 있다. 하나님은 이 교회에 대하여 '네 행위를 아노니'라 하였고, 특히 이 교회가 '적은 능력'을 가지고도 하나님의 말씀을 지키며 하나님의 이름을 배반치 아니한 것을 인정하였다. 10절에 따르면 그들은 하나님의 명령을 인내하면서 지켰다. 교회가 작다, 받은 능력도 적다 불평하고 포기 할 것이 아니라 그 받은 달란트가 아무리 적다할지라도 그것을 땅에 묻지 아니하고 주님을 위해 최선의 삶을 살 때 주님은 인정해주신다.

하나님은 이 교회에 대해 여러 약속을 주셨다. 특히 사단의 회 가운데 있는 사람들로 와서 절하게 함으로써 하나님이 이 교회를 얼마나 사랑하는 줄 알게 하고, 환난 날에 그들을 보호하실 것을 약속하셨다. 사단들이 이 교회가 주님을 위해 충성하고 보호받는 것을 보고 와서 절하게 될 것이라는 것은 매우 감동적이다. 적을 굴복시킬 수 있는 이 믿음이 바로 산을 움직일만한 믿음이요 주님이 기뻐하시는 증인된 삶이다.

✝ 부정적인 의미의 '아노니'

1) 사데교회의 죽어있음

3장 1절에 있는 사데교회에 대한 '아노니'는 부정적 의미를 가지고 있다. 여기서 하나님은 네 행위를 안다고 하셨다. 주님이 이 교회에 대해 아시는 내용은 살았다 하는 이름은 가졌지만 사실은 죽어있는 교회의 모습이다. 명칭만 교회이지 사실 교회가 아니라는 것이다. 입만 열면 "주님, 예수, 성령충만, 진리"를 외치지만 그 속에 진정 "주님, 예수, 성령충만, 진리"가 없다면 그것은 죽어있는 교회다. 어거스틴은 마니교가 바로 그런 류에 속한 것임을 깨닫고 완전히 돌아섰다. 주님은 죽어있는 교회를 원치 않으신다.

사데교회 속에는 우리가 소홀히 지나치기 쉬운 놀라운 사실이 담겨있다. 교회 모든 사람이 죽은 것이 아니라 그 속에 진주 같은 믿음을 지닌 몇 사람이 있다는 사실이다. 주님은 그들을 잊지 않고 인정하셨다. 4절 이하에 그들에 대한 칭찬 내용이 소개되고 있다. 이 경우 '아노니'라는 말씀은 사용하지 않았다. 하지만 5절에 '시인하리라'(acknowledge)는 말씀을 하셨다. 시인은 인정이다. 사데교회가 칭찬을 받은 것은 교인들 가운데 몇 사람이 그 옷을 더럽히지 않을 만큼 믿음의 순수성을 지켰으며, 주님이 이들을 인정하시겠다는 것이다. 이 인정은 매우 황홀한 모습을 나타내고 있다. 흰옷을 입고 주님과 함께 다니고, 그 이름을 생명책에서 반드시 흐리게 하지 않으며, 하나님 앞과 천사들 앞에서도 그 이름을 인정하겠다는 것이다. 진주 같은 믿음은 어디에 있든 하나님으로부터 빠짐없이 인정을 받는다는 사실을 잊어서는 안 된다.

2) 라오디게아의 미지근함

3장 15절은 라오디게아의 행위에 대해 안다고 하였다. 그 내용은 부정적 사실이다. 차지도 덥지도 않다는 것이다. 라오디게아는 강이 있으나 곧 말라버려 이웃 도시에서 물을 끌어와 사용한다. 특히 근처 골로세(Colosse)에서는 아주 차고 시원한 물(fresh water)이 나오는데 이 물을 관으로 라오디게아로 옮겨와 식수로 사용해 왔다. 그리고 히에로폴리스(Hieropolis)로부터는 뜨거운 온천수를 끌어들여 병을 치료하는데 사용했다. 이 두 물이 섞이면 미지근한 물로 변해 마시기도 어렵고, 치유에도 적합하지 않게 된다. 주님이 "더웁지도 아니하고, 차지도 아니하고"라는 말씀은 골로새의 찬물처럼 먹을 수 있는 생수의 역할을 하든지 뜨거운 물이 되어 병을 치료할 수 있는 교회가 되든지 하라는 말씀이다. 이것도 저것도 아닌 미지근한 물은 마실 수도 없고 치유할 수 없기 때문이다. 음식가운데는 차게 해서 들어야 하는 음식도 있고, 따끈하게 해서 들어야 하는 음식이 있다. 이것도 저것도 아니면 맛이 없다. 주님은 라오디게아 교인들의 신앙이 이처럼 미지근한 것으로 변해가고 있음을 안타까워하신다. 차지도 덥지도 않은 미지근함 때문에 하나님이 토해내지 않으면 안 될 것만 같은 신앙의 모습을 하고 있다는 것이다.

라오디게아교회는 부했다. 경제적으로 부족함이 없었다. 그러나 영적으로는 문제가 많았다. 하지만 그들 자신은 영적으로 어떤 상태에 있는지 알지 못했다. 주님은 안약을 사서 '네 곤고한 것, 가련한 것, 가난한 것, 눈먼 것, 그리고 벌거벗은 것'을 보고 알라고 말씀하신다. 아무리 비싼 옷으로 겉치장을 멋지게 했다 해도, 많은 돈을 들여 성형수술을 감쪽 같이 했다 해도 그것이 영적으로 벌거벗은 모습을 가릴 수는 없다. 교회가 아무리 크고 물질적으로 풍요하다해도 그것으로 벌거벗은 모습을 가릴 수는 없다. 주님은 이미 우리의 상태를 아셨으며, 이제는 우리가 우리 자신의 영적 상태를 알아야 한다고 말씀하신다. 지금의 영적 상태를 바로 인식한 다음 19절의 말씀처럼 '열심을 내라'는 것이다. '교회여 너 자신을 알고 다시금 일어나라'는 것이다. 이것은 오늘날 부요한 가운데 믿음생활을 하지 못하고 있는 현대 교회에게 던져진 주님의 간곡한 말씀이다.

소아시아 일곱 교회를 향해 던지신 '내가 아노니'라는 주님의 말씀 속에는 긍정적 의미도 있고, 부정적 의미도 있다. 이 말로 보면 5교회는 칭찬을 받았고, 2교회는 질책을 받았다. 이것은 우리가 흔히 아는 바와 같이 2교회만 칭찬을 받았고, 5교회는 질책을 받았다는 사실과는 숫자적으로 대조된다. 우리에게 교훈이 되는 사실은 여러 가지 점에서 부족한 면이 많이 보이는 교회들임에도 불구하고 주님이 각 교회의 장점을 보시고 친히 칭찬을 했다는 점이다. 이것은 주님이 각 교회가 가지고 있는 좋은 점을 긍정적으로 보시고 이 점들을 키워나가기를 바라고 계신다는 것을 보여준다.

현대에 와서도 교회는 전통이라는 미명아래 각종 미신과 이단 사설로 에워싸여 있다. 특히 첨단과학의 발전과 그로 인한 물질적 풍요는 예수 그리스도를 경히 여기는 풍조를 낳고 있다. 우리는 이런 거짓과 허상에 단호히 대처하고, 오직 예수 그리스도를 향한 믿음을 더욱 굳게 세워 나가야 한다. 주님을 향한 우리의 수고와 인내, 환난을 이기는 믿음과 충성으로 현대 교회를 영적으로 살아있는 교회로 만들어야 한다. 물질적 풍요나 현재의 상태에 더 이상 안주하지 않고, 영적으로 거듭날 때 주님은 우리를 향해 기꺼이 '내가 아노니'고 말씀하실 것이다.

✝ 교회에 대한 주님의 명령

우리는 흔히 일곱 교회에 대한 주님의 서신을 분석하면서 서머나 교회와 빌라델비아 교회는 위로와 칭찬을 받은 교회이고 다른 교회들은 책망을 받았다든가, 또는 각 교회에 대한 형편을 살펴 그 교회의 잘못을 파헤치고 교훈을 삼아왔다. 어느 모르든 교훈을 받는 것은 중요한 일이다. 그러나 무엇보다 중요한 것은 주님이 교회에 대해서 무엇을 요구하고 또 개선 명령을 내리시는가에 주목할 필요가 있다. 여기서는 이러한 관점에서 살펴보고자 한다.

1) 처음 사랑을 버리지 말라(계2:4)

에베소 교회에 보낸 편지 속에 언급된 잃어버린 처음 사랑은 성도 간의 사랑을 의미하기보다는 그리스도에 대한 열심이 식어진 것을 의미하고 있다. 에베소 교회는 사도 바울이 세운 교회였고, 디모데가 돌본 교회였으며, 한 때 사도 요한이 목회했던 곳이다. 처음 세대가 지나가고 복음의 열정을 잃은 다음 세대가 이 교회를 맡고 있었다. 처음 세대가 있었을 때는 말씀을 강렬히 사모하고 사랑이 넘쳤는데 지금은 주님을 사모하는 심정이 약해지고 그 마음이 주님께 온전하지 못한 것이다. 에베소 교회는 교리를 준수하는 데는 열심이었지만 주님을 향한 열심은 없었다.

이것은 마치 바리새인들이 계율을 따져 지키려는 열심은 컸지만 정작 하나님에 대한 열심은 없었던 것과 마찬가지다. 현대의 많은 교회들도 교리를 따져 이것은 안 된다, 저것은 안 된다고 말들은 잘 하면서 주님을 향한 뜨거운 마음이 없음을 볼 수 있다. 이렇듯 외식하는 교회들을 향해 주님은 어찌 그리되었는가를 생각하라, 회개하라, 처음

행위를 회복하라(계2:5)고 명령하신다. 이것은 우리들의 생각이 그리
스도로 꽉 차 있어야 하고, 마음이 온전히 그리스도를 향해 있어야 하
며, 그리스도의 소유가 되어야 한다는 것을 가르쳐 주고 있다.

2) 죽도록 충성하라(계2:10)

서머나 교회에 대해서는 "네가 장차 받을 고난을 두려워 말라" 그
리고 "네가 죽도록 충성하라"는 권고를 하셨다. 이것은 일차적으로는
순교에 직면한 서머나 교회와 교인들을 향해서 그들의 마음을 강하게
하고, 어떤 어려움에 직면하더라도 그것을 이기도록 하신 것이다.

서머나 교회는 고난 받는 교회의 상징이었다. 주후 155년 이 교회의
초대감독이었던 폴리갑은 끝내 주님을 배반하지 않고 화형을 당했다.
그리스도를 배반하면 살려준다고 했지만 그는 "나는 86년간 그리스도
를 섬겨왔다. 그리스도는 한 번도 나를 거절하지 않았는데 어찌 내가
그를 거절하겠는가!"라면서 그 제의를 단호히 거부했다. 유대인들은
이 때 그를 태울 장작과 섶단을 모아 주었을 만큼 그리스도인을 핍박
하는 데 적극 동참하였다. 그러나 그는 화형을 당하면서도 거듭 거듭
"아멘"을 외쳤다고 한다. 죽도록 충성한 모범을 보인 것이다. 주님은
약속하신다. "죽도록 충성하라 그리하며 내가 생명의 면류관을 네게
주리라." 그럼에도 불구하고 우리는 조그마한 어려움이 와도 하나님을
원망하며 살지 않는가.

3) 회개하라(계2:16; 2:22; 3:3; 3:19)

"회개하라"는 주님의 명령은 7교회에 보낸 명령 가운데 버가모 교
회 · 두아디라 교회 · 사데 교회 · 라오디게아 교회 등 이른바 질책을

받은 모든 교회에 공통적으로 나타난다.

버가모 교회는 안디바(Antipas)와 같은 충성된 순교자를 낼 만큼 많은 교인들이 신앙 때문에 순교를 당했다. 그러나 이 교회는 그들 앞에 올무를 놓아 부도덕과 우상숭배로 그들을 부패시키려는 니골라 당의 교훈을 받아들여 방종이 교회 안에 들어오게 하였다. 순교로서 핍박을 이기기는 했지만 그들을 죄 속으로 빠져들게 하는 유혹은 이기지 못한 것이다. 버가모 교회의 니골라 당, 두아디라 교회의 이세벨은 교회에 대한 사단의 침입을 가리킨다. 사단은 달콤한 시선으로 우리를 유혹한다. 이 유혹은 교회를 넘어지게 하고 그리스도로부터 멀어지게 한다.

"회개하라"는 주님의 명령은 이 같은 자리에서 돌아서라는 단호함이 들어있다. 이 세상 유혹에 쉽게 타협하지 말라는 것이다. 주님을 가리켜 '좌우에 날선 검을 가지신 이'라고 묘사한 것은 바로 주님은 이 같은 죄를 용납지 않는다는 것을 보여준다. 순교를 당할 때도 주님을 향한 믿음을 버리지 않았는데 세상 유혹 때문에 믿음을 저버린다는 것은 있을 수 없다는 것이다.

4) 인내하라(계2:19,25; 3:10,11)

주님은 두아디라 교회와 빌라델비아 교회에 보내는 편지를 통해 인내를 강조하였다. 두아디라는 '계속적인 희생'을 뜻한다. 그들은 선행·사랑·믿음·섬김·인내로 주님을 섬겼다. 그러나 사단의 숨은 뜻을 알지 못하고 자칭 선지자라 하는 여자 이세벨의 가르침을 용납함으로써 행음·우상숭배 등 나쁜 행위를 교회에 받아들였다. 주님은 너의 올바른 믿음을 인내를 가지고 지키라고 당부하고 있다. "너희에게 있는 것을 내가 올 때까지 굳게 잡으라 이겨라 끝까지 내 일을 지켜라"(계2:25, 26).

이 명령은 빌라델비아 교회에도 똑같이 적용된다. 왜냐하면 이 교회도 얼마든지 잘못된 길에 들어설 수 있기 때문이다. 장차 인내를 시험할 때가 올 터인데 인내로써 말씀을 지켜 "네가 가진 것을 굳게 잡아 아무나 네 면류관을 빼앗지 못하게 하라"(계3:11)고 가르친다. 끝까지 인내함으로써 믿음을 온전히 지키라는 것이다. "내가 속히 임하리니"(계3:11)와 '이기는 자'(계3:12)에 대한 약속은 인내에 상급이 있게 됨을 말하고 있다. 인내하며 "하나님의 성전에 기둥이 되게 하겠다."(계3:12)는 것은 그리스도인에게 있어서 인내가 얼마나 중요한가를 보여주고 있다.

5) 깨어있으라(계3:2,3)

사데 교회는 살았다 하나 사실은 죽은 교회(계3:1)로 지목되고 있다. 명목은 교회지만 교회다운 데가 없다는 것이다. 학자들은 사데 교회가 물질적인 풍요에 빠져 신앙생활을 게을리 한 것으로 판단하고 있다. 물론 사데 교인 모두가 그런 것은 아니다. 사데 교회에 그 옷을 더럽히지 않은 몇 명이 있음(계3:4)을 밝히고 있기 때문이다. 하나님은 어느 시대나 남은 자를 숨겨두심으로써 믿음이 이어지도록 하신다(왕상19:10, 18:롬11:15). 주님께서 교회에 대해 말씀하고자 하는 것은 "깨어있으라"(Awake)는 것이다. 주님은 사데 교회에 대해 두 번씩이나 깨어있지 않으면 안 된다고 강조하였다.

요즘 상당수 교인들이 주기도문·사도신경, 그리고 여러 신조들을 암송하고 있지만 실생활에서는 신조와는 전혀 다른 생활을 함으로써 사실상 말씀과는 먼 생활을 하고 있다. 동작은 하지만 생기가 없고, 장려는 하지만 발전은 없으며, 겉모양은 있지만 사실 죽어있는 것이나 다름없다. 말은 하면서도 마음이나 행동은 그렇지 못하다는 것이다. 주님은 "하나님 앞에서 네 행위이 온전한 것을 찾지 못하였으니 깨어 있으라" 당부하고 깨어있지 않으면 언제 도적이 올지 모르는 것처럼 갑자기 임하셔서 심판하실 것임을 분명히 하셨다.

6) 열심을 내라(계3:19)

주님은 라오디게아 교회가 차지도 아니하고 덥지도 아니한 것을 지적하고 열심을 내라고 하셨다. 주님은 라오디게아 교인들의 신앙이 이 물처럼 미지근한 것으로 변해가고 있음을 안타까워하셨다. 이 교회가 이렇게 된 것은 여러 이유가 있지만 성경은 부요한 때문(계3:17)이라고 기록하고 있다. 육적으로 부요해지자 영적으로 가난해지기 시작했다는 것이다. 주님에 대한 열성도 식어지고 부를 누리는 데만 급급하게 되었다. 주님은 그들이 스스로 영적으로 곤고한 것·가련한 것·가난한 것·눈먼 것·벌거벗은 것을 알지 못하고 있다고 지적하고(계3:17), 불로 연단된 금(신앙)으로 부요하게(재무장)하고 흰옷(믿음으로 성결 된 옷)을 사서 입어 벌거벗은 수치를 보이지 않게 하며 안약(영안)을 사서 눈에 발라 보게 하라(계3:18)고 명령하였다.

주님은 또 그들이 열심이 없는 상태를 주님을 교회 밖에 세워 둔 모습(계3:20)으로 그려놓으셨다. 그들은 주님대신 금전욕·재물 욕에 가득 차 있어 주님이 그들 안에 거할만한 자리가 없다는 것이다. 이것은 현대 교회의 모습이라 아니할 수 없다. 겉으로는 주님의 교회라 하면서도 그 안에 주님을 모시지 않고 있기 때문에 주님을 향한 열심이 있을 수 없다. 교회 속에 사치·물욕·낭비·과소비·허세 등이 자리 잡은 지 이미 오래이다.

열심을 나타내는 영어 'enthusiasm'의 원래 의미는 '하나님(Theo) 안에 들어간다(en)'는 뜻을 가지고 있다. 내 안에 하나님을 모실 때 열심이 있을 수 있다는 것이다. 내 열심이 아니라 여호와의 열심, 성령의 열심이다.

주님은 지금도 문밖에 서서 교회의 문을 두드리고 계신다. 그리고 누구든지 내 음성을 듣고 문을 열면 내가 그에게로 들어가겠다고(계 3:20) 하신다. 주님보다 다른 것에 열중하는 교회를 향해 주님은 단호한 심판을 내리겠다고 경고하신다.

✝ 이기는 자에 대한 주님의 약속

주님은 각 교회에 대해 칭찬할 것은 칭찬하고, 특히 고칠 것을 지적하면서 시험을 이기는 교회가 될 것을 부탁하셨다. 그리고 이기는 교회에 대해서는 축복하실 것을 약속하셨다. 이기는 그(교회)에게 주실 복은 다양하고 풍성하게 묘사되어 있다. 이기는 자에 대한 확고한 보장의 말씀이자 새로운 언약의 말씀이다.

- 하나님의 낙원에 있는 생명나무의 과실을 주어먹게 하리라
- 생명의 면류관을 주리라
- 둘째 사망의 해를 받지 않게 하리라
- 감추었던 만나를 주리라
- 새 이름을 새긴 흰 돌을 주리라
- 만국을 다스리는 권세를 주리라
- 새벽별을 주리라
- 흰옷을 입으리라
- 그 이름을 생명책에서 반드시 흐리지 않고 그 이름을 내 아버지 앞과 천사들 앞에서 시인하리라
- 내 하나님 성전에 기둥이 되게 하리라
- 내 부좌에 함께 앉게 하리라

그러나 주님은 이 명령을 지키지 못할 경우 "네 촛대를 그 자리에서 옮기리라" 엄히 경고하고, 각 교회에 대한 편지 맨 마지막에 "귀 있는 자는 성령이 교회들에게 하시는 말씀을 들을지어다."라고 재차 강조하셨다. 주님은 경책의 말씀을 통하여 교회가 다시금 거듭날 것을 촉구하신다. 교회를 미워하기 때문이 아니라 사랑하기 때문이다. 주님은 교회를 향해 '내가 사랑하는 자'(계3:19)이기 때문에 책망한다고 말씀하신다. 주님은 지금도 교회를 사랑하므로 교회 하나하나를 살피며 말씀하신다. "처음 사랑을 버리지 말라. 죽도록 충성하라. 회개하라. 인내하라. 깨어있으라. 열심을 내라." 이 말씀은 단지 교회에만 해당되지 않는다. 우리 각자에게도 그대로 적용된다.

3. 요한계시록이 말하는 복 있는 자

요한계시록은 일곱 가지 복에 대해서 언급하고 있다. 즉, 말세에 있어서 복 있는 자를 일곱 가지로 나누어 제시하고 있는 것이다. 여기서 "복이 있다"라는 말은 제시된 삶을 살 때 하나님께서 후히 주실 복이라는 의미도 있지만 우리에게 있어서는 무엇보다 하나님을 근심케 하지 아니하고 인정함을 받는다는 것을 중시해야 할 것이다. 여기에서 이 문제를 다루는 것은 말세에 처한 우리가 무엇을 믿고 어떻게 행동해야 하는가를 배우기 위함이다. 그 보기를 들면 다음과 같다.

1) 예언의 말씀을 읽는 자, 듣는 자, 지키는 자

요한은 이 예언의 말씀을 읽는 자와 듣는 자들과 그 가운데 기록한 것을 지키는 자들이 복이 있나니 때가 가까움이라 고(계 1:3) 기록하고 있다. 이 예언의 말씀 은 계시록에 기록된 예언의 말씀을 가리킨다.
계시록은 본질상 예언이다. 예언은 역사적인 사실들을 일일이 기술하
는 것이 아니라, 역사에 대한 하나님의 전체적인 의도를 제시하는 하
나의 방향설정과 같은 것이다. 그러므로 하나님의 의도를 읽고, 듣고,
지키는 것은 하나님의 뜻을 헤아리는 하나님의 백성으로써 마땅히 해
야 할 일이다. 이를 통해 우리는 요한이 그가 받은 계시를 독자들에게
전달하고자 하는 목적은 단순히 종말에 관한 신비로운 지식을 제공하
려는 것이 아니라 그리스도의 재림을 준비하는 영적이고 도덕적인 삶
의 자세를 촉구하는 데 있음을 알 수 있다.

이 예언의 말씀을 읽는 자와 듣는 자와 지키는 자들에게 복이 있다
고 한 것은 때가 가깝기 때문이다. '때가 가까움이라'에서 때는 카이로
스(kairos)를 가리키는 말로 시간의 계속을 의미하는 크로노스(chronos)
가 아니라 어떤 일이 이루어지는데 필요한 모든 여건들이 무르익은 시
기를 가리킨다. 하나님의 때가 가까운 것이다. 이것은 신약시대의 전 기
간이 종말의 때임을 암시해 준다.

2) 주 안에서 죽는 자

말세에 받을 두 번째 복은 주 안에서 죽는 자들이다. "기록하라 자
금 이후로 주 안에서 죽는 자들은 복이 있도다."(계 14:13). 기록해야
할 내용은 비상사태에 처한 교회에 보내는 메시지이다. 자금 이후로
황제 예배가 대폭 강요되어 죽음의 폭풍이 휘몰아 칠 것이 예상되는
데 성도들은 다 같이 순교의 각오를 단단히 하지 않으면 이 마지막
결전에서 패하고 말 우려가 크기 때문이다. 그러므로 "자금 이후로 주
안에서 죽는 자들은 복이 있도다." 라는 말씀은 매우 절박한 상황을
담고 있음을 알 수 있다. '주 안에서'라는 말은 바로 앞 절에 있는 말

씀처럼 '하나님의 계명과 예수 믿음을 지키는 자'(계14:12)를 가리킨다. 주 안에 있는 자는 사단의 지배를 받는 자와 대비된다. 주 안에서 죽는 자들은 복되다. 왜냐하면 이 세상의 여러 무거운 짐을 벗고 주 안에서 안식하기 때문이다. 그 뿐 아니라 그들은 자신이 행한 대로 보상을 받게 된다.

3) 깨어 자기의 부끄러움을 보이지 않는 자

"내가 도적같이 오리니 누구든지 깨어 자기 옷을 지켜 벌거벗고 다니지 아니하며 자기의 부끄러움을 보이지 아니하는 자가 복이 있도다."(계16:15). 같은 장 13절을 보면 개구리 같은 세 더러운 영이 용, 짐승, 거짓 선지자의 입에서 나왔다고 했다. 용과 짐승과 거짓 선지자는 사단의 삼위일체를 가리키며 개구리 같은 더러운 영이란 더러운 영의 성격을 표현한 것이다. 즉, 개구리가 더러운 일을 하며 소란을 피우듯이 더러운 영도 용과 짐승과 거짓 선지자들을 통해서 더럽고 부정한 일을 할 뿐 아니라 이곳저곳에 소란을 피운다는 것이다. 벌거벗고 다니거나 자기의 부끄러움을 보인다는 것은 이러한 모습을 나타낸다. 그러므로 항상 깨어 자기 옷을 지켜 벌거벗고 다니지 아니하고 자기의 부끄러움을 보이지 않을 때 하나님으로부터 약속하신 복을 받는다.

4) 어린 양의 혼인잔치에 청함을 입은 자

"기록하라 어린 양의 혼인잔치에 청함을 입은 자들이 복이 있도다 이것은 하나님의 참되신 말씀이라."(계19:9). 기록하라는 천사의 명령은 다음에 중대한 사건이 벌어질 것을 예상케 한다. 어린 양의 혼인잔치가 바로 그것이다. 구약에는 이스라엘을 여호와 하나님의 신부로 묘사된 곳이 많다(사 54:5-6;62:5;겔 16:6-14;호 2:19-20). 예수님은 자신을 신랑으로, 제자들을 혼인집 손님들로 비유하신 적도 있다(막 2:19-20;마 25:1-13). 바울도 교회와 그리스도의 관계를 혼인관계로 비유하였다(고후 11:2; 엡 5:22-27). 혼인잔치는 마태복음 22:2-14, 25:10의 예수님의 비유에 나온다. 본문의 어린 양의 혼인잔치는 순전히 하늘에서 일어나는 것으로 어린 양이신 그리스도를 신랑으로, 교회를 신부로 하는 결혼잔치를 의미한다.

유대인의 결혼식은 크게 세 단계로 이루어진다. 첫째는 부모들에 의해 계약을 맺는다. 일종의 정혼식으로 이것은 성년이 되기 이전에 하는 것이 관례이다. 증인들 앞에서 서약을 하고 하나님의 복을 빈다. 이때부터 신랑과 신부는 법적으로 남편과 아내가 된다(마 1:18,19). 그리고 일정 기간 후에 혼인잔치가 있다. 이 기간에 결혼지참금을 다 지불해야 한다(창 34:12;29:20). 둘째 단계는 결혼예식의 진행이다. 결혼식이 있는 날 밤. 신랑은 친구들과 횃불을 들고 신부 집으로 가서 곱게 단장한 신부를 집으로 맞이한다(마 9:15;25:1 이하). 셋째 단계는 신랑 집에서의 혼인잔치이다. 이 잔치는 보통 밤에 신랑 집에서 약 1-2주 동안 거행된다. 이때는 손님들이 초대되어 대접을 받는다(요 2:1-11). 본문의 경우는 두 번째 단계로 계시록 20-21장에 나타날 잔치에 앞서 진행된다.

계시록 19장 8절에 나타난 신부의 단장한 모습을 보면 깨끗하고 흰 세마포 옷을 입었다. 이 세마포 옷은 음녀의 치장과는 극히 대조되는 것으로(계 17:4) 의로운 성도의 행실과 성화된 성격(계 7:13;19:8)을 나타낸다. 학자에 따라서는 이때 입는 옷을 크게 겉옷과 속옷으로 구분하고 있다. 속옷은 신부인 모든 성도들이 입는 칭의의 옷을 가리키며 겉옷은 그들이 이 땅에서 그리스도를 위해 봉사하는 가운데 얻은 실제적인 의의 옷이다. 물론 이 옷은 하나님께서 주신 것이지만 성도들의 모든 반드시 보상을 받을 것이라는 점을 여기서도 찾을 수 있다. 성경은 이처럼 성도들을 어린 양이신 예수 그리스도의 영적인 신부, 단정한 신부로 묘사하고 있다.

5) 첫째 부활에 참예하는 자

"이 첫째 부활에 참예하는 자들은 복이 있고 거룩하도다 둘째 사망이 그들을 다스리는 권세가 없고 도리어 그들이 하나님과 그리스도의 제사장이 되어 천년동안 그리스도로 더불어 왕노릇하리라."(계20:6). 첫째 부활은 예수를 믿고 하나님의 말씀을 증거 하는 삶을 산다는 이유로 순교를 당한 성도들과 짐승의 표를 받지 아니한 모든 성도들이 살아서 그리스도와 더불어 천년동안 왕 노릇하는 것을 가리킨다(계20:4). 여기서 천년이란 초림과 재림 사이의 전 기간을 가리킨다.

천년왕국에 대해서는 크게 세 가지 학설이 있다. 먼저 천년을 문자적으로 취급하여 그리스도께서 먼저 재림하시고 그 후에 천년왕국이 건설된다는 전천년설이 있고, 둘째는 예수님의 재림이 천년왕국 후에 있다는 후천년설이 있으며, 끝으로 문자적 천년을 부정하고 다른 부분에서처럼 영적으로 해석하는 무천년설이 있다. 후천년설을 제외한 전천년설과 무천년설은 보수주의적 견해로 인정을 받고 있다.

헨드릭슨에 따르면 '그리스도와 더불어 왕 노릇하리라'는 것에는 그리스도와 함께 심판한다, 그리스도와 함께 산다, 그리스도의 영광에 참여한다, 그리고 첫째 부활에 동참한다는 네 가지 의미가 있다. 그러면 "왕 노릇하는 곳이 어디인가?" 하는 물음이 있게 된다. 천년왕국을 나타내는 본문(4-6절)은 지상보다 하늘에서 일어나는 사건을 가리키고 있어 왕 노릇 하는 곳은 하늘임을 알 수 있다. 즉, 성경은 보좌가 있는 곳, 순교자들이 있는 곳이라 했는데 이것은 그곳이 모두 하늘임을 말하고 있다. 또한 그리스도와 함께 왕 노릇 한다고 했으므로 그곳은 그리스도께서 계신 곳임을 알 수 있다.

6) 예언의 말씀을 지키는 자

"보라 내가 속히 오리니 이 책의 예언의 말씀을 지키는 자가 복이 있으리라."(계22:7). 이 말씀은 계시록의 결론 부분(6-21)에서 언급되고 있는 말씀으로 이 부분은 예언의 확실성을 확증하는 한편 종말을 대비하는 신앙의 자세를 가질 것을 촉구하는 내용으로 되어 있다. 요한은 '이 책의 예언의 말씀'을 같은 장 18, 19절에도 언급하고 자신이 쓴 내용에 다른 어떤 것을 함부로 더하거나 빼지 말 것을 경고하고 있다. 고대 저작자들은 자신의 작품에 다른 내용을 함부로 섞거나 삽입하는 것을 막기 위해 저주의 문구를 책 마지막 부분에 기록하는 습관이 있었다. 요한도 다소 이런 의미를 내포하고 있는데 그 이유는 하나님의 계시된 말씀을 가볍게 보아서는 안 될 것이기 때문이다. 그는 이 예언의 말씀을 지키는 자는 말세의 첫 번째 복의 경우에서처럼 복이 있다고 다시금 확인하고 있다.

7) 두루마기를 빠는 자

"그 두루마기를 빠는 자들은 복이 있으니 이는 저희가 생명나무에 나아가며 문들을 통하여 성에 들어갈 권세를 얻으려 함이로다."(계 22:14). 두루마기란 성도들의 옷(robes)을 가리킨다. 두루마기를 빠는 자들은 원래 '자신들의 의복을 씻는 자들'을 의미한다. 어떤 사본에는 '그의 명령을 지키는 것'(do his commandments)으로 나타나 있다. 여기서 두루마리를 빠는 자는 그리스도의 희생을 믿고 속죄한 성도, 더 나아가서는 주님의 명령을 충실히 지키는 성도를 가리킨다. 성도는 믿음의 세마포를 그리스도의 보혈로 빨아야 한다. 이런 성도들에게는 새 예루살렘에 들어갈 특권이 주어진다. 새 예루살렘은 과거에 잃어버린 에덴동산과는 달리 완전하고 영원한 동산이다. 계시록 22장 1-5절에 따르면 새 예루살렘에서의 축복된 생활이 여덟 가지로 나타난다.

- 생명수 강이 있다. 이 강은 영생과 하나님의 은혜의 선물을 상징한다.
- 강 좌우에 생명나무가 있다. 이것은 영원한 생명을 주는 나무로써 승리한 성도들에게 상으로 주는 나무(계 2:7)이기도 하다.
- 다시 저주가 없는 곳이다.
- 이 성에는 하나님과 어린 양의 보좌가 있다. 보좌란 하나님의 주권을 상징한 것으로 순종할 때 기쁨을 준다.
- 그의 종들이 그를 섬기는 곳이다. 6) 그의 얼굴을 본다.
- 하나님의 이름이 성도들의 이마에 기록된다. 이것은 하나님께 속했다는 표시이고 다른 하나는 하나님으로부터 구원과 보호를 받는다는 예표이다.
- 다시는 밤이 없는 곳이다. 밤이란 죄악(롬 13:12), 환난(사 21:12), 고통(마 25:30), 죽음(요 9:4) 등 불행을 상징한다.

지금까지 요한계시록에 나타난 말세의 일곱 가지 복을 살펴보았다. 우리는 시기적으로나 상황적으로 말세에 처한 시대를 살고 있다. 따라서 우리는 앞으로 되어 질 예언의 말씀을 두려운 마음으로 읽고 듣고 지키는 자가 되어야 한다. 우리는 결코 하나님이 어디 계시느냐며 하나님 앞에서 오만한 삶을 살아서는 안 된다. 우리는 우리를 무섭게 에

워싸고 있는 사단의 세력들을 의식해야 하며 그들의 유혹에 넘어가서
는 안 된다. 우리는 늘 세마포 옷을 깨끗이 빨아 기어코 세 예루살렘
의 문을 통과하는 복 있는 자가 되어야 한다. 어린 양의 혼인잔치가
시작되려는 찰나 하늘에서 다음과 같은 소리가 큰 뇌성처럼 울린다.
"우리가 즐거워하고 크게 기뻐하여 그에게 영광을 돌리세."(계19:7).
우리 모두 이 소리를 들을 수 있는 감격의 순간이 있어야 하겠다.

4. 666이란 무엇인가?

가끔 광고에 다음과 같은 광고를 볼 수 있다. "666 표는 상징이 아
니다. 깨어있는 성도여, 666은 상징일 수 없으며 실제 상황이다." 특히
컴퓨터 등 전자과학이 발달하자 666을 바코드에까지 연결시켜 해석하
는 일이 발생한 것이다. 역사적으로 666은 여러 가지로 논란의 대상이
되어 왔다. 이 흐름을 먼저 살펴보고 이것을 어떻게 보다 성경적으로
해석해야 하는가를 검토해 보기로 한다.

1) 666의 성경적 근거

666의 근거는 요한계시록 13장 18절이다. 이에 따르면 "지혜가 여기
있으니 총명 있는 자는 그 짐승의 수를 세어 보라 그 수는 사람의 수
니 육백 육십육이니라." 이 수는 짐승의 수이자 사람의 수로 나타나
있다. 계시록 13장에는 첫 번째 짐승(1절)과 두 번째 짐승(11절)이 나
타나 있는데 666이라는 숫자는 대부분 두 번째 짐승보다도 첫 번째
짐승과 연관되어 있는 것으로 보고 있다. 이 숫자는 분명히 권위 있는
표식의 하나이기 때문에 이것을 지니지 못한 사람은 매매될 수 없게

되어 있다(17절). 즉, 그 짐승이 오른 손에나 이마에 표(mark)를 받게
하고 누구든지 이 표를 가진 자 외에는 매매를 할 수 없도록 했으며
이 표는 짐승의 이름이나 그 이름의 수라는 것이다.

표를 받게 한다는 것은 원래 어떤 사람에 대한 소유권을 확보하고
인을 친다는 뜻을 가지고 있다. 고대사회에서는 전쟁포로나 반항하는
노예들에게 표를 하여 금방 알아 볼 수 있게 하였다. 또한 유대인들은
왼 손과 이마에 기호와 표를 붙이고 다녔다(신6:8). 짐승도 이것을 모
방하여 자신의 소유를 확인하고 구별하는 것이다. 그러므로 이 표를
받은 사람은 짐승에 속해 있다는 것을 알 수 있다.

2) 다양하게 해석되고 있는 666

역사적으로 볼 때 666은 시대에 따라 다양하게 해석되고 있다. 그
대표적인 보기를 들면 다음과 같다.

한 개인의 수를 나타낸다는 해석

아라비아 숫자가 사용되기 전에는 알파벳이 그 용도를 겸하고 있어
서 음을 나타내는 글자로 사용되었을 뿐 아니라 숫자로도 사용되었다.
헬라인이나 히브리인들에게도 지금처럼 편리한 아라비아 숫자가 없었
다. 그래서 그들은 아라비아 숫자를 갖기까지 자신들의 알파벳을 숫자
로 사용하였다. 보기를 들어 헬라어 알파벳은 알파, 베타, 감마 등으로
시작된다. 그들에게 있어서 알파는 1, 베타는 2, 감마는 3을 의미한다.
이 경우 합하여 666이 되는 단어를 쉽게 추론할 수 있다.

666을 해석할 때 가장 오래된 해석은 알파벳 단어의 합이 666이 되
는 사람일 것으로 보는 것이다. '사람의 수'로 언급되고 있는 짐승의
수는 고대사회에서 통상적으로 사용되었던 암호 형식의 한 본보기로

간주되는 것으로 한 사람의 이름이 알파벳의 총합으로 나타냈다. 18절에 언급된 '사람의 수'는 문자적으로는 '한 개인의 수'(arithmos anthropou)를 나타낸다. 이를 미루어 볼 때 어떤 한 인물일 가능성이 높다. 이 경우 어떠한 이름이든지 각 문자가 의미하는 수를 합하여 '한 사람의 수'를 나타내면 된다. 역사적으로 볼 때 대개의 경우 적그리스도라고 생각되는 인물을 여기에 적용하고자 했다. 이 가운데는 네로, 모하메드, 교황, 나폴레옹, 심지어는 히틀러까지 거론되기도 했다.

가장 보편적으로 널리 제시되었던 이 암호의 해답은 '네로 황제'였다. 헬라어 '네론 카이사르'(Neron Kaisar)의 히브리 알파벳(NRONKRS)의 총합이 666이기 때문이다. 그러나 이것을 네로라 하기에는 문제가 있다. 왜냐하면 요한계시록은 대체로 도미시안 황제 때 기록된 것으로 추정되고 있다. 그럴 경우 도미시안 황제의 통치는 네로가 죽은 지 30년 후에나 시작되었기 때문이다. 그러나 요한계시록의 기자는 네로가 다시 살아서 나타날 것이라는 당시 로마 사회의 신앙을 이용했을 수도 있다. 도미시안 통치아래서 어려움에 직면하게 된 그리스도인들이 자신들의 어려움을 이러한 방식으로 설명할 수 있었을 것이다. 이러한 해석이 그럴듯하게 보이기는 하지만 해석상 어려움은 그대로 남아 있게 된다. 어떤 이들은 도미시안 황제 라틴 정식 명칭을 헬라어로 축약시킨 '도미시안'을 666으로 보기도 한다.

루터는 교황을 666이라 했다. 교황이 쓰는 관에는 하나님의 대리자(the vicar of the son of God)라는 글자가 쓰여 있는데 그 수가 라틴어로 666 수에 해당하기 때문이다.

현재 우리는 누가 666인가는 알 수 없다. 그저 그때그때 마다 추론할 뿐이다. 종종 주석가들은 그 짐승의 숫자가 계시록 기록보다 후에 올 어떤 사람을 가리킨다고 주장한다. 이 사람은 비록 계시록에는 한 번도 언급되지 않지만 적그리스도로서 종말에 나타나는 사람으로 간주되었다. 이 주장에 따라 오늘날 현재 나타나는 중요한 정치 종교 군사 지도자들도 그 숫자의 주인공으로 등장한다. 그러나 최후의 날 적그리스도가 나타날 때 우리는 그가 누구인지를 확연히 알 수 있게 될 것이다.

국가나 단체를 나타낸다는 주장

666을 국가나 단체에 적용하기도 한다. 여기에 대표적으로 지적되는 것이 로마 제국이다. 폴리갑과 요한의 제자였던 이레네우스는 라틴을 가리키는 헬라어, '라테이노스'(Lateinos)를 666으로 보았다. 이 경우 라틴어를 공식 언어로 사용하는 로마 제국이 그 대상이 된다. 아울러 로마가톨릭교회가 라틴어를 공식어로 사용했기 때문에 가톨릭교회나 교황이 지칭되기도 했다. 가톨릭교회가 지칭되는 경우 성경학자들은 교황무오설을 요한계시록 13장 6절에 나오는 "짐승이 입을 벌려 하나님을 향해 훼방하되"에 해당한 것으로, 그리고 짐승이 "권세를 받아 성도들과 싸워 이기게 되고"(7절)를 중세 때 수많은 성도가 가톨릭교회의 박해로 순교당한 것으로 해석한다. 더 최근에는 국제적인 기구들을 들어 666이라 하기도 했다. 그러나 여러 주장가운데 요한계시록이 그리스도인들에 대한 로마 제국의 박해를 서술하고 있다는 점에서 무엇보다 로마 제국이 가장 우세한 것으로 간주되고 있다.

상징적인 것으로 해석하려는 주장

이 주장은 숫자가 한 개인의 수나 그 개인의 이름과 연관되어 있다기보다 '인류의 수'이거나 '인간들의 수'로 생각되어야 한다는 것이다. 이 주장에 따르면 666은 계시록에 나타난 다른 숫자들과 같은 종류로서 상징적으로 해석되어야 한다는 것이다. 이 경우 6은 계시록에서 완전을 상징하는 7보다 하나가 모자라기 때문에 666은 불완전이 합해진 것으로 짐승의 숫자를 거절하였던 하나님의 백성을 제외한 모든 인류들에게 주어지는 하나의 인식표로 볼 수 있다는 것이다. 이 경우 666은 완전개념인 7과 정반대 되는 개념을 갖는다. 따라서 짐승의 이름이 무엇이든지 간에 그 이름의 수는 실패와 불완전을 나타낸다. 짐승은 겉보기에는 성공하는 것 같으나 근본적으로는 완전히 실패한다.

판매 표식이라는 주장

과학과 자본주의가 발달하면서 666의 해석도 상품자본주의식으로 달라지고 있다. 1992년 10월 예수님이 공중 재림한다고 주장했다가 공수표를 날린 다베라 선교교회(하 방익)는 666을 레이저로 읽어서 계산하게 되는 바코드(bar code)로 간주하고 이를 사단의 보증 인감 또는 사탄의 표라 하였다. 1992년 나팔 절에 휴거를 외쳤던 하나님의 성회 반석중앙교회 정 동호도 바코드를 666이라 주장했다. 또한 COC선교회 목회자 기도모임이라는 곳에서는 "666 표는 상징이 아니다."라는 제목의 신문광고를 통해 바코드를 받으면 영영 지옥행이라고 주장하고 있다.

그들의 주장에 따르면 세계경제는 바코드를 통해 통제되고 있다는 것이다. 바코드는 상품의 국적에서부터 제조원, 제조일, 가격 등을 막대 금으로 나타낸 것이다. 그들은 시작, 진행, 종료를 나타내는 각각의 코드를 모두 6으로 읽는다는 데서 바코드는 666이라고 한다. 그러나 실제에 있어서 시작 진행 종료를 나타내는 바코드는 각각 6을 나타내는 막대숫자가 아니라 다만 시작 진행 종료를 각각 두 실선으로 나타낸 것일 뿐이다.

아울러 그들은 이 바코드가 매매수단이라는데 주목을 하고 있다. 이것은 계시록 13장 17절 이 표를 가진 자 외에는 매매를 못하게 하니에 따른 것이다. 바코드를 이용한 판매방식이 늘어가고 있어 바코드가 없으면 판매가 되지 않을 것으로 보는 것이다. 그러나 실제에 있어서는 바코드가 없다 하더라도 계산이 가능하도록 되어 있다는 것을 잊어서는 안 된다. 나아가 그들은 서독 정부가 인구센서스 때 모든 독일인에게 바코드를 부여하려고 했던 것, 모든 인간에게 바코드를 이마나 손에 새겨 신분확인용으로 사용하려는 시도들에 대해서 경고하고 있다. 그들은 세계정부주의자들이 바코드를 통해 모든 인간을 경제적으로나 정치적으로 통제하려 하고 있다고 비난하고, 심지어 경제적 통합을 이루고 앞으로 정치적 통합까지 지향하는 EU의 대통령을 적그리스도로 간주하고 있다. 단순히 편의를 위해 사용되고 있는 바코드를 666으로 보는 자체마저 설득력이 없을 뿐만 아니라 666을 영적인 숫자이며 상징이라고 가르치는 것에 대해 정죄하는 것은 문제가 아닐 수 없다.

이밖에도 6에 관련된 것을 들어 666의 의미를 강화하기도 한다. 보기를 들어 골리앗의 신장이 6큐빗으로 6경 갑옷을 입었다거나 느부갓네살의 우상 높이가 60규빗, 폭이 6규빗이고, 그 앞에서 6 악기로 연주되었거나 하는 것 등이다. 이 경우 골리앗이나 느부갓네살은 적그리스도의 그림자로 해석된다. 심지어 컴퓨터의 글자를 합한 숫자가 666이라기도 한다.

3) 가장 가능한 해석을 향해

지금까지 우리는 666에 대한 해석이 시대에 따라 달랐음을 인식하였다. 로마시대 때 666은 네로, 도미시안, 로마 제국 자체 등으로 해석되었으며, 종교개혁시대에는 교황이나 로마 가톨릭 교회로 간주되기도 했다. 세계대전 때는 히틀러를 666으로 간주했다. 시대마다 증오의 대상을 666으로 본 것이다.

현재에 와서는 바코드를 666으로 보는가 하면 컴퓨터 자체마저 666
으로 간주한다. 매매에 편리하도록 하거나, 인식의 편의를 위해 만들
어진 바코드나 전자장치일 뿐인 그것을 666으로 간주하는 것이다.

이러한 모든 해석들은 모두 인간의 자의적인 것일 뿐이다. 성경은
그 어느 것이 666이라고 말하지 않는다. 다만 666은 하나님을 대적하
는 세력이요 하나님의 백성을 괴롭히는 존재라는 것을 명확히 했을
뿐이다. 시대마다 하나님을 대적하는 세력들이 있었을 것이고 하나님
나라의 확장을 막는 세력들이 있었을 것이다. 그러한 세력들을 666이
라 해도 결코 지나침은 없다.

그러나 더 확실한 것은 환란 날에 더욱 기승을 부리는 적그리스도
들이 있을 것이고 우리는 두 눈으로 그들의 모습을 보게 되리라는 사
실이다. 그 때 우리는 666을 따로 계산할 필요도 없을 것이다. 그렇다
고 바코드가 666이니 컴퓨터가 666이니 하는 것은 문제가 아닐 수 없
다. 주민등록증이나 면허증 없이 살 수 없는 세상이 온다면 그것을
666으로 보지 않으리라는 법도 없다. 그것이 과연 하나님을 대적하는
것과 무슨 상관이 있는가. 666이라고 말할 때는 그 사람이나 단체가
하나님을 대적하고 있는가를 물어야 한다. 그것만이 666을 가리는 기
준이 될 뿐이다.

요한계시록은 "누구든지 짐승과 그 우상에게 경배하고 이마에나 손
에 표를 받으면 그도 하나님의 진노의 포도주를 마시리니"(계14:9-10)
라고 확실히 가르쳐 주고 있다. 666의 표를 받지 말라는 것이다. 이것
은 우리가 사단에 속해서는 안 된다는 것을 말한다. 우리가 속할 곳은
하나님이지 결코 사단이 아니다.

5. 큰 성 바벨론

요한계시록 17장은 바벨론의 멸망을 예고하고, 18장은 멸망을, 그리고 19장은 바벨론 심판에 대한 감사를 나타내고 있다. 특히 18장은 당시로 보아 바벨론 멸망은 미래의 사건임에도 불구하고 하나의 완결된 사건으로 선언하면서 그 성의 멸망을 자세히 언급하고 있다. 이것은 그 성의 멸망이 얼마나 임박했는지 그리고 얼마나 확실한지를 가리켜 준다. 17장은 이 성을 큰 음녀(17:1)로 표현하고 있고 18장은 큰 성 바벨론(18:2)으로 소개하고 있다. 큰 음녀의 성인 바벨론이란 무엇이며 요한계시록이 왜 그토록 이 성에 대해 멸망을 경고 하고 있는가를 살펴봄으로써 요한계시록은 현대를 사는 우리에게 지금도 하나의 중요한 경고인 것을 인식하고자 한다.

✝ 큰 성 바벨론이란 무엇인가?

요한계시록은 많은 상징적인 언어를 사용하고 있기 때문에 많은 주의가 요구되고 있다. 따라서 계시이면서도 사사로이 풀 수 없는 비밀스러움이 있다. 이것은 바벨론이 무엇을 가리키는가 하는 것에서도 마찬가지로 나타난다. 바벨론의 의미를 살펴보면 다음과 같다.

첫째, 당시로 보아 바벨론 제국은 이미 폐망한 나라이므로 이것은 지리적인 바벨론을 의미하는 것이 아니라 육적으로는 번성했으나 영적으로는 매우 문제가 있는 나라, 도성, 또는 세력 등으로 해석될 수 있다는 점이다. 구약은 여러 곳에서 바벨론의 황폐에 대해 언급한 바 있다(사13:20ff;렘50:39,45;51:37,42;습2:14). 그 원인은 남을 타락시킨 그 죄악성에 있다. 원래 바벨론 제국의 수도였던 바벨론은 번영된 도시였고 범세계적인 분위기로 가득 찬 도시였다. 그러나 이 도시는 사치 풍조가 심했고 부도덕한 것으로 이름나 있었다(사13:2-22;렘25:12). 신약에서 바벨론은 로마에 대한 상징으로도 사용되었다(벧전5:13;계14:8).

둘째, 바벨론은 세속적인 세상을 대표하고 있다. 바벨론은 큰 성이다. 이 성은 세속적인 세상을 상징적으로 부각시킨 것이다. 이 성에 대한 요한계시록 17-19장의 내용은 마치 에스겔 27-28장에 나타난 두로의 모습과 매우 유사하다. 이 성은 어린 양의 신부나 새 예루살렘과는 반대된다. 구약은 니느웨를 가리켜 음행으로 열국을 미혹하는 것으로(나3:1-4), 두로(사23:15,16)와 예루살렘(사1:21;겔16:15;호2:5)을 창기로 불렀다. 이를 미루어 보건데 음녀 바벨론은 육신의 정욕과 안목의 정욕 그리고 이생의 자랑(요일2:16)이 구체화된 세상을 가리킴을 알 수 있다.

셋째, 바벨론은 음녀이다. 음녀는 남을 유혹하여 파멸시킨다. 영적으로 볼 때 음녀는 성도를 유혹하여 하나님으로부터 끌어내는 유혹자이다. 음녀 바벨론은 자신이 죄짓는 것으로 만족하지 않고 남들을 자신의 죄에로 끌어 들인다.

넷째, 음녀는 짐승을 타고 있다. 이것은 이 둘의 관계가 밀접하다는 것을 보여준다. 이 짐승은 대체로 교회를 대적하는 역사상의 모든 세속 정권을 가리키는 것으로 해석되고 있다. 이럴 경우 음녀는 짐승과 함께 전 역사를 통해 성도를 유혹하고 핍박하는 세상을 뜻하는 것으로 간주할 수 있다. 그러므로 역사상 그 어느 때를 막론하고 하나님의 교회를 핍박하고 유혹하는 세속적인 세력은 음녀 바벨론이다.

✝ 바벨론, 무엇이 나쁜가?

요한계시록은 음녀 바벨론의 멸망을 확실하게 예고하고 있는데 무엇 때문에 이 성이 이러한 예고를 받게 되었는가를 성경을 통해 살펴보면 다음과 같다.

1) 음행으로 가득 참(계18:3)

요한계시록은 바벨론의 멸망은 음행 때문이라고 못 박고 있다. 요한계시록 17장은 큰 음녀가 음행의 더러운 것들을 가득 가지고 있으며(계17:4) 자기만 가질 뿐 아니라 다른 사람들에게도 음행의 포도주(계17:2)를 제공해 취하게 만들었다고 기록하고 있다.

계시록 18장 2절은 음행의 내용과 크기에 대해 언급하고 있다. 즉, "귀신의 처소와 각종 더러운 영의 모이는 곳과 각종 더럽고 가증한 새의 모이는 곳"으로 표현되고 있는데 이것은 바벨론이 음녀의 도시일 뿐 아니라 그 음행의 정도가 아주 컸음을 나타내고 있다. 그러므로 큰 성 바벨론은 단지 그 도시가 크다는 것을 의미한다기보다 죄악이 극도로 심하다는 의미에서 큰 성임을 알 수 있다. 계시록은 바벨론을 가리켜 '땅의 음녀들과 가증한 것들의 어미'(계17:5)라 부르고 있다.

2) 사치가 심함(계18:3, 7)

계시록은 이 도시의 사치가 극심했음을 보여주고 있다. 상인들이 바벨론의 사치에 부응하여 돈을 많이 벌었다(계18:3). 바벨론의 사치는 그 도성에 국한된 것이 아니라 다른 여러 곳에 전염되었다. 음행과 사치는 전염성이 강하다. 계시록은 바벨론과 함께 음행하고 사치했던 땅의 왕들이 많았음을 지적하고 있다(계18:9).

바벨론이 불타자 애석해 하는 사람들은 그와 함께 음행과 사치를 누렸던 땅의 왕들과 그들에게 물건을 팔아 치부를 했던 상인들(계 18:11)이었다. 상인들이 제공한 사치 품목은 "금과 은과 보석과 진주와 세마포와 자주 옷감과 비단과 붉은 옷감이요 각종 향목과 각종 상아 기명이요 값진 나무와 진유와 철과 옥석으로 만든 각종 기명이요 게피와 향료와 향과 향유와 유향과 포도주와 감람유와 고운 밀가루와 밀과 소와 양과 말과 수레와 종들과 사람의 영혼들"(계18:12, 13)이라고 기록되어 있다.

이 품목들은 에스겔 27장에 언급된 품목들과 매우 유사하다. 자주 옷감은 주로 페니키아에서 수입되었고, 비단은 먼 중국에서 수입된 것이며 향목은 값비싼 가구나 상감 세공에 사용된 것으로 북아프리카에서 수입되었다. 진유는 청동, 옥석은 대리석을 말하며 게피는 남 중국에서 수입한 향기 나는 양념이고 향료는 몸에 향내를 내기 위한 향수이며 향은 피워 향내를 내는 것이다. 수레는 귀족들이 타고 다니는 사륜마차를 말하며 종은 노예를, 그리고 사람의 영혼들이란 종들과 같은 의미를 가지고 있다. 이러한 모든 것은 사치의 극치를 단적으로 나타내고 있다.

그러나 우리는 이러한 사치는 하나님께서 싫어하시는 것임을 기억하지 않으면 안 된다. 계시록 18장 14절은 이러한 품목들을 가리켜 "네 영혼이 탐하던 과실", "맛있는 것들과 빛난 것들"이라고 표현하고 있다. 맛있어 보이고 빛나 보이는 이러한 과실들이 먹어서는 안 될 선악과라는 것이다. 우리들은 지금 세상의 사치에 유혹을 당하고 있다.

3) 자기를 영화롭게 함(계18:7)

바벨론은 스스로 사치했을 뿐 아니라 자기를 영화롭게 한 자고 죄를 범했다. 이것은 그의 사치가 자기를 영화롭게 하는 도구였음을 보여 준다. 그가 얼마나 교만스러웠는가 하는 것은 다음과 같은 표현에서 찾아볼 수 있다. "나는 여왕으로 앉은 자요 과부가 아니라 결코 애통을 당하지 아니하리라."(계18:7). 음녀가 자신을 여왕으로 간주하고 과부가 아니라 말하는 것은 얼마나 하나님을 무시하고 살고 있는가를 보여준다.

바벨론의 이러한 태도는 이사야 47장 8-11절에서도 그대로 나타나 있다. "사치하고 평안히 지내며 마음에 이르기를 나뿐이라 나 외에 다른 이가 없도다 나는 과부로 지내지도 아니하며 자녀를 잃어버리는 일도 모르리라."(사47:8). 음녀는 그처럼 장담하지만 순식간에 자녀를 잃고 과부로 내려앉는 때가 이르게 된다. 하나님은 그에 대해서 강하게 대처할 것을 말씀하신다. "그가 어떻게 자기를 영화롭게 하였으며 사치하였든지 그만큼 고난과 애통으로 갚아 주라."(계18:7). 그의 죄를 결코 간과하지 않으시고 그대로 갚겠다는 말씀이다.

4) 성도들을 핍박함(계18:24)

계시록은 바벨론에 대해 이렇게 말하고 있다. "선지자들과 성도들과 및 땅 위에서 죽임을 당한 모든 자의 피가 이 성중에서 보였느니라."(계18:24). 이것은 바벨론이 반교회적이고 반하나님적 임을 보여주고 있다. 특히 '땅 위에서 죽임을 당한 모든 자'란 구절은 큰 도성 바벨론이 어느 한 국가나 배교한 교회가 아니라 과거, 현재, 미래의 모든 불신 세력 또는 불신 세상을 가리킨다는 주장을 강화시켜 주고 있다.

✝ 바벨론의 멸망

바벨론은 자기가 멸망하지 않을 것이라 생각하고 자만에 빠졌지만 하나님은 그 행위에 대해 갑절로 갚아줄 것을 예고했다(계18:6). 사망과 애통과 흉년과 불을 보내 심판하실 것을(계18:8) 말씀하셨다. 이 재앙들이 하루 동안에 이루어질 것을 말씀하셨는데 이것은 단시간에 모든 것을 끝내겠다는 것을 의미한다.

이사야는 바벨론에 대한 심판 예고에서 "한 날에 홀연히 자녀를 잃으며 과부가 되는 이 두 일이 네게 임할 것이라"(사47:9), "파멸이 홀연히 네게 임하리라"(사47:11)라고 말한 바 있다. 구약과 신약 모두 바벨론에 대한 심판을 힘주어 강조하고 있는 것이다.

계시록 18장 중반 이후부터는 바벨론이 어떻게 망하는가를 보여주고 있다. 그 속에서 우리는 성에 불이 붙어 부가 일 시간에 망하고(계18:17) 큰 고난과 애통이 있음을 볼 수 있다. 힘센 천사가 큰 맷돌 같은 돌을 들어 바다에 던지며 바벨론이 이같이 떨어져 결코 다시 보이지 아니 하리라고 외친다(계18:21). 힘센 천사의 이 같은 상징적인 행위는 두루마리 책에 돌을 매달아 유브라데 강에 던짐으로써 바벨론의 파멸을 상징했던 예레미야 선지자의 모습을 생각나게 한다(렘51:63). 그 후로는 바벨론에 풍류소리가 그치고 신랑과 신부의 음성이 들리지 않게 된다. 멸망한 것이다.

✝ 내 백성아 거기서 나오라

이사야서나 계시록에서 바벨론의 잘못됨을 말하고 그곳의 파멸을 선언한 것은 하나님이 배성으로 하여금 음녀에 묻들지 않고 믿음을 지키도록 하는데 목적이 있다. 계시록에서도 하늘의 음성을 통해 "내 백성아, 거기서 나와 그의 죄에 참예하지 말고 그의 받을 재앙들을 받지 말라."(계18:4)고 강하게 권고하고 있다. 왜냐하면 그 죄는 하늘에 사무쳤고 하나님은 그의 불의한 일을 기억하고 계시기 때문이다.

지금 우리의 모습은 어떤가? 큰 음녀 바벨론이 결코 먼 곳에 있지 않다. 교회마저 세속에 물들어 사실상 배교하는 모습을 보이고 있고 많은 교인들이 이미 세상 속으로 빠져 들었다. 사치 소리가 하나님의 심판경고를 무시하고 있고 우리 속에는 세상 재미로 꽉 차 있다. 그곳으로부터 헤어 나올 생각조차 하지 않는다. 오히려 날이 갈수록 자기를 여왕처럼 꾸미려는 사람들로 거리는 붐비고 있다. 모두 "나 외에 다른 사람은 없다", "내가 최고다" 하며 살아가고 있다. 우리는 지금 금지된 선악과를 열심히 먹어대고 있다. 하나님은 우리의 이러한 어리석음을 보시며 안타까운 심정으로 메시지를 보내신다. "내 백성아 거기서 나오라 너희가 그들과 함께 망하려 하느냐."

제3부 신약의 여러 관심 주제

제1장 잃어버린 은전과 하나님의 나라

하나님은 한 생명을 귀하게 여기시고 한 사람이라도 죄 가운데서 방황하거나 좌절하는 삶을 살지 않도록 하신다. 그분은 사랑이시며 그의 나라가 사랑으로 풍성할 뿐 아니라 그 나라에 사는 사람들 모두가 사랑으로 가득 찬 삶을 살도록 하신다. 주님은 매우 적극적이고 능동적일 뿐 아니라 우리도 이 같은 삶을 살도록 요구하고 있다. 누가복음 15장 8-10절에 나오는 잃어버린 은전은 하나님을 떠나 있는 자를 상징한다. 하나님은 그를 귀히 여겨 찾고, 찾으면 함께 기뻐함으로써 하나님의 나라가 어떤 나라인가를 비유적으로 보여주고 있다.

1. 비유 속의 하나님 나라

누가복음 15장에는 세 가지 비유가 소개되고 있다. 잃은 양의 비유(눅15:4-7), 잃어버린 은전의 비유, 그리고 잃었던 아들의 비유(눅15:11-32)가 바로 그것이다. 이 세 비유는 모두 하나님 나라에 관한 비유이다. 잃어버린 대상은 그것이 동물이든 물질이든 사람이든 죄인,

버림받은 자, 업신여김을 받은 자 등을 가리킨다. 이 세상에서는 그러한 사람 한 사람쯤 없어도 된다고 생각할지 모르지만 하나님의 나라에서는 한 생명이 천하보다 귀하다는 것을 가르쳐 주고 있다. 하나님의 나라는 오히려 그러한 사람에 더 관심을 두고 그를 찾으며 그를 찾을 때 기뻐한다. 찾는 행위는 그를 그러한 상태로부터 벗어나게 하는 해방과 구원의 모습을 나타내고 있다. 이것은 하나님 나라의 삶을 살고 있는 그리스도인이라면 누구나 나만 잘 살면 되는 것이 아니라 잃어버린바 된 대상에 관심을 가지고 그가 바른 상태로 회복되도록 기도하고 돌봐야 할 책임이 있음을 가리켜 주고 있다.

이 비유는 당시 사회에서 버린바 된 세리와 죄인들이 주님의 말씀을 들으러 가까이 나아올 때 그 사회에서 특권을 누리고 있던 바리새인과 서기관들이 원망한데서 시작된다(눅15:1,2). 바리새인들이 생각하기에 세리나 죄인들은 상대할 인물이 아닐 뿐 아니라 경멸해야 할 대상이었다. 그런데 예수님은 오히려 자기들보다는 그들에게 더 관심을 두고 있어 속이 상하게 된 것이다. 예수님은 어느 누구 어떤 계층을 옹호하는 분은 결코 아니다. 세리와 죄인들은 당시 사회에서 잃어버린 대상이었고 주님이 그들을 먼저 찾는 것은 하나님 나라의 삶을 주도하는 분으로서 마땅한 일이었다. 하지만 바리새인들은 주님을 이해하지 못했다. 바리새인들은 철저히 우리는 그들과 다르고 그런 사람들과 함께 자리를 함께 할 수 없다는 자세를 가지고 있었다.

바리새인들은 스스로 구별되고 선택된 하나님의 사람들로서 그들과 같지 아니함을 감사하며 사는 사람들이었다. 특권우식, 우월의식, 차별의식으로 가득 찬 사람들이었다. 그들에게 있어서 주님이 죄인들과 자리를 함께 하고 그들과 음식을 나누며 말씀을 가르치는 것 모두는 이해할 수 없는 것이었다. 예수님이 상대해야 할 사람은 자기들인데 오히려 죄인들과 상대하는 것은 말도 안 된다는 것이 그들의 생각이었다. 주님은 이러한 인간의 상식을 뛰어 넘어 행동하시는 분이시다. 하나님 나라의 삶은 바리새인들이 인간적으로 생각하는 그러한 삶이 아니라 오히려 그러한 생각을 뒤집고 있다. 하나님의 나라는 자기 위주의 삶을 버리고 남을 위한 삶을 살도록 함으로써 우리의 의식이 철저히 바꾸어지기를 바라고 있다.

예수님은 비유를 통해 바리새인들의 잘못된 생각을 바로 잡고자 하셨다. "천국(하나님의 나라)은 이와 같다"는 비유의 말씀을 통해 그들의 변화를 기대하신 것이다. 주님은 "비유가 아니면 말씀치 아니 하시니"할 정도로 비유를 많이 사용하셨다. 비유는 직설법을 사용하지 않으면서도 정곡을 찌르는 묘미가 있다. 직설법을 사용하면 곧잘 충돌을 일으킨다. "그것은 바로 너다", "네가 그러지 않았느냐"고 말하면 쉽게 싸움을 낳는다. 그러나 비유는 그것은 바로 나일지 모른다는 의식을 심어줌으로써 보다 깊이 생각하게 만들고 앞으로 그래서는 안 되겠다는 각오로 이끌어 준다. 예수님이 바리새인들에게 비유로 말씀하심은 그들로부터 이러한 변화를 기대했기 때문이다. 그러므로 주님은 이 비유를 통해 바리새인도 변화되게 하고 죄인들도 구원받음으로써 우리의 삶 전체 속에 하나님의 나라를 이루고자 했음을 알 수 있다.

예수님은 비유의 말씀을 통해 하나님 나라의 삶, 곧 신앙생활은 바리새인의 삶과 같은 것이 아니라고 말씀하신다. 즉, 우리의 삶의 태도를 바꾸어야 한다는 것이다. 오늘의 바리새인과 서기관은 누구인가. 먼저 믿은 우리가 아닌가. 잘 난체 하며 조금도 용서할 줄 모르는 우리가 아닌가. 주님은 이러한 우리를 향해 그것이 아니다(No!) 라고 외치신다.

2. 하나님 나라의 삶은 끝까지 존재를 회복하는 삶

잃어버린 은전 비유는 그리스도인이라면 무관심과 무책임과는 거리가 먼 사람들이어야 함을 가르쳐 주고 있다. 하나님 나라의 사람들은 잃은 은전을 열심히 찾는 여인의 심정을 가지고 하나님 백성으로서의 존재를 회복시키는 삶을 살아야 한다는 것이다. 하나님 나라의 삶은 잃어버린 존재를 꾸준히 찾음으로써 존재를 회복해야 하는 적극적인 삶이 요구된다. 이 비유의 밑바탕에는 잃어버린 은전, 곧 존재를 상실한 인간에 대한 무한한 사랑이 깔려 있다. 그리스도인의 삶은 바로 죄인에 대한 깊은 연민과 사랑에서 출발해야 한다. 그들이 바로 우리의 이웃이며 우리는 그 이웃을 사랑해야 할 책임을 가지고 있기 때문이다.

은전을 찾는 여인에 대해서는 일반적으로 그저 여인을 가리킨다는 주장과 결혼적령기의 여인을 가리킨다는 두 가지 설이 있으며 후자의 설이 우세하다. 후자의 설을 따를 경우 이 은전은 여인이 결혼 후 가져가야 할 열 드라크마가운데 하나로 인식되고 있다. 한 드라크마는 헬라의 은전으로 로마의 한 데나리온에 해당한다. B.C. 300년경에는 양 한 마리 값에 해당한다. 열 드라크마는 여인이 예물로 받은 것이다. 여인은 이것을 꿰어 머리에 걸어둠으로써 장식도 하고 약혼한 여인임을 알리기도 한다. 여인은 결혼예식 때 이것을 가지고 가야할 의무가 있다. 열 개중 하나라도 없으면 결혼이 무효화될 수도 있다. 그러므로 잃어버린 이 은전은 없어서는 안 될 중요한 것이다.

그것이 단순한 은전이고 잃어도 상관없는 것이라면 애타게 찾을 필요가 없을 것이다. 이것은 주님이 죄인 한 사람이라도 이같이 중히 여기신다는 것을 보여 준다. 여인은 잃어버린 은전을 열심히 찾았다. 없어서는 안 될 중요한 것이기 때문이다. 은전을 찾는 여인의 모습은 그 은전에 대한 사랑으로 가득 차 있다. 그것은 여인에게 있어서 보석과 같은 것이었다. 주님은 죄인, 곧 우리에 대해서 이런 사랑을 가지고 있다. 죄인을 위하여 세상에 왔노라 하신 주님은 "암 닭이 제 새끼를 날개아래 모음같이 내가 너희의 자녀를 모으려 한 일이 몇 번이냐."(눅13:34)고 말씀하셨다.

제롬(Jerome)에 따르면 예수 그리스도는 말씀을 하실 때 어머니의 마음으로 하시고 우리를 구원하실 때에도 어머니의 사랑으로 하신다. 주님이 나 같은 죄인을 살리신 것은 그만큼 우리를 중하게 여기신 때문이다. 하나님에게 있어서 인간은 모두 중요한 존재이다. 그렇기 때문에 하나님은 오늘도 참으시고 기다리시며 주 앞으로 돌아오는 우리의 모습을 보고자 하시는 것이다. 하나님은 우리를 향해 '너는 나의 것'이라고 말씀하신다. 우리는 주님의 것이며 주님께 속한 귀한 것이다. 죄인과 세리일지라도 주님께서 귀하게 여기시는 존재를 바리새인과 서기관은 몹쓸 존재로 여기는 죄를 범하고 있다.

그렇다고 주님이 바리새인과 서기관을 차별하시겠다는 것은 결코 아니다. 하나님에게 있어서 인간은 모두 중요하기 때문에 차별의 대상이 아니다. 그리스도 안에서는 어떠한 차별도 있을 수 없다. 그런데 인간은 다른 사람을 업신여기고 차별을 한다. 남녀차별, 지역차별, 종족차별은 인간차별의 여러 모습들에 속한다. 우리는 우리와 다른 사람을 죄인 취급하며 차별할 것이 아니라 그들의 죄인 됨이 우리에게도 책임이 있음을 인정하고 그들을 위해서 기도하고 돕고 사랑을 나눠야 할 것이다.

주님은 잃어버린 은전을 찾기 위해 애쓰는 여인의 모습을 통해 우리가 얼마만큼 존재의 회복을 위해 노력해야 하는가를 보여주고 있다. 여인은 등불을 켜고 집을 쓸며 부지런히 찾았다. 당시 이스라엘의 가

옥구조로 볼 때 창이 많지 않아 방이 어두웠고 따라서 낮이라도 무엇을 찾기 위해서는 밝은 등불이 필요했다. 여인이 등불을 켠 것은 이 때문으로 생각된다.

죄인을 구원하기 위해 무엇보다 필요한 것은 주님이시다. 우리는 주님의 말씀을 등불삼아 그 빛이 사회 구석구석을 밝힐 수 있도록 해야 한다. 그들을 향한 우리의 기도와 사랑은 그 등불을 계속 유지시키는 데 도움이 될 것이다. 또한 당시 이스라엘의 방바닥에는 갈대로 엮어 만든 돗자리 같은 것이 두툼하게 깔려 있어 작은 물건을 떨어뜨리면 찾기 어려웠다고 한다. 집을 쓸며 찾는 것은 차례차례 빠뜨리지 않고 열심히 쓸고 뒤지며 찾는 것을 가리킨다.

존재를 회복시킴에 있어서 우리의 손이 닿지 않은 곳이 없었는지 우리가 가볍게 보고 지나친 곳이 없었는지 살필 필요가 있음을 보여 준다. 여인은 부지런히 찾았다. 이것은 쉼 없이 온 힘을 다해 열심히 찾았음을 의미한다. 존재를 회복하기까지 우리에게 필요한 것은 그들을 향한 지속적인 사랑이다. 어쩌다 한번 찾은 흉내를 낸 것으로써 책임을 다한 것으로 생각한다면 그것은 크게 잘못된 것이다. 하나님 나라의 삶은 존재를 회복하기까지 끊임없이 노력해야 하는 삶이다.

3. 하나님 나라의 삶은 기쁨을 함께 나누는 삶

주님은 여인이 잃었던 드라크마를 찾았을 때 찾았다고 소리치고 이웃을 불러 잔치하는 모습을 소개함으로써 하나님 나라의 삶은 기쁨을 함께 나누는 삶임을 보여 주었다.

잃은 드라크마를 찾았노라 하리라. 원문에는 이 드라크마 앞에 정관사를 붙임으로써 그 드라크마가 잃어버렸던 바로 그 은전임을 확실히 하고 있다. 이 드라크마는 어떤 다른 은전보다 여인이 그토록 애타게 찾던 은전이라는 것이다. 바로 그 은전, 그 죄인을 찾았기 때문에 기쁜 것이다. 그것은 다른 것과 결코 바꿀 수 없고, 다른 것으로도 위로가 될 수 없을 만큼 중요하고 가치가 있는 그것 이다. 그것은 결코 금전으로 계산될 수 있는 것이 아니다.

벗과 이웃을 불러 나와 함께 즐기자 하리라. 기쁨을 함께 나누자는 것이다. 기쁨의 정도가 더할 나위 없이 커 잔치를 벌이겠다는 것이다. 잔치를 벌이자면 잃었던 한 드라크마보다 더 많은 돈을 투자해야 할지도 모른다. 그런데도 잔치를 벌이는 것은 이 드라크마에 대한 진실된 사랑이 담겨있기 때문이다. 이것은 존재의 회복이 양적인 문제가 아니라 질적인 문제임을 보여준다. 존재의 회복은 금전으로 따질 수 없을 만큼 귀하고 금전이상의 의미를 가진 것이다.

4. 하나님 나라의 삶은 한 인간의 소중함을 인식하는 삶

기쁨의 잔치는 하늘의 잔치로 이어진다. "이와 같이 죄인 하나가 회개하면 하나님의 사자들 앞에 기쁨이 되느니라." 이 말씀은 잃어버린 은전이 죄인을 가리키는 것이며 주님은 한 인간이라도 회개하고 주 앞에서 바로 살기를 원하면 잔치를 베풀 만큼 한 인간의 영혼을 소중하게 여기신다는 것을 보여 주고 있다.

죄인 하나가 회개하면 이라는 단서조항은 회개가 하나님 나라에 들어오는 필수조건임을 가르쳐 주고 있다. 따라서 여인이 온 집안을 뒤지는 일은 결국 죄인을 찾아 회개하도록 하는 작업임을 알 수 있다.

주님은 죄인을 구원하시기 위하여, 그들을 변화시키기 위하여 오늘도 등불을 켜고 방안을 쓸며 부지런히 찾고 계시는 것이다. 주님이 이렇듯 노력하시는데도 바리새인들은 "너는 안 돼." 하며 그들이 들어오는 것을 가로 막고 있다. 우리는 지금 자기도 들어가지 못하고 남도 들어가지 못하게 하는 바리새인이 되어 오히려 하나님의 일을 그르치고 훼방하는 역할을 하고 있지나 않은지 반성해야 할 것이다.

죄인 하나라도 회개하면 하나님의 사자들은 기뻐한다. 하나님의 사자들은 하나님 자신을 포함해서 그의 천사들과 주의 일을 하는 형제 모두를 가리키는 매우 포괄적인 명사이다. 그들은 모두 죄인의 회개를 위해 힘써 일하고 애쓴 하나님 나라의 일꾼들이다. 그러므로 죄인이 회개하면 천국에서는 기쁨이 넘치지 않을 수 없다. "죄인 하나가 회개하면 하늘에서는 회개할 것이 없는 의인 아흔 아홉을 인하여 기뻐하는 것보다 더하리라"(눅15:7)는 말씀이나 돌아온 탕자를 위해 잔치를 베풀며 "네 동생은 죽었다가 살았으며 내가 잃었다가 얻었기로 우리가 즐거워하고 기뻐하는 것이 마땅하니라."(눅15:32)라고 설득하는 아버지의 모습 모두는 주의 사자들의 기뻐함과 같은 맥락에 있다. 이 기쁨의 잔치는 하나님 나라의 잔치로서 이 세상의 어느 것과도 바꿀 수 없는 잔치이다.

우리는 이 비유를 통해 우리 자신을 반추해 보아야 한다. 우리는 바리새인처럼 자기 신앙에 도취하여 자만하고 남을 비웃고 비판한 죄를 고백해야 한다. 한 영혼의 중요성을 인식하지 못하고 차별하며 산 죄를 회개해야 한다. 우리는 소외된 우리의 이웃을 위해 열심히 등불을 밝히기는커녕 그들에 대해 관심도 없었고 무책임했음을 고백해야 한다. 십자가의 사랑은 잃어버린 은전을 찾아 그들의 존재를 회복시키기 위한 주님의 피맺힌 사랑이다. 우리는 주님으로부터 이 사랑을 받기만 할 것이 아니라 사랑을 주어 존재를 회복시켜야 할 책임이 있는 그리스도인들이다. 우리는 다른 생명의 귀함을 철저히 인식하여 그들로 하여금 하나님 나라의 삶을 살도록 해야 한다. 우리가 그들을 열심히 찾고 그들을 위해 열심히 기도할 때 천국 잔치는 더 큰 기쁨으로 넘치게 될 것이다.

제2장 악하고 음란한 세대

예수님의 공생애는 제자들의 몰이해와 바리새인과 서기관들의 불신 속에서 어려움이 많았음을 보여주고 있다. 우리는 지금 주님이 다시 오시기를 고대하고 있지만 사실 우리가 얼마만큼 주님을 진정으로 사모하고 있으며 우리의 삶은 그러한 기다림의 모습을 얼마나 담고 있는지 스스로 묻지 않을 수 없다. 입으로만 재림을 고대하는 것이라면 우리는 주님을 불신했던 당시의 사람들과 별반 다를 것이 없기 때문이다. 이것은 우리가 얼마나 악한가를 단적으로 보여주고 있다. 그 당시의 사람들을 향하여 악하고 음란한 세대라 지칭하였던 주님의 말씀이 우리에게 향하신 말씀인줄 알고 반성해야 할 것이다.

1. 불신세대

예수님께서 귀신들려 벙어리 된 자를 고쳤을 때 사람들의 반응은 각가지였다. "귀신의 왕 바알세불을 힘입지 않고서는 귀신을 쫓아내지 못한다." "저가 바알세불을 지폈다", "저가 미쳤다", "더러운 귀신이

들렸다"(마12:24-30, 눅11:14-26). 예수님의 기적을 사단의 역사로 본 것이다. 그들은 성경지식이 많다는 서기관들이었고, 믿음이 좋다는 바리새인들이었으며, 종교계의 지도자라는 사두개인들이었다. 그들은 한결 같이 예수님을 불신하였다. 그들은 모두 하나님에 대해서는 잘 알고, 하나님을 잘 믿고 있으며, 자기들이야말로 하나님의 백성이라고 자부하는 사람들이었다. 신앙에 대해서는 더 말할 필요가 없다고 말하는 사람들이었다. 그런데 그런 사람들이 주님을 불신하고 있는 것이다. 예수님의 친척들마저 집안망신으로 생각했던지 주님을 끌어내려했다.

주님은 "사단이 사단을 쫓아내면 사단집안에 분쟁이 일어날 터인데 어찌 사단이 사단을 쫓아낸다 하느냐", "내가 바알세불을 힘입어 귀신을 쫓아낸 것이라면 너희 유대인들 가운데 귀신 쫓아내는 것도(막9:38;행19:13) 귀신들려 하는 것이냐"고 말씀하셨다. 주님을 모독하는 것은 오히려 그들 자신들에 대한 모독이 되었다. 주님이 악령을 추방한 것은 귀신의 능력 때문이 아니라 하나님의 능력 때문이었다. 그것은 귀신의 통치를 끝장내고 하나님의 통치를 실현시키는 역사이며 하나님 나라의 도래(실현)라는 큰 의미를 지니고 있다. 주님은 사단을 정복하신 사단보다 강하신 분이시다. 주님이 사단을 정복하셨기 때문에 우리는 그분을 힘입어 담대히 나갈 수 있다.

바리새인과 서기관들은 주님의 이러한 말씀에도 아랑곳하지 않고 주님께 표적 보여주기를 간구했다. 그들의 이 같은 태도는 몇 가지 점에서 문제가 있음을 보여주고 있다.

첫째, 그들의 뻔뻔스러움이다. 그들은 주님께서 귀신들린 벙어리를 고치신 기적을 놓고 사단의 힘을 빌려 고쳤다고 비난한 후 이어 표적을 구하는 뻔뻔스러움을 보여주었다.

둘째, 그들의 어리석음이다. 그들은 기적만 보면 믿겠다는 기적위주의 어리석은 신앙태도를 보여주었다. 이것은 말씀을 온전히 따르는 신앙이라기보다 오히려 신앙 없음을 노출시킨 것이다.

셋째, 그들의 완고함과 불신앙이다. 그들은 방금 전에 주님께서 귀신을 추방하는 것을 보았음에도 불구하고 그것만으로는 그분의 신적인 권위, 곧 메시야 됨을 보증하지 못한다고 생각하고 더 확실한 표적을 요구했다. 이것은 그들이 얼마나 완고하고 신앙이 없는가를 입증한다.

넷째, 그들은 예수님을 시험하고 있다. 마태복음 16장 1절은 그들이 이 외에도 여러 차례 주님을 찾아와 하늘로서 오는 표적보이기를 청했으며 그것은 주님을 시험하기 위한 것이었음을 밝혀주고 있다.

주님은 이 같은 그들의 요구에 대해 한 마디로 "악하고 음란한 세대가 표적을 구한다."고(마12:39) 하셨다. 악하다 하심은 그들의 마음이 완악하여 주님이 주신 하나님의 말씀을 온전히 믿지 않고 표적을 구하기 때문이며, 음란하다 하심은 바알세불의 능력으로 귀신을 쫓아낸다고 믿음으로써 그들이 바알세불을 인정하고 있음을 스스로 보여주어 결국 하나님 앞에서 우상을 숭배하는 간음죄를 범했기 때문이다.

표적을 구하는 것은 예수님을 불신한다는 증거이다. 이것은 그들이 얼마나 완고한 세대이며 불신앙의 세대인가를 보여주고 있다. 악한 세대들의 마음속에서는 회개의 빛을 전혀 찾을 수가 없다. 주님께서는 "너희가 천기(날씨)는 분별할 줄(볼 줄) 알면서도 시대의 표적(주님께서 이적으로 병자를 고치시고 가난하고 병든 자에게 복음이 전파되는 사실로 천국이 가까이 이르렀음을 보여주는 것)을 분별할 수 없느냐"(마16:3) 말씀하심으로써 그들에 대한 자신의 답답함을 나타내셨다. 바리새인과 서기관들은 결국 그들의 불신앙과 영적 지각의 결여를 보여줌으로써 근본적인 것에는 무관심하고 사소한 것에 신경을 쓰고 있음을 드러내었다. 우리도 그들처럼 표적을 보고서야 믿으려 하는 신앙을 가지고 있지 않는지 반성해야 할 것이다.

2. 요나의 표적 밖에는

그들의 집요한 표적요청에 대한 주님의 응답은 그럼에도 불구하고 보여주겠다는 것이었다. "요나의 표적 밖에는 보일 표적이 없다"(마 12:39-41)는 말씀은 표적을 보여주시지 않겠다는 말씀이 아니라 표적을 보여주시겠다는 말씀이다. 그 표적은 바로 요나의 표적이다. 요나가 밤낮 사흘을 큰 물고기 배 속에 있었던 것같이 주님도 밤낮 사흘을 땅 속에 있다 사흘 만에 부활하여 하나님의 아들이심을 입증하시겠다는 것이다. 죽었다가 살아남은 가장 위대한 표적이다. 그 표적을 자신이 직접 보여주시겠다는 것이다. 그 표적은 인류역사상 가장 큰 표적이며 완악한 우리를 구원하시기 위한 위대한 표적이다.

예수님은 표적보기보다 더 중요한 것은 회개임을 강조하셨다. "심판 때에 니느웨 사람들이 일어나 이 세대 사람을 정죄하리니 그들이 요나의 전도를 듣고 회개하였음이라."(41절). 이 말씀 속에는 니느웨 사람들과 이 세대 사람들, 그리고 요나와 예수님의 대비가 있음을 보여주고 있다. 요나는 타국에서 전도했다. 이방백성들인 니느웨 사람들을 대상으로 회개를 촉구했다. 그들은 삼일 간의 경고를 통해 회개했다. 온 백성이 재를 뒤집어쓰고 겸손히 주님 앞에 무릎을 꿇었다. 그러나 유대인들은 주님으로부터 3년 동안 경고를 받았음에도 불구하고 회개하지 않은 완고함을 보여주었다. 이 완악함에 대하여 심판 때 이방인인 니느웨 사람들이 유대인을 정죄할 것이라는 것이다. 우리는 수십 년간 주님을 따른다고 말하면서도 오늘도 회개하지 않는 유대인들은 아니지 살펴보아야 할 것이다.

예수님께서는 예수 그리스도를 믿는 것이 더 중요함을 강조하셨다. "요나보다 더 큰 이가 여기 있으며"(41절)라는 말씀은 요나보다 더 큰 이인 자신을 믿지 못하는 그들을 향해 안타까워하시는 말씀이시다.

3. 남방 여왕이 일어나

예수님은 나아가 "남방 여왕이 일어나 정죄하리라"(42절) 말씀하셨다. 남방 여왕은 스바 여왕, 곧 남아라비아 여왕으로(왕상10:1-13;대하9:1-12) 솔로몬의 지혜로운 말을 들으려고 그 먼 곳(땅 끝)에서 온 사람이다. 남방 여왕이나 니느웨 사람들은 모두 이방인들이다. 그들은 솔로몬의 지혜나 요나의 선포를 경청한데 반하여 예수님 시대의 유대인들은 그들보다 훨씬 탁월하신 예수님의 지혜와 선포를 받아들이지 않았다. 더 받아들여야 할 사람들이 오히려 듣지 않고 있는 것이다. 그러므로 남방 여왕의 정죄는 회개하지 않는 완악한 유대인들에 대한 엄한 심판 예고임을 알 수 있다. 나아가 주님은 솔로몬보다 큰 이가 바로 자신임을 말씀하셨다. 우리가 귀를 기울여야 할 분은 오직 주님이심을 보여주신 것이다. 우리는 지금 얼마나 주님의 말씀을 받아들이고 순종하고 있는지 반성해야 한다.

4. 악한 세대의 결국

기적만을 바라보는 유대인들은 본질을 잊어버리고 껍질을 추구하는 사람들이다. 자기의 죄를 회개할 줄 모르면서 표적만을 고집하는 것은 말씀 밖에 사는 사람들이다. 그런 사람에게서 아무리 귀신을 쫓아내는 표적을 행한다 해도 그 사람 속에 하나님의 말씀이 채워있지 않으면 귀신은 오히려 더 악한 다른 귀신들을 데리고 들어오게 된다. "집이 비고 소제되고 수리되었거늘"(44절)이란 말씀이 빈 집, 주님을 모시지 않은 상태, 믿음이 없는 성도를 가리킨다. 더 나은 것으로 인간의 영혼을 채우지 않고서 귀신만을 추방하는 일은 형식적인 일이다. 하나님 나라의 복음과는 상관없이 표적만을 구하는 것은 주님의 메시지를 거부하는 악한 행위이다. 주님의 메시지를 거부하는 것은 상황을 더 악화시킬 뿐이다. 더 악하게 된 자에게는 정죄의 심판이 있을 뿐이다. 그 심판 때 니느웨 사람들이, 남방 여왕이 우리의 어리석음을 들어 정죄할 것이다. 악한 세대의 결국은 바로 이렇다.

우리는 주님에 대해 어떤 모습을 하고 있는가? 니느웨 사람처럼 회개하고 있는가? 아니면 유대인들처럼 아직도 믿지 못하겠다고 말하고 있는가? 이것으로는 부족하오니 더 큰 축복의 표적을 보여달라 조르고 있지나 않은가? 우리가 회개하지 아니하면, 큰 일(회개와 죄사함)을 잊고 사소한 일(세상적인 일)에 매이면, 주님을 신뢰하지 아니하면 주님은 우리를 부끄럽게 하실 것이다. 니느웨 사람들을 보내어 우리를 정죄하실 것이다. 주님의 백성인 우리가 주님의 말씀으로 채우고 그 말씀에 따라 살지 않으면 우리의 상태는 더욱 악화될 것이다. 우리의 집에 악령이 틈타지 못하도록 말씀으로 채우고 주님의 완전하신 통치 아래 살도록 해야 한다. 우리는 변화되어야 하고 거듭나야 하고 주님 앞에서 더욱 낮아져야 한다.

제3장 예수님의 이적 속에 담긴 믿음과 구원의 문제

1. 네 가지 이적이 주는 의미

누가복음 8장의 후반에는 풍랑을 잔잔케 하신 이적, 귀신들린 사람을 고친 이적, 혈루병 들린 사람을 고친 이적, 그리고 야이로의 딸을 고친 이적 등 네 가지 이적이 소개되어 있다. 풍랑을 잔잔케 하신 기적은 자연을 지배하시는 예수님을 보여주고 있고, 귀신들린 사람을 고친 사건은 예수님의 사단 지배능력을, 혈루병을 고치신 사건은 병을 지배하시는 예수님을, 그리고 야이로의 딸을 고치신 사건은 죽음의 권세를 지배하시는 예수님을 보여줌으로써 "예수님이 얼마나 능력과 권위가 있으신가?"를 보여주었다.

그러나 더 중요한 것은 예수님이 연약한 인간의 마음을 이해하고 사랑하심으로 인간이 필요로 하는 모든 것을 담당하셨다는 점이다. 이 기적들은 모두 사건에 등장하는 사람들이 큰 두려움을 경험하고, 예수님으로부터 오는 믿음을 통해 구원을 얻게 된다는 식의 유사한 패턴을 가지고 있다. 누가복음 8장 전반이 세 가지 비유를 통해 믿음의 중요성을 강조했다면 후반은 이 기적의 사건들을 통해 믿음의 행위문제가 중요함을 보여줌으로써 믿음과 행위가 조화를 이루어야 한다는 것을 가르쳐 주고 있다. 예수님이 비유를 통해 말씀을 하셨다면 기적의 사건을 통해 믿음의 적용이 얼마나 중요한가를 보여주신 것이다.

2. 풍랑 기적의 배경

갈릴리에서 왜 이런 풍랑이 일게 되었는가? 갈릴리 호수는 지중해 해면보다 20m나 낮고, 그 주변을 두르고 있는 골란 산맥은 고원을 이루고 있을 정도로 높다. 특히 그 고원의 헬몬산은 만년설이 있는 곳으로 항상 찬 공기가 있다. 그러나 갈릴리 호수는 분지 형태를 이루고 있어 뜨거운 바람이 분다. 찬 공기와 뜨거운 바람이 서로 만나면 상황은 돌연 바뀌게 되어 갈릴리 호수에 광풍을 일게 한다. 산들에는 깊은 골짜기들이 있어 그 안에서 내리치는 광풍의 힘은 대단하다. 더구나 그 광풍은 돌발적으로 닥쳐오기 때문에 대책을 마련하기 어렵다.

예수님과 제자들이 이 갈릴리에서 배를 타고 가는 도중에 예상치 않은 광풍을 만나게 된 것이다. 성경에 마침 광풍이 호수에 내리치매라는 표현을 사용한 것은 돌연성을 입증하는 것이다. 하지만 예수님은 깊이 잠드신 가운데 있었고, 배는 요동하여 금방이라도 전복할 것만 같았다. 성경은 '배에 물이 가득하게 되어 위태한지라'고 일촉즉발의 위기상황을 기록하고 있다. 이 상황에서 제자들은 예수님의 권세 있는 능력을 인상 깊게 체험하게 된다.

3. 드러난 인간의 한계성

제자들은 두려움에 휩싸일 수밖에 없었다. 잠드신 예수님을 깨우며 "주여, 주여 우리가 죽겠나이다."라고 성급하게 외친다. 마태는 이 부분에서 "주여. 구원하소서."를 추가하였고 마가는 "선생님이여 우리의 죽게 된 것을 돌아보지 아니하시나이까?"하며 구원의 다급한 필요성과 아울러 다소 불만이 섞인 심정을 적고 있다. 이것은 자기들의 한계성을 그대로 드러낸 것이기도 하지만 그 한계성을 인정한 것이기도 하다.

두려워하고, 불안하여 어찌할 바를 모르는 이들의 모습 속에는 주님에 대한 신뢰를 찾아볼 수 없다. 그들이 만약 주님을 전적으로 신뢰했다면 이렇듯 당황한 모습이 아니라 "주님이 우리와 함께 계시니 겁낼 것 없다"며 보다 침착하고 태연한 모습을 보였을 것이다. 두려움으로 가득 찬 모습은 한 마디로 그러한 믿음이 없음을 나타낸 것이다. 예수님은 이미 비유의 말씀을 통해 믿음이 얼마나 중요한가 하는 것과 믿음이 때로 상실될 수 있음을 가르쳐 주셨다. 특히 씨 뿌리는 비유는 믿음이 없어질 가능성이 있음을 잘 지적해주고 있다. 풍랑사건은 주님과 함께 생활하는 제자들마저 믿음을 상실할 수 있는 상황에 빠질 수 있다는 것을 실제적으로 보여주고 있다. 이 사건을 통해서 우리도 여러 두려운 상황에 처하면 믿음을 잃게 될 가능성이 아주 높다는 것을 인식하지 않으면 안 된다.

사람들은 여러 가지 형태의 두려움을 가지고 있다. 역사적으로 보면 자연환경에서 오는 두려움이 오래전부터 있었다. 그리하여 자연을 숭배하기까지 했다. 자연 속에 신이 들어있다는 정령사상은 이 때문에 생긴 것이다. 성경은 자연이란 하나님의 피조물이라는 것을 가르쳐줌으로써 자연을 신으로 숭배하는 것을 금지시켰다. 숭배의 대상은 오직 하나님

한 분 뿐이시기 때문이다. 그렇다고 우리가 자연을 아무렇게나 하라는 것은 아니다. 자연을 사랑하고 가꾸어야 할 책임이 우리에게 주어져 있다. 가이아이론에 따르면 지구는 하나의 생물체이다. 그 이론에 따르면 우주 속의 지구는 여러 차례 위기를 맞게 된다. 지금도 지구는 환경문제 때문에 위기 상태에 있다. 더 위기 상태에 빠진 것은 실상 인간이다. 환경을 오염시킨 인간은 그 오염으로 인해 죽을 수밖에 없게 되지만 지구는 다시 오랜 세월을 거치며 자생력을 가지고 회생하기 때문이다.

두려움의 또 다른 형태는 삶에서 오는 것이다. 인간은 삶의 여러 상황 속에서 두려움을 느낀다. 삶은 기회이기도 하지만 위협이기도 하다. 우리는 때로 다른 사람들에게 기도부탁을 한다. 입시철이 되면 특히 이 사람 저 사람에게 기도를 부탁한다. 혹시나 실수할 가능성이 있기 때문이다. 입대를 해도 그렇다. 위험이 도사리고 있기 때문이다. 유학을 떠나면서도 기도를 부탁한다. 무슨 일을 당할지 알 수 없기 때문이다. 사람이 기도를 부탁하는 것은 그만큼 두려움이 있음을 보여준다.

믿는 자들이 박해를 받게 되는 것도 두려움에 빠지게 한다. 옛날에는 예수 그리스도를 믿는 것이 죄목이 되었다. 그리하여 목숨을 건 믿음생활을 해야 했다. 그러나 현재 그런 식의 박해는 몇몇 폐쇄적인 국가를 제외하고는 존재하지 않는다.

레저가 우리의 믿음을 앗아가 버린다. 연휴가 되면 현저하게 교인수가 줄어든다. 주말문화가 교인들을 교회로부터 멀어지게 한다. 뉴에이지의 물결도 위협요소다. 이것은 범신론적이고 반기독교적인 내용을 담고 있다. 휴머니즘이 하나님이 되고 있다. 사랑을 논해도 하나님과 하등 관계가 없는 사랑을 논한다. 그리곤 이 사랑만큼 위대한 것은 없다고 선언한다. 이런 사랑을 하는 사람이야말로 강한 인간이라고 자부하도록 만든다. 인간이 신이 되어가는 것이다. 그러므로 믿음의 견지

에서 볼 때 뉴에이지운동도 두려움을 주기에 충분한 위험요소이다. 상
대주의, 다원주의도 마찬가지다.

이 모두가 풍랑이다. 갈릴리 호수에서 예수님과 함께 있었던 제자들
에게는 노도와 같은 자연의 광포가 풍랑이었고, 로마의 교인들에게는
박해가 풍랑이었다. 지금 우리에게도 형태는 다르지만 우리를 시시각
각으로 억누르는 풍랑이 있다. 이 풍랑 때문에 믿음이 파선한다.

4. 두려움으로부터의 자유

제자들은 광풍 때문에 불안함을 보였다. 신앙적으로 보면 이 불안함
은 믿음이 적은 데서 나온 것이다. 그러므로 우리가 이 불안함이나 두
려움에서 해방되기 위해서는 보다 강한 믿음을 가질 필요가 있다. 왜
냐하면 믿음을 통해서만이 두려움으로부터 구원받을 수 있기 때문이
다. 이 믿음은 바로 모든 것의 해결사이신 주님을 믿고 의지하는 믿음
이다. 우리가 기도를 부탁하는 것은 주님이 그 기도를 생각하시기만
하면 위험에서 건져주실 것으로 믿기 때문이다. 자신의 한계성을 철저
히 인식하고 전적으로 그리고 오직 주님을 향한 기대와 믿음을 가질
때 비로소 우리는 이 두려움으로부터 해방될 수 있다. 믿음으로 구원
을 받는다는 것은 바로 이것을 의미한다.

이 구원은 우리의 완전한 믿음 때문이 아니다. 우리의 믿음 없음과
믿음의 부족함이 명백하게 드러나고 부족한 가운데서나마 주님을 바
라보고 "이제 당신밖에 없습니다." 의지하게 될 때 주님의 손이 작용
하게 되는 것이다. 믿음이 새로워지는 것이다. 주님은 꼭 우리의 자랑
할 만한 큰 믿음을 보시고 나서야 구원을 베푸시는 것이 아니라 주님

을 다시 생각하고 주님께 돌아오게 된 우리의 작은 믿음을 보시고도 역사를 하신다. 그러므로 우리가 구원을 받았다는 것은 믿음이 새로워진 상태가 있었음을 보여준다.

주님은 당황하는 제자들을 향해 "너의 믿음이 어디 있느냐?"고 물으심으로 믿음의 중요성을 강조하셨다. 다른 복음서에는 "어찌하여 이렇게 무서워하느냐 믿음이 적은 자들아 너희가 어찌 믿음이 없느냐" (마8:26;막4:40) 말씀하신다. 불안과 두려움을 이기기 위해서는 주님을 향한 믿음이 필요하다는 것이다. 주님이 믿음을 강조하신 것은 우리가 삶의 모든 과정에서 주님을 필요로 하고 특히 돌발 상황에서는 주님을 의지함으로써만 그 불안을 극복할 수 있음을 가르치시기 위한 것이다. 제자들은 보이는 상황에 대해 두려워하고 있지만 주님은 오히려 우리 안에 하나님을 신뢰하는 마음이 없는 것에 가장 두렵다고 말씀하시는 것이다. 그러므로 이 성경의 말씀은 그리스도의 제자들은 모름지기 예수님이 우리를 도울 수 있는 능력을 가지고 계신다는 것을 믿고 신뢰해야 한다는 것을 가르치고 있다.

그 다음 광풍과 물결을 향해 꾸짖고 금방 정지하도록 명령을 내리신다. '꾸짖다'는 것은 악한 세력들에 대한 하나님의 책망을 나타낼 때 사용되는 말이다. 구약에는 홍수, 폭풍, 바다 등을 지배하는 여호와의 권능이 자주 묘사되고 있다. 이러한 배경 속에서 예수님이 폭풍에 명하여 이를 잠잠케 하신 사실은 예수님에게 그와 같은 권능이 있음을 보여주는 것이다. 왜냐하면 이 같은 명령은 주님만이 내릴 수 있는 능력 있는, 권세 있는 명령이기 때문이다.

영국의 속담에 바람과 물결을 향해 말하라 는 말이 있다. 한 왕이 심한 바람과 노도 치는 바다를 향해 "멈춰라"고 명령을 내렸다는 것에서 나온 것으로 이것은 인간의 무모성을 나타낼 때 사용된다. 인간이 이런 말을 하면 한 마디로 웃기는 것이다. 그러나 주님의 이 한 마디 말씀은 곧 능력이시다. 주님은 이 한 마디 명령으로 구원을 경험하게 하셨다. 그것은 너무나 놀라운 것이었다. 그들은 지금까지 심한 풍랑에 놀라고 무서워했으나 지금은 자연이 주님의 명령에 복종하는 것에 놀랐다. 그래서 제자들은 서로 말한다. "저가 뉘기에 바람과 물을 명하매 순종하는고."

5. 그 분은 누구신가?

주님은 이 기적의 사건을 통해 제자와 얼마나 밀접하게 연결되어 있는가를 보여줄 뿐 아니라 제자들도 주님을 새롭게 인식하는 계기가 되었다. 이 사건은 기본적으로 예수님의 정체성, 곧 그 분이 어떤 분이신가를 입증하고 있다. 배의 고물, 곧 뒤편에서 베개를 베고 주무신 예수는 주님의 인성을 보여주는 것이며 바람과 물을 향해 명령하시는 예수는 주님의 신성을 나타내고 있다. 풍랑을 잔잔케 하신 이 이야기는 예수님을 자연세계의 주로서 부각시키고 있다. 구약에서 하나님만이 가질 수 있다고 믿는 능력이 예수님에게서 나타나심으로 그분이 바로 주님이심을 입증하고 있다. 또한 주님은 인성을 가지심으로 인간이 얼마나 연약한가를 체험하셨다. 주님이 직접 체험하셨기 때문에 우리의 연약함도 아신다. 주님이 우리의 연약함을 충분히 아실 것이므로 우리가 주님을 향해 구원을 요청할 수 있다.

그러나 무엇보다 중요한 것은 주님을 향한 우리의 신뢰이다. 이 기적의 사건은 단순히 예수님이 폭풍을 잠잠케 할 수 있었다는 사실을 서술하는데 있지 않다. 오히려 제자들이 그와 같은 능력을 가지신 주

님을 믿고 신뢰해야 했다는 것을 강조하고 있다. 주님은 우리가 삶의
모든 과정에서 주님을 보다 신뢰하고 어떠한 돌발 사태에도 당황하지
않고 믿음을 굳게 지키기를 바라고 있다. 그러므로 우리는 "불안과 두
려움을 이길 수 있는 넉넉한 믿음을 주옵소서." 기도해야 할 것이다.

제4장 역설적인 전도명령

우리는 주님께서 내리신 사도행전의 전도명령을 잘 기억하고 있다. "오직 성령이 너희에게 임하시면 너희가 권능을 받고 예루살렘과 온 유대와 사마리아와 땅 끝까지 이르러 내 증인이 되리라."(행1:8). 그런데 같은 제자들을 대상으로 하여 마태복음에 기록된 전도 명령에는 이와는 아주 다른 명령이 기록되어 있다. 즉, "이방인의 길로도 가지 말고 사마리아인의 고을에도 들어가지 말고 차라리 이스라엘 집의 잃어버린 양에게로 가라."(마10:5-6). 문자적으로 보면 이 두 명령은 서로 상치되고 있다. 이것만으로 보면 주님의 전도명령은 매우 역설적인 것으로 인식되기 쉽다.

그러나 깊이 있게 생각해 보면 마태복음의 전도명령과 사도행전의 전도명령은 결코 다르지 않다. 마태복음의 말씀은 이방인이나 사마리아인을 구원의 범위에서 제외시킨 것이 아니라 다만 복음 전도의 순서와 경로를 이스라엘-사마리아-이방인으로 둠으로써 사도행전의 예루살렘-유다-사마리아-땅 끝과 사실상 일치하고 있다. 따라서 마태복음의 전도명령은 이스라엘로 끝나는 것이 아님을 알아야 한다.

1. 왜 이스라엘 집으로 한정시켰는가?

그러나 우리는 주님께서 왜 제한적 명령을 내리셨는가를 물을 필요가 있다. 마태복음의 이 기록은 분명히 이스라엘에 대한 전도를 강조하고 있기 때문이다. 성경학자들은 대부분 이것을 이렇게 풀이하고 있다. 마태복음에서만 나오는 이 제한조치는 마태복음이 유대인들을 위해 기록되었다는 특수한 이유 때문이다. 마태복음은 유대인을 대상으로 기록된 복음서였기 때문에 차라리 "이스라엘 집의 잃어버린 양에게로 가라"고 기록되었다는 것이다.

그러나 마태복음 10장만 살펴보아도 그 이유는 아주 분명해진다. 주님이 말씀하신 '이스라엘 집'은 믿음으로 충만하고 주님 보시기에 합당한 참 이스라엘 집이 아니라 저주받을 수밖에 없는 이스라엘 집임을 알 수 있기 때문이다. 예수님은 그 집을 가리켜 "심판 날에 소돔과 고모라 땅이 그 성보다 견디기 쉬우리라."(15절), "내가 너희를 보냄이 양을 이리 가운데 보냄과 같도다."(16절), "사람들을 삼가라 저희가 너희를 공회에 넘겨주겠고 저희 회당에서 채찍질 하리라."(17절) 라고 말씀하셨다. 소돔과 고모라보다 더 죄악으로 물든 땅, 양이 아니라 이리와 같은 사람들, 주님의 사람을 대적하는 사람들이 바로 이스라엘 집이라는 것이다.

이렇듯 무지막지한 사람들에게 필요한 것이 회개이며 이를 위해 필요한 것이 바로 전도이기 때문에 주님께서 긴급히 이스라엘 집에 대한 전도명령을 내리신 것이다. 그러므로 주님의 차라리 이스라엘 집의 잃어버린 양에게로 라는 주님의 전도명령은 매우 긴박하고 절실한 가운데 내려진 명령임을 알 수 있다.

2. 우리의 잘못된 땅 끝 인식

우리는 사도행전의 전도명령에 따라 예루살렘-유다-사마리아-땅 끝으로 이어지는 도식적인 전도방향 만을 중시하고 있다. 그래서 지금 땅 끝이라 생각되는 세계적인 오지에 선교사가 파송되어 말씀이 전파되고 있으므로 주님이 곧 오실 것이라고 생각하는 도식적인 생각에 잡혀 있다.

심지어 아프리카와 같은 오지에 복음이 전해지고 있으므로 종말이 곧 올 것으로 생각하고 있다. 미안한 말이지만 아프리카는 우리나라보다 먼저 복음의 씨앗이 뿌려진 곳임을 알아야 한다. 그곳은 우리 생각만큼 그리 미개하지도 않고 성경을 잘 알고 있으며 서구문명을 우리보다 먼저 받아들인 곳이다. 그들이 가난하다고 해서 그들의 신앙까지 얕잡아 보는 것은 우리가 얼마나 신앙적 교만에 빠져 있는가를 스스로 입증하고 있는 것이다.

이런 점에서 우리는 바리새인과 다를 바가 없다. 주님이 말씀하시는 땅 끝은 지리적인 땅 끝이 아니라 신앙적인 땅 끝을 의미한다. 그러므로 마태복음 10장의 땅 끝은 이방인이 아니라 오히려 이스라엘이다. 이스라엘이 땅 끝임은 23절에 잘 나타나 있다. "이 동네에서 너희를 핍박하거든 저 동네로 피하라 내가 진실로 너희에게 이르노니 이스라엘의 모든 동네를 다 다니지 못하여서 인자가 오리라."(마10:23). 인자가 오심은 복음이 땅 끝까지 이르러야 되는 것인데 이스라엘 모든 동네를 다 다니지 못하여서 주님이 오신다면 앞으로 복음을 전파해야 할 사마리아와 땅 끝은 어찌 되는가? 그곳은 구원받지 못하는 것인가? 이러한 우리의 의문은 땅 끝을 지리적으로만 인식한데서 오는 잘못된 것이다.

주님에게 있어서 땅 끝은 지리적으로 멀리 있는 곳이 아니라 하나님을 거역하고 영적으로 심히 타락한 사람들을 가리킨다. 그러므로 이 땅 끝은 우리 주변에도 얼마든지 있을 수 있다. 우리 가정 속에서 오늘도 하나님을 거부하며 예수라는 말만 들어도 알레르기 반응을 일으키는 사람이 있다면 그 가정에게 있어서는 그 사람이 바로 땅 끝이다. 직장에서, 사회관계 속에서 믿는 자를 대적하고 핍박하려 드는 사람이 있다면 그 사람이 바로 우리의 땅 끝이다. 바다 건너 얼굴조차 모르는 사람에게 전해야 땅 끝 전도이고 우리 주변에서 전도하는 것은 땅 끝일 수 없다는 것은 아주 잘못된 생각이다.

3. 우리는 땅 끝 전도의 사명자

예수님은 열 두 제자를 전도자로 파송하면서 땅 끝 전도의 사명자로 삼으셨다. 이 사명은 우리에게 있어서도 계속 유효하다. 주님은 열 두 제자를 택하시기 전에 무리를 보시고 목자 없는 양같이 고생하며 유리한다 하시며 민망히 여기셨다. 민망히 라는 말에는 창자가 끊어질 듯 아픈 심정으로 라는 의미가 담겨 있다. 전도를 수행하는 사명자는 바로 주님의 이러한 태도를 가지고 있어야 한다. 단순히 명령이니까 전도하는 소극적인 자세가 아니라 전도대상에 대해 민망히 여기는 적극적인 자세가 무엇보다 중요하다.

이어 주님은 제자들을 향해 "추수할 것은 많되 일꾼은 적으니 그러므로 추수하는 주인에게 청하여 추수할 일꾼들을 보내어 주소서 하라."(마9:37-38)고 말씀하셨다. 원래 추수는 종말 심판을 묘사하는 말이다. 그런데 예수님은 지금이 추수할 때라고 말씀하신다. 지금이 종말이며 제자들은 추수할 일꾼들이라 하시고 하나님의 백성을 모으는 종말적 과업을 제자들에게 부여하셨다. 추수할 일꾼들을 보내어 주소서 하라 는 주님의 말씀은 전도의 필요성과 전도에 대한 사명감 뿐 아니라 전도의 긴급함도 아울러 깨닫게 한다. 하나님은 선지자 요나를 보내 니느웨 백성들에 대한 회개를 긴급히 촉구하셨다. 예수님은 시대 시대 마다 땅 끝 전도를 위해 많은 제자들을 필요로 하신다. 우리는 이 시대에 주님으로부터 부름을 받은 추수인, 곧 땅 끝 전도인들이다.

4. 종말 전도의 원칙

예수님은 열 두 제자를 전도대로 파송하면서 종말 전도에 관한 몇 가지 원칙을 제시해 주셨다. 종말 전도란 지금이 종말임을 자각하고 힘써 전도하는 것이자 구원을 위한 외침의 마지막이다. 그 원칙을 살펴보면 다음과 같다.

첫째, 천국이 가까웠음을 전파한다(7절). 주님께서 천국이 가까웠다고 말씀하시는 것은 하나님이 예수님의 인격과 사역을 통해 종말론적인 통치를 이미 시작하셨으며 머지않아 그 통치를 완전하게 실현하실 것을 의미한다. 즉, 심판의 날이 가까웠으니 회개하지 않으면 안 된다는 것이다. 하나님으로부터 인정을 받는 자에게 있어서 하나님 나라의 임재는 그토록 소망하는 바요 기쁨의 날이지만 하나님으로부터 인정을 받지 못하는 자에게 있어서 그 날은 재앙의 날이요 수치의 날이될 수밖에 없다.

그러므로 천국이 가까웠다고 말하라 하시는 것은 주님께서 그들에게 철저한 회개를 요청하시는 것임을 알 수 있다. 주님은 형식적인 회개가 아니라 진정한 회개를 요구하신다. 하나님을 향해 자신의 마음을 찢고 철저히 하나님을 받아들이는 것을 말한다. 하나님을 마음 중심으로부터 받아들이지 않는 사람에게 천국은 결코 주어지지 않는다. 니느웨 백성의 회개는 바로 회개의 참 모습을 대변해준다.

둘째, 능력을 행하되 거저 준다(8절). 주님은 전도자에게 병을 고칠 수 있는 능력을 함께 주시기도 하는데 이 치유는 하나님 나라가 임했음을 나타내는 것이다. 능력을 통한 주님의 임재로 하나님께 돌아오도록 하신 것이다. 주님은 이 능력을 행하되 "너희가 거저 받았으니 거저 주어라."고 명령하셨다. 전도자들이 주님으로부터 받은 능력을 수행하면서 생색을 내거나 자신의 이익을 도모하는 마음을 가져서는 안 된다는 것이다. 주님은 구원을 조건으로 어떤 물질적인 대가를 결코 요구하시지 않으셨다. 병자를 고쳐주실 때도 거저 고쳐 주셨다.

주님이 수혜자들에게 바라는 것이 있었다면 "가서 다시는 죄를 짓지 말라."는 말씀 뿐이셨다. 그런데 사람들은 전도를 하거나 능력을 행하면서 직접 또는 간접으로 물질을 요구한다. 물질을 주지 않을 때는 섭섭하다든가 은혜를 모른다고 말한다. 이러한 인간적인 태도는 하나님 나라의 삶을 사는 전도자로서의 태도가 아니다. 주님으로부터 거저 받았으니 기쁜 마음으로 거저 주는 태도를 가져야 한다. 전도자는 재물에 대한 욕심을 버리고 전적으로 하나님을 의지하는 삶을 살아야 한다. 물질로 인해 혹시 서운한 마음이 든다면 나는 그만큼 자격이 없다는 것을 스스로 고백해야 한다. 현재 많은 전도나 능력 행함이 상업화되어 가고 있다. 종말을 이용하여 돈을 모으는 사이비 전도자들도 있다. 하나님의 것을 이용하여 하나님을 더 욕되게 하는 이러한 우리의 현실은 주님을 더욱 슬프게 만들고 있다. 우리는 심판이 우리를 기다리고 있으며 주님으로부터 더 엄한 심판을 받게 된다는 사실을 기억하지 않으면 안 된다. 은혜는 나누는 것이지 파는 것이 결코 아니다.

셋째, 항상 평안을 빌고 만일의 경우 발의 먼지를 떤다(12-14절). 전도자가 전도를 할 때는 항상 평안을 비는 마음으로 해야 한다. 저주가 임하기를 바라는 마음으로 하는 것은 전도자의 태도가 결코 아니다. 전도자는 전도를 통해 상대가 하나님께 돌아오도록 간구해야 한다. 전도는 상대를 살리는 작업이지 죽이는 작업이 결코 아니다. 평안을 비는 것은 결코 의례적인 인사가 아니라 진정으로 상대를 사랑하는 마음에서 출발한다. 하나님을 영접하는 자에게는 전도자의 빈 평안이 그대로 남아 있게 된다. 그리스도인들이 진정으로 필요한 것은 예수를 믿지 않는 사람들에 대한 사랑이다.

이렇듯 끈질긴 사랑의 전도에도 불구하고 계속 하나님을 거역할 때는 발의 먼지를 떤다. 발의 먼지를 떤다는 것은 그가 계속 하나님의 메시지를 거부했기 때문에 그로 인해 당할 심판은 그의 책임이라는 의미가 담겨 있다. 유대인들은 이방인들의 도시를 떠날 때 발의 먼지를 떠는 관습이 있었다. 유대인들은 의식적으로 이방인의 부정한 모든 것을 자신의 땅으로 묻혀 들어오지 않으려고 발의 먼지를 떨었다. 그러므로 전도자가 발의 먼지를 떠는 것은 하나님을 계속 거부하는 사람은 더 이상 참 이스라엘에 속하지 않았음을 나타내는 것이다. 그것으로 그는 이미 심판받은 것이나 다름이 없다.

넷째, 무엇을 말할까 염려하지 말라(19절). 주님은 종말에 핍박이 있을 것을 말씀하시고 붙잡혀 시험을 당할 때 어떻게 말할까 또는 무슨 말을 할까 염려하지 말도록 하셨다. 핍박을 받을 때, 특히 심문하는 장소에 끌려갔을 때 무엇보다 당황하게 될 것이다. 그러나 주님은 염려하지 말라 하시고 그 때에 성령께서 우리 입에 말씀을 주실 것을 약속하셨다. 이것은 그 위험의 순간에도 하나님께서 우리와 함께 하신다는 것을 가르쳐 준다. 믿는 자에게 있어서 가장 의지가 되는 것은 하나님이시다. 하나님만이 그 모든 위험에서 우리를 건지실 수 있기 때문이다. 환란가운데서도 하나님을 전적으로 신뢰하는 것처럼 아름다운 믿음은 없다.

다섯째, 나중까지 견딘다(22절). 전도자에게 있어서 인내는 필수적으로 가져야 할 태도이다. 특히 종말 때처럼 전도하기 어렵고 괴로운 시기는 없다. 하나님을 영접하기보다는 거부하기 일쑤이기 때문이다. 세상은 전도자를 비웃고 가두기까지 한다. 형제가 형제를, 아비가 자식을, 심지어 자식이 아비를 죽는데 내어주는 상황은(21절) 종말의 때가 얼마나 악한가 하는 것을 그대로 보여주고 있다. 인륜도 도덕도 믿음도 없다. 이러한 때일지라도 전도자는 힘써 외치고 인내하며 살아야 한다고 성경은 가르치고 있다.

주님은 지금 우리에게 차라리 이스라엘 집의 잃어버린 양에게 가라고 명령하신다. 지금 우리 주변에는 하나님을 대적하는 자들이 무섭게 세력을 뻗혀 나가고 있다. 그럼에도 불구하고 우리는 자꾸 먼 곳만을 바라보고 있다. 주님이 우리에게 당부하신 땅 끝 전도는 지리적으로 먼 곳만을 의미하지 않는다. 반 하나님, 반 그리스도, 반 성령으로 무섭게 변화되고 있는 우리의 주변도 얼마든지 땅 끝이 될 수 있다.

우리는 이 땅 끝을 말씀으로 정복하지 않으면 안 된다. 우리는 인내를 가지고 그들을 향해 하나님의 심판을 예고하고 하나님께 돌아오도록 해야 한다. 지금은 노아 때보다 악하고, 우리의 주변은 소돔과 고모라보다 더 악한 상황에 빠져 있다. 주님은 말씀하신다. "화있을진저 고라신아, 벳새다야, 가버나움아." 이스라엘을 향한 이 주님의 외침이 지금 우리를 향해 떨어지고 있다. "화있을진저 서울아 부산아 대구야 한국교회야."

제5장 삶의 패러다임의 변화

  그리스도인이 된다는 것은 삶의 패러다임을 바꾸는 것이다. 이전의 삶의 모습을 벗고 새롭게 태어나는 것이다. 에베소서 4장 17-24절의 말씀은 교인들을 향해 "옛 사람을 벗어버리고 새 사람을 입으라"고 당부하고 있다. 옛 사람에서 새 사람으로의 전환은 근본적으로 그리스도인의 삶의 방식, 곧 패러다임의 변혁을 의미한다. 그것은 기본적으로 속물적인 삶에서 하나님 나라의 삶으로의 획기적인 전환이다.

  구약은 방향전환의 삶이 필요하다는 것을 개인이나 민족적 삶을 통해서 보여주었다. 신약은 방향전환의 삶을 통해 이 땅에서 하나님 나라를 이루도록 하였다. 세례 요한은 회개를 통해 천국에 이르는 삶을 강조했다. 예수님은 회개는 물론 중생, 깨어 기도함, 일어남 등 비유의 말씀과 치료적 명령을 통해서 변혁적 삶의 중요성과 하나님 나라의 도래를 강조했다. 그리고 바울은 하나님 나라의 삶은 그리스도 안에서의 실질적 변화의 삶임을 강조했다. 그는 서신의 서두는 물론 특히 말미에서 변화와 방향전환의 삶을 통해 축복받는 생활하기를 예수 그리스도의 이름으로 간절히 축원하였다.

변환의 강조

인물	표현의 다양함	하나님 나라와의 관계
세례 요한	회개하라	천국이 가까왔다
예수	거듭나라, 중생하라	하나님 나라의 도래 선포
	회개하라	천국이 우리 가운데 있음 선포
	일어나라	변화강조,
	깨어 기도하라	하나님 나라의 삶 예시(산상수훈)
		오실 그리스도와 완전한 천국
바울	새 사람을 입으라	그리스도 안에서의 천국생활
		실천 강조, 방향전환

바울은 옛 사람과 새사람을 완전히 구별시킴으로써 패러다임의 변화를 강조했다. 옛 사람은 우리가 벗어버려야 할 삶임에 비해 새 사람은 우리가 입어야 할 삶이다. 옛 사람의 성품은 한마디로 그리스도인으로서 깨뜨려야 할 것들이다. 그것은 우리로 썩어져가는 경향성을 가지게 한다. 사랑보다 미움을 택하게 하고, 이웃과 화평하기를 거절하게 한다. 다른 사람을 칭찬하기보다 비난하기 바쁘고, 아픔과 상처를 남기기를 좋아한다. 그것을 통해 쾌감을 느낀다. 하등 잘못했다거나 죄책감을 느끼지 않는다. 이것을 한 마디로 구습이라 한다. 그리스도인이 그것을 가지고 있는 한 항상 문제에 처할 수밖에 없다. 이에 비해 새 사람의 성품은 완전히 다르다. 새 사람은 자기보다 하나님의 영광을 드러내기 좋아하고, 매일의 삶에서 하나님의 의와 진리의 길을 택한다. 계획을 해도 희망적이고, 남에게도 사랑과 화평을 준다. 새 사람의 성품은 기쁨을 주고 평안을 준다.

패러다임의 변혁은 율법적인 삶의 패러다임에서 그리스도지향의 패러다임으로의 변화를 말한다. 율법적 패러다임은 사람을 대해도 "저 사람은 무슨 법을 어겼지. 저 사람은 지옥 갈 사람이다"며 판단하기를 좋아한다. 자기가 판단한대로 그에게 징벌이나 저주가 가해지지 않으면 잠을 이루지 못한다. 상대방이 잘되는 것보다 못되는 것에 더 관심이 많다. 이 속에서 우리는 그리스도인다운 점을 발견할 수 없다. 율법주의자들은 세리나 죄인을 향해 지옥에 갈 사람들이고 자신들은 천국에 갈 사람들이라고 말한다. 하지만 주님은 오히려 그들이 지옥에 갈 사람들이라고 말씀하신다. 그들 속에 사랑과 용서가 없기 때문이다. 그러나 그리스도적 패러다임은 우리의 생각, 안목, 태도, 입장 모두를 그리스도의 눈과 심장으로 바꾸는 것을 말한다. 주님의 안목에서 문제를 긍정적으로 바라보고 나 자신보다 상대방의 입장을 생각하며 이해하고 그가 잘되도록 기도한다. 그리스도인은 이 사랑의 패러다임으로 바꿔져야 한다.

1. 구원받기 전의 삶의 모습과 그 후의 모습

에베소서 4장 17절에서 32절까지의 말씀은 기본적으로 그리스도인의 삶의 방식이 어떻게 변화되어야 하는가를 잘 보여주고 있다. 17-19절의 말씀은 구원받기 전의 삶의 양식이 어떤가를 보여주고 있으며, 20절에서 32절의 말씀은 구원받은 후의 삶의 양식이 어떻게 변화되어야 하는가를 구체적으로 가르쳐 주고 있다. 이것은 구원받지 못한 때와 구원받은 후의 삶의 모습이 달라져야 한다는 것을 보여준다.

바울은 구원받기 전의 사람을 가리켜 이방인이라 부르고(17절), 이러한 사람은 기본적으로 마음속에 하나님이 없다고 말한다. 그는 이방인의 특성을 다음과 같이 묘사하고 있다.

첫째, 하나님을 떠나 있다. 바울은 그들이 하나님의 생명에서 떠나 있다고 말하고 있다. 하나님을 떠나 있게 되면 여러 가지 현상이 나타난다. 마음이 허망하다. 허망하다는 것은 아무런 목적이나 목표도 없이 살아가고 있다는 것을 의미한다. 그 마음에 하나님이 없는 사람은 삶에 의미를 갖지 못하고 방황한다. 가지고 있다 해도 헛된 생각이 대부분이어서 결국 무익하고 무의미한 삶을 살게 된다. 총명이 어두워져 있고, 무지하다. 총명은 분별력(power of discernment), 재능(wit)을 뜻하며, 총명이 어두워졌다는 것은 하나님에 대한 이해가 없음을 의미한다. 마음이 굳어져 있다. 마음이 굳어져 있다는 것은 원래 마음이 돌처럼 굳어져 있다(hardened), 마음을 닫았다(closed)는 것을 의미한다. 하나님을 향해 마음을 닫았다는 것이다. 이런 모습은 한 마디로 하나님과 생명적 관계를 맺지 못하고 있음을 보여준다. 불신앙의 사람은 누구나 하나님이 주시는 영원한 생명에서 소외된(alienated) 상태에 있기 때문에 근본적으로 문제를 안고 있다.

둘째, 도덕적으로도 문제가 된다. 바울은 "감각이 없는 자가 되어 자신을 방탕에 방임하여 모든 더러운 것을 욕심으로 행하되"(19절)라고 말하고 있다. 감각이 없다는 것은 도덕적인 감수성을 상실했음을 의미한다. 수치감도 느끼지 못할 만큼 잘못되어 있다는 것이다. 살갗이 굳어지면 아픔을 쉽게 느끼지 못하듯이 양심이 무디어지면 자신이 잘못을 해놓고서도 도덕적으로 무슨 잘못을 했는지 깨닫지 못하게 된다. 도덕적 의식이 결여되어 있으면 결국 방탕에 빠지게 된다. 더러운 것이란 믿는 자로서 버려야할 부도덕한 모든 악행들을 포괄적으로 나타낸 것이다. 이러한 것들을 행하고도 아무런 죄의식을 가지지 못하는 지경에 이르는 것이다.

이 모두는 하나님과의 관계는 하나님과 관계이고, 도덕은 도덕이라는 이분법적 사고를 넘어서서 하나님과 생명적 관계를 맺지 못하게 되면 사회적으로나 도덕적으로 문제가 있게 된다는 것을 보여주고 있다.

20절 이후부터는 구원받은 성도는 어떤 신분의 사람이며 그 사람은 어떤 삶의 모습을 가지고 살아가야 하는가를 제시하고 있다.

1) 그리스도의 가르침대로 행하라

바울은 무엇보다 그리스도를 통해서 하나님의 백성으로 사는 삶을 배우고 실천해 나가도록 강조하였다. 그는 구원이전의 삶의 모습이 어떠한가를 말하고 "오직 너희는 그리스도를 이같이 배우지 아니하였느니라."(20절)고 말하였다. 진리 그 자체이신 주님이 진리를 가르치셨고, 또 그 진리의 말씀을 우리의 생활가운데 나타나도록 하셨으며, 우리는 복음의 말씀을 전하여 듣고 배웠는데 그것을 실행에 옮기지 않는다는 것은 있을 수 없다. 우리가 예수의 제자가 되는 순간부터 이방인과 같은 삶을 계속 유지하며 산다면 그것은 그리스도 안에서의 삶과 전혀 어울리지 않는 삶이다. 우리는 그리스도인이 된다는 것은 무엇을 의미하는지 밝히 알고, 그것을 실행하는 삶을 살아야 한다.

2) 옛 사람을 벗어버리라(put off)

바울은 유혹의 욕심을 따라 썩어져 가는 구습을 좇는 옛 사람을 벗어버리라고 강조한다. 옛 사람이란 그리스도인이 되기 이전의 사람을 가리키는 것으로, 온전한 사람(13절) 및 새 사람(24절)과 반대되는 개념이다. 옛 사람은 원래의 죄성을 그대로 안고 행동에서도 그것을 나타내는 우리의 옛 자아(old self)를 가리킨다. 이것은 우리가 그리스도인이 되었으면서도 아직도 옛 습관을 버리지 못하고 미지근한 상태나 과거의 상태를 그대로 유지하며 살고 있다는 것을 보여준다. 하나님의 백성은 되었지만 아직 없어지지 아니한 부분이 있는 것이다.

따라서 우리는 그 부분을 날마다 지워가야 한다. 우리는 비록 주님
으로부터 구원을 받았지만 날마다의 생활에서 구원을 완성해가야 한
다. 우리는 "구원을 이루라"는 말씀을 잊어서는 안 된다. 주안에서 거
듭나고, 성화해 나가는 생활이 요구되는 것이다. 바울은 골로새서에서
도 더럽고 허망한 옛 사람을 벗어버리라(골 3:9)고 말하였다. 오늘도
거듭나고, 날마다 구습으로부터 해방되는 역사가 있어야 한다. 그 방
법의 하나가 바로 말씀을 통한 정화방법이다. 주님의 말씀을 읽음으로
써 나의 행실이 얼마나 잘못되었는가를 깨닫고 하나씩 고쳐나가는 것
이다. 하나님의 말씀은 언제나 우리를 치유하는 역사를 나타낸다.

3) 새 사람을 입으라(put on)

옛 사람을 벗은 자는 새 사람을 입어야 한다. 벗고 입는 것은 옷이
지만 영적으로는 주님 안에서 새로워지는 것을 말한다. 그리스도를 통
해 새로운 자아가 형성되는 것이다. 새 사람은 낡은 습관, 낡은 태도,
낡은 사고를 벗어나 하루가 다르게 좋은 상태로 되어간다. 이를 위해
바울은 오직 심령을 새롭게 하라고 말하고 있다. 심령을 새롭게 한다
는 것은 마음을 새롭게 하라, 자아(self)를 근본적으로 고치라는 의미
를 담고 있다. 바울은 우리를 가리켜 '새로운 피조물'(고후 5:17)이라
하였다. 피조물인 우리가 새로워진 것은 오직 하나님의 은혜이다. 은
혜가운데 사는 사람은 무엇보다 주님 앞에 과거와 전혀 다른 삶을 보
여줘야 한다.

마르크스는 계급혁명과 경제적인 해방을 통해 우리는 새로운 세상
을 열 수 있고, 새 사람이 될 수 있다고 말하였다. 이것은 경제적인
측면민 깅조한 깃이다. 그러나 성경은 하나님을 따라 의와 진리와 거

룩함으로 지으심을 받은 새 사람을 입으라(24절)고 가르친다. 그리스도 안의 새 사람은 하나님 안에서 재창조됨으로써 궁극적으로는 하나님의 형상을 회복하는 것이다. 바울은 이렇듯 우리가 새 사람으로서 하나님 나라의 새 백성 됨을 강조하고 있다. 그리스도인이 어떤 신분을 유지하고 있는가를 명확히 제시하고 있는 것이다.

2. 달라져야 하는 삶의 방식

25절부터는 우리가 새 사람을 입은 그리스도인으로서 어떤 삶의 방식을 가져야 하는가를 보여주고 있다. 말로써 끝나는 것이 아니라 실천적 삶이 따라야 한다는 것이다. 바울이 제시한 삶의 방식은 대부분 윤리적 규범에 해당된다. 하나님 나라의 일원으로서 이러한 규범을 잘 지켜나가면 그 안에 새로운 나라가 이 땅에 형성될 수 있게 된다. 그가 제시한 것은 다음과 같다.

1) 이웃과 더불어 참된 것을 말하라.

그리스도인은 항상 공동체 일원으로서의 지체의식을 가져야 하며, 이 의식을 바로 실행해 나갈 때 교회가 바로 설 수 있다. 이를 위해 우리는 이웃을 존중하며 말이나 행동에서 참된 것을 보여줘야 한다. 이웃을 모함하거나 거짓말을 하는 것은 안 된다. 하나님의 형상을 따라 지음 받은 인간이 진리와 맞서는 행동을 해서는 안 된다. 거짓말은 정죄 받아 마땅하며(겔 13:8), 성도의 교제를 깨뜨린다(롬 12:5).

2) 분을 다스려 마귀에게 틈을 주지 말라.

예수님은 형제에게 노하는 자마다 심판을 받는다고 말씀하셨다(마 5:22). 또한 분노는 성도들이 마땅히 버려야할 죄악으로 묘사되고 있다(골 3:8; 엡4:31). 이것은 정의로운 분노까지 정죄하는 것은 물론 아니다. 에베소서의 가르침은 살면서 분을 내지 않을 수 없지만 어떤 분노이든지 죄짓는 데까지 가지 말며, 해가 지도록 분을 품어서는 안 된다는 것이다. 그 이유는 분을 그대로 품고 살면 마귀에게 틈을 주기 때문이다(27절). 틈이란 기회(chance, opportunity), 자리(place), 틈새기(loop-hole)를 의미한다. 마귀는 그 틈을 이용하여 그 사람을 범죄의 길로 빠지게 하며, 결국 공동체에 해를 미치게 한다. 따라서 우리는 마귀에게 한 치라도 그 틈을 허용해서는 안 된다.

분노는 미움, 불안과 공포, 부정적 생각, 좌절감, 죄책 등 여러 측면에서 마음의 병을 일으키는 바이러스와 같다. 분을 잘 다스리지 못하면 결국 성령을 소멸하기에 이른다. 잠언 기자는 유순한 대답은 분노를 쉽게 하여도 과격한 말은 노를 격동한다 하였고(잠 15:1), 시편기자는 "너희는 떨며 범죄치 말지어다 자리에 누워 심중에 말하고 잠잠할지어다"(시 4:4)라고 권고하고 있다. 유순한 마음을 가지고, 마귀보다는 하나님의 영과 대화하면 분노로부터 자유로워질 수 있다는 것이다.

3) 도적질하지 말고 오히려 선한 일을 하라.

새 옷을 입은 성도는 죄를 짓지 않는 것으로 만족해서는 안 된다. 한 걸음 더 나아가 적극적으로 선을 행해야 한다. 남의 것을 도적질하기보다 제 손으로 수고하여 남을 도와야 한다. 도적질은 남의 물건을 몰래 훔친 것만 해당되는 말이 아니다. 대통령이 기업가로부터 돈을 강제로 걷는다든가, 기업가가 노동을 착취했다든가, 상인이 저울을 속였다든가, 관리가 뇌물을 좋아한다든가, 목사가 연보를 자기 마음대로 사용하거나 돈 봉투를 좋아 하는 것 모두 도적질에 속한다. 받기보다 주는 삶을 살아야 한다.

4) 더러운 말보다 선한 말을 하라.

더러운 말은 마귀가 좋아하는 말(evil talk), 부패한 커뮤니케이션 (corrupt communication)을 가리킨다. 이러한 말은 입 밖에도 내지 말고 오직 덕을 세우는 선한 말을 하여 듣는 사람들에게 은혜를 끼쳐야 한다.

5) 성령을 근심케 해서는 안 된다.

성령은 성도들이 죄를 범할 때 근심하신다. 성도는 완전히 구속함을 받는 그 날까지 인치심을 받은 하나님의 백성이므로 그 사이에 죄악에 빠져 하나님이 기뻐하시지 않는 행동을 하는 것은 성령을 근심하게 만든다는 점에서 주의하지 않으면 안 된다.

6) 서로 인자하게 대하고 용서하라.

바울은 끝으로 악덕 다섯 가지를 열거하고 그것을 버리도록 하고 있다. 그 다섯 가지는 악독, 노함, 분 냄, 떠드는 것, 훼방이다. 떠드는 것(clamour)은 단순히 크게 소리치는 것을 의미하는 것이 아니라 남을 향해 심할 정도로 모욕적인 언사를 사용하는 것을 말한다. 이러한 것들은 심중에 미움이 내재해 있기 때문에 발생한다. 그는 이것을 모든 악의와 함께 버리라고 권고하고 있다. 성도가 악의를 가지고 있다는 것은 우리가 비록 성도이기는 하지만 결핍된 존재라는 것을 인식하게 만든다. 우리는 언제나 부족하고 연약한 존재임을 고백하면서 서로 인자하게 대하고, 불쌍히 여기며, 서로 용서하기를 하나님이 그리스도 안에서 우리를 용서하심같이 해야 한다. 용서의 삶을 살기 위해서는 무엇보다 교만하지 않아야 한다. 하나님이 나 같은 죄인도 용서하셨는데 우리가 형제를 용서하지 않아야겠느냐는 낮아짐이 필요하다. 인간의 용서는 이처럼 하나님의 용서하심을 전제로 한 것이어야 한다. 내가 베푸는 것처럼 하는 것이 아니라 하나님의 은혜를 받은 자로서 그 은혜를 다른 사람에게 베풀고 나누는 것이어야 한다. 그렇지 않다면 그것은 교만에 바탕을 둔 것이므로 문제가 된다.

바울은 에베소서의 말씀을 통해 교회가 새로운 공동체의 삶을 유지하기 위해서는 삶의 방식을 완전히 바꿔야 한다는 것을 가르치고 있다. 우리가 버려야 할 것과 취해야 할 것이 무엇인지를 생각하게 하고 새로운 교회공동체의 윤리규범을 바르게 세워나가도록 하고 있다. 가장 중요한 것은 하나님을 떠나 살아서는 안 되며, 윤리적으로 바른 삶을 살지 않으면 안 된다는 사실이다. 하나님과의 관계를 바르게 가지고, 그 관계를 우리의 교회와 이웃의 삶 속에도 바르게 확장해 나가야 한다. 한 마디로 구원받는 자는 다른 삶을 살아야 한다. 벗을 것은 벗고, 입을 것은 입어 확실히 다른 모습을 보여주어야 한다.

3. 변화를 위한 전제조건

바울은 우리가 옛 사람에서 새 사람으로 삶의 패러다임이 변화하기 위해서는 최소한 다음의 것에 유의할 필요가 있음을 말하고 있다.

1) 그리스도 안에 있어야 한다

바울은 "새 사람을 입으라."는 말로 변혁을 강조하고 있다. '입다'는 것은 헬라말로 '엔두오'(enduo), 곧 '옷 속으로 들어가다'는 뜻을 가지고 있다. 다시는 옛 사람의 성품을 갖지 않기 위해 우리는 과감히 주님 속으로 들어가 그에게만 속해 있어야 한다. 깨끗하게 목욕을 한 다음 벗은 옷을 다시 입지 않는 것처럼 옛것을 완전히 벗어버리고 다시는 그것에 미련을 두지 않는다.

바울은 언제나 '그리스도 안에'를 강조한다. "그런즉 누구든지 그리스도 안에 있으면 새로운 피조물이라 이전 것은 지나갔으니 보라 새것이 되었도다."(고후 5:17)고 선언한다. 그리스도 안에만 진정한 변화가 있고, 참 생명, 참 진리가 있기 때문이다. 그는 그리스도에게 붙잡힌바 된 그것을 좇아가려고 푯대만 바라보고 간다 하였다. 옛 사람은 허구의 푯대를 바라보고 뛰었다. 그 속에 진리, 자유, 평안이 있는 듯 보이지만 그것인 잠시의 환상에 불과하다. 그것은 영원할 수 없다. 그리스도 안에 있는 사람은 구습을 과감히 벗어버린 사람들이다. 따라서 보이는 것은 오직 주님뿐이다. 우리의 영원한 푯대이신 그 주님을 따라 가야 한다. 그 안에서 진리를 발견하고 평안을 얻을 수 있기 때문이다. 그런 의미에서 그리스도인의 삶은 바로 푯대 있는 삶이요 변화된 삶이다.

우리가 그리스도 안에 있다는 것은 자기중심의(self-centered) 삶이 아니라 주님중심의(Christ-centered) 삶을 살겠다는 것을 의미한다. 자아의 중요성을 결코 무시해서는 안 된다. 그러나 이기적인 것과는 다르다. 자기중심의 삶은 지나치게 자신만 생각하는 것으로 한 마디로 그리스도 밖의 삶이다. 이러한 삶은 이웃을 위한 마음, 주님을 향한 마음을 축소시킨다는 점에서 문제가 된다. 자기중심의 삶은 교회 밖뿐 아니라 현대교인의 문제이기도 하다. 현대기독교인 속에 이타심이 없다는 말을 종종 듣는다. 미국 갤럽조사에 따르면 미국 교인은 늘어가지만 자기중심적이 되어있다. 나 뿐 아니라 내 가정, 내 교회만 생각하는 것도 문제다. 이것은 그만큼 그리스도 안에 살지 못했음을 입증하는 것이다. Me first 가 아니라 Christ first가 되어야 한다. 우리가 그리스도를 위해 많은 일을 하면 주님은 우리를 위해 더 많은 일을 하신다. 그래서 그리스도 안의 삶에 손해란 없다.

2) 구습을 과감히 버린다

옛 사람을 벗어버린다는 것은 더 이상 보존될 필요가 없는 구습을 과감히 버린다는 것을 의미한다. 구습은 주님이 없는 이방인의 삶, 세속적인 삶, 주님의 지배와 통치를 싫어하는 삶을 말한다. 따라서 옛 사람은 주님중심이 아니라 자기중심이다. 모든 영광, 재물, 평안이 나를 위해 존재한다. 그러나 구습을 버린 그리스도인은 내가 더 이상 보이지 않고 주님만 보인다. 주님이 있으므로 내가 의미 있게 존재할 수 있다.

하나님 나라에는 옛것과 새것이 병존할 수 없다. 옛것은 존재하지 않는다. 따라서 옛 사람의 성품은 빨리 버릴수록 좋다. 바울은 우리를 예수 그리스도의 군사로 묘사한 다음 군사로 다니는 자는 자기생활에 얽매이는 자가 하나도 없나니 이는 군사로 모집하는 자를 기쁘게 하려 함이라 (딤후 2:4)고 하였다. 우리가 옛것에 얽매여 있다면 군사로서 바르게 활동할 수 없다.

아무리 믿음이 좋은 그리스도인이라 할지라도 우리 속에 있는 옛 성품을 버리는 일은 그리 쉽지 않다. 우리는 흔히 현대 기독교인 속에는 이타심이 없다 는 말을 듣는다. 미국 갤럽조사에 따르면 미국교인은 늘어가지만 자기중심적으로 되어가고 있다고 한다. 이런 것은 우리기 옛 사람을 벗어버리지 못했음을 의미한다. 옛 사람을 버리지 않고

서는 새 사람이 될 수 없다. 따라서 이를 과감히 버리는 결단적 의지
와 지속적인 노력이 필요하다.

3) 새로운 성품을 형성한다

그리스도인이 되었다고 해서 우리의 성품이 일시에 완전히 바뀌는
것은 아니다. "생각은 행동을 낳고, 행동은 습관을 낳고, 습관은 성품
을 낳고, 성품은 그 사람의 운명을 낳는다." 는 말이 있다. 이것은 성
품의 변화에 상당한 과정이 필요하다는 것을 보여준다. 그리스도인이
라고 해서 성품이 다 좋은 것이 아니다. 그리스도 안에서 그리스도의
성품을 죽는 날 동안 배우고 따라 형성해 나가야 한다. 우리가 옛 사
람의 성품을 자꾸 버리면 버릴수록 우리 속에 숨어있는 옛 사람의 성
품은 죽어간다.

이를 위해서는 이생을 중시하는 삶에서부터 영생의 삶으로 전환되
어야 한다. 이생의 평안과 부요를 중시하기 때문에 재물과 허욕에서
벗어나지 못한다. 우리의 관심이 매양 그 주위를 맴도는 한 그리스도
의 성품을 가지기는 어렵다. 죽으면 알게 뭐냐. 이 세상 것을 마음껏
누리자, 물려줄 것은 돈밖에 없다, 돈이 해결할 수 없는 것은 없다 며
세상의 쾌락과 돈을 행복의 척도로 삼는 한 그리스도가 깃들 공간은
없다. 우리는 옛 사람을 벗어야 한다. 세상 것에 소망을 둘 것이 아니
라 예수 그리스도에 소망을 두며 믿음을 키워 가야 한다. 주님을 향한
믿음만이 우리의 소망을 강하게 하고 삶을 부유하게 할 수 있다.

4) 내면적 변화가 중심이다

옛 사람을 벗고 새 사람을 입는 것은 겉모양의 변화가 아니라 내면

으로부터의 깊은 변화를 말한다. 이것은 겉옷 자체로 끝나는 것이 아니라 우리 안의 심령이 새롭게 변화되어야(시 51:10) 한다. 겉 사람은 날로 후패한다 해도 속사람은 날로 새로워지는 그런 변화다. 우리는 새 옷을 입으라 하지 않고 새 사람을 입으라 한 말씀에 주목할 필요가 있다. 이것은 옷이 아니라 사람이 변화되어야 한다는 것을 보여준다. 이것은 겉만의 변화를 의미하지 않는다. 건물의 내부구조 자체를 변화시키듯, 자동차의 엔진을 새롭게 갈듯 우리의 내부구조를 완전히 새롭게 변화시키는 것을 의미한다.

이 변화는 우리가 거룩한 척 한다고 해서 되는 것이 아니다. 남의 말과 행동을 모방을 한다고 해서 되는 일도 아니다. 중요한 것은 속이 변화되어야 한다. 내면의 변화 없이는 참다운 평안과 자유를 누릴 수 없다. 하나님 나라는 외형만의 것이 아니기 때문이다. 우리 내면에 참 변화가 일어날 때 비로소 주님이 주시는 자유와 평안의 대기권으로 진입할 수 있다.

4. 새 사람은 무엇이 다른가?

1) 의와 진리에 산다

새 사람을 입는다는 것은 근본적으로 의와 진리의 거룩함을 입는 것이다. 의와 진리는 예수 그리스도의 근본적인 속성이자 하나님 나라에서 중시하는 요소들이다. 그것은 진실된 것이므로 위선으로 접근할 수 없다. 옛 사람을 벗지 않고서는 가질 수 없는 하늘의 보물이다.

2) 허망한 생각을 버린다

우리는 주님을 믿는 사람이면서도 때로는 세상 것을 더 믿고 생활한다. 하나님보다 돈을 사랑하는 것이 악의 뿌리라는 것을 알면서도 그것에 더 매달린다. 때로는 허망한 생각, 이를테면 하나님의 존재를 거부하고 싶거나 진리를 거슬러 행동하고 싶은 생각과 유혹을 받는다. 옛 사람의 성품을 가지면 가질수록 그 충동의 횟수는 많아지고 생각의 폭은 커지게 된다.

3) 무지와 마음의 완악을 버린다

무지하고 마음이 완악할수록 자기중심적이고 상대에 대해 일방적인 태도를 보인다. 이런 사람은 남에게 무례한 행동이나 할 수 없는 짓을 하고서도 미안하다거나 잘못했다는 생각을 갖지 않는다. 흉악범의 공통되는 특성은 수치심이 없다는 것이다. 이런 사람은 정상적인 질서를 무시하고 쉽게 파괴하려 든다. 상대방의 감정을 존중할 줄 아는 나의 감정을 키우는 것이 바로 감성지수(EQ)다. 그리스도인은 남을 사랑하고 돌볼 줄 아는 사랑 및 돌봄의 지수(LCQ: love-care quotient), 하나님 나라의 백성으로서의 도덕지수(MQ)가 높아야 한다. 고아와 과부와 나그네를 돌보라는 말씀이나 네 이웃을 네 몸과 같이 사랑하라는 말씀 모두 완악을 버리는 하나님 나라의 삶을 가르쳐 주고 있다.

믿음이 강한 자는 약한 자의 약점을 담당하고 자기를 기쁘게 하지 아니해야 한다(롬 15:1). 자기보다는 이웃을 기쁘게 함으로써 선을 이뤄야 한다. 우리는 그리스도께서 자기를 기쁘게 하지 아니하셨음(롬 15:3)을 기억할 필요가 있다. 교만은 이웃보다는 나를 더 크게 보이고 싶어 한다. 그러므로 우리는 교만의 삶을 버리고 겸손한 삶을 살아야 한다.

5. 변혁적 삶의 시작은 나로부터

변혁적인 삶은 남이 변화하도록 기다리는 것이 아니라 나 자신 먼저 개혁하는 것이다. 변혁은 기본적으로 나로부터 출발한다. 바울은 이 옛 사람에서 새 사람으로의 변혁적 삶을 믿지 않는 사람에게 말하고 있지 않다. 믿는 그리스도인, 열심히 교회에 나오고 있는 그리스도인을 대상으로 이 말씀을 하고 있다. 이것은 다른 사람이 아니라 나부터, 다른 교회가 아니라 우리 교회부터 변하지 않으면 안 된다는 것을 가르쳐 준다. 교회의 성장은 교인 수만 많다고 되는 것 아니다. 교회는 옛것을 벗어버리고 새것을 입은 사람들이 많아져야 한다. 그래야 교회 속에 하나님의 나라가 더 넓게 세워질 수 있다. 주님은 우리를 새 사람으로 부르고 계신다. 이를 위해 우리는 삶 전체를 변형시키기 위한 노력을 해야 한다. 그리스도인이 그리스도를 따르지 않는다면 참 그리스도인이라 말 할 수 없다.

제6장 공 력

    우리는 신앙의 선배들을 통해서 예수 그리스도라는 확고한 터를 물려받았다. 우리는 그 터 위에 어떤 모양으로든 각자의 집을 지으며 살고 있다. 그리스도라고 하는 터는 같지만 집의 모양은 다를 수밖에 없다. 어떤 이는 하나님의 집을 지어 경건하게 사는 사람도 있고 어떤 이는 성령님의 집을 지어 후끈하게 지내는 사람도 있다. 그리고 어떤 이는 그리스도의 집을 짓는다고 말은 하면서도 사실상 세상 집이나 다름없는 집을 짓고 세상 사람과 다름없는 삶을 살고 있다.

    바울은 이처럼 집을 짓는 행위를 가리켜 '공력(功力)을 세우는 것'이라고 말하고 훗날 우리는 각자 주님 앞에서 어떤 집을 지었는가를 평가받는 날이 온다는 것을 확실히 하고 있다. 그러므로 우리가 이 땅에 살면서 어떤 집을 짓느냐 하는 것은 매우 중요한 일이 아닐 수 없다. 우리는 이러한 사실을 고린도전서 3장 10-17절을 통해 살펴보기로 한다.

1. 바울이 본 고린도교회의 문제점

고린도교회는 세상유혹이 많은 가운데 있었다. 구 고린도는 신전이 많아 영적인 유혹이 컸었고, 신 고린도는 로마 식민지아래 상업도시로 발전해 물질적인 유혹이 컸었다. 이런 가운데서 그리스도인이 된다는 것은 쉬운 일이 아니었다. 오히려 세상 것이 더 편하고 거리낌이 없었다. 그리스도인으로서 산다는 것은 미련하고 우둔하며 거리끼는 것으로 생각될 정도였다. 이것은 우리에게도 마찬가지이다. 그리스도인이 되고 난 후부터는 제약이 많아 그렇게 불편할 수가 없다. 그리스도인이 되는 것은 미련한 것이 아닌가 하는 생각이 들 때도 있다. 그러나 그리스도인은 이러한 세상적인 미련을 단절시킬 수 있어야 한다. 단절시키지 못할 때 우리는 세상 집을 지을 수밖에 없게 된다.

고린도교회는 바울이 세운 교회이고 고린도전서는 세워진지 얼마 되지 않은 그곳에 문제가 생겨 권면하고자 보낸 편지이다. 바울이 보기에 고린도교회가 짓고 있는 집은 결코 바람직한 집이 아니었다. 우선 교인들 사이에도 마음이 맞지 않아 늘 티격태격한다는 소식이 끊이질 않았다. 싸움이 잦은 이유가운데 하나는 그 교회 안에 파벌이 있기 때문이었다. 바울파, 아볼로파, 게바파, 그리스도파 등 네 개의 주요 파벌이 존재하여 서로 대립하고 있었다. 고린도교회가 파벌로 인해 잘못된 집을 짓고 있는 것이다.

파벌은 근본적으로 인간의 편협한 욕심에서 나온 것일 뿐 아니라 서로 조화를 이룰 수 없게 하므로 결국 좋은 집을 지을 수 없게 만든다. 바울은 이것의 결과를 너무나 잘 알고 있었다. 바울은 파벌의식으로 인해 잘못된 집을 짓고 있는 고린도교회를 향해 그리스도께서 어찌 나뉘었느냐고(고전1:13) 말씀하심으로써 그들이 가지고 있는 파벌의 문제를 공격하고 주 안에서 마음과 뜻을 같이 하여 일하라고 권면하였다. 그는 우리가 가장 자랑해야 할 능력은 인간이 아니라 그리스도요 우리가 가지고 있어야 할 무기도 그리스도며 우리가 잡고 있어야 할 터도 그리스도임을 확고히 하였다. 오직 그리스도에 터를 두고 그리스도로 무기를 삼으며 모두 합심해서 그리스도의 집을 지어야 한다는 것이다.

이 일을 위해 우리가 각각 어떤 일을 했는가에 따라 주님으로부터 상을 받는 날이 오게 된다. 집을 지음에 있어서 각자의 역할이 다르듯이 주의 일을 함에 있어서 사역자의 역할이 다르지만 각각 자기가 주어진 일에 있어서 얼마만큼 일을 충실히 했는가에 따라 그 상급은 달라지므로 서로 싸우지 말고 그리스도의 집을 잘 지으라는 것이 바울의 간곡한 편지이다. 이것을 말씀을 통해서 살펴보기로 한다.

2. 우리의 터는 인간이 아니라 예수 그리스도

우리의 터(foundation)는 예수 그리스도이다. 앞서 우리를 위해 이 터를 닦아 놓은 사람들이 있는데 사도들이 바로 그런 사람들이다. 바울도 이 사람들에 속한다. 그들은 하나님이 그들에게 주신 은혜를 따라 터를 닦았다. 그 은혜는 하나님이 세우신 목적을 위해 그들에게 특별히 내리신 것이다. 은혜는 우리에 대한 하나님의 사랑을 나타내고 있다. 은혜는 하나님의 사랑이라는 줄을 타고 내리는 것이다. 이 사랑과 은혜는 오직 하나님으로부터 오는 것이지 인간으로부터 오는 것이 아니다. 인간으로부터 온다고 생각하면 잘못이며 인간의 잘못된 생각으로 집을 지으면 그 집은 잘못될 수밖에 없다.

그들은 지혜로운 건축자와 같이 터를 닦았다. '지혜로운 건축자와 같
이'란 능숙한 건축전문가(skilled master builder)가 최선을 다하여 충성
스럽게 짓는 것을 말한다. 그 속에는 하나님의 집을 하나님의 뜻에 맞
게 짓는 것 외에 다른 인간의 욕심이 개입되지 않았음을 의미한다. 하
나님의 집을 짓는다고 하면서 실상 자기의 집을 지으려는 욕심으로 가
득 차 있다면 지혜로운 건축자처럼 터를 닦는 것이 결코 아니다.

우리가 집을 지어야 할 터는 인간의 터가 아니라 예수 그리스도의
터이다. 터는 반석 기초, 지반, 터전이라는 뜻을 가지고 있다. 확고한
터는 예수님이 그리스도라는 사실이다. 이것이 우리의 신앙고백이 될
때 반석과 같은 고백이 될 수 있을 것이다. 이 터는 가장 확고한 것이
요 최후의 것이며 다른 것으로 대치할 수 없는 완전하고 진정한 것이
다. "이 닦아둔 것 외에 능히 다른 터를 닦아둘 자가 없으니."(11절).
이미 닦아둔 예수 그리스도라는 터 외에 다른 터가 없고 감히 다른
터를 닦을 수도 없다. 왜냐하면 예수 그리스도는 우리의 유일한 구원
자 메시야가 되기 때문이다. 예수 그리스도가 아닌 다른 것에 우리의
기초를 놓을 수는 없다.

3. 이 터 위에 지을 각자의 집

그리스도인은 바로 예수 그리스도라는 터 위에 집을 짓는 자이다.
그리스도인은 세상, 불의, 재물, 인기, 명예, 지식 위에 집을 짓는 자가
결코 아니다. 공력(man's work)은 각자의 일, 곧 각자의 집을 짓는 것
을 말한다. 우리가 예수 그리스도의 터를 멀리할 때 사단은 재빨리 우
리 안에 들어와 그리스도의 집이 아니라 인간의 집을 짓도록 꼬드긴

다. 사단의 집요한 공격 앞에 굴복하게 될 때 우리는 쉽사리 인간의 집을 짓게 된다.

각자의 집을 짓는다는 것은 공력을 세우는 것이며 그것은 믿음을 바탕으로 해서 각자 신앙의 열매를 맺는 것을 의미한다. 그 열매는 자신을 위한 영광, 헛된 영광이 아니라 하나님의 영광을 위한 삶, 하나님을 드높이는 삶, 예수 그리스도가 내 안에서 역사하는 삶, 성령이 내 안에서 살아 움직이는 삶으로 나타난다. 만약 우리가 각자의 집을 지음에 있어서 이러한 열매를 맺지 못한다면 심판 날에 우리의 결과는 참담할 수밖에 없다.

4. 주님 앞에서 평가받을 우리의 공력

우리의 공력은 주님 앞에서 평가를 받는다. 따라서 우리는 집을 세울 때 조심하지 않으면 안 된다. "각각 어떻게 그 위에 세우기를 조심할지니라."(10절). 집을 짓는 방법에 대해서는 각자가 신중을 기하지 않으면 안 된다. 즉, 내가 주님을 위해 어떻게 생활할 것인가를 생각하고 결단해야 한다. 변화하는 삶이 필요하다는 것이다. 이 변화는 예수 그리스도에 바탕을 둔 것이다. 예수 그리스도로 말미암아 옛 삶이 새 삶으로 바뀌고 영원한 사망에서 영원한 생명으로 전환되는 것이다.

우리가 주 앞에 서는 그 날에 각자의 공력이 밝혀진다. 그 날은 바로 결산의 날이자 심판의 날이다. 불로 그 공력이 밝혀진다. 공동번역에는 심판의 날은 불을 모아 온다고 적고 있다. 불 심판을 거친다는 것이다. 이것은 심판 날에 우리의 공력이 어떤 것인가 시험대에 올라 평가받게 될 것임을 나타낸다. 불 심판에서 공력이 그대로 있으면 합격판정을 받게 된다. 즉, 우리의 믿음의 열매가 금, 은, 보석 같으면 불 시험을 이겨 그대로 남게 된다. 그러나 그것이 나무, 풀, 짚 같으면 불타 없어져 불합격 판정을 받게 된다. 공력이 불타 없어진 것이다. 금, 은, 보석은 집을 지음에 있어서 사용된 재료가 올바른 재료였음을 가리키며 나무, 풀, 짚은 바르지 못한 재료였음을 가리킨다. 불 심판은 각자의 공력을 시험하여 그 진가를 가려준다. 그러므로 우리는 집을 지음에 있어서 가치 있고 참된 공력을 쌓아야지 결국 아무 소용이 없게 될 허망한 공력을 쌓아서는 안 될 것이다.

공력에 따라 상급이 달라진다. 이 상급은 구원받은 자들이 받게 될 보상을 가리킨다. 구원은 하나님이 주시는 무조건적인 선물이지만 상급은 우리가 행한 실적에 따라 달라지는 조건적인 것이다. 상급은 우리가 어떠한 실적을 세웠는가에 따라 달라지므로 그 질에 따라 평가가 달라질 수밖에 없다. 세운 공력(집)이 그대로 있으면(합격판정을 받게 되면) 상을 받게 된다. 세운 집이 불을 견디어 낼 수 있을 만큼 참되기 때문이다. 불을 견디어 내면 주님으로부터 상을 받게 된다. 이 상은 주님으로부터 받는 천국 상이므로 최고의 상이다. 이 상은 종종 면류관으로 표현되기도 한다. 이 면류관은 썩지 않는 영원한 면류관이다(고전9:25).

그러나 공력이 불타면 해(great loss)를 받는다. 무엇보다 상을 탈 수 없다는 것이 가장 큰 손실이다. 그렇다고 구원을 받지 못하는 것은 아니다. 그러나 구원을 얻되 불 가운데서 얻은 것 같으리라는 것이 그 결론이다. 구원을 얻되 불 가운데서 얻는 것 같다는 말은 자신의 모든 것이 타고 있는 그 불길 속에서 그 자신은 불길을 피해 간신히 몸만 살아남게 된 사람과 같을 것이라는 것이다(Living Bible). 형편무인지경을 일컫는 이 말은 사실 주님 앞에 고개를 들 수 없는 상황을 가리킨다. 상급이 없는 이 모습은 종종 썩을 면류관을 쓴 낭패의 모습으로 묘사되고 있다

5. 하나님의 집을 지어야 할 우리

그러면 우리는 어떻게 해야 하는가? 우리는 하나님의 집을 지어야
한다. 바울은 우리를 가리켜 하나님의 밭(9절), 하나님의 집(9절), 하
나님의 성전(16절)이라고 말함으로써 우리가 하나님의 집을 지어야
함을 강조하고 있다. 우리를 가리켜 하나님의 집, 하나님의 성전이라
고 함은 그리스도인으로서 우리의 정체성이 무엇인가를 확고히 할 필
요가 있음을 말해 주고 있다. 그는 하나님의 성령이 너희 안에 거하시
는 것을 알지 못하느냐고(16절) 말함으로써 우리의 집이 성령이 함께
하시는 살아있는 집이어야 함을 나타내었다. 성전을 나타내는 희랍어
에는 성전 건물 자체를 가리키는 '히에론'(hieron)과 하나님이 거하시
는 지성소를 가리키는 '나오스'(naos)가 있다. 우리가 지을 하나님의
집은 단순히 건물만의 성전이 아니라 하나님이 함께 하시는 전이 되
어야 한다.

그래서 바울은 우리에게 엄히 명하고 있다. 하나님의 성전은 거룩하
니 너희도 거룩해야 하며 누구든지 하나님의 성전을 더럽히면 하나님
은 그 사람을 멸하신다는 것이다(17절). 우리를 가리켜 거룩한 하나님
의 성전이라 함은 하나님 앞에서 우리가 얼마나 귀한 존재인가를 밝
혀 줄 뿐 아니라 그러하기 때문에 우리가 계속해서 성결함을 보여야
하는 의무와 책임이 있음을 가르쳐 주고 있다. 우리는 지금 우리의 집
을 거룩하게 세우지 못할 때 우리는 멸망할 수밖에 없다는 엄중한 경
고를 받고 있다.

우리는 지금도 세상과 타협하며 편하게 살라는 유혹을 지속적으로
받고 있다. 그리스도인이라는 것이 부담스러울 때도 있다. 그러나 우리

는 세상에 터를 삼은 사람이 아니라 예수 그리스도에 터를 둔 사람이요 이 터 위에 우리의 집을 짓는 사람이며 우리가 지을 집은 하나님의 집임을 명심해야 한다. 집을 지음에 있어서 우리의 공력이 잿더미가 되지 않도록 그리스도의 터 위에 튼튼히 지어야 한다. 순간순간 나는 누구인가를 점검하고 그리스도의 터 위에 주의 몸 된 집을 지으며 성령의 열매를 계속 맺음으로써 종국적으로 승리하는 삶을 살아야 한다.

우리가 그리스도의 집을 지을 때 우리의 공력은 불 가운데서 정금처럼 빛을 발하지만 세상의 집을 지을 때 그 공력은 불타 없어지게 될 것이다. 이 세상에서 그리스도의 집을 짓고 사는 것은 너무나 힘들고 고되다. 그러나 그것은 너무나 값진 결과를 가져다준다. 이 세상에서 세상 집을 짓고 사는 것은 너무나 쉽고 재미있고 편하다. 그러나 그것은 주님 앞에 머리를 들 수 없을 만큼 부끄럽고 너무나 참담한 결과를 가져다준다. 바울이 이 순간에도 모든 그리스도인을 향해 오직 그리스도의 집을 지으라고 명령하는 이유는 바로 여기에 있다. 당신은 지금 어떤 집을 짓고 있는가?

제7장 예수의 흔적

　사도 바울은 갈라디아서 마지막 부분에서 결론적으로 그러나 엄하게 그리고 다소 화가 나는 투로 이렇게 말한다. "이 후로는 누구든지 나를 괴롭게 말라 내가 내 몸에 예수의 흔적을 가졌노라."(갈6:17). 이 말은 그가 갈라디아 교인들에게 언급한 앞 내용으로 미루어 보아 "나는 괴롭다 너희 속에서 예수의 흔적을 찾아볼 수 없어 괴롭다."는 심정의 토로임을 알 수 있다. 그러므로 우리는 이 외침 속에서 예수님을 믿는다고 하면서도 왜 예수의 흔적을 찾아볼 수 없느냐고 우리를 향해 안타깝게 지적하는 바울의 모습을 읽지 않으면 안 된다. 그는 자신을 한 마디로 예수의 흔적을 가진 사람이라 정의하고 우리도 그 흔적을 가진 그리스도인으로서 그 흔적이 요구하는 삶을 살아야 한다고 가르쳐 주고 있다.

1. 두 종류의 흔적

흔적(marks)은 히브리어로 '차레베트'(charebet), 헬라어로 '스티그마'(stigma)라 한다. 스티그마는 일종의 낙인으로 우리는 이에 대해 매우 부정적인 인식을 가지고 있다. 그러나 바울은 오히려 이 단어를 사용함으로써 그리스도인으로서 낙인이 찍힌, 곧 흔적을 가진 사람답게 살라고 말하고 있다.

성경은 두 종류의 흔적을 보여 주고 있다. 하나는 육적인 흔적이요, 다른 하나는 영적인 흔적이다.

흔적하면 우리는 무엇보다 먼저 육적인 흔적을 생각한다. 292명의 생명을 앗아간 위도 서해페리호 참사 사건 때 30대 여인의 시신을 앞에 놓고 서로 자기 아내라고 주장하다 결국 여인의 복부부분에 있는 점으로 확인이 가능했다고 한다. 몸의 흔적은 사람을 확인하는데 도움을 준다. 미국에서 한 할머니와 이야기를 하게 되었는데 한국에서 왔다는 말을 듣자 자기도 한국전쟁 때 시신들 가운데 미군을 확인하는 일을 했었노라 면서 이런저런 이야기를 해주었다. 그분에 따르면 아무리 분간이 어려운 시신이라 할지라도 미군임을 알 수 있는 몇 가지 단서가 있어서 그것을 가지고 확인이 가능하다고 했다.

우리도 가끔 식구가운데 누가 죽게 되면 어떻게 확인할 수 있을까 하며 몸의 여러 가지 특징 있는 부분에 대해 이야기를 나누곤 한다. 누구든 몸에 흔적을 가지고 있다. 그 가운데는 태어나면서부터 가지게 되는 것(birth mark)도 있고, 자라면서 생긴 흉터나 수술 자국도 있다. 레위기는 흔적을 병에서 찾고 있다. 문둥병에 걸린 자의 색 점이 몸에 크게 퍼졌으면 제사장은 그를 부정하다고 진단해야 한다. 그러나 그 색 점이 여전하고 퍼지지 아니했으면 이는 종기 흔적이므로 제사장은 그를 깨끗하다고 진단해야 한다(레13:23). 일단 병에 걸린 사람은 비록 그 병으로부터 해방되었다 해도 흔적이 남아있음을 보여주고 있다. 흔적(痕跡)은 이같이 자국으로 남아 그 사람이 어떤 사람인가를 알려준다.

귀한 것은 그리스도를 위한 육적 흔적이다. 바울은 예수 그리스도의 복음을 위해 채찍에 맞은 흔적, 돌에 맞은 흔적, 배고픔 당한 흔적, 그리고 질병에 걸린 흔적 등을 가지고 있다. 바울은 안질이 좋지 않은 것으로 알려져 있는데 이것 또한 교인들을 위한 눈물의 기도, 곧 눈물의 흔적일 가능성도 배제할 수 없다.

이에 비해 영적인 흔적은 육적인 흔적과 다르다. 이 흔적은 겉으로 볼 수 없다. 그러나 영적인 흔적은 그 사람이 영적으로 타락한 사람인지 거듭난 사람인지를 알려준다. 이사야서는 이스라엘이 죄로 인해 어떻게 흔적이 남게 되는가를 보여주고 있다. 하나님은 타락한 시온의 딸들, 곧 이스라엘을 책망하시면서 그들이 망하게 될 것을 다음과 같이 표현하고 있다. "썩은 냄새가 향을 대신하고 굵은 베옷이 화려한 옷을 대신하고 자자한 흔적이 고운 얼굴을 대신할 것이며."(사3:24). 자자(刺字)란 살 위에 글씨를 쓰거나 그림을 그리고 그 자리를 바늘로 쑤시고 먹물이나 물감 따위를 그 속으로 스며들게 하여 문신하는 것을 말한다. 그러므로 고운 얼굴이 자자한 얼굴로 변하게 되리라는 말씀은 이스라엘이 심판을 받아 부끄러운 모습으로 변하게 될 것을 말한다.

예로부터 노예나 죄인에게 자자하는 풍습이 있었다. 우리나라의 경우 사회 풍속을 어지럽힌 사람들에게 나라에서 경을 치는 일이 있었다. 포도청에서 그러한 사람을 잡아 몸에 경(黥)이라는 글자를 새기고 혼 줄을 낸다. 일단 경침을 당한 사람은 사람취급을 받지 못한다. 지금도 사람들 사이에 낙인이 찍히면 그 사람은 사람으로서 대우를 충분히 받지 못한다. "낙인이 찍힌다."는 말은 이처럼 그리 좋은 말로 쓰이지 않았다.

그러나 이렇듯 자랑스럽지 못한 단어들이 그리스도 안에 들어오면 그 뜻이 달라진다. 그것이 그리스도를 위한 흔적, 그리스도를 위한 낙인으로 바꾸어지기 때문이다. 흔적은 낙인이라는 의미 외에도 브랜드(brand)라는 뜻을 가지고 있다. 우리가 흔히 무슨 마크냐고 묻는 것과 같다. 어떤 브랜드의 상품이냐에 따라 그 상품이 다르게 평가되는 것처럼 예수의 흔적을 가진 사람은 영적으로 그 품질이 달라야 한다.

2. 예수의 흔적을 가진 사람의 특징

갈라디아서는 한 마디로 예수의 흔적을 가진 사람은 영적으로 브랜드가 달라야 한다는 것을 여러 모로 가르쳐 주고 있다. 이 말씀가운데 예수의 흔적을 가진 사람의 특징 몇 가지를 골라보면 다음과 같다.

1) 그리스도에게 속해 있다

바울이 자기 몸에 예수의 흔적을 가지고 있다고 말하는 것은 자신이 어느 누구도 아닌 예수에 속한 사람임을 의미한다. "예수에 속한 자"라는 마크가 확실하게 찍혀 있다는 것이다. 그 마크가 영혼 속에 찍혀 있어 눈으로 볼 수는 없다. 그러나 우리는 자신의 내면에 참으로 그리스도인이라는 낙인이 찍혀있는지 스스로 확인해 볼 필요가 있다. 말로만으로는 안 되기 때문이다. 옛날에는 주인이 자기의 노예임을 인치기 위해 불에 달군 쇠로 낙인을 하기도 했고, 소나 말 등에 낙인을 하기도 했다. 일단 낙인이 찍힌 사람이나 동물은 그 주인에 평생 예속된다는 것을 보여준다.

신명기 15상에 따르면 돈으로 동족을 산 경우 6년을 섬기고 7년이 되는 해에 그를 놓아 주되 빈손으로 가게 말고 양, 곡식, 포도주 등을 주어 보내도록 했다. 자유를 주었음에도 불구하고 종이 주인을 떠나지 않고 계속 같이 살고자 할 경우 그의 귀를 문에 대고 송곳으로 뚫어 평생 그 주인에게 속한 종임을 공식화하도록 했다.

그리스도에 속한 사람은 이처럼 주님을 위해 자신의 귀에 구멍을 뚠 사람이다. 그리스도인들은 그 흔적을 부끄러워하지 아니하고 자랑스럽게 여긴다. 그 흔적이 너무나 귀하고 값지기 때문이다. 성도는 보기에는 사실 남과 결코 다르지 않는 질그릇 같은 존재이다. 그러나 그 안에 '그리스도'를 담고 있다는 점에서 남과 다르고 그래서 성도라 일컬음을 받는다. 따라서 성도라면, 그리스도인이라면 그리스도인다운 점이 드러나야 하는 것은 당연하다.

지금은 교회에서 술 담배문제에 그리 강한 표현을 사용하고 있지 않지만 초창기 한국기독교인들은 기독교인이 된다는 것은 곧 술 담배를 하지 않는 것으로 알고 그것을 자랑스럽게 생각했다. 물론 이것보다는 주님의 말씀을 열심히 따르는 것이 중요하다. 바울을 만난 사람은 누구든지 그 사람의 입에서 나오는 복음의 말씀이나 행동을 통해 예수의 사람임을 금방 알 수 있었다. 안디옥 교회의 교인들이 '그리스도인'이라 낙인찍힌 것도 그들에게서도 이러한 모습들이 드러났기 때문이다. "향 싼 종이에서 향내 난다."는 말이 있다. 우리가 그리스도의 말씀을 담고 있고, 그 말씀을 전하는 사람이라면 우리의 행동, 우리의 모습 속에 그리스도의 향내가 나야 한다. 그리스도인이라고 하는데 전혀 그리스도인 냄새가 나지 않는 것은 무엇인가 잘못되어 있음을 보여주고 있다.

2) 성령에 속해야 한다

갈라디아서는 대립되는 개념을 여러 가지로 소개하고 있다. 종과 아들, 육에 속한 자와 성령에 속한 자, 육의 소욕과 성령의 소욕, 계집종의 자녀와 자유 하는 여자의 자녀 등이 바로 그 보기들이다. 이 모두는 예수의 흔적을 가진 사람은 더 이상 육에 속한 자가 아니요 성령에 속해 있어야 한다는 것을 가르쳐 준다. 우리가 육적으로 연약함에도 불구하고 성령의 사람이 될 수 있는 것은 성령 하나님이 우리와 함께 하시기 때문이다. 예수님은 연약한 우리에게 보혜사 성령을 보내 주실 것을 말씀하셨고, 그 약속대로 성령님이 우리 안에 내재하셔서 역사하심으로 우리가 바른 길에 설 수 있게 된 것이다.

성령님은 그리스도를 사랑하는 마음마다에 풍성히 임하신다. 우리가 그리스도를 사랑하면 설교자가 아무리 설교를 잘하지 못한다 해도 주님의 말씀만 들어도 은혜가 넘치게 된다. 중요한 것은 주님에 대한 우리의 마음가짐이다. 우리의 마음이 주님을 향해 뜨거울 때 그 뜨거운 마음이 바로 우리 안에 있는 예수의 흔적이다. 우리 안에 있는 성령님은 우리로 하여금 육의 열매가 아닌 성령의 열매를 풍성히 맺도록 한다. 예수의 흔적을 가진 사람은 더 이상 육에 속하지 않도록 성령님이 역사하신다. 아직도 육의 것을 사모하고 그것에서 벗어나지 못한다면, 이웃보다 자기를 더 사랑하고 인내하기보다 화내기를 잘하며 절제보다 사치와 자기과시를 좋아한다면 그 사람은 성령에 속한 자가 아니다. 성령에 속하지 않았다는 것은 한 마디로 예수에 속하지 않았다는 말이다.

성령에 속한 사람은 주님의 말씀처럼 저가 내안에, 내가 저 안에 있다. 그러므로 주님을 자기 안에 모시고 사는 사람은 하나님 앞에서 라는 신전의식보다 더 강한 삶의 모습을 살아야 한다. 이보다 더 강한 모습은 우리가 하나님이 바라시고 기뻐하시는 하나님의 형상으로 완

전히 성숙되는 모습이다. 성령에 관해 우리는 많은 말을 한다. 성령세
례, 성령의 임재, 성령의 내재, 성령 충만, 성령의 기름부음이 넘침, 성
령의 열매 등이 그 대표적 보기들이다. 성령세례, 성령의 임재, 그리고
성령의 내재는 성령님이 우리 안에 거주(resident)하시는 것을 말한다.
이에 비해 성령 충만이나 성령의 열매 맺는 생활은 우리 안에 거주하
시는 성령을 임금이나 대통령(president)으로 모시고 열심히 그리고
충성스럽게 사는 삶을 가리킨다. 성령의 내재와 성령 충만은 정도에
있어서 이처럼 차이가 있다.

예수의 흔적을 가진 사람들은 성령님을 왕으로 모시고 언제나 그분의
지배를 기꺼이 받으며 충성하며 사는 사람들이다. 클린턴 대통령은 대
통령 선서식 때 그의 할머니로부터 물려받은 성경, 그리고 그가 애송하
는 갈라디아서 6장 8절위에 손을 얹고 선서를 했다. 그 말씀은 다음과
같다. "자기의 육체를 위하여 심는 자는 육체로부터 썩어진 것을 거두
고 성령을 위하여 심는 자는 성령으로부터 영생을 거두리라." 대통령이
성령 하나님을 대통령으로 모시고 살겠다고 하니 얼마나 귀한 일인가.

3) 주 안에서 아무 다른 마음을 품지 아니한다

예수의 흔적을 가지고 있는 사람은 하나님만을 절대화하고 다른 모
든 것을 상대화해야 한다. 이 만열 교수는 자신의 신앙과 학문을 회고
하면서 절대적인 하나님을 신앙하니까 이 세상의 모든 것을 상대화할
수 있는 신앙, 의지, 신념이 생기게 되었다고 고백했다. 신앙이 깊어지
니까 하나님의 절대적인 가치에 비추어 세상의 모든 것을 상대화할
수 있는 힘이 생기게 되어 사물을 볼 때에도 그것의 한계를 볼 수 있
게 되었다는 것이다.

우리가 예수의 흔적을 가질수록 절대적인 것은 오직 주님이며 다른

것은 있어도 좋고 없어도 좋은 상대적인 것이 된다. 세상적인 것에 대한 가치의 비중이 낮아져 그것 때문에 싸울 필요가 없게 된다. 바울이 세상적인 자기의 모든 것을 분토처럼 여길 수 있었던 것도 바로 오직 하나님만을 절대화하고 다른 것을 상대화할 수 있었기 때문이다. 예수의 흔적을 가진 그리스도인이라 하면서 아직도 자기의 욕심, 자기의 명예, 자기의 이름을 절대화하고 산다면 그것은 우리 속에 예수의 흔적이 없음을 드러내는 것이다. 바울은 이 문제를 놓고 갈라디아 교인을 향해 이렇게 말한다. "나는 너희가 아무 다른 마음도 품지 않을 줄을 주 안에서 확신하노라 그러나 너희를 요동케 하는 자는 누구든지 심판을 받으리라."(갈5:10).

4) 오직 십자가만 자랑한다

사도 바울은 "내게는 우리 주 예수 그리스도의 십자가 외에 결코 자랑할 것이 없으니."갈 6:14)라고 말한다. 치욕의 상징인 십자가가 그리스도 안에서 이처럼 자랑스러운 십자가로 변한 것이다. 그런데도 불구하고 바울을 대적하는 사람들은 할례를 강조한다. 그들은 예수를 믿는다고 하면서도 할례는 꼭 받아야 한다고 주장했다. 그들은 할례가 육적 아브라함의 자손이 되는 표이자 하나님의 백성이 되는 관문이라고 생각했다. 그러나 바울은 그리스도 안에서는 "할례나 무할례나 아무것도 아니로되 오직 새로 지으심을 받은 자뿐이니라."(갈 6:15) 선언하고 우리가 자랑해야 할 것은 할례와 같은 육체의 겉모양이 아니라 오직 주님이 우리를 위해 지신 피 묻은 십자가뿐이라고 강조하였다.

"너희가 그리스도께 속한 자면 곧 아브라함의 자손이요 약속대로 유업을 이을 자니라."(갈3:29). 할례보다는 그리스도에 속하는 것이 더 중요하다는 것이다. 오직 십자가의 공로로 은혜 받고 성령으로 거듭나 새 사람이 되는 것으로만 구원에 참여할 수 있기 때문이다(고후 5:17). "그리스도 예수의 사람들은 육체와 함께 그 정과 욕심을 십자가에 못 박았느니라."(갈 5:24). "내가 그리스도와 함께 십자가에 못 박혔나니 그런즉 이제는 내가 산 것이 아니요 오직 내 안에 그리스도께서 사신 것이라."(갈2:20).

그는 또한 그리스도인이면서 억지로 할례를 받으라고 강조하는 것은 그리스도의 십자가 때문에 혹시 당할 핍박을 면하고자 하는 나쁜 의도가 숨어있음을 지적하고 있다(갈6:12). 그러나 십자가를 사랑하는 바울은 핍박이 두렵지 않다. "우리가 사방으로 우겨 쌈을 당하여도 싸이지 아니하며 답답한 일을 당하여도 낙심하지 아니하며 핍박을 받아도 버린바 되지 아니하며 거꾸러뜨림을 당하여도 망하지 아니하고" (고후4:8-9). 나아가 그는 "우리가 항상 예수 죽인 것을 몸에 짊어짐은 예수의 생명도 우리 몸에 나타나게 하려 함이라 우리 산 자가 항상 예수를 위하여 죽음에 넘기 움은 예수의 생명이 또한 우리 죽을 육체에 나타나게 하려 함이니라."(고후4:10-11)이라고 말한다.

순교는 죽는 것이 아니라 예수의 생명이 우리 안에 태어나는 것이라는 것이다. 나아가 그리스도의 사람은 이렇게 말한다. "내가 이제 너희를 위하여 받는 괴로움을 기뻐하고 그리스도의 남은 고난을 그의 몸 된 교회를 위하여 내 육체에 채우노라."(골1:24). 교회를 위한 괴로움도 그리스도의 남은 고난을 받는 것으로 인식하며 기뻐한다는 것이다. 예수의 흔적을 가진 사람은 이처럼 고난과 핍박을 두려워하지 않는다.

예수의 흔적을 가진 사람은 달라야 한다. 항상 그리스도를 주인으로 모시고 살아야 하고, 성령님께 복종하며, 주님 외에 어느 다른 것에 마음을 두지 않아야 하고, 할례의 흔적보다 십자가에 달리신 예수의 흔적을 자랑하며 핍박을 피하기보다 오히려 예수님을 위해서라면 고난쯤이야 핍박쯤이야 얼마든지 받아도 좋다는 사람들로 바꾸어져야 한다. 그리스도인이라 말하면서도 우리 속에 예수의 흔적을 좀처럼 찾아볼 수 없다면 과연 예수의 사람이라 말할 수 있을까 반문해야 한다.

예수의 흔적보다 다른 흔적이 더 많이 보이고, 심지어 남이 볼가 두려워 예수의 흔적을 감추거나 지우는 사람이 있다면 문제가 아닐 수 없다. 바울은 이러한 우리를 향해 아주 큰 소리로, 그리고 너무나 안타까운 심정으로 이렇게 말하고 있다. "이 후로는 누구든지 나를 괴롭게 말라 내가 내 몸에 예수의 흔적을 가졌노라." 당신은 지금 예수의 흔적을 얼마만큼 가지고 있는가? 그리고 그 흔적을 어떻게 보이며 살고 있는가?

제8장 케노시스의 삶

사람은 두 가지 뿌리를 가지고 있다. 하나는 오만의 뿌리요 다른 하나는 겸손의 뿌리다. 그리스도인은 교만의 뿌리를 뽑아내고 거기에다 겸손의 뿌리를 심어야 할 필요가 있다. 왜냐하면 하나님은 우리의 교만보다 온전한 겸손을 원하시기 때문이다. 토마스 아 켐피스는 이렇게 말했다. "그대가 만약 겸손의 덕을 가지지 못하여 삼위 되신 하나님께 영광을 드리지 못한다면 아무리 고상한 교리를 가지고 삼위일체 되심을 변호한다 하더라도 그것이 무슨 유익이 되겠는가. 설혹 그대가 성경과 철학자들의 말을 모조리 뚫어 알고 있다 하더라도 하나님에 대한 사랑과 겸손이 없다면 그것이 무슨 도움이 되겠는가."

겸손에 관한 한 어거스틴을 빼놓을 수가 없다. 그는 이렇게 말한다. "그대가 위대한 인생을 건설하고 숭고한 성덕의 탑을 쌓으려 하거든 먼저 그 기초를 깊이 파고 다져라. 그 기초는 바로 겸손이다." 그리스도인의 삶은 이처럼 겸손을 요구하고 있다. 이 글에서는 겸손의 모범이 되시는 예수님의 삶을 통해 겸손을 배우고자 하는데 뜻을 두고 있다.

1. 케노시스의 삶

바울은 예수님께서 자기를 비어 이 땅에 태어나셨고 자기를 낮추어 죽기까지 복종하셨다고 말한다. 빌립보서 2장은 "그리스도께서는 본래 하나님의 본체시나 하나님과 동등 됨을 취할 것으로 여기지 아니하고 오히려 자기를 비어 종의 형체를 가져 사람들과 같이 되었고 사람의 모양으로 나타나셨으매 자기를 낮추시고 죽기까지 복종하셨으니"(빌 2:7-9)라고 소개하고 있다. 여기에 나오는 '자기를 비어'라는 말을 흔히 '케노시스'(kenosis)라고 한다.

이에 관해서는 학자에 따라 여러 가지 주장이 있지만 일반적으로 로고스 되신 하나님께서 인간의 모양으로 태어나신 것, 곧 성육하신 로고스로 알려지고 있다. 루터가 바로 이런 주장에 앞장 서 있다. 이 말을 더 풀어 말하면 케노시스란 하나님이신 주님께서 겸허히 자기를 비어 이 땅에 태어나셨다는 것이다. 케노시스를 겸허설(kenotic theory)이라 함은 이 때문이다.

예수님은 내노라 하지 않으시고 사람의 형체를 입고 태어났다. 그분은 왕가에서 태어난 것이 아니라 목수의 집안에서 태어났으며 화려한 궁궐에서 태어난 것이 아니라 여관집 마구간에서 태어났다. 그러나 그분은 한 마디 불평도 하지 아니하고 부모를 도우며 살았다. 그분은 공생애동안에도 겸손의 삶을 사셨고 겸손하도록 가르치셨다. 케노시스의 삶을 사시고 지금도 우리로 하여금 케노시스의 삶을 살도록 하시는 것이다. 바울은 이렇게 말하고 있다. "너희 안에 이 마음을 품으라 곧 그리스도 예수의 마음이니."(빌2:5). 그리스도 예수의 마음은 다름이 아닌 바로 케노시스를 가리킨다. 주님께서도 "나는 마음이 온유하고 겸손하니 나의 멍에를 메고 내게 배우라"(마11:29) 하셨다. 우리가 배

워야 하고 가져야 할 것은 바로 예수 그리스도의 겸손이라는 것을 알
수 있다.

2. 예수님이 보여주신 케노시스의 삶

1) 대신 멍에를 지는 삶

케노시스는 예수 그리스도께서 인류의 죄를 대신 담당하셨다는 점
에서 가장 중요하다. 주님이 자기를 비어 이 땅에 오심은 우리의 죄를
대신 담당하기 위함이었기 때문이다. 우리가 져야 할 멍에를 대신 지
신 것이다. 이것은 하나님의 사랑이 아니고서는 불가능한 일이다.

이 케노시스가 주님에 대해서만 요구되는 것으로 생각한다면 그것
은 잘못이다. 케노시스는 하나님 나라가 요구하는 적극적인 삶의 방식
이다. 하나님의 나라에 사는 우리에게도 마땅히 요구되는 삶이다. 따
라서 우리도 남의 멍에를 대신 질 줄 아는 모습으로 변화되지 않으면
안 된다. 남이 겸손하기만 바라고 자기는 겸손보다 오만함을 보인다던
지 자기는 일하기 싫어하면서 남에게 일을 떠맡기려 한다면 그것은
결코 케노시스의 삶을 사는 것이 아니다. 우리가 먼저 남에 대해 사랑
을 펴고자 할 때 그것은 멍에를 대신 지는 삶이 된다. 받기만 원하는
것은 케노시스가 아니다.

솔선해서 주고 그것으로 인해 감사하는 마음이 넘치게 될 때 우리
는 그만큼 겸손한 삶을 사는 것이다. 그리스도인의 겸손은 죽은 겸손
이 아니라 그만큼 행동을 요구하는 겸손이다. 하나님을 사랑하고 이웃
을 사랑하는 삶은 바로 겸손에서 출발한다. 자기만을 사랑하는 사람은
결코 겸손할 수 없기 때문이다.

2) 자기영광을 포기하는 삶

예수님은 하늘 영광을 포기하셨다. 주님은 이 땅에 오시기 전에 하나님 아버지와 함께 영화를 누리셨다(요17:5). 주님은 이 영광을 포기하시고 이 땅에 오셨다. 케노시스는 바로 자기의 영광을 계속 주장하는 삶이 아니라 자기의 영광을 모두 포기하는 삶인 것을 알 수 있다. 그래서 주님은 자기를 따르려는 제자들을 향해 자기를 부인하는 삶을 살라고 하셨다. 자기를 부인하지 않으려 할 때, 자기를 더 나타내 보이려고 할 때 그것은 그만큼 자기의 영광을 추구하고 있다는 것을 알아야 한다. 우리 안에 있는 것이 선하게 보일 수도 있다. 그것이 다른 사람의 눈에도 선망의 대상이 될 수도 있다. 그러나 자기를 부인하는 삶이 아닐 때 하나님 앞에서는 그것들이 거의 모두 추악한 것으로 드러나고 만다는 것을 인식하지 않으면 안 된다. 왜냐하면 우리는 그 모든 것을 자신을 위해서만 사용하기 때문이다. 자신을 위해 사용하는 것이라면 그것이 아무리 선한 것이라 할지라도 악하게 변하기 쉽다.

하나님께서는 사랑과 자비를 베푸셔서 그 무와 암흑의 심연에서 우리를 창조하시고 존재의 세계로 끌어내 주시고 우리를 그분의 자녀로 삼아 주셨다. 그런데도 우리는 모든 것을 자기의 것으로 삼으려고 무모한 모험을 감행하면서 자기만족에 빠져있다. 이것은 인간이 얼마나 어리석은가를 보여주고 있다. 바울은 이런 사람을 향해 이렇게 외치고 있다. "만일 누가 아무 것도 되지 못하고 된 줄로 생각하면 스스로 속임이니라."(갈6:3). 우리는 자신을 내세울 것이 아니라 하나님을 내세워야 한다. 우리가 자랑할 것은 오직 그리스도뿐이다.

3) 자기의 직권을 포기하는 삶

예수님은 외아들로서의 직권행사를 포기하셨다. 주님은 자신의 직권을 내세우기보다 하나님의 직권을 더 옹호하셨다. 주님은 이렇게 말씀하신다. "내가 아무 것도 스스로 할 수 없노라 듣는 대로 심판하노니 나는 나의 원대로 하려하지 않고 나를 보내신 이의 원대로 하려는 고로 내 심판은 의로우니라."(요5:30). 만일 예수님이 자기의 직권을 내세우고자 했더라면 세례 요한으로부터 세례를 받는 일도 없었을 것이고 제자들의 발을 씻기는 일도 없었을 것이다. 그러나 그분은 자기의 직권을 내세우지 않으시고 그 모든 일에 있어서 겸손을 보이셨다. 주님은 인간의 이기적인 뜻보다는 하나님의 뜻을 따르고자 했다.

케노시스의 삶은 이처럼 자기를 주장하지 않는 삶이다. "내가 누군데", "감히", "내 마음대로 하겠다."는 말보다 "내 뜻대로 마옵시고 당신의 뜻대로 하옵소서."라는 겸손의 삶이다. 우리는 믿음생활을 한다고 하면서도 교회에서조차 자기의 권위를 내세우고자 하는 우를 범하고 있다. "내가 목사인데", "이래 뵈도 장로인데", "내가 무슨 위원장인데" 모두 자기의 권위를 내세우고 그 지위에 따른 권한을 한 치도 양보하려 하지 않는다. 그리스도인은 어느 누구도 자기를 내세울 수 없다. 우리는 주인이 아니라 주님 앞에 모두 종이라는 사실을 매순간 인식하지 않으면 안 된다. 우리 모두가 종인데 서로 무엇을 고집하고 내세우겠다는 것인가.

4) 부요를 포기하는 삶

예수님은 부요하신 상태를 포기하셨다. 바울은 주님의 이러한 모습을 다음과 같이 묘사하고 있다. "우리 주 예수 그리스도의 은혜를 너희

가 알거니와 부요하신 자로서 너희를 위하여 가난하게 되심은 그의 가
난함을 인하여 너희로 부요케 하려 하심이니라."(고후8:9). 예수 그리
스도는 우리를 죄와 사망에서 구속하기 위하여 그의 모든 부요와 영광
을 버리고 육신을 입고 이 땅에 오셔서 십자가에 달려 돌아가셨다.

우리는 은혜를 아는 사람이 되어야 한다. 원래 부요하신 자가 그 부
요를 포기하신 것은 모두 우리를 위해서이다. 그분이 스스로 가난하게
되심으로 우리가 영적으로 살아 부요하게 된 것이다. 주님의 삶을 가리
켜 씨앗의 삶이라 함은 이 때문이다. 이 모두는 그리스도께서 케노시스
의 삶을 살았기 때문에 가능한 것이다. 이것은 다시 말해서 우리도 케
노시스의 삶을 살아야 한다는 것을 말해준다. 우리도 다른 사람에게 유
익을 주기 위해 자기의 유익을 포기할 줄 아는 삶을 살아야 한다. 그리
스도인의 삶은 이처럼 세상과는 전혀 다른 선택을 하는 삶이다.

3. 선지자들의 케노시스 예언과 실제

스가랴 선지자는 그리스도의 오심을 가리켜 이렇게 외치고 있다.
"시온의 딸아 크게 기뻐할지어다. 예루살렘 딸아 즐거이 부를지어다.
보라 네 왕이 네게 임하나니 그는 공의로우며 구원을 베풀며 겸손하
여서 나귀를 타나니 나귀의 작은 것, 곧 나귀새끼니라."(슥9:9). 이 외
침은 오실 주님이 얼마나 겸손하신 분이신가를 일깨워 주고 있다. 오
실 주님에 대한 케노시스 예언은 이것만이 아니다. 이사야는 그분을
가리켜 흠모할 만한 것이 전혀 없음을 말함으로써(사 3:2) 외모를 자
랑하고자 하는 세상적인 삶의 모습을 벗어났으며, 멸시를 받아 싫어버
린 바 된다고 말함으로써(사53:3) 세상적인 영달에서 떠났음을 보여

주었다. 그리고 구약의 여러 선지자들은 메시야가 비천한 신분의 사람으로 평가받을 것이라고 예언했는데(시22:6-8;69:8,20-21;사49:7;53:2-3,8; 단9:26) 마태는 이와 같은 메시야의 특성을 집약하여 그분이 "나사렛 사람이라 칭하리라."(마2:23) 표현함으로써 그분이 명성과는 먼 분임을 보여주었다. 이 예언들은 모두 실제화 되었다.

나아가 오신 주님은 스스로 머리 둘 곳이 없다고 말씀하심으로(마8:20) 부귀에서 멀고, 목수의 아들이 됨으로써(마13:55) 세상의 지위에서, 그리고 제자들의 발을 씻음으로(요13:5) 왕권에서 먼 것을 보여주었다. 이 모두는 주님이 세상적인 모든 자랑에서 떠나셨음을 입증하는 것일 뿐 아니라 그분의 삶 전체가 겸손의 삶이었음을 보여주고 있다.

우리는 주님이 보여주신 케노시스 삶의 모범을 우리의 삶의 현장에서 나타내야 할 책임을 가진 주님의 백성들이다. 바울은 우리에게 주님의 이러한 케노시스 마음을 가지라고 명령하였다. 우리는 주님이 얼마나 겸손한 분이었는가를 아는 것 못지않게 그분이 사신 케노시스적인 삶을 살아야 한다는 명령을 받고 있다.

이것은 우리의 삶이 단지 아는 것으로 지나지 않고 실천하는데 있음을 보여주고 있다. 그러므로 그리스도인이 가져야 할 겸손은 그저 얌전하게, 조용하게, 말없이 지나는 것에 있지 아니하고 하나님이 기뻐하시고 원하시는 바를 겸허하게 실천하는 사람이어야 함을 알 수 있다. 이런 의미에서 그리스도인의 겸손은 수동적인 것이 아니라 능동적이요 소극적인 것이 아니라 적극적이어야 한다.

목회자는 목회의 현장에서 하나님 앞에 겸손한 자가 되어 자기 자신이 아니라 하나님을 위한 목회를 하는 것이 바로 케노시스 목회가 될 것이다. 마찬가지로 성도 모두도 자기가 처한 모든 상황에서 일체 겸손에 바탕을 둔 생활을 함으로써 작은 그리스도가 되어야 할 것이다. 주님이 보여주신 케노시스가 우리 속에서 살아 움직이고 적극적으로 나타날 때 그 모두가 하나님께 드리는 살아있는 찬송이 될 것이며 하나님께는 영광이 될 것이다. 하나님은 종국적으로 이러한 삶을 사는 사람을 인정하고 귀히 여기실 것이다.

남의 멍에를 질 줄 아는 삶, 자기의 영광을 포기하는 삶, 자기의 지위와 권리를 내세우지 않는 삶, 자기보다 남의 유익을 위한 삶, 이것이 바로 주님이 우리에게 요구하는 케노시스의 삶이다.

제9장 성령충만과 인간관계의 변화

사도 바울은 에베소서 5장과 6장을 통하여 성령충만한 삶을 살면 우리의 모든 삶의 현장에서 인간관계가 바뀐다는 것을 가르치고 있다. 다시 말하면 그리스도인이 주 안에서 바람직한 인간관계를 가리려면 성령의 함께 하심이 필요하다. 이 인간관계는 가정, 교회, 직장 등 모든 삶의 관계에서 나타난다. 이 인간관계가 주안에서 보다 바르기 위해서는 성령충만해야 한다는 것이다. 이에 관련된 몇 가지 점들을 살펴보면 다음과 같다.

1. 변화의 필요성과 성령충만의 관계

우리는 이 세상에 살면서 이 세상 방식을 보고 이 세상방식으로 사는 데 익숙해져 있다. 이러한 삶의 방식은 우리로 하여금 쉽게 악으로 나아가게 하고 그로 인해서 하나님과 멀어지게 한다. 하나님의 방식대로 살면 세상을 모른다하고 손해 보며 살기 마련이라고 한다. 그러나 성경은 끊임없이 그리스도인이라면 비록 이 세상에 살고 있기는 하지만 세상의 눈이나 세상의 방법보다는 하나님의 눈으로 보고 하나님의 방법을 사용하라 권면하고 있다.

왜 그런가? 이유는 간단하다. 우리는 그리스도인이기 때문이다. 그리스도인은 쉽게 말해서 더 이상 자기방식·세상방식으로 살기를 포기한 사람들이다. 자기를 앞세우기보다는 그리스도를 앞세우고, 자기의 영역을 넓히기보다는 하나님 나라가 더 넓어지기를 바라는 사람들이다.

그런데 스스로 그리스도인이라 고백하면서 아직도 자기방식·세상방식을 고집하고 있다. 바울은 그리스도인에게 이러한 잘못된 점들이 있음을 지적하고 변화를 촉구하고 있다. 그가 그토록 "너희는 하나님을 본받는 자가 되라"(엡5:1), "빛의 자녀들처럼 행하라"(엡5:8), "그리스도인으로서 행하라"(엡4:32), "주 안에서 하라"(엡6:1), "하나님의 뜻을 행하라"(엡6:6)고 여러 말로 권고하는 것은 우리가 아직도 가지고 있는 세상적인 눈·세상적인 방식을 하나님의 것으로 바꿀 것을 바라기 때문이다.

주님은 우리의 변화된 삶의 모습을 원하신다. 변화된 모습, 하나님의 방식에 따른 삶 모두가 하나님 나라의 하나님의 자녀들이 가져야할 태도들이기 때문이다. 하나님의 자녀들은 바로 하나님 나라의 백성들이며, 그 백성들은 하나님의 방식대로 살아야 할 의무와 책임을 가지고 있다. 이것은 우리가 하나님의 방식을 따라야 할 것인가 말 것인가의 문제가 아니라 마땅히 해야 할 것을 가르치고 있다.

그러나 우리는 이 땅에 살면서 하나님의 방식을 따르기 어려움을 고백하지 않을 수 없다. 마음은 원이로되 육신이 약하기 때문이다. 바울마저도 "오호라 나는 곤고한 사람이로다"(롬7:24)라고 자신의 약함을 고백하였다. 인간은 누구나 이처럼 약할 수밖에 없다. 주님은 우리의 이 약함을 아시고 성령을 보내어 우리를 강하게 하신다. 우리의 삶 속에 성령이 충만하게 임하기를 바라는 것은 이 때문이다. 성령충만 (fill with the Spirit)은 성령님의 온전하신 뜻과 능력이 우리 몸에 임하여 우리가 더 이상 세상방식으로 살지 않고 하나님 방식으로 산다는 것을 의미한다. 그러므로 성령충만은 우리의 약함을 돕고 우리를 강한 그리스도의 사람으로 만들어준다.

2. 성령충만과 인간의 변화

성령이 충만하면 개인에게 어떤 변화가 오게 되는가? 성경은 다음과 같은 변화가 있게 된다고 가르친다.

1) 그리스도 안에서 살고자 하는 삶으로의 변화

성령이 충만하면 할수록 그리스도 안에서 생각하고 그리스도 안에서 행동하는 삶으로 변화된다. 바울은 그리스도인이라면 마땅히 자기 안에서 살려는 삶, 곧 자기 자신만을 위하고 자기 자신만을 내세우려는 이기적인 삶을 벗어버리고 그리스도 안에서 살려는 삶, 곧 하나님을 사랑하고 그 사랑을 이웃에 비취는 삶으로 변화되어야 한다고 가르친다. 옛 사람을 벗어버리고 새 사람을 입는 것이다. '그리스도 안에서'(en Christo) 사는 삶이 바로 성령 충만한 삶이다. 성령 충만한 사람은 무엇보다 주님의 뜻을 분별하며 살려하고 그의 뜻을 자신의 삶 속에 나타내도록 노력한다.

2) 지혜로운 삶으로의 변화

성령 충만한 그리스도인은 빛의 자녀로서 어두움을 피하고, 어두움의 일에 참여하지 않음으로써 생활의 모든 국면에 빛으로 나타나기를 힘쓴다(엡5:8-11). 어두움보다 빛을 택하는 것은 지혜 있는 자의 선택이다. 지혜자는 주 안에서 어떻게 행하는 것이 바른 것인가를 생각하고 바르게 행동하고자 한다. 어떻게 해야 주님이 바라시고 기쁘게 할 수 있는 삶인가를 생각한다.

성령 충만한 사람은 이 악한 때에 더욱 더 빛으로 나타나기 위해 힘쓰고, 한 순간까지도 소중히 여겨 빛을 나타내고자 한다. 한 치의 공간·한 때의 시간도 어두움에 내주지 않으려 한다. 세월을 아끼는 마음(엡4:16)은 바로 이러한 지혜의 마음에서 비롯된 열심을 가리킨다.

또한 마귀를 대적하여 하나님의 전신갑주를 입는 것(엡6:10-17)도 이에 해당한다. 성령님은 이 일을 위해서 우리에게 힘을 주시고 강건하게(엡6:10) 하신다. 우리가 어두움과 악한 영들 앞에서 담대히 서서 싸우고 그것을 진멸할 수 있는 것은 성령께서 우리와 함께 하시기 때문이다.

3) 태도가 달라지는 삶으로의 변화

성령 충만은 우리의 생활태도를 완전히 바꾸어 놓는다. 자기를 내세우던 사람이 겸손히 남에게 복종하는 사람으로 바꾸어지며, 남위에 군림하고 미움을 쌓았던 사람이 사랑과 용서의 삶으로 바꾸어진다.

복종·사랑·용서의 마음은 성령이 우리 안에 역사할 때 가질 수 있는 것이자 우리의 삶을 근본적으로 변화시킬 수 있는 활력소가 된다. 아내가 남편에게, 자식이 부모에게, 그리고 종이 상전에게 복종하고 공경하는 태도를 갖게 되는 것은 인류 그 자체에 그치지 않고 교회가 그리스도에 복종하는 것으로 승화된다.

그렇다고 남편이 아내에게 전제적으로 군림하거나, 부모가 자식에게 하나님의 뜻에 어긋나는 행동을 하거나, 상전이 종에게 협박하고 공갈하는 것을 용인하는 것은 결코 아니다. 이와 같은 행위는 빛의 행위가 아니라 어두움의 것들이다.

바울은 피차 복종하라고 가르친다. 주안에서 서로 낮아지라는 것이다. 서로 자기만을 내세우게 될 때 그 가정·교회·사회는 깨어지게 된다. 서로를 대할 때 그리스도께 하듯(엡5:22;6:5) 하고, 그리스도를 경외하는 가운데 피차 복종(엡5:21)하는 것이 하나님 나라의 원칙이다. 윗사람을 대할 때 단 마음(엡6:7)으로 존경하는 태도를 가져야 한다. 남편은 아내에게, 부모는 자식에게, 상전은 종에게 사랑으로 대해야 한다. 이 사랑도 일방적인 것이 아니라 서로 사랑하는 것이다. "너희도 사랑가운데서 행하라"(엡5:2)는 말씀은 "모든 악독과 노함과 분냄을 모든 악의와 함께 버리고 서로 인자하게 하며 불쌍히 여기며 서로 용서하기를 하나님이 그리스도 안에서 너희를 용서하심과 같이 하라"(엡4:31,32)는 말씀과 맥을 같이 하고 있다. 성령이 풍성히 임하면 우리는 사랑과 용서가 넘치는 삶을 누릴 수 있다. 이것은 성령이 우리의 잘못된 행실을 그리스도 안에서 바로 교정시키고 변화된 삶의 모습을 갖게 한다는 것을 보여주고 있다.

4) 언어가 달라지는 삶으로의 변화

성령이 충만하면 우리의 말이 달라진다. 더러운 말(엡4:29), 어리석은 말(엡5:4), 희롱의 말(엡5:4), 헛된 말(엡5:6)을 버리고 선한 말(엡4:29), 감사하는 말(엡5:4), 당연히 할 말(엡6:20)을 하게 된다. 이

러한 언어생활의 변화를 통하여 덕을 세우고 은혜를 끼치게 된다(엡
4:29). 더러운 말을 입 밖에도 내지 않는 것(엡4:29)이나 음행과 온갖
더러운 것과 탐욕일랑 그 이름이라도 부리지 않게 되는 것(엡5:3), 입
을 벌려 복음의 비밀을 담대히 전하는 것(엡6:19) 모두는 성령 충만
으로 이루어지는 것이다. 바울은 덕을 끼치지 못하는 말이나 은혜롭지
못한 말을 하여 "하나님의 성령을 근심하게 하지 말라"(엡4:30)고 당
부하고 있다.

5) 기도하는 삶으로의 변화

성령 충만은 기도하는 삶에 변화를 준다. 바울은 성령 안에서 기도
할 것(엡6:18)을 강조하고 있다. 성령이 없는 기도는 자기 자신의 유
익만을 구하게 되지만 성령이 충만한 기도는 하나님 나라가 임하기를
기도한다. 항상 깨어 구하며, 여러 성도를 위해 구하게 되는 것(엡
6:18)은 또한 성령이 함께 하심을 보여준다. 우리가 남을 위해 기도할
때 주님은 우리를 위해 일하신다.

6) 찬양하는 삶으로의 변화

성령이 충만하면 시와 찬미와 신령한 노래들로 서로 화답하며 마음
으로 주께 노래하며 찬송하는 생활(엡5:19)을 하게 된다. 우리 마음이
오직 주께 향해 있고, 언제나 아버지 하나님께 감사하는 마음(엡5:20)
으로 차 있기 때문이다. 성령이 우리 안에 충만하면 할수록 하나님을
향한 감사와 찬송이 넘치게 된다. 이것은 성령님의 역사이다. 성령이 우
리 안에 계시고 역사할 때 우리의 입은 모두 찬양으로 가득 차게 된다.

3. 성령충만과 인간관계의 변화

　바울은 에베소서 5장과 6장에서 남편과 아내의 관계, 부모와 자녀의 관계, 상전과 종의 관계를 소개하고 있다. 이것은 주 안에서 새로운 인간관계를 맺으라는 것이며 그 안에는 우리 모두 성령 충만을 입으라는 전제가 담겨 있다. 즉 성령 충만하면 부부관계, 부모와 자녀의 관계, 직장에서의 인간관계가 달라진다는 것이다. 인간관계가 달라지는 것은 성령 충만으로 각 사람이 이미 변화되었기 때문이다. 이 변화된 주님의 자녀들이 성령님의 도움을 얻어 더욱 빛 된 생활의 하기 때문이다.

　하나님의 자녀는 하나님의 뜻을 더욱 나타내기 위해 성령 충만을 사모해야 한다. 성령의 기름부음이 넘치면 자기의 유익을 구하는 것이 아니라 오히려 자기보다 다른 사람의 유익을 구하는 삶으로 변화된다. 하나님의 나라는 바로 성령 충만한 사람들의 나라이다. 그 속에 하나님을 향한 삶이 있고, 찬양의 삶이 있으며, 말에나 행실에나 변화된 모습이 있다. 우리의 세상적이고 이기적인 인간관계를 하나님 나라의 인간관계, 성령 충만한 인간관계로 바꿔야 한다.

제10장 신앙생활의 3 요소

　바울은 데살로니가교회를 가리켜 '너희의 믿음의 역사와 사랑의 수고와 우리 주 예수 그리스도에 대한 소망의 인내'가 높은 교회라고 말하였다(살전1:3; 살후 1:3-4). 사람에게 지정의가 필요하듯이 그리스도인에게는 믿음, 사랑, 소망이 필요하다. 바울은 교회와 교인을 질적으로 평가함에 있어서 언제나 믿음, 소망, 사랑을 기준으로 삼았다. 바울은 이미 고린도교회에 대해서도 이 세 요소를 평가의 기준으로 삼았고(고전 13:13), 이제 이 데살로니가교회에 대해서도 이 기준을 적용하고 있는 것이다.

　나아가 그는 그저 믿음, 소망, 사랑이라 말하지 않고 믿음의 역사, 사랑의 수고, 소망의 인내를 말함으로써 우리의 믿음생활이 정태적이 아니라 동태적인 것이어야 한다고 말하고 있다. 머리로만 아는 정태적인 믿음은 죽은 믿음임에 반해 실제 행동으로 나타나는 믿음이야말로 살아있는 믿음이라는 뜻이다. 우리의 행동과 실천을 요구하는 이 세 요소에 대해 보다 자세히 살펴보고자 한다.

1. 믿음의 역사

바울은 믿음만 말하지 않고 믿음의 역사(work of faith)라 하였다. 믿음의 역사를 강한 믿음(strong faith) 또는 활동적인 믿음(active faith)이라 하기도 한다. 역사란 실제, 일, 활동을 가리킨다. 그러므로 믿음의 역사란 믿음이 행동으로 강하게 나타나야 한다는 것을 의미하고 있다.

믿음은 한마디로 하나님과 예수 그리스도에 대한 깊은 신뢰를 뜻한다. 하나님을 신뢰하면 할수록 믿음은 크게 나타나야 한다. 성경에 소개된 믿음의 선배들은 바로 이 점에서 남과 다른 점을 보여줌으로써 모범이 되었다. 우리도 주님을 철저하게 의지하고 그의 말씀을 바로 듣고 바로 깨달아야 한다. 그러나 더 중요한 것은 믿음이 무엇인가를 깨닫고 이해하는 수준에 그치지 아니하고 행동으로 보여주는 것이다.

바울은 우리의 생활가운데서 믿음이 자라나는 모습, 행동으로 나타나는 모습을 보여주지 못하면 안 된다고 말한다. 우리는 데살로니가후서 1장 3절에서 바울이 그 교회의 믿음이 더욱 자라는 것을 보고 기뻐하는 것에 주목할 필요가 있다. 행함이 있는 믿음을 야고보만 강조한다고 생각한다면 잘못이다. 예수님도 "가서 행하라"고 하셨고, 바울도 그리하였다. 행함이 있는 믿음이어야 그 믿음이 살아 역사하고 있음을 보여줄 수 있기 때문이다.

영락교회를 담임했던 김윤국 목사의 이야기다. 그가 오래전 미군부대에서 잠시 일할 기회가 있었는데 그곳에 상사(surgeon)가 감독자로 있었다. 그 상사는 입만 열었다 하면 욕이 나오고, 부하들을 들들 볶았다. 그래서 세상에 저런 사람도 다 있나 할 정도로 일하는 사람들이 넌더리를 냈다. 주일이 되어 함께 일하는 몇 사람이 부대 교회를 찾게 되었다. 교회에 들어서자마자 그는 깜짝 놀라지 않을 수 없었다. 그 상사가 아주 천사와 같은 얼굴로 교인들을 맞고 있었기 때문이었다. 교회를 다녀온 사람마다 "그 사람이 그리스도인이라면 나는 더 이상 교회를 다니지 않겠다."고 말하는 것을 들었다. 이 상사의 경우에서 우리는 믿음이 역사하지 못함을 알 수 있다.

이와 반대되는 이야기가 있다. 나성한인교회를 담임했던 김의환 목사는 어느 날 아주 특이한 새신자를 맞이하고 나서 하루 종일 기분이 좋았다. 그 새신자는 자기 교회의 모범적인 교인의 행동에 감명을 받아 기독교를 믿게 되었노라고 했다. 이 사람은 약 3년 동안 자동차 수리를 하는 곳의 단골이 되었다. 그런데 그 수리기술자는 맡겨놓은 차를 마치 자기 차처럼 대하고 수리를 해줄 뿐 아니라 매우 성의를 다했다. 차 주인이 이 기술자의 태도에 감명을 받아 "혹시 크리스천이 아니냐?"고 물었다. "그렇습니다."라고 대답하자 "당신 때문에 나도 교회를 다닐 마음이 생겼으니 이왕이면 당신이 나가는 교회에 가고 싶다"고 하였다. 그래서 이 교회를 찾게 되었다는 것이다. 김 목사는 자기 교회에 이런 교인이 있다는 것이 기쁘고 자랑스러워 기분이 좋을 수밖에 없었다. 이 기술자는 생활을 통해 전도를 한 것이다. 이것은 신앙의 생활화요 믿음이 역사한 보기이다.

바울이 데살로니가교인들을 향해 믿음의 역사가 있다고 말하는 것은 그들이 신앙생활을 하면서 그 믿음을 얼마나 행동으로 보여주었는가를 알 수 있다. 믿음은 이론이 아니라 행동이어야 한다.

2. 사랑의 수고

바울은 데살로니가 교인들의 또 다른 특징은 사랑의 수고(labor of love)를 한다는 데 있다고 말한다. 사랑의 수고란 사랑에 의해 촉발된 수고(labor prompted by love)를 말한다. 명령에 따라 강제로 수행되는 사랑이 아니라 마음에서 울어난 사랑, 곧 자발적인 사랑을 말한다. 이것은 말로만의 사랑이 아니라 진정으로 마음에서 울어난 진국의 사랑을 실제의 행동으로 보여주는 것을 의미한다. 바울은 여기에서 그리스도인이라면 이러한 사랑을 몸소 실천해야 한다는 것을 강조하고 있다. 사랑에 관한 한 우리는 몇 가지 점에서 달라질 필요가 있다.

첫째, 자기 자식, 자기 식구, 자기 교회만 생각하는 차원에서 벗어나보다 차원 높은 사랑을 보여줄 필요가 있다. 부모가 자식을 사랑하는 것은 자연스럽다. 거미와 연어는 죽는 순간까지 자기의 몸을 자식에게 내어준다. 펭귄은 자식이 배은망덕할 줄 알면서도 열과 성의를 다한다. 어미 펭귄은 입에 먹을 것을 잔뜩 넣어와 자식에게 준다. 그런데도 식성이 왕성해질 즈음이면 자식은 어미 펭귄마저 잡아먹으려 한다. 어미를 잡으려고 쫓아가는 펭귄, 잡히지 않으려고 도망하는 어미 펭귄을 보면서 자식들이 저렇듯 배은망덕할 수가 있는가 하는 생각이 들기도 한다. 그럼에도 불구하고 해마다 어미 펭귄은 자기 자식을 먹여 살리기 위해 혼신을 다한다. 삶의 모습만 다를 뿐 인간도 마찬가지이다.

이 모습들은 자연스럽기는 하지만 자기 자식에 한정되어 있어 문제다. 그것은 당연한 것일 뿐 특이하거나 차원이 높은 것은 아니다. 우리가 감동하는 사랑은 자기가 아닌, 자기 식구가 아닌 다른 사람들에게 사랑을 베풀 때이다. 사랑을 베풀 수 없는 사람에게 사랑을 베풀 때 감동스럽다. 양계를 전문으로 하는 사람들의 말을 들어보면 닭은 사랑이 많다고 한다. 먹이가 있어도 혼자 먹으려 하지 않고 여기 먹을 것이 있다며 다른 닭들을 부른다고 한다. 나름대로 사랑의 수고를 하는 것이다. 그리스도인의 사랑도 이처럼 달라야 한다. 그럼에도 불구하고 우리는 지금도 자기 자식, 자기 식구, 자기 교회만을 위한 기도를 올리느라 여념이 없다. 이것은 우리의 사랑에 문제가 있음을 보여준다.

둘째, 수고가 따르는 사랑을 해야 한다. 그리스도인처럼 사랑을 많이 말하는 사람도 없다. 그런데 정작 일반사람들은 그리스도인들에게서는 사랑을 찾아볼 수 없다는 말을 많이 한다. 이것은 그리스도인들에게 문제가 있음을 보여주는 것이다. 바울은 사랑에는 수고가 따라야 한다고 말한다. 수고란 "손 手", "애쓸 苦"이다. 손과 발로 수고로이 뛰어야 한다. 그럼에도 불구하고 많은 그리스도인들은 손과 발로 움직이는 사랑을 하는 것이 아니라 말로만, 입으로만 하는 사랑을 보여주고 있다. 입술만의 사랑은 사실 사랑이 아니다. 교회처럼 자기선전이 강한 조직도 그리 많지 않다. 조금 해놓고 떠벌리며 남에게 선전하기 좋아하는 그러한 사랑은 이미 사랑이 아니다. 그것은 자기도취일 뿐이다. 그리스도인은 입으로만 수고할 것이 아니라 온 마음과 정성을 다해, 설령 남이 알아주지 않는다 해도 수고를 아끼지 않는 그러한 사랑을 해야 한다. 이것이 바로 그리스도인의 사랑이다.

셋째, 바른 사랑의 모습을 찾아야 한다. 인간에게 있어서 사랑은 본능적이다. 사람은 사랑의 동물이라 말할 만큼 사랑을 중시한다. 그러나 자세히 살펴보면 인간은 사랑이라는 미명아래 여러 가지 잘못된 행동을 보여주고 있다. 정치가는 국민을 사랑한다는 미명아래 독재를 함으로써 국민을 억압한다. 남편은 사랑한다는 미명아래 아내를 누르고 못살게 한다. 부모는 자녀를 사랑한다는 미명아래 때리고 욕한다. 이것은 말이 사랑이지 사랑이라 말할 수 없다.

그리스도인은 사랑의 원형을 잘못된 사람들의 습속에서 찾을 것이 아니라 성경 속에서 찾아야 한다. 성경이 사랑의 바른 원형을 보여주고 있기 때문이다. 예수님은 이웃을 네 몸과 같이 사랑하라 하셨다. 베드로도 사도 요한도 바울도 이러한 사랑을 강조하였다. 고린도전서 13장은 사랑장이라 말한다. 이 장에서는 사랑이란 수고와 희생이 따른다는 것을 단적으로 보여주고 있다. 사랑은 오래참고 자기 유익을 구하지 아니하며 모든 것을 견디는 것이다. 인내와 수고가 있어야 한다. 성경은 때리고 억압하는 것을 사랑이라 말하지 않는다. 가난한 자에게 쓸 것을 주는 대신 말로만 '영양을 섭취하라, 덥게 하라'면 그것은 사랑일 수가 없다. 사랑은 한마디로 행동을 요구한다. 이것이 바로 말씀이 가르치는 사랑의 바른 모습이다.

'사랑의 편지'를 통해 전도활동을 하고 있는 여운학 장로의 글에 다음과 같은 이야기가 있다. 장소는 어느 집안이고 때는 크리스마스이브이다. 식구들이 모여앉아 이런저런 이야기를 나누고 있었는데 마침 화제가 "누구의 손이 가장 예쁜가?"하는 것이었다. 며느리와 딸이 서로 자기 손이 예쁘다고 뽐내듯 자랑하였다. 결국 식구들이 투표를 하기로 하였다. 투표결과 집안에서 가장 예쁜 손으로 어머니의 손이 뽑혔다. 주름으로 얼룩진 어머니의 손이었지만 그 손에는 지금까지 온 가족을 위해 헌신한 사랑의 수고가 있었기 때문이었다. 만일 하늘나라에서 가장 예쁜 손을 뽑는 일이 생긴다면 주님과 이웃을 위해 가장 헌신한 손들이 뽑힐 것이다.

바울은 본문의 말씀을 통해 데살로니가교회의 사랑의 수고를 특히 언급하였다. 수고가 넘치는 사랑을 하였다는 것이다. 사랑의 수고란 그만큼 희생이 따른다는 것을 의미한다. 성경에 따르면 희생이 없는 사랑은 사랑이 아니다. 수고하고 희생하면 열매가 있다. 특히 그리스도인은 사

랑의 수고를 할 때 오늘 당장 사람의 인정을 받기보다 마지막 날 주님
이 인정해주실 것을 기뻐하며 사랑의 모습을 보여줄 수 있어야 한다.

3. 소망의 인내

성경은 데살로니가교인들이 소망의 인내(patience of hope)를 가졌
다고 말한다. 이 소망은 물질적이거나 세속적인 소망이 아니라 우리
주 예수 그리스도에 기반을 둔 소망이다. 환난이 와도, 고난이 와도
그리스도의 재림을 소망하는 가운데 인내하고, 또 인내하는 것이다.
다른 성경은 이것을 가리켜 'enduring hope', 'steadfastness of hope',
곧 견고하고 흔들리지 않는 희망이라 하였다. 말씀을 굳게 믿고 그리
스도께서 당한 고난의 의미를 생각하며 참고 그 주님을 매일 매일 기
다리는 심정으로 경건하게 살아가는 것이다. 그리스도인이 그리스도인
다운 것은 바로 이런 점에 있다.

사람들은 교회에 열심히 출석하고 봉사 많이 하며 사람들로부터 칭
찬받는 것을 중시한다. 어떤 이들은 체험이 중요하다고 말한다. 그러
나 중요한 것은 정작 그러한 것이 아니다. 무엇보다 중요한 것은 하루
하루의 삶 속에서 하나님과 내가 어떤 관계를 유지하고 있으며, 특히
어려움을 만날 때 얼마나 주님의 사람으로서 인내하며 성숙한 모습으
로 살아가느냐 하는 것이다. 성경은 소망을 가리켜 영혼의 닻이라 하
였다. 우리의 소망의 대상은 예수 그리스도이며 이 예수 그리스도에
우리 영혼의 닻을 내려야 한다.

소망은 미래에 대한 희망을 가리킨다. 그 희망을 가지고 나아가는
사람에게 가장 필요한 것은 인내이다. 그리스도인은 예수 재림의 소망

을 가지고 살아가고 있다. 바울 당시의 교인들도 마찬가지였다. 그러
나 그들은 매우 조급하였다. 왜 빨리 주님이 오시지 않는가 하고 투덜
댈 정도였다. 사도들은 여러 차례나 조급하지 말 것을 당부했다. 기다
리는 사람에게 있어서 조급함은 항상 문제가 된다. 그래서 성경은 농
부를 통해 그 인내를 배우라고 말한다.

한국인의 성격가운데 고쳐야 할 점이 바로 조급함이다. KBS가 한
때 자동차사고 줄이기 운동을 벌렸다. 우리나라가 세계적으로 자동차
사고율이 높은 나라에 속하고 아까운 인명이 교통사고로 죽어가고 있
기 때문이다. 미국의 한 의사는 암보다 더 무서운 것이 교통사고라고
말한다. 교통사고는 아무 예고 없이 죽고 다치게 하는 치명적인 결과
를 초래하기 때문이다. KBS는 조사를 통해 자동차사고를 일으키는 여
러 요인이 있지만 그 가운데 운전자의 심리적인 조급증이 사고를 불
러일으키는 주요원인이라고 하였다. 운전자에게는 가야할 목적지가 있
고, 어느 때까지 대야 할 시간이 있다. 아무리 여유가 있다 해도 조금
만 막히면 신경질이 나기 시작한다. 조급한 마음이 신경질을 더 부채
질한다. 그래서 앞차가 조금만 망설여도 경음기를 누르고, 조금만 방
해를 받았다하면 남녀노소 할 것 없이 운전석을 뛰쳐나와 고함을 지
르고, 심지어 살인에 이르는 경우도 있다. 조급한 마음을 주체할 수
없기 때문이다. 사고운전자들은 대부분 "그 때 조금만 참았으면 되는
건데"라고 말한다. 그러나 때는 이미 늦었다.

소망을 가진 사람은 여유가 있어야 한다. 희망이 없으면 그 조그만
희망을 가지기 위해서라도 조급할 수밖에 없지만 큰 소망이 있는 사
람은 사실 서두를 필요가 없다. 우리나라 사람들이 조급한 것은 그만
큼 희망적인 것이 적기 때문이 아니가 생각된다. 지금 아니면 안 되고,
내가 차지하지 않으면 안 된다는 생각 때문에 조급증이 더하다고 생

각되기 때문이다. 그리스도인은 희망을 가진 사람들이다. 그것도 주님이 그토록 약속하신 큰 소망을 소유한 사람들이다. 이제 자그마한 것일랑 사랑으로 양보하고, 대범함을 보여야 한다. 나의 것을 오히려 남에게 나누어주고, 심지어 나의 몸까지도 내줄 수 있어야 한다. 한국교회도 모으려만 하지 말고 나누어 줄 수 있어야 한다. 그리스도인의 삶은 바로 이러한 삶이 되어야 한다. 세상 사람보다 크고 참되며 영원한 하늘의 소망을 가지고 있는 사람들이 이 세상의 자그마한 것 하나 때문에 그것 아니면 죽을 것처럼 싸운다는 것은 있을 수 없다.

그리스도인은 주님의 재림을 소망하며 하루하루 살아가고 있다. 이러한 삶을 사는 그리스도인에게 필요한 것은 바로 인내심이다. 조급한 그리스도인들은 오늘만 그리스도인 노릇하고 내일은 안 할 듯이 행동한다. 그러나 그리스도인은 주님이 오시는 그 순간까지 참고 그 믿음을 행동으로 나타내야 할 하나님의 사람들이다. 데살로니가교인들은 다른 교인들과는 달리 조급한 마음을 가지지 않고 인내하며 믿음 생활을 했다. 바울은 그들의 그러한 태도가 믿음직스럽고 자랑스럽기까지 했다. 그래서 칭찬을 아끼지 않는 것이다.

믿음의 역사, 사랑의 수고, 소망의 인내, 이 같은 신앙생활의 삼 요소 모두를 고려해볼 때 기독교는 한 마디로 정적인 종교가 아니라 동적인 종교라는 사실을 알 수 있다. 정적인 종교는 신앙생활에 있어서 그저 믿음, 소망, 사랑이 필요하다고 말한다. 그러나 동적인 종교는 그것의 실행을 중시한다. 바울이 믿음의 역사, 사랑의 수고, 소망의 인내를 말하는 것은 "믿음은 행동으로 나타나야 한다, 사랑은 입이 아니라 온 몸으로 하는 것이다. 인내로써 재림의 소망을 영광스럽게 맞이해야 한다"는 행동중심의 신앙생활을 가르쳐 주기 위한 것이다.

성경을 많이 읽고 그 내용을 아는 것도 중요하다. 성경을 잘 이해하고 잘 해석하는 것도 중요하다. 그러나 그러한 것은 정적인 것일 뿐이다. 문제는 우리의 신앙을 보다 동적인 것으로 만들어야 한다. 말씀이 나의 중심에 떨어져 나의 삶이 변화되고, 날마다 말씀에 순종하며, 사랑을 받기보다 주는 사람으로 변하고, 비록 몸으로는 이 땅에서 살지만 저 하늘의 소망을 가지고 고난을 참으며 차원 높은 신앙생활을 해나갈 때 주님은 정녕 우리의 삶의 모습을 보시고 기뻐하실 것이다.

제11장 우리를 향하신 하나님의 뜻

"항상 기뻐하라, 쉬지 말고 기도하라, 범사에 감사하라, 이는 그리스도 예수 안에서 너희를 향하신 하나님의 뜻이니라."(살전 5:16-18). 성경은 기뻐함과 기도 그리고 감사를 그리스도인이 마땅히 해야 할 신앙의 모습으로 제시하고 있다. 그 세 가지는 따로 떨어져 있는 것이 아니라 하나이다. 기도 없는 기쁨이 있을 수 없고, 감사 없는 기도가 진실일 수 없으며, 기쁨 없는 감사가 있을 수 없기 때문이다. 그럼에도 불구하고 그리스도인 속에 기쁨이 없고, 기도가 사라지며, 감사가 자취를 감추고 있다.

주님은 이 순간도 항상 기뻐하는 그리스도인, 쉬지 않고 기도하는 그리스도인, 범사에 감사하는 그리스도인이 되기를 소원하신다. 우리는 주님의 이러한 마음을 알고 하루 빨리 주님이 기뻐하시는 자녀가 되어야 할 것이다. 기쁨과 기도와 감사를 진정으로 회복함으로써 하나님께 영광을 돌리는 우리가 되어야 한다. 고난까지 감사할 줄 아는 신앙적 성숙이 필요하다.

1. 감사할 줄 모르는 세대

　기독교를 가리켜 감사의 종교라고 말한다. 하나님은 때를 따라 우리에게 은혜를 주신다. 감사의 조건이 한두 가지가 아니다. 그러므로 감사하지 않을 수 없다. 은혜를 받은 자가 마땅히 해야 할 의무는 바로 감사이다. 바울은 "항상 기뻐하라, 쉬지 말고 기도하라, 범사에 감사하라"고 말함으로써 우리가 해야 할 일들 가운데 감사를 꼽았다. 특히 성령충만한 사람들은 마땅히 감사하는 삶을 살아야 한다는 것이 바울의 생각이다.

　로마서를 보면 불신자는 하나님을 영화롭게도 아니하고 하나님께 감사치도 않는다고 쓰여 있다(롬 1:21). 불신자와 신자가 구분되는 것은 감사의 여부에 있다는 말인데 요즈음 신자들에게 있어서 조차 감사가 점점 사라져 가고 있어서 문제가 되고 있다. 일반적으로 보면 노예나 머슴, 품삯을 생각하는 사람에게는 감사가 없다. 내가 수고한 대가를 당연히 받는데 무슨 감사냐는 생각 때문이다. 그러나 주님이 우리에게 주신 은혜는 우리의 이런 생각을 무너뜨린다. 전혀 대가를 받을 수 없는 우리에게 풍성한 사랑으로 가득 부어주시기 때문이다.

　열 문둥이가 나음을 얻고 예수님께 감사표시를 하러 온 사람은 다름 아닌 이방인이었다. 그래서 주님은 "나머지 아홉은 어디에 있느냐?"고 물으셨다(눅17:11-19). 나타나지 않은 아홉은 마땅히 감사 표시를 해야 할 유대인들인 줄 아는데 어이하여 이방인만 못한가하는 자책의 뜻도 담겨있다. 이것은 현대를 살아가는 성도들에게도 적용되는 말씀이다. 그러므로 이 말씀은 요즈음 성도들의 단점을 지적하는 말씀이기도 하다. 감사할 줄 모르는 신도들, 감사를 잊어가고 있는 성도들에게 가장 필요한 것은 감사의 회복이다. 감사할 줄 알도록 만드는 것이다. 하나님을 향한 감사의 회복은 무엇보다 중요하다.

2. 감사는 무엇인가?

1) 하나님께 영광을 돌리는 것이다

감사를 함에 있어서 무엇보다 중요한 것은 누구에게 감사를 해야 하는가 하는 점이다. 우리가 감사를 하는 것은 은혜를 주신 분을 인정하는 것이다. 자식이 부모의 은혜를 알지 못한다면 그것처럼 배은망덕한 일은 없을 것이다. 하나님에 대해서도 마찬가지이다. 하나님은 우리에게 일용할 양식은 물론 생존의 기쁨을 주신다. 이것은 한 마디로 하나님의 은혜 없이 우리는 한 순간도 존재할 수 없음을 의미한다. 따라서 우리는 감사의 생활을 통해 우리의 주권자가 누구인가를 바로 인식하고 감사해야 한다. 하나님께 감사를 돌린다는 것은 하나님의 주권, 특히 하나님의 절대주권을 깊이 인정하는 것임을 알아야 한다.

하나님은 가나안에 정착한 이스라엘 사람들에게 맥추절과 초막절을 지키도록 명령하심으로(신 16:9-17) 감사의 의미를 가르치셨다. 이 절기를 지키면서 애굽에서 어렵게 종살이 하던 때, 가나안으로 인도하실 때 하나님께서 그들을 어떻게 도우셨는가를 기억하도록 하셨다. 은혜를 기억하고 하나님께 감사하도록 하신 것이다.

주님은 열 문둥이 사건을 통해서 "이 이방인 외에는 하나님께 영광을 돌리러 돌아온 자가 없느냐"고 물으심으로써 감사란 하나님께 영광을 돌리는 것임을 분명히 하셨다. 감사를 나타내는 영어 'thank'는 앵글로색슨어의 'thanc'에서 나온 것으로 '은혜(favor)를 생각한다(thought)'는 뜻을 담고 있다. 감사절을 thanksgiving day라 하는 것은 하나님의 은혜를 생각하고 하나님께 감사를 드린다는 데서 나온 것이다. 그러므로 감사란 하나님께 영광을 돌리는 것이라는 주님의 말씀은 아주 정곡을 찌르는 표현임을 알 수 있다. 웨스트민스터 대소요리문답에 따르면 인생의 목적은 하나님을 사랑하고 오직 그분께만 영광을 돌리는 것이다. 하나님을 사랑한다는 것은 지나간 모든 일에 만족하고 감사하며 앞으로 다가올 모든 사건을 신앙적으로 소망적으로 긍정적으로 바라보는 것이다. 이런 사람이 진정 하나님을 사랑하는 사람이다. 우리가 이렇듯 감사가 넘치는 삶을 살 때 하나님은 영광을 받으신다.

2) 하나님의 뜻이다

감사는 하나님의 뜻이다. 바울은 "범사에 감사하라 이는 그리스도 예수 안에서 너희를 향하신 하나님의 뜻이니라."고 했다. 여기에서 하나님의 뜻(will)이란 우리를 향해 가지신 하나님의 소원 내지 의지가 있다는 것이다. 하나님의 뜻에는 크게 결정적 의지(determined will)와 소원적 의지(desired will) 두 가지가 있다. 결정적 의지란 하나님의 강력한 의지와 절대적 주권으로 당신의 뜻을 이루어가시자 하시는 아주 결정적인 것을 말한다. 예정, 섭리, 능력, 지혜, 권능 등이 이에 속한다. 이에 대해 인간은 어찌할 수 없다. 불가항력적인 것이다. 이에 비해 소원적 의지는 개인적이고 인격적이며 자원적이고 선택적이고 조건적이다. 부모가 자녀를 낳고 그 자녀에게 이름을 지어주며 "너는 장차 이런 사람이 되라"고 소원을 하듯이 하나님께서도 우리 각자에게 소원을 두고 계신다는 것이다.

성경에 따르면 우리를 향하신 하나님의 뜻, 곧 우리에 대한 하나님의 소원적 의지는 바로 '항상 기뻐하라, 쉬지 말고 기도하라, 범사에 감사하라'는 것이다. 성경은 '항상, 쉬지 말고, 범사에'라는 말로써 이를 강조하고 있다. 이 단어들은 어떤 환경에서든지, 어떤 경우에서든지 그렇게 하라는 뜻을 담고 있다. 그러므로 이 소원은 절대적 의미를 가지고 있다. 단순히 원하는 소원적 의지의 차원이 아니라 결정적 의지로 바꾸어야 한다는 것이다. 잘되면 기뻐하고 안 되면 낙망하는 것이 아니라 언제나 기뻐하는 생활, 잘되면 기도하고 안 되면 그만두는 것이 아니라 언제나 기도하는 생활, 큰 일만 감사하고 작은 일은 넘어가는 것이 아니라 모든 일에 감사하는 생활을 하라는 것이다. 하나님은 우리에게 일관성 있고, 지속성이 있는 신앙생활을 원하신다. 변치 않으신 하나님처럼 우리도 그렇게 되어야 한다는 것이다. 하나님은 우리의 변덕을 기뻐하지 않으신다.

3. 무엇을 감사할 것인가?

사람들은 무엇을 감사할 것인가를 따진다. 그러나 성경은 모든 일에 감사하라고 말하고 있다(빌 4:6). 일반적으로 사람들은 감사는 좋은 일이 생겼을 때만 하는 것으로 생각하고, 나쁜 일이 생겼을 때는 감사할 조건에 해당되지 않는 것처럼 말한다. 감사할 것과 감사하지 않을 것이 분명한 것으로 생각하는 것이다. 그러나 성경은 구분이 없다고 말한다. 심지어 범사에 감사하라고 가르친다. 감사하지 못할 조건이라 할지라도 생각해보면 감사할 조건이 없는 것은 아니다. 공부는 못했어도 자녀들이 건강하니 감사하고, 차는 비록 낡았어도 그동안 사고가 나지 않았으니 감사할 것뿐이다. 감사와 원망은 종이 한 장 차이라는 말이 있다. 행복과 불행이 마음먹기에 따라 종이 한 장 차이인 것과 같다. 사람들은 고통스런 일들만 기억하며 감사를 상쇄하고자 한다. 그러나 성도가 당하는 고통과 환란도 뜻이 있다는 것을 기억하지 않으면 안 된다. 주님이 왜 나에게 그러한 고통을 주시는가 하며 그 뜻을 생각해 나가다면 고통의 의미를 찾을 수 있다. 고통의 의미를 발견한 사람은 고통마저 감사할 수 있다. 그래서 바울은 성도의 환란과 고통도 합력하여 선을 이루신다고 하였다(롬 8:28). 오히려 주님께 충성치 못했어도 여전히 사랑해주시고 축복해주시는 주님께 감사할 수밖에 없게 된다.

감사절의 유래를 보면 감사의 조건이 별로 충분치 않았음을 알 수 있다. 환경은 어려웠고, 수확은 그리 크지 않았다. 그럼에도 그들은 감사했다. 모든 것이 감사했기 때문이다. 추수감사의 기원은 원래 구약시대의 3대 절기가운데 하나인 초막절(장막절 또는 수장절)에서 비롯된다. 초막절은 7일 동안 지키는데 이 때 땅에서 나는 모든 곡식과 포도주와 기름을 거둬들이고 이렇게 수확하게 하신 하나님의 은혜에 감사를 드렸다. 초막절이 의미하는 바와 같이 이 절기는 초막을 짓고 옮겨 다녀야만 했던 시기를 기억하고 감사하는 정신을 반영하고 있다. 그 어려움가운데서도 자기들을 보호하신 하나님께 감사한 것이다. 오늘날의 추수감사절은 플리머스에서 시작되었다. 영국에서 청교도들이 신앙의 자유를 위해 1620년 11월 29일 미국 메사츄세츠 주의 플리머스에 상륙했다. 그 해 겨울은 너무 추워서 대략 반 정도만이 겨우 살아남았다. 이듬해 봄, 인디언들에게서 얻은 밀과 옥수수를 20에이커 정도의 땅에 뿌렸고 마침 기대이상의 수확을 거두게 되었다. 이것이 감사해서 드린 예배가 바로 오늘날의 추수감사절이 되었다. 워싱턴대통령과 링컨대통령이 이 날을 국가공휴일로 지정한 이래 계속 절기로 지켜지게 되었다. 청교도들의 삶은 지금 우리에 비하면 너무 열악한 환경조건에 있었고, 사람은 자꾸 죽어가고 있었다. 그런 가운데서도 그들은 하나님께 감사할 수 있었다. 어려운 처지에서 더욱 감사한 그들의 믿음이 큰 것이다.

4. 언제 감사할 것인가?

사람들은 언제 감사해야 하는가를 따진다. 자동차사고라도 크게 나서 죽을뻔 하다 살아나야 감사를 한다. 병에 걸려도 감기정도로는 감사하지 않는다. 겨우 살아났을 때 "아이구 하나님 감사합니다."했다가 얼마 지나서는 "그 때는 아마 그 약이 효험이 있었나봐"라고 말하기도 한다. 감사마저 이처럼 간사하고 변덕스러울 수가 없다. 성경은 언제나 감사해야 한다고 가르친다. 어떤 이는 그리스도인의 감사는 전천후감사여야 한다고 말한다. 낮이나 밤이나 맑을 때나 비 올 때나 감사를 해야 한다는 것이다. 박영선 목사는 언제나 감사해야 한다는 것을 이런 조크로 말하고 있다. "오늘도 성전에 나와서 졸고만 왔습니다. 졸고 온 감사한 날입니다." "주여, 오늘은 제가 나가서 여러 사람을 패고 와서 할 말이 없는 감사한 날입니다." 바울은 주의 부르심을 받고 기뻐 감사하였다. 기쁠 때뿐 아니라 고난을 받을 때도 감사했다. 주님과 함께 고난에 참여하고 있다는 것이 그저 감사했기 때문이다. 그래서 그는 범사에 감사하라고 가르친다. 그는 진정 이 말을 할 수 있는 사람이었다.

우리는 감사를 큰일에만 적용하지만 하나님께서 우리에게 행하신 모든 일에 대하여 감사하는 것처럼 큰 믿음도 없다. 이스라엘백성들은 광야 40년 동안 감사보다는 불평과 불만으로 그들의 주식을 삼았다. 자그마한 고난도 참지 못했다. 불만이 커지자 심지어는 하나님이 하시는 일에 정면으로 대항하는 일마저 발생하였다. 이것은 순전히 인간적인 야심에서 나온 것이었다. 하나님은 분수에 지나친 행동을 간과하지 않으시고 고라자손 중 250명의 생명을 거두어 가셨다. 이 세상은 광야나 다름이 없다 이 광야 길은 영원한 가나안에 이르기까지 통과해야 할 길목이다. 이 길목에 놓인 수많은 시련과 고통 때문에 하나님을 잃는다면, 이 고통가운데서 우리를 지키시는 하나님의 역사를 잊고 감사하지 않는다면 크게 잘못된 것이다.

5. 감사를 하면 무엇이 달라지는가?

감사생활을 하면 관계가 달라진다

감사는 삶의 윤활유 역할을 한다. 오늘의 감사는 내일의 삶의 윤활유 역할을 한다. 사람과의 관계는 물론이고 하나님과의 관계에 있어서도 감사는 윤활유처럼 잘 굴러가게 한다.

감사를 하면 사람이 달라진다

감사는 여러 모로 우리의 삶의 모습을 달라지게 한다. 감사는 인생의 밝은 면을 보게 하고 적극적으로 생각하게 한다. 세상에는 어두운 면이 있지만 밝은 면도 있다. 어두운 면을 중심으로 인생을 보면 인생은 분명히 고해이다. 그러나 감사의 안경을 끼고 세상을 바라보면 모든 것이 밝고 감사하게 보인다.

감사를 하면 하나님으로부터 더 큰 은혜를 받는다

감사는 하나님의 은혜를 더 크게 받을 수 있는 최선의 방법이다. 스펄전 목사는 이렇게 말한다. '별빛을 주신 하나님께 감사하자. 그러면 달빛을 주실 것이다. 달빛을 주신 하나님께 감사하자. 그러면 햇빛을 주실 것이다. 햇빛을 주신 하나님께 감사하자. 그러면 달빛도 햇빛도 필요 없는 영원한 천국의 영광의 빛을 주실 것이다.'

6. 감사를 하려면

첫째, 전능하신 하나님을 향한 신앙을 바로 가져야 한다. 우리는 먹구름이 덮인 이 세상만 바라볼 것이 아니라 그 위에는 언제나 빛나는 태양이 있음을 알아야 한다. 이것이 바로 신앙이다. 이 신앙 없이는 검게 보이는 세상의 일들이 오색찬란한 빛깔로 변하는 이적은 일어나지 않는다.

둘째, 하나님께서 사랑하신다는 확신을 가져야 한다. 인생을 변화시키는 역사는 하나님의 사랑을 깨달았을 때 일어난다. 그러므로 우리는 하나님께서 우리를 사랑하신다는 확신을 굳게 가질 필요가 있다. '우리가 알거니와 하나님을 사랑하는 자 곧 그 뜻대로 부르심을 입은 자들에게는 모든 것이 합력하여 선을 이루느니라'(롬 8:29).

셋째, 구원에 대한 감격을 가져야 한다. 감사중의 감사는 구원에 대한 감사이다. 이 감사야말로 차원이 높은 감사이다. 우리는 너무나 큰 은혜를 받았고 또 귀한 약속까지 받았다. 하나님은 지금도 우리가 그리스도 안에서, 말씀 안에서, 성령 안에서 이 은혜를 알고 이 귀한 은혜와 감사를 밖으로 내보내고, 이 은혜로 살아가기를 바로고 계신다.

감사의 궁극적인 원천은 모두 하나님께 있다. 특히 주님은 영 죽을 나를 대신해서 십자가를 지셨고 나로 영생을 얻게 하셨다. 감사와 감격의 찬송이 터져 나오지 않을 수 없다. 불평과 원망대신 승리와 찬양의 차원으로 감사의 차원을 높여야 한다. 감사는 나의 생각이 어느 정도 나 자신을 맴도는 것이지만 찬송은 이보다 더 높은 면에 위치하고 있다. 왜냐하면 찬송은 나 스스로를 떠나 온전히 하나님의 위엄, 권능, 은혜, 구속을 찬송하는 것이기 때문이다. 그러므로 감사를 찬송으로 나타내는 것은 감사의 상태를 더 승화시키는 것임을 알 수 있다.

교회는 출애굽공동체이다. 꽝야 같은 죄악세상에서도 불기둥과 구름

기둥으로 인도하시는 하나님의 은혜아래 사는 사람들이다. 오늘을 사는 유대인들에게 출애굽한 이스라엘 사람들이 몇 명이나 되느냐고 물으면 숫자를 헤아릴 수 없다고 말한다. 그 이유를 물으면 그들은 지금도 출애굽하고 있는 숫자가 늘고 있기 때문이라고 한다. 출애굽사건을 과거의 사건으로만 생각하는 것이 아니라 오늘 기억하고 그곳에 모두 동참한다고 생각하며 살아가고 있기 때문이다. 우리도 이 출애굽사건에 동참하고 있다. 이 사건은 지금도 하나님의 은혜아래 진행되고 있다. 이 일을 생각하면 순간마다 감사하지 않을 수 없다. 아울러 우리는 이 땅에 살면서 하나님의 뜻이 무엇인가를 헤아리며 그 뜻을 바로 지켜야 한다. 성경은 감사가 우리를 향하신 하나님의 뜻임을 분명히 하고 있다. 그저 입술의 감사만 드릴 것이 아니라 성령이 충만한 가운데 신령한 노래와 기쁨 그리고 마음 속 깊은 곳으로부터 하나님께 감사를 드려야 할 것이다.

제12장 아무 일에든지 부끄럽지 않은 전천후 신앙

신앙생활을 함에 있어서 어떤 태도와 마음가짐을 가져야 하는가? 이 질문에 접하면 그 물음의 중요성과 비중 때문에 조금은 망설이게 된다. 그런데 바울은 여러 서신을 통하여 나의 믿는 바는 그리스도이며 그리스도를 위하여 이렇게 생활하고 있다고 자신 있게 대답하고 있다. 이 가운데 빌립보서 1장 20절은 그의 이러한 신앙자세를 보여주는 대표적인 것에 속한다. 이 말씀을 중심으로 그의 신앙자세가 어떤지 살펴보자.

1. 아무 일에든지 부끄럽지 아니한 신앙

빌립보 교회는 작고 가난하지만 무척 관대하고 헌신적인 교회이며, 바울이 최초로 유럽 땅 마게도냐에 세운 교회이다. 바울은 이 교인들을 향하여 여러 가지로 권면하기에 앞서 자기의 개인적인 상황에 대해서 설명하고, 자기는 어떤 신앙의 자세를 가지고 있는가를 이 20절에 소개하였다.

빌립보 교회는 형편이 어려운 가운데서도 바울에게 헌금을 보냈으며(빌4:16), 그가 로마에 감금되어 있을 때도 헌금으로 바울을 도왔을 뿐 아니라(빌4:10,14), 예루살렘에 있는 가난한 성도들을 위해 열심히 헌금(고후8장)해 주었다. 빌립보 교회의 이러한 열성에 보답하고 그들의 헌신이 결코 헛되지 않다는 것을 보여주기 위해서라도, 빌립보 교회에 찾아든 시험을 해결하기 위해서라도 자기는 주님을 위해 어떤 열심을 가지고 살아가고 있는가를 설명해줄 필요가 있었다.

그는 자기의 열심을 두 마디 말로 표현하고 있다. 즉 "나의 간절한 기대와 소망"이다. 그는 자기의 신앙적 태도를 몇 가지 소개하기에 앞서 그것은 그가 그처럼 간절히 기대하고 소망하는 바라고 전제하였다. 그가 기대하고 소망하는 것은 주님 안에서, 그리고 주님께서 이루어 주리라고 믿는, 주님을 향한 신앙에서 출발한 것이다. 우리가 그리스도를 구주로 고백하면 우리가 어떠한 어려움에 처해있다 할지라도 그분이 찾아와 손을 내밀고 우리의 부족한 것을 채워주기 때문이다. 그러므로 바울이 가졌던 기대와 소망은 빌립보 교인들이 가져야 할 기대와 소망이자 우리 모두가 함께 가져야 할 기대와 소망이다. 이 기대와 소망이 간절하면 간절할수록 주님은 우리와 함께 하고 도우신다. 주님을 구주로서 영접하고, 그리스도 안에서 살면 그 주님이 우리와 함께 하시리라 믿는 이 간절한 임마누엘 신앙을 우리는 이 짧은 단어 속에서 찾아낼 수 있다. 우리가 주님을 의지하는 한 어떤 상황에서라도 주님은 우리의 소망을 좌절시키거나 동요하도록 내버려 두지 않는다.

바울이 "아무 일에든지 부끄럽지 아니하고"라고 한 것은 그가 이처럼 간절히 기대하고 소망하는 그것은 결코 부끄러울 것이 하나도 없음을 나타낸다. 그것은 어느 누구에게 말해도, 무슨 일에 대해서도 부끄러울 것이 전혀 없는 것이다. 쉽게 말해서 우리가 믿는 그리스도, 우리가 믿는 그의 말씀 모두는 부끄러울 것이 전혀 없다는 말이다. 이것은 그리스도에 대한 그의 확고한 믿음을 보여준다.

부끄러움을 나타내는 영어 shame은 치욕·모욕·수치·창피·체면 손상·잡된 행실이라는 뜻을 담고 있다. 우리는 바람직하지 못한 일을 했을 때 종종 "부끄러운 줄 알라", "사람이 좀 염치가 있어라", "체면이 말이 아니다"라는 말을 한다. 윤리와 도덕이 땅에 떨어지고 불의가 판치는 이 세대를 향해서 주고 싶은 말이 바로 이 말이다. 우리가 "하늘을 우러러 한 점 부끄럼 없기"를 바라는 윤동주의 시를 애송하는 것도 어찌하든 이 세상에 살면서 자신과 이웃과 하나님에 대해 일체 깨끗함을 보여주고 싶다는 염원이 담겨있기 때문이다.

그러나 바울이 여기엣 말하고 있는 부끄러움에 관한 것은 모두 주님에 관계되는 것이다. 바울은 소아시아·그리스·로마를 연결하는 유럽 교통의 요지 빌립보에 와서 열심히 주를 전도하고 교회를 세우는 등 선교의 성과를 거두었다. 로마의 식민지로서 로마의 시민임을 자부하며 사는 이방도시 빌립보에 교회를 세우고 복음을 전하는 일은 결코 쉬운 일이 아니었다. 교회를 세웠다 하나 율법주의와 할례를 내세우는 유대주의자들의 끈질긴 공격은 계속 교회와 교인들을 괴롭혔다. 유대주의자들은 예수 그리스도를 깡그리 무시하게 만들고 성령의 역사하심을 소멸하였다. 바울이 율법주의자들·손 할례주의자들을 가리켜 '개들'(빌3:2)이라고 표현하고 그들을 삼가라고 표현한 것은 그들의 공격이 얼마나 집요하고 무서웠는가, 그리고 바울이 그들을 얼마나 경멸하고 있는가를 보여준다. 이러한 영향을 받는 교인들은 점차 주님을 구주로 고백한다는 일·그리스도의 재림을 고대하는 일·교회에 다니는 일 등을 부끄러운 것으로 여기게 되었고 교인들 사이에도 서로 마음을 화합할 수 없게 되었다. 바울이 그의 여러 서신에서 유대주의자들을 경계하라고 자주 언급하고 있는 것은 교회에 미치는 그들의 영향이 크고 악하기 때문이었다. 그래서 바울은 그가 가르친 복음의 내용, 그가 소개한 예수 그리스도는 절대 부끄러운 것이 아니라고 말하고 부끄러움을 당할 자는 주님을 믿는 자가 아니라 주님을 믿지 아니하고 육의 것을 자랑하는 그들이라고 바로 가르쳐 주고 있다.

성경은 우리에게 부끄러워해야 할 일은 옛 생활(롬6:21)과 죄의 일(엡5:12)이지 복음이 아니다(롬1:16)고 가르치고 있다. 그리스도인이 주의 사역자로서 복음을 전하는 일(딤후1:8)이나 그리스도인으로서 받는 고난(벧전4:16)은 부끄러워하지 않아야 할 것에 속한다.

성경은 말과 행동이 모순되는 자(스8:22), 교만한 자(잠11:2), 지혜롭게 행하지 못하는 자(렘20:11), 범죄 한 자(단9:8), 악인(잠13:5), 부모를 구박하는 자(잠19:26), 옳지 못한 친구를 사귀는 자(잠28:7), 자녀를 잘 교육하지 못하는 자(잠29:15) 등도 부끄러움을 당하지만 무엇보다 우상 숭배하는 자(사42:17;44:17-19;행10:14), 여호와께 반역하는 자(사45:24;렘17:13), 예수와 그의 말을 부끄러워하는 자(막8:38), 그리스도인들의 선행을 욕하는 자(벧전3:16)는 부끄러움을 당하리라 하였다.

성경에서 부끄러움을 당하지 않을 사람들은 하나님을 의뢰하는 자(시22:5;25:2,3), 하나님께 피하는 자(시13:1), 하나님의 계명에 주의하는 자(시119:6), 하나님을 바라는 자(시25:3;사49:23), 하나님의 백성(사45:17), 그리스도를 믿는 자(롬9:33;10:11), 그리스도 안에 거하는 자(요일1:28), 자신을 하나님께 드리기를 힘쓰는 자(딤후2:15)들이다. 주님은 말씀하신다. "누구든지 이 음란하고 죄 많은 세대에서 나와 내 말을 부끄러워하면 인자도 아버지의 영광으로 거룩한 천사들과 함께 올 때에 그 사람을 부끄러워하리라"(막8:38).

우리는 바울처럼 그리스도를 부끄러워하지 않는 신앙을 가져야 한다. 이 악한 세대에서 자신을 그리스도인으로 드러내기를 부끄러워하

는 사람, 성경·찬송 가지고 다니기를 부끄러워하는 사람, 그리스도인
으로서 행동하기를 부끄러워하는 사람은 이 세상 속에서 사람을 의식
하는 사람들이다. 우리는 이 악한 세대의 사람들이 우리를 향하여 자
기들과 같이 되라고 유혹할지라도 먼저 주님 앞에 부끄럽지 않는 사
람이 되어야 한다. 그리스도를 부끄러워하지 않는 신앙을 가져야 이
세상을 참으로 이길 수 있다.

2. 전과 같이 이제도 온전히 담대한 신앙

바울 당시에 그리스도인이 된다는 것은 핍박을 받는다는 것을 전제
하기 때문에 용기가 필요했다. 예수를 그리스도로 고백하면 위험이 다
가온다는 것을 알 때 왜 주저하지 않겠는가. 이러한 위험에도 불구하
고 바울은 복음을 전하는 사도가 되었으니 그에게 필요한 것은 절대
적인 용기였다. 이 용기를 가리켜 그는 '완전히 담대함'(all boldness,
perfect boldness, full courage)이라 하였다. 온전히 담대한 상태는 어
떠한 위험과 위협 앞에서도 실패하지 않는 용기(unfailing courage)이
자 모든 것을 정복할 수 있는 용기(all-conquering courage)이며 어떤
것에도 구애받음이 없이 자유롭게 그리스도를 전파하는 용기(all freedom
of speech)를 말한다.

전도자가 그리스도를 부끄러워하거나 그리스도를 전함에 있어 담대
하지 못할 경우 그리스도를 낮아지게 하든지 그리스도를 떠나게 하는
잘못을 범한다. 바울은 전에도 이러한 담대함을 가지고 복음을 전했지
만 '이제도', 즉 언제든지 담대함으로 나아가겠다고 다짐하고 있다. 이
것은 빌립보 교인들도 신앙에 있어서 과거에 받은 하나님이 은혜에 대

한 경험을 잊지 않고 그 경험을 통하여 더욱 확고한 자리에 서라는 의미가 담겨있다. 바울은 로마교회 교인들에게도 그리스도로 말미암아 이 은혜에 들어감을 얻었고 환난 가운데서도 즐거워하나니 이는 환난이 인내를, 인내는 연단을, 연단은 소망을 이루는 줄 앎이라(롬5:2-4)고 하였다. 이것은 이 시대를 살아가는 우리 모두에게도 필요한 것이다.

성령은 우리가 기도할 때(엡6:19), 하나님의 약속을 믿고 나아갈 때(민13:30), 그리스도를 믿을 때(엡3:12;빌1:14), 예수의 이름으로 증거 할 때(행9:27-29) 담대함을 주신다. 우리는 전쟁에서도 담대해야 하지만 무엇보다 믿음이 위협을 받을 때(단3:16-18;6:10) 그리고 그리스도를 전할 때(행3:12-26) 담대해야 한다.

구약시대 때 하나님은 여호수아를 향하여 마음을 강하고 담대히 가지도록(수1:5-7) 함으로써 가나안을 정복할 수 있게 만들었다. 소년 다윗이 담대히 하나님의 이름을 가지고 나아갔을 때 골리앗을 이길 수 있었다(삼상17:45). 다니엘은 일체 그의 담대함을 보임(단3:8-18;6:10-23)으로써 하나님에 대한 신앙을 지킬 수 있었다.

신약시대 때 바울을 비롯한 여러 사도들은 그리스도를 전파함에 있어서 담대함을 나타냈다. 바울은 주 예수의 이름을 위하여 결박 받을 뿐 아니라 죽을 것도 각오한 신앙(행21:13)을 보여주었고, 사도들 모두도 성령이 충만한 가운데 담대히 하나님의 말씀을 전하였다(행4:31).

역사적으로 볼 때 기독교는 이러한 담대한 신앙을 바탕으로 성숙해왔다. 수많은 사람들이 복음을 위해 생명을 바쳤으며 순교를 마다하지 아니했다. 우리 모두가 다 순교에 이르지 못한다 할지라도 젊었을 때(삼상14:6-45)나 늙었을 때(수14:10-12)나 그리스도를 믿음에 있어서, 그리스도의 복음을 전함에 있어서, 그리고 이 세대를 타락에서 구원함에 있어서 담대한 용기를 보여주어야 한다. 다윗이 죄악에 빠졌을 때

선지자 나단이 담대히 그의 죄를 지적함으로써 그를 회개케 한 것(삼하12:1-14)처럼 우리도 죄를 책망할 줄 아는 용기를 가짐으로써 이 악한 세대를 변화시켜 주 앞에 순결한 순으로 다시 나도록 해야 한다. 우리가 죄에 대해서 침묵하고, 복음 전하기를 부끄러워하면 이 세계는 그만큼 어두워갈 것이다.

3. 살든지 죽든지 그리스도를 위한 신앙

바울의 신앙은 살든지 죽든지 자기 몸에서 그리스도만 존귀하게 되기를 바라는 일사각오의 신앙이다. 지금까지 그가 그리스도를 부끄러워하지 않고 그를 담대히 전하고자 하는 가장 궁극적인 바람은 그리스도를 존귀하게 하는 것, 곧 하나님의 영광에 있음을 알 수 있다.

'살든지 죽든지'는 그가 어떤 형편에 처해 있든지 그리스도를 위해 살겠다는 헌신이 담겨있다. 자유로운 몸이 되었을 때는 굽힘 없는 용기를 가지고 복음을 전할 것이고 옥에 갇히고 사형이 선고된다 해도 확고한 믿음 위에 서서 찬송을 부르며 주님께 나아갈 것이다. 우리는 바울이 육체적인 욕망에 빠져있는 것이 아니라 하나님의 약속을 굳게 믿고 영원한 소망을 기대하며 살아가고 있음을 볼 수 있다.

그는 살든지 죽든지 자기 몸에서 그리스도가 존귀하게 되어 질 것을 말한다. 얼핏 보면 몸을 중심으로 언급하고 있어 육체적이 아니냐고 말할 수 있다. 그러나 그 속을 자세히 드려다 보면 몸이라는 말을 통해 그가 현재 육체적으로 어떤 고난을 당한다 할지라도 주님에 대한 소망을 절대 의심치 않고 있음을 발견할 수 있다. 이것은 매우 차원이 높은 신앙적 표현이다. 이 소망에 대한 확신은 바로 하나님께서 주신 것이다. 우리가 하나님을 향해 이러한 소망을 가지고 있다면 바울처럼 우리를 넘어뜨리는 어떠한 역경과 고난 가운데서도 조금도 두려워할 것이 없다. 우리가 그리스도를 위해 살고 그를 위해 죽는다면 우리는 사나 죽으나 그리스도의 것(롬14:8)이기 때문이다.

바울이 자기의 모든 것을 다해 그리고 인생의 모든 영역에서 존귀하게 되기를 바라는 대상은 예수 그리스도이다. 존귀하게 된다는 것은 그리스도를 존중한다(honor)는 뜻도 있지만 그분을 찬미하고 그의 나라가 확장되기를 바라며 그의 위엄이 더욱 커지기(magnify)를 바라는 뜻도 담겨있다. 성경에서 존귀하게 여김을 받을 만한 분들로 부모(엡6:2), 노인(딤전5:1,3), 전도사역자(빌2:25,29)들도 천거되지만 그 누구보다 하나님(딤전1:17)과 그리스도(요5:23)이다. 그리스도를 섬기고(요12:26) 하나님을 존중히 여길 때 하나님과 우리 관계도 바로 세워지고 우리의 삶도 바르게 된다. 우리가 귀하게 여길 것은 사람의 외모가 아니라(약2:3,9) 예수 그리스도요 그분의 가르침이다.

그리스도인이란 바로 사나 죽으나 그리스도가 존귀하게 되기를 바라는 사람들이다. 그리스도를 이용하여 자기의 명예를 얻고자 하고 부를 축적하고자 한다면 그는 그리스도인이 아니다. 교회는 그리스도인의 공동체이다. 그리스도인들이 힘을 합쳐 그를 경배하고 생활의 모든 영역에서 그리스도의 빛이 나타나도록 하는 곳이 교회이다. 이 빛을 받은 우리가 빛을 발할 때 우리의 몸도 주님의 몸 된 성전이 될 수 있다. 우리가 주 안에서 하나 되기 때문이다.

바울의 이 말들을 이해하기 위해서 빌립보교회가 어떤 터 위에 세워졌는가를 살펴보는 것은 매우 중요하다. 사도 바울이 제2차 전도여행 중 드로아에 있을 때 하나님은 밤에 그에게 환상을 보여주었다. 마게도냐(유럽) 사람이 나타나 "마게도냐로 건너와 우리를 도우라"(행

16:9)는 환상이었다. 바울은 이 환상을 보고 유럽에 복음을 전하는 것이 하나님의 뜻임을 확인하였다. 마게도냐 지경의 첫 성인 빌립보에 이르러 그는 자주색 나는 명주를 팔아 생계를 잇는 루디아와, 바울의 전도를 받고 회심한 빌립보 간수 두 가정을 중심으로 이 교회를 세웠다. 큰 지진으로 죄수가 도망한 줄 알고 자결하려했던 간수에게 "주 예수를 믿으라 그리하면 너와 네 집이 구원을 얻으리라"(행16:31)는 말과 함께 주님의 말씀을 전할 때 그의 권속들 모두가 주님을 영접하였다. 그러므로 빌립보 교회는 주 예수를 믿으면 구원을 얻는다는 바로 이 믿음의 터 위에 세워진 교회였다.

바울은 이러한 교회에 율법주의적 유대교가 침투하여 그리스도의 복음을 약화시키고 복음에 합당하지 않게 행동하는 사람들이 일어나 교회를 분열시킨다는 소식을 듣게 되었다. 바울은 빌립보 교회에 서신을 띄워 그리스도를 중심으로 한 삶이 얼마나 중요한가를 일깨우고 주 앞에 다시 돌아와 연합하여 살도록 하였다. 그는 스스로 그리스도를 부끄러워하지 아니하고, 언제나 그리스도의 복음을 담대히 전파하며, 살든지 죽든지 그리스도가 존귀하게 되기를 바라는 마음으로 살아간다고 밝히고 빌립보 교회뿐 아니라 우리도 이와 같은 믿음을 가지도록 권면하고 있다. 교회에 시험이 찾아왔을 때 가장 중요한 것은 자신의 신앙을 주 앞에 반추해보는 일이다. 주 앞에 바로 서는 신앙이 무엇보다 중요하기 때문이다.

그리스도인이라면 그리스도인다운 삶의 태도를 가져야한다. 그리스도인 됨을 부끄럽게 생각한 적이 있는가? 언제나 담대한 신앙으로 그리스도의 복음을 위해 헌신하는가? 살든지 죽든지 나 자신보다 그리스도가 존귀하게 되기를 바라고 있는가? 이 물음에 모두 합격해야 바른 그리스도인이 될 수 있을 것이다.

제13장 주안에서 죽은 자

죽음에 예외는 없다. 예외만 없을 뿐 아니라 순서도 없다. 우리는 모두 죽는다. 지금 우리가 살아있다고 말하지만 그것을 자랑할 수 없는 것이 인생이다. 사람은 한 치 앞을 알 수 없다. 그럼에도 불구하고 우리는 죽음의 그 날이 마치 멀리 있거나 아예 오지 않을 것처럼 생각하고 살아간다. 만일 우리 각자가 우리의 죽는 날을 알고 있다면 인간의 삶의 모습은 결코 지금과 같지는 않을 것이다. 사람들은 죽음을 원치 않는다. 이 세상이 최고인 것처럼 생각한다.

그러나 성경은 이 세상의 삶보다 죽음 이후의 성도의 삶을 영광스럽게 기록하고 있다. 그렇기 때문에 바울은 오히려 죽음을 기쁘게 받아들이고 있다. 차라리 그것을 택하고 싶어 한다. 그렇다고 목숨을 스스로 빨리 끊으라는 것은 절대 아니다. 생명은 우리의 것이 아니라 하나님의 것이기 때문에 우리 마음대로 할 수가 없다.

생명에 관한 한 우리는 이 땅에 사는 동안 오직 그것을 잘 관리할 책임을 가지고 있는 청지기일 따름이다. 따라서 그리스도인은 죽음을 두렵게 받아들이기보다는 기쁨으로 그리고 영광스럽게 받아들일 필요가 있다. 더욱이 성경은 주안에서 죽은 자는 주님께서 그 눈의 눈물을 씻어 주신다고 말한다. 우리가 주님을 뵙게 되고 주님으로부터 인정을 받으며 주님과 함께 기쁘고 영광된 삶을 살게 되는 그것은 이루 말할 수 없는 그리스도인의 특권이기도 하다. 요한계시록이 말하는 주안에서 구속함을 입은 자, 곧 흰 옷 입은 자의 삶의 모습을 통해 죽음의 문제와 그 결과를 살펴보기로 한다.

1. 생 명

생명은 하나님의 것이다. 하나님께서 주신 것이자 우리 각자에게 허락하신 것이다. 이것은 인간이 자의로 어찌 할 수 없는 천하보다 귀중한 것이다. 우리에게 주신 생명을 요구하실 수 있는 분은 오직 하나님뿐이시다. 욥은 다음과 같이 말한다. "주신 자도 여호와시요 취하신 자도 여호와시니 여호와의 이름이 찬송을 받으실지니이다."(욥1:21).

주님이 생명을 허락하심으로 우리가 살아 숨 쉬고 서로 사랑하고 복음의 기쁜 소식을 들을 수 있다. 이 모두가 하나님의 사랑이요 축복이지 않을 수 없다. 우리가 이 세상을 떠나 주님께 갈 수 있는 것도 하나님의 축복이다. 그러므로 우리는 사나 죽으나 주님의 것이요 주님이 주시는 축복을 누리며 산다.

하나님은 원래 인간에게 죽음이 없는 영원한 생명을 주시고자 했으나 인류의 조상이 하나님의 명령을 온전히 순종하지 아니한 죄 때문에 그분의 말씀대로 죽음이라는 대가를 지불하게 하셨다. 하나님은 인간으로 하여금 죄에서 벗어나도록 하셨다. 그러나 인간은 계속 실패하였다. 인간의 연약함을 아신 하나님은 그의 독생자 예수 그리스도를 이 세상에 보내어 우리로 하여금 죄에서 벗어나고 어두움의 세계에서 빛의 세계로 들어가는 길, 곧 영생의 길을 걷도록 해 주셨다. 주님은 십자가를 통해 사랑을 보여 주시고 부활의 소망을 갖게 하시며 우리 안에 새로운 생명, 거듭난 영혼을 갖게 하셨다. 따라서 주 안에 사는 자는 이 세상을 떠날지라도 오히려 주님과 영원히 함께 사는 택함 받은 족속이다.

2. 주안에서 죽은 자의 복과 찬미

요한계시록은 주안에서 죽은 자의 구원을 기록하고 있으며 이 사람을 가리켜 새 생명을 얻은 자라고 말한다. 계시록 14장 13절에 따르면 하늘의 음성이 있어 "자금 이후로 주안에서 죽는 자들은 복이 있도다." 하시매 성령이 가라사대 '그러하다 저희 수고를 그치고 쉬리니 이는 저희의 행한 일이 따름이라' 하셨다. 계시록 7장 9-17절은 구속함을 입은 자의 찬미와 하나님의 보호하심을 소개하고 있다.

요한계시록7장 9-12절은 찬미하는 모습을 소개하고 있다. 요한이 보니 능히 셀 수 없는 큰 무리가 흰 옷을 입고 손에 종려가지를 들고 보좌 앞과 어린 양 앞에 서서 큰 소리로 "구원하심이 보좌에 앉으신 우리 하나님과 어린양에게 있도다." 라고 찬미하고 있었다. 능히 셀 수 없는 큰 무리는 구속함을 받은 자는 한 사람도 빠짐없이 하나님의 보호하심을 받는다는 것을 보여 준다. 그들이 손에 든 종려가지는 의와 승리의 상징이다. 그리고 그들이 외친 찬미는 주님만이 우리의 구원자이심을 고백하고 있다.

그 때 모든 천사들이 엎드려 "아멘 찬송과 영광과 지혜와 감사와 존귀와 능력과 힘이 우리 하나님께 세세토록 있을지로다 아멘." 하며 하나님을 경배했다. 천사들의 기쁨이 찬양으로 변한 것이다. 죄인 한 사람이 회개할 때 천사들이 기뻐한다 했는데(눅15:10) 구속받은 자 모두가 하나님 앞에 설 때 그 기쁨이 어떠하겠는가? 천사들의 찬미는 아멘으로 시작해서 아멘으로 끝나고 있다. 이것은 단순한 찬송이 아니라 이전보다 더 생생하게 행복한 감을 느낄 수 있을 때 드릴 수 있는 찬송의 절정 표현이다. 그 안에 담긴 모든 것도 하나님께만 드릴 수 있는 내용물이다. 이 찬미는 모두 주안에서 죽은 자들이 누릴 수 있는 입술의 열매이다.

3. 주안에서 죽은 자에 대한 하나님의 보호

요한계시록 7장 13-17절은 주안에서 죽은 자들을 하나님이 어떻게 보호하시는가를 소개하고 있다. 주안에서 죽은 자들을 여기에서는 흰 옷 입은 자들로 소개되고 있다.

한 장로가 요한에게 물었다. "이 흰 옷 입은 사람들이 누구며 어디서 왔는지 아는가?" 요한은 그들이 누구인지 도무지 알 수가 없었다. 그러자 장로가 흰 옷 입은 사람들의 정체를 요한에게 다음과 같이 설명하였다.

장로의 설명에 따르면 그들은 큰 환란가운데서 나오는 자들이자 어린양의 피에 그 옷을 씻어 희게 된 자들이다(14절). 큰 환란이란 대환란보다 그리스도인이라면 감수해야 하는 일반적인 환란, 곧 그리스도인이 겪는 모든 시련과 재난을 뜻한다. 어린양의 피는 십자가의 피, 새 언약의 피를 가리키며 그 옷은 죄로 물든 옷을, 그리고 씻어 희게 된 자는 믿음으로 정결케 된 자, 구속함을 받은 자, 주안에서 죽은 자, 주안에서 영원히 살 자를 가리킨다. 그러므로 그들은 바로 그리스도를 믿음으로 죄 용서함을 받은 자들임을 알 수 있다.

그들은 무엇을 하는가? 그들은 "하나님의 보좌 앞에 있고 그의 성전에서 밤낮 하나님을 섬긴다."(15절). 흰 옷 입은 자는 하나님의 백성이자 하나님의 자녀들이다. 자녀들이 아버지 집에 있는 것이 자연스러운 것처럼 그들이 하나님 아버지 앞에 있게 되는 것은 매우 자연스러운 것이다. 죄인이 하나님 보좌 앞에 있다는 사실은 당연하기보다 말할 수 없는 축복이다. 주님의 자녀들은 모두 이러한 축복 속에 사는 존재들이다. 그들은 성전에서 하나님을 섬기며 산다. 성전은 하나님을 만나고 하나님을 경배하는 처소이다. 하나님을 밤낮 섬긴다는 것은 하나님과 동행하는 삶, 하나님과 영원히 함께 하는 삶을 가리킨다.

주님은 그들을 위해 무엇을 하시는가? 주님은 그들을 보호하신다. 15절은 "그들 위에 장막을 치시리니"라고 표현하고 있다. 성경에는 "그리스도께서 인간가운데 장막을 치셨다."라는 표현이 있는데 이것은 성육신 하신 것(요1:14)을 의미한다. 친히 우리와 함께 하심을 나타낸다. 그러므로 그들 위에 장막을 치심은 하나님께서 그들과 함께 하시고 그들 안에 거하신다는 임마누엘의 하나님 되심을 의미한다. 이것은 그들이 주님의 보호를 받는다는 것을 나타낸다. 세상사는 동안에도 불기둥과 구름기둥으로 보호를 받았는데 이 세상을 떠난 후 주님의 나라에서는 더 완벽한 보호를 받게 된다는 것이다.

16절의 "저희가 다시 주리지도 아니하며(no hunger) 목마르지도 아니하며(no thirst) 해나 아무 뜨거운 기운에 상하지 아니 할지니(no harm)"라는 표현도 보호가 있음을 보여 주고 있다. 17절에는 주님의 더 적극적인 보호가 약속되어 있다. "주님이 저희의 목자가 되사 친히 생명수 샘으로 인도하시고 주님께서 저희 눈에서 모든 눈물을 씻어주실 것임이라." 주님이 목자가 되신다. 주님은 영원한 우리의 목자이시다. 주님은 이 세상에서 우리를 말씀으로, 성령을 보내심으로 우리를 강하게 붙드실 뿐 아니라 저 세상에서도 우리의 영원한 목자가 되사 우리의 걸음 하나, 생각 하나까지 건강하고 바르게 인도하신다. 생명수 샘은 주님이 주시는, 주님이 우리로 마시게 하시는, 그리고 우리를 영원히 살게 하시는 생명의 샘이다. 눈물을 씻어 주심은 완전한 위로를 가리킨다.

그리스도인도 여러 가지 고통, 환란, 어려움을 당한다. 그 어려운 고통으로 인해 흘러내리는 눈물을 종국적으로 씻어 주실 분은 오직 주님이시다. 주님 밖에 다른 위로는 참 위로가 되지 못한다. 주님만이 그리스도인의 고통을 이해하시고, 주님만이 아픔을 알아주시며, 주님만이 그 아픔과 고통으로 인한 눈물을 씻어 주실 수 있다. 달리 말해서 이 눈물은 승리의 눈물이기도 하다. 고통과 수고가 다 지나간 후 저 천국에서 주님 뵈올 때 흘릴 수 있는 값진 눈물이기 때문이다. 이 눈물을 주님이 친히 닦아주신다는 것이다.

4. 죽음에 대한 우리의 각오

사람들은 대체로 죽음에 대해 말하기 싫어한다. 가급적 죽음에 대한 대화를 하지 않으려 한다. 그러나 그리스도인은 죽음에 대해서 말하고 죽음을 준비하는 믿음을 가져야 한다. 죽음이 모든 것을 무용지물로 만드는 것이 아니라 더 나은 세계를 향한 출발이기 때문이다. 그리스도인에게 있어서 죽음은 끝이 아니라 영원의 또 다른 시작이다.

사랑하는 자의 죽음은 우리를 슬프게 한다. 인간에게 있어서 가장 어려운 것, 가장 스트레스를 많이 주는 것은 배우자든 가족이든 사랑하는 자의 죽음이다. 이 죽음 앞에서 슬픔을 가지지 않는다면 인간이 아닐 것이다. 그러나 우리는 주안에서의 죽음은 소망이 있는 죽음이라는 것을 잊어서는 안 된다. 이 죽음은 이제 모든 것이 끝나는 단순한 죽음이 아니라 주님이 우리에게 약속하신 새 생명을 완전히 소유하고 주님과 함께 영원히 살게 되는 순간이다. 주님은 죽은 자를 위해 주님이 피로 사신 흰옷을 손수 마련하시고 그 눈의 눈물을 친히 씻어 주실 것이다. 바울은 이 순간을 열망하여 차라리 어서 주님 앞에 가고 싶다고 말했다.

우리가 고인을 생각하고 슬퍼하며 근심하는 가운데 있을지라도 그 근심과 슬픔을 세상의 차원에 묶어 두지 말고 저 영원한 세계와 그 기쁨의 삶을 생각하고 오히려 감사할 줄 아는 주안에서 더욱 성숙한 신앙을 소유해야 한다. 고인이 남긴 신앙의 자취를 생각하고 우리도 육체의 남은 때를 하나님의 뜻대로 살기를 다짐해야 할 것이다. 고인의 눈물어린 기도와 간구, 하나님을 향한 그의 믿음, 신앙의 자녀를 만들고자 애쓴 모든 것을 기억하고 믿음의 유업을 이어가는 모범을 보여야 할 것이다.

장수 후의 별세는 곡식의 결실과 같다(욥5:26). 장수하지 않았더라도 주님이 그 나라의 사역을 위해 어떤 형태로든 일찍 부르실 수도 있다. 전도서 기자는 슬픔이 웃음보다 아름답고(전7:3) 죽음이 출생보다 낫다(전7:1)고 기록하고 있다. 성도에게 있어서 슬픔이나 죽음은 오히려 더 큰 기쁨과 소망의 원천이 되는 것과 성도에게는 영원한 안식이 있음을 기억해야 한다. 우리는 그 본향에 이르기까지 주님의 말씀에 따라 살아가야 할 것이다.

· 저자 ·

양창삼 · 약 력 ·
서울대학교 정치학과(학사 및 석사)
서울대학교 대학원(경영학 석사)
웨스턴일리노이주립대학원(MBA)
펜실베이니아주립대학원
연세대학교 대학원(경영학 박사)
총신대학교 대학원(M. Div., Th.M.)

한국인문사회과학회 회장
한국사회이론학회 회장
연변과기대 상경대학 학장
한양대학교 경상대학 학장
한양대학교 산업경영대학원 원장
현, 한양대학교 경상대 경영학부 교수 / 목사

· 기독교관계저서 ·

『구약의 이해』
『하나님과의 동행』
『헨리 나우웬의 실천하는 영성』
『하나님의 섭리』
『하나님의 사람으로 사는 법』
『깨뜨림과 버림, 그리고 영원바라보기』
『단순한 믿음이 주는 기쁨』
『예수 리더십』
『뒤틀린 삶의 문제와 기독교적 답변』
『난제를 만나면 예수가 더 보인다』
『자본주의 문화와 기독교의 사회적 책임』
『21세기가 원하는 크리스천리더』
『평신도를 위한 신학이야기』
『하나님의 비전에 이끌리는 삶』
『당신 안에 있는 영성을 깨워라』
『목회자, 당신은 일류인간』
『영성회복의 신앙』
그 외 다수

● **신약**의 이해

- 초판 인쇄   2007년 8월 30일
- 초판 발행   2007년 8월 30일

- 지 은 이   양창삼
- 펴 낸 이   채종준
- 펴 낸 곳   한국학술정보㈜
　　　　　　경기도 파주시 교하읍 문발리 526-2
　　　　　　파주출판문화정보산업단지
　　　　　　전화 031) 908-3181(대표) · 팩스 031) 908-3189
　　　　　　홈페이지 http://www.kstudy.com
　　　　　　e-mail(출판사업부) publish@kstudy.com
- 등   록   제일산-115호(2000. 6. 19)
- 가   격   38,000원

ISBN   978-89-534-7103-0 93230 (Paper Book)
　　　　978-89-534-7104-7 98230 (e-Book)